매크로부터 업무자동화, 웹자동화,
나만의 프로그램까지

# 처음이라도 괜찮아, 오토핫키 프로그래밍

정규승(프날) 저

KB210893

## AHK

프날 오토핫키
강좌
운영자 프날 집필!

오토핫키와
프로그램의 개념
및 기초 이해

오토핫키를 통한
일상과 업무 자동화
방법 수록

이론은 물론 실습과
문제로 프로그래밍
완벽 정복

**DIGITAL BOOKS**
디지털북스

. . .
매크로부터 업무자동화, 웹자동화,
나만의 프로그램까지

# 처음이라도 괜찮아,
# 오토핫키 프로그래밍

| 만든 사람들 |
기획 IT·CG기획부 | 진행 양종엽 · 정은진 | 집필 정규승(프날)
표지 디자인 원은영 | 편집 디자인 이기숙

| 책 내용 문의 |
도서 내용에 대해 궁금한 사항이 있으시면
저자의 홈페이지나 디지털북스 홈페이지의 게시판을 통해서 해결하실 수 있습니다.
디지털북스 홈페이지 digitalbooks.co.kr
디지털북스 페이스북 facebook.com/ithinkbook
디지털북스 인스타그램 instagram.com/digitalbooks1999
디지털북스 유튜브 유튜브에서 [디지털북스] 검색
저자 이메일 contact@pnal.dev

| 각종 문의 |
영업관련 digital1999@naver.com
기획관련 djibooks@naver.com
전화번호 (02) 447-3157~8

처음 뵙겠습니다. 어쩌면 다시 뵙겠습니다.

저는 온라인에서 오토핫키 강좌를 작성했던 '프날' 정규승입니다.

제가 오토핫키를 처음 배울 땐 체계적이고 알기 쉬운 강좌를 찾지 못했습니다. 대부분의 강좌는 중간에 끊겨있거나, 배우지 않은 문법을 사용하곤 했습니다. 결국 선행자에게 하나씩 여쭤보며 배웠습니다. 누군가 질 좋은 강좌를 올려주었으면 좋았을 텐데, 하며 말이죠. 그러고는 언젠가 누구나 쉽게 이해하는 오토핫키 튜토리얼을 작성하겠다 다짐했습니다. 이것이 제가 오토핫키 강좌를 작성하기 시작했던 유일한 동기였습니다.

그렇게 작성한 강좌가 뜻하지 않게 많은 사랑을 받게 되었습니다. 누군가에게 제가 가진 지식을 공유한다는 것은 큰 기쁨이 아닐 수 없었습니다. 온라인 강좌를 찾아주셨던 그 많은 사람이 저를 통해 오토핫키라는 고생산성의 언어를 배웠다는 사실에 놀라기도 했습니다.

이젠 새로운 방식으로 더 많은 분들께 찾아가고자 합니다. 무언가 배울 때 책이 주는 힘은 꽤 강력하다고 생각합니다. 인터넷이라는 매체가 줄 수 없는 흡입력이 책엔 있습니다. 책이 주는 힘을 믿고, 온라인 강좌 분량에 서적판 특별 분량을 더하여 이렇게 《처음이라도 괜찮아, 오토핫키 프로그래밍》을 내게 되었습니다.

오토핫키를 배우려는 여러분은 대부분 프로그래밍을 경험해보지 못하셨을 것입니다. 오토핫키도 프로그래밍 언어의 한 종류이기 때문에, 정확한 개념 없이 아무렇게나 배우면 헤맬 수 있습니다. 그렇지만 너무 걱정하지 마세요. 오토핫키는 아주 쉬우면서도 인간의 언어에 가까운 고효율의 프로그래밍 언어이고, 분명히 저와 함께라면 어렵지 않게 강력한 자동화 스킬을 습득할 수 있습니다.

이 책이 오토핫키는 물론, 처음 프로그래밍을 시작하는 모든 이에게 용기가 되었으면 좋겠습니다. 강좌 내용 중 잘 이해가 안되는 내용은 언제든지 https://ahkv2.pna.dev/question에 등록해주시면 친절히 설명드리도록 하겠습니다. 오탈자 등 도서에 관한 문의사항은 제 이메일(contact@pnal.dev)로 보내주시면 답변드리겠습니다.

잘 부탁드립니다. 그리고, 본서를 선택해주셔서 감사합니다.

정규승(프날)

여러분은 이 책에서 '오토핫키'를 배울 수 있습니다. 오토핫키는 프로그래밍과 관련 없는 비전공자도 쉽게 자동화 프로그램을 만들어낼 수 있는 고효율 언어입니다. 이를 이용하여 간단한 매크로부터, 업무 자동화, 웹 자동화, 심지어는 자동화와 관련 없는 나만의 프로그램을 만들 수 있게 되는 것이 목표입니다.

이 책은 이론과 예제, 실습을 적절히 배치하여 오토핫키와 프로그래밍의 기초를 배우는 누구에게나 효과적입니다. 프로그래밍이 처음이라도 이 책과 함께라면 괜찮습니다. 기본기부터 따라하게 설계되어 있어서, 비전공자 여러분들도 오토핫키 프로그래밍을 쉽게 배울 수 있습니다.

## 구성에 대하여

이 책은 총 5개 Part로 나뉘어 있습니다. 그중 정답 및 해설을 제공하는 Part 05를 제외하면, 4개 Part 동안 오토핫키 프로그래밍을 학습하게 됩니다.

Part 01에선 프로그래밍의 기초적 개념을 배우고 오토핫키의 개발 환경 설정을 따라 해볼 것입니다. 또한 향후 책의 모든 부분에서 사용되는, 오토핫키의 '아주 기초'를 맛볼 것입니다. 오토핫키를 설치하고 맛보는 데 한 개 분량의 Part를 할당하여, 처음 프로그래밍을 시작하는 사람도 부담 없이 따라 할 수 있게 하였습니다.

Part 02에선 간단한 자동화 프로그래밍, 즉 '매크로'를 만드는 방법을 배울 수 있습니다. 키보드와 마우스를 조작하거나 모니터에 표시된 화상을 인식하고, 심지어는 화면상의 마우스 포인터를 움직이게 하지 않고도 어떤 프로그램의 특정 부분을 클릭하게 할 수 있습니다. 단순 반복 매크로부터 중급의 작업까지 자유자재로 만들 수 있게 됩니다.

Part 03에선 더 멀끔한 프로그램을 만들기 위해 여러 새로운 개념을 배웁니다. 창의 위치 및 크기를 조정하거나, 파일을 생성하거나 삭제할 수 있게 합니다. 또 여러분이 실제 사용하고 있는 "프로그램 창"을 직접 만들어 볼 것입니다. 물론 그곳에 버튼이나 입력 창을 배치하여 완전히 동작하게 할 수도 있습니다! 이제 여러분은 단순한 "매크로"가 아닌, 우리가 "응용 프로그램"이라고 부르는 일반적인 프로그램을 만들 수 있게 됩니다.

Part 04에선 웹 자동화를 배웁니다. 인터넷 페이지의 특정 버튼을 클릭하거나, 입력 칸에 문자를 입력시키거나, 데이터를 가져올 수 있습니다. 대표적으로 특정 페이지에 있는 모든 이미지를 내려받는 프로그램을 만들 수도 있습니다. 자동으로 글을 발행해주는 프로그램도 만들 수 있겠죠. 여기까지의 내용을 이용하여 여러분은 '자동화의 달인'이 될 수 있습니다.

### 실습 예제 및 정답 스크립트 내려받기

이 책은 편리한 학습을 위해 실습 예제 및 정답 스크립트를 제공합니다. 책에 있는 내용을 일일이 타이핑하지 않고 바로 실행 결과를 확인해볼 수 있습니다. 효과적인 학습을 위해 반드시 내려받는 것을 강력히 추천해 드립니다. 아래 URL에 접속하여 [예제 및 정답 스크립트 모음.zip] 부분을 클릭하여 스크립트 모음을 내려받아서 잘 사용해주세요.

- **다운로드 URL**: https://ahkv2.pnal.dev/downloads

> **주의사항**
>
> 이 책의 내용은 2025년 2월을 기준으로 작성되었습니다. 시간이 지나 운영체제의 버전이 바뀌거나, 본서에서 오토핫키와 상호작용하는 대상인 다른 프로그램의 버전이 바뀌면서 책의 예제가 동작하지 않을 수 있습니다. 이런 경우 상황에 맞게 오토핫키 코드도 수정해야 한다는 점을 미리 알려드립니다. 또한, 빠르게 변화하는 IT 기술 특성상, 오토핫키가 아닌 외부 프로그램의 일부 메뉴 및 문구가 바뀔 수 있습니다.

# CONTENTS

# CONTENTS

# CONTENTS

PART

## 04

# 웹 자동화의 세계로!

PART
05 **정답 및 해설**

# PART

# 01

# 프로그래밍과
# 오토핫키 기초

이번 파트는 오토핫키의 기본 흐름에 적응하는 단계입니다. 본격적인 오토핫키 프로그래밍을 준비하면서, 실제 스크립트를 작성해보고 테스트해보는 데 익숙해질 수 있습니다. 오토핫키 프로그래밍의 세계로 함께 가봅시다!

# CHAPTER. 01

## 프로그래밍과 오토핫키

# 01 프로그래밍 개요 SECTION

안녕하세요. 오토핫키를 배우기로 결심해주셔서 다시 한 번 감사합니다.

앞으로 몇 섹션 동안 본격적인 오토핫키 프로그래밍을 위한 준비를 해보겠습니다. 먼저 프로그래밍은 무엇인지부터 짚고 넘어가야겠네요. 기존에 프로그래밍을 접한 분들은 이 부분을 넘어가셔도 좋습니다.

여러분은 저와 함께 간단한 프로그래밍을 배울 것입니다. 보통 프로그래밍이라는 말을 들으면 '헉! 그런 어려운 거 배울 생각 없었는데요!'라는 생각이 들곤 합니다. 딱 들으면 전문기술 같고요. 걱정과 두려움이 드는 게 보통입니다. 그런데 걱정하지 마세요. 저와 함께라면 그렇게 어렵지 않습니다.

프로그래밍을 이해하려면 우선 프로그램이 무엇인지 알아야 합니다. 컴퓨터의 주요한 기능은 **연산**(Compute)인데요, 계산기 또한 연산이 주요한 목적이죠. 그렇다면 컴퓨터와 계산기의 차이는 무엇일까요?

계산기는 수식을 우리가 입력해주어야 하지만, 컴퓨터는 프로그램에 수식이 저장된 것이 가장 큰 차이점입니다. 즉, 계산기는 우리가 더하기, 빼기, 곱하기, 나누기 버튼을 눌러서 수를 연산하게 되지만, 컴퓨터는 프로그램에 연산할 내용이 저장되어 있어서 우리가 프로그램을 실행시키면 미리 프로그램에 저장된 연산을 수행하게 됩니다.

따라서 계산기는 입력한 수식의 결과를 보여주는 것이 끝이지만, 컴퓨터는 지정된 계산을 아주 빠르고 많이 수행하여 '화면에 창을 띄우거나' '키보드의 입력을 받거나' 하는 식의 동작을 할 수 있습니다.

여기서 **프로그램**은 컴퓨터에 어떻게 계산할 것인지 알려주는 '주문서'와 같은 일을 합니다. 이러한 주문서를 작성하는 행위가 **프로그래밍**이며, 이런 작업만 전문적으로 하는 사람을 **프로그래머**라고 합니다. 그리고, 이 주문서에 써진 글을 **소스 코드** 또는 **코드**라고 합니다.

그렇다면 프로그래밍이란, 우리가 컴퓨터에 내리는 명령을 설계하고 코드로 작성하는 일이라고 해도 되겠군요!

아직까진 쉽죠? 다음으로 넘어가서 오토핫키란 무엇인지 알아봅시다.

## 02 오토핫키 소개 SECTION

프로그래밍은 컴퓨터에 내릴 명령을 설계/작성하는 일이라고 했습니다. 그렇다면 우리가 배울 오토핫키는 무엇이며, 또 프로그래밍과 어떤 관계가 있을까요?

### 🔲 프로그래밍 언어

컴퓨터는 자연어(우리가 사용하는 언어)를 이해하지 못합니다. 기계 덩어리인 그들은 오직 전기신호의 켜짐/꺼짐 상태만 해석할 수 있죠. 이 전기신호의 변화 상태를 나타낸, 컴퓨터가 이해할 수 있는 명령어를 기계어라고 합니다. 기계어만 알 수 있는 컴퓨터에 우리가 직접 기계어로 명령을 내린다면 너무나도 어려울 것입니다. 전기신호를 표현한 '기계어'는 컴퓨터가 이해할 수 있지만, 우리는 이해하지 못하니까요.

그래서 등장한 게 프로그래밍 언어입니다. 프로그래밍 언어는 (주로) 알파벳으로 이루어져 있어서 인간이 이해하기 쉽습니다. 우리는 프로그래밍 언어로 컴퓨터에 명령을 내릴 것입니다. 그런데 전기신호의 상태만 이해할 수 있는 컴퓨터는 어떻게 이 언어를 이해할 수 있을까요?

바로 매우 똑똑한 분들이 프로그래밍 언어를 컴퓨터가 이해할 수 있도록 하는 일종의 번역기를 제작해두었기 때문입니다. 즉, 프로그래밍 언어를 기계어로 변환해주는 번역기가 존재하는 것입니다.

따라서 우리는 프로그래밍 언어로 프로그래밍하고, 만들어진 소스 코드를 번역기에 넣고 돌리기만 하면 됩니다. 이렇게 하면 우리는 인간의 언어로 프로그래밍하고, 컴퓨터 또한 전기신호와 대응되는 형태인 '기계어'로 명령을 이해할 수 있습니다!

> **Tip  컴파일 언어와 인터프리트 언어**
>
> 소스 코드를 기계어로 번역하는 번역기를 '컴파일러(Compiler)' 또는 '인터프리터(Interpreter)'라고 하는데, 사용한 프로그래밍 언어에 따라 컴파일러를 이용할 수도, 인터프리터를 이용할 수도 있습니다. 컴파일러는 우리가 작성한 코드를 통째로 기계어로 번역해주는 방식의 번역기이고, 인터프리터는 프로그램이 실행될 때마다 즉석에서 한 줄씩 기계어로 번역해주는 방식의 번역기입니다. 컴파일러를 사용하는 프로그래밍 언어를 컴파일 언어, 인터프리터를 사용하는 프로그래밍 언어는 인터프리트 언어라고 합니다.

### 🔲 오토핫키란 무엇인가

오토핫키는 프로그래밍 언어입니다. 더 정확히는 프로그래밍 언어의 한 갈래인 **인터프리트 언어**에 포함됩니다. 따라서 우리가 오토핫키로 소스 코드를 작성하면, 오토핫키의 번역기인 '인터프리터'가 소스 코드를 한 줄씩 해석하여 컴퓨터에 명령을 내려줄 것입니다. 오토핫키를 해석하는 인터프리터는 **오토핫키 인터프리터**라고 합니다. 혹은 그 자체를 오토핫키라고 부르지요.

오토핫키는 자동화 작업(매크로)에 특화된 프로그래밍 언어입니다. 간단한 코드만으로 매크로를 만들 수 있게 해줍니다. 반복되는 작업을 손이 아닌 컴퓨터가 하도록 프로그래밍할 수 있는 프로그래밍 언어라는 뜻입니다. 물론 다른 프로그래밍 언어로도 가능하지만, 오토핫키만큼 간단하게 구현할 수 있진 않을 것입니다.

매크로가 아니더라도 각종 프로그램을 개발할 때 또한 유용합니다. 아주 고급의 작업을 하기엔 프레임워크나 라이브러리가 부족하여 썩 적절하다고 할 순 없으나, 가볍고 단순한 프로그램을 만들기엔 좋습니다. 즉, 오토핫키는 아주 대규모의 프로그램이거나 화려함을 원하는 프로그램이 아닌 대부분의 경우에 쓸 수 있는 범용 프로그래밍 언어입니다.

오토핫키가 무엇인지 감이 오나요? 아주 단순하고 재미있으며, 높은 생산성을 자랑하는 프로그래밍 언어입니다. 여러분이 적절하게 사용한다면 업무 효율을 높일 수도, 불필요한 수작업을 줄일 수도, 각종 복잡한 계산과 파일 처리를 단순화할 수 있습니다. 더욱 나아가 매상을 컴퓨터로 정리하는 일종의 POS기를 만들거나, 재고를 관리하는 관리 프로그램을 제작할 수 있겠지요.

오래 기다렸습니다! 다음 섹션부터는 본격적인 오토핫키 프로그래밍을 위한 준비를 해보겠습니다. 프로그래밍에 필요한 각종 도구와 환경 설정을 같이 해볼 것입니다.

## 03 오토핫키 프로그래밍 준비하기 SECTION

본격적으로 오토핫키 프로그래밍을 하기 위해 몇 가지 준비를 해야 합니다.

### 🏛 오토핫키 다운로드 및 설치

우선 오토핫키를 설치해야 합니다. 오토핫키 설치 프로그램은 오토핫키 인터프리터를 설치함과 동시에, 기타 개발에 필요한 컴퓨터 환경을 설정해줍니다.

오토핫키 공식 사이트인 www.autohotkey.com에 들어가서 [Download] 버튼을 클릭합니다.

[그림 3-1] 설치 프로그램 다운로드 과정 1

이어서 나오는 다운로드 선택 화면에서 [Download v2.0] 버튼을 클릭해 설치 프로그램을 내려받아줍니다.

[그림 3-2] 설치 프로그램 다운로드 과정 2

Tip . **버전에 따른 화면상의 차이점**

설치 시 [그림 3-2]와 버튼 구성이 달라지더라도 [Download v2.0] 혹은 [Download current version] 버튼을 클릭해 'v2.x'라고
적힌 파일을 내려받으면 됩니다.

여러분이 내려받은 파일은 설치 파일이므로, 실행하여 오토핫키를 설치합니다. [Install] 버튼을 클릭하면 오
토핫키가 설치됩니다.

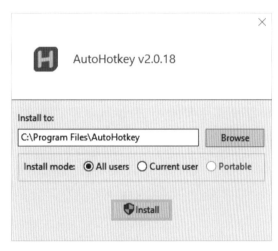

[그림 3-3] 설치 파일을 실행한 모습

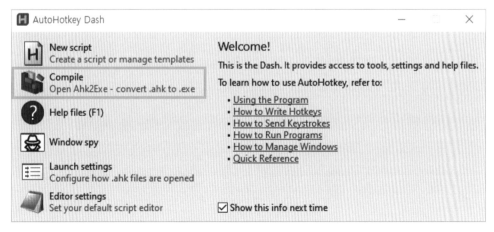

[그림 3-4] 설치가 완료되면 나타나는 창

[Compile] 버튼을 클릭한 후 다음과 같은 메시지가 팝업되었다면, [확인] 버튼을 클릭한 후 조금 기다려주면 됩니다. 이 메시지는 'Ahk2Exe'가 설치되지 않아서 설치한다는 뜻입니다.

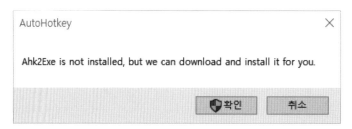

[그림 3-5] 오류 메시지

만약 Windows defender 보안 프로그램의 방화벽에 의해 설치가 차단될 경우, 차단 알림을 클릭해 설정에서 차단된 작업을 선택하고 [작업] → [디바이스에서 허용]을 클릭해 설치 작업을 허용합니다. 그 후 다시 [Compile] 버튼을 클릭해 'Ahk2Exe'를 내려받습니다(Windows 10 기준).

다음과 같은 창이 나타난다면 완료되었으므로, 창을 닫고 나와줍니다.

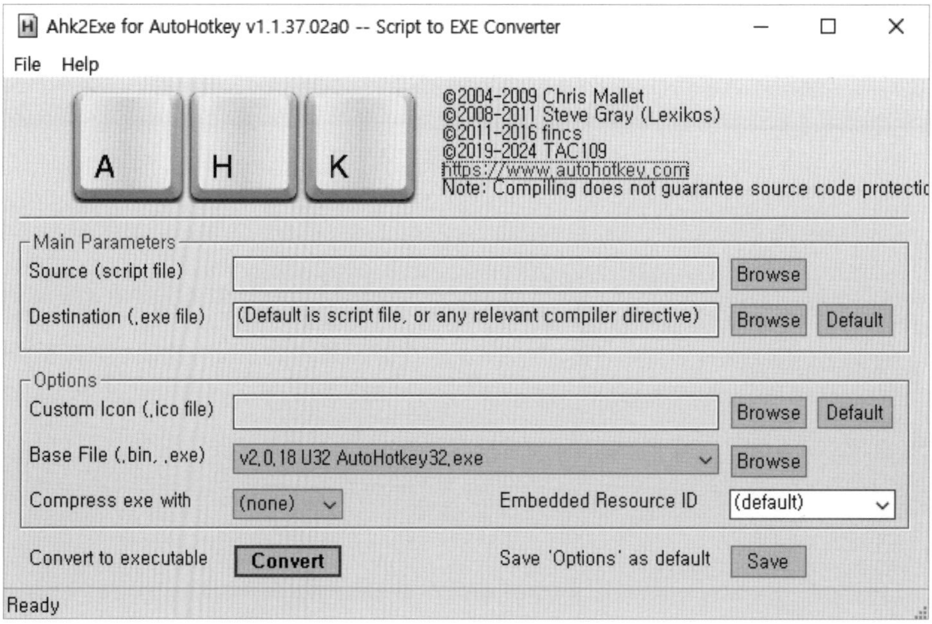

[그림 3-6] 배포용 도구의 모습

> **Tip**   **Ahk2Exe 추가설치를 하지 않고 실수로 창을 닫았다면**
>
> 오토핫키를 설치한 경로(기본 설정: C:\Program Files\AutoHotkey\UX)로 이동하면 'install-ahk2exe.ahk' 파일이 있는데, 이를 실행시키면 몇 초 후 설치가 완료됩니다.

## 🏛 오토핫키 편집기 다운로드 및 설치

오토핫키 스크립트를 편집하기 위해 스크립트를 편집할 수 있는 **편집기**(Editor)가 필요합니다. 물론 앞서 말했듯 오토핫키는 인터프리트 언어이기 때문에, 인터프리터만 있다면 메모장으로도 코드 작성이 가능합니다. 그러나 에디터로 코드를 작성한다면 코드를 쉽게 볼 수 있도록 구문을 강조해서 보여주며, 각종 편의 기능도 지원하기 때문에 설치를 강력히 권장합니다. 본문 또한 같은 환경에서 진행됩니다.

오토핫키 에디터는 여러 가지지만, 'SciTE4AutoHotkey'라는 에디터를 많이 사용하므로, 다운로드 후 설치하도록 하겠습니다. 먼저, 공식 배포처(www.autohotkey.com/scite4ahk)로 들어가서 [Installer] 버튼을 클릭해 내려받은 후 설치 파일을 실행합니다.

설치 팝업창에서 [Install] 버튼을 선택합니다.

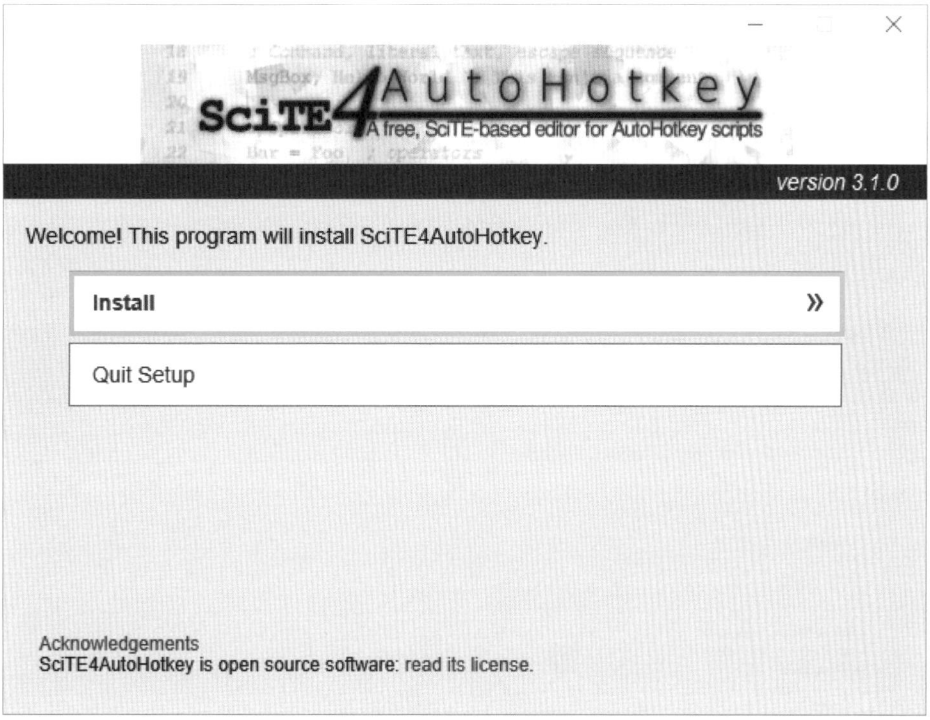

[그림 3-7] 설치 프로그램의 모습 1

이후 나타나는 창에서 **하단 세 개의 체크박스는 해제하고 설치해야 합니다.** 특히 첫 번째 체크박스는 반드시 해제하셔야 합니다. 저 옵션을 체크하면 스크립트 파일을 우클릭했을 때 오토핫키 관련 메뉴가 나오지 않을 수 있습니다. 만약 실수로 체크하고 넘어갔다면, 향후 오토핫키 스크립트(.ahk 파일)의 연결 프로그램을 'AutoHotkey Dash'로 재설정해주어야 합니다.

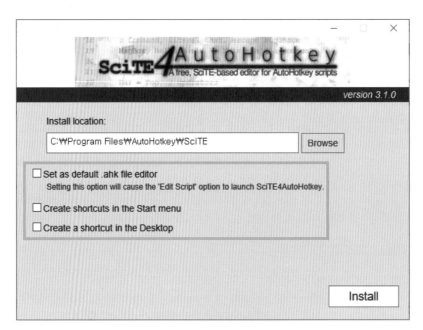

[그림 3-8] 설치 프로그램의 모습 2

설치가 끝나면 편집기가 실행되며, 다음과 같이 복잡한 화면이 나옵니다. 환영한다는 알림상자는 [확인] 버튼을 클릭해 닫습니다.

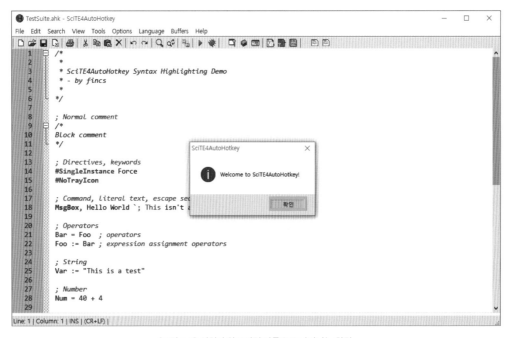

[그림 3-9] 설치가 완료되면 자동으로 나타나는 화면

[확인] 버튼을 클릭하면 자동으로 다음과 같은 설정 창이 나타납니다. [그림 3-10]과 같이 설정한 뒤에 [Update] 버튼을 클릭해 적용하면 됩니다. 만약 코드의 글씨 크기가 너무 크거나 작다면 [Text zoom] 항목에서 조절하면 됩니다. 실수로 다음 설정 창을 닫아버렸다면, 편집기 상단의 [Tools] → [SciTE4AutoHotkey settings...] 메뉴에서 다시 설정할 수 있습니다.

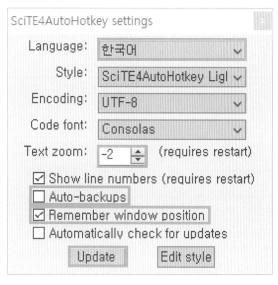

[그림 3-10] 자동으로 나타나는 초기 설정 화면

마지막으로 작성 중인 스크립트를 오토핫키 v2를 이용하여 동작하도록 설정해주겠습니다. 다음과 같이 SciTE4AutoHotkey의 도구모음에서 아이콘을 클릭해, [v2(x86)]를 선택하면 됩니다.

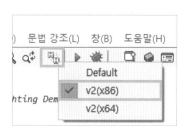

[그림 3-11] 플랫폼 설정

## 🏛 SciTE4AutoHotkey 추가 설정하기

SciTE4AutoHotkey가 최근 업데이트되면서 코드 보기가 불편해졌습니다. 줄 번호와 코드 사이에 간격이 지나치게 넓은 등 보기에 조금 거슬리는 부분이 있어서, 여기서는 이 부분을 추가 설정으로 해결하고자 합니다. 꼭 필요한 것은 아니지만, 여러분도 가능하면 따라 해주세요. 만약 SciTE4AutoHotkey 창을 닫아버렸다면, Section 05에서 편집기를 다시 열게 되니 그때 설정하면 됩니다.

먼저, 도구모음에서 [옵션] → [유저 옵션 파일 열기(U)] 메뉴를 선택합니다.

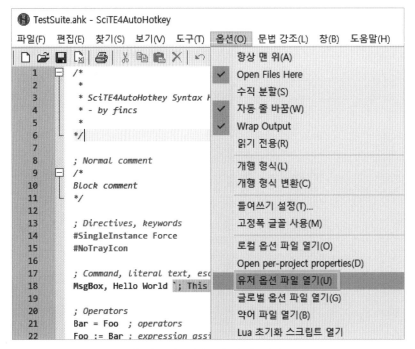

[그림 3-12] 유저 옵션 파일을 여는 방법

*# Add here your own settings* 밑에 아래 두 줄을 그대로 입력합니다. 그 뒤, Ctrl + S를 눌러 저장하고, 모든 창을 닫습니다.

```
13    blank.margin.left=$(scale 5)
14    fold.margin.width=$(scale 15)
```

```
1    # User initialization file for SciTE4AutoHotkey
2    #
3    # You are encouraged to edit this file!
4    #
5
6    # Import the platform-specific settings
7    import _platform
8
9    # Import the settings that can be edited by the bundled properties editor
10   import _config
11
12   # Add here your own settings
13   blank.margin.left=$(scale 5)
14   fold.margin.width=$(scale 15)
```

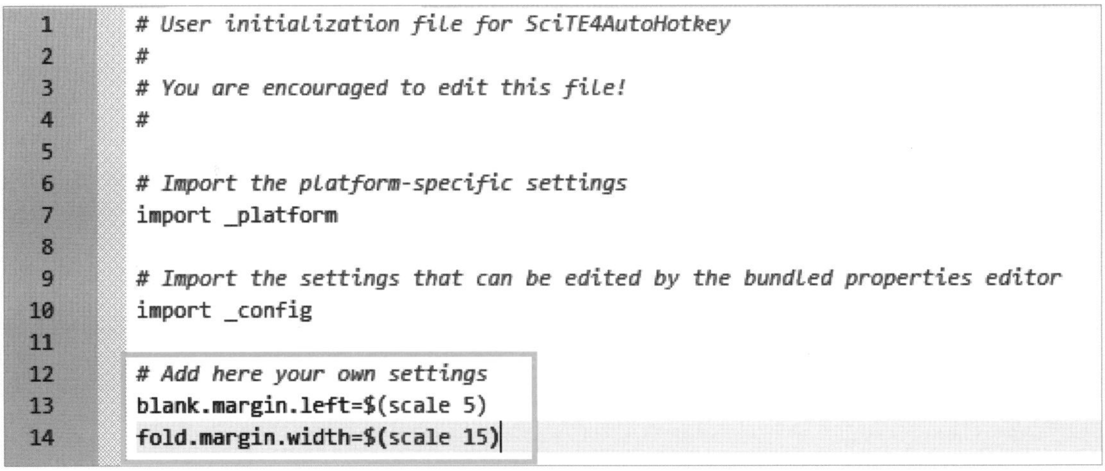

[그림 3-13] 여백을 설정하는 코드를 붙여넣은 모습

Tip  **SciTE4AutoHotkey는 포터블 버전을 지원합니다.**

SciTE4AutoHotkey는 포터블 버전을 지원하기 때문에, 포터블 버전을 원하는 분은 앞선 공식 배포처에서 [Portable .ZIP] 버튼을 클릭해 내려받아도 됩니다.

포터블 버전을 내려받으면 해당 파일 내의 ReadMe 문서에 따라 SciTE 폴더를 오토핫키 설치 경로에 위치시켜야 하는데, 그 위치가 기본적으로 C:\Program Files\AutoHotkey 내부이기 때문에 각종 설정 시 '관리자 권한'이 필요합니다.

따라서, 앞에서 설명한 부분이 적용되지 않을 때는, 바탕화면 등 관리자 권한 없이 쓰기가 가능한 곳으로 [SciTE] 폴더를 빼놓고 본문대로 설정한 뒤에 다시 오토핫키 설치 경로로 위치시키는 식으로 사용하면 됩니다.

## 예제 모음 내려받기

도서에서 사용할 예제와 기타 실습용 프로그램이 들어있는 '예제 모음'을 내려받아야 합니다. 실습할 PC에서 아래 URL로 이동하여 예제 모음을 내려받아 주세요.

**예제 모음 다운로드**: https://ahkv2.pnal.dev/downloads

여기까지 따라왔다면 드디어 오토핫키 프로그래밍을 위한 모든 준비가 끝났습니다. 다음 섹션에서는 간단히 오토핫키 스크립트의 특징을 알아보고, 바로 오토핫키 프로그래밍에 돌입해봅시다!

# 04   오토핫키 구문을 분석하는 방법   SECTION

드디어 오토핫키를 공부합니다. 여기서부터는 오토핫키 스크립트를 어떻게 분석하면 좋을지 알아보겠습니다.

## ⬡ 위에서 아래로 읽는 스크립트

오토핫키 코드는 기본적으로 위에서 아래로 한 줄씩 **순차적**으로 수행됩니다. 예를 들어서 아래와 같은 코드가 있다고 해볼까요?

```
1    MsgBox("Hello")
2    WinActivate("ahk_exe notepad.exe")
3    Send("Hello")
```

우리는 아직 오토핫키를 배우지 않았기 때문에 위 구문이 정확히 어떤 역할을 하는지 모릅니다. 그러나 오토핫키 코드는 위에서 아래로 실행된다고 했으므로, 1번 줄, 2번 줄, 3번 줄 순서로 진행됨을 알 수 있습니다.

## ⬡ 줄 구분은 반드시 지켜야 합니다

오토핫키는 한 줄씩 읽어 들이며 수행되는 인터프리트 언어이기 때문에, 한 줄에 여러 명령을 쓰는 것은 특별한 경우가 아닌 한 허용되지 않습니다. 대부분 상황에서, 반드시 한 줄엔 하나의 명령만이 존재해야 합니다.

그와 달리 띄어쓰기(공백)와 대소문자 혼용은 대부분 상황에서 자유롭게 해도 됩니다. 한 칸 띄울 거라면 두 칸 띄워도 되며, MsgBox라는 함수를 msgBOX라고 대소문자를 바꿔 써도 잘 작동할 것입니다. 그러나 임의로 코딩 스타일을 흩트리는 것은 좋지 못하며, 이왕이면 표준적인 용례를 따르는 것이 좋습니다.

## ⬡ 오토핫키는 함수를 이용하여 명령을 내립니다

오토핫키에서 명령은 함수를 호출하는 것으로 구현됩니다. 함수라는 말이 어렵지만, 일단은 일종의 명령이라고 이해하면 됩니다. 호출하는 함수마다 다른 기능을 한다는 것이지요. 만약 로봇 강아지를 프로그래밍한다면, '짖기', '먹기', '자기'와 같은 함수를 호출하여 각각의 기능을 수행할 수 있습니다.

오토핫키에서 함수를 호출하는 한 줄은 함수명과 인수로 나뉘어 있습니다.

```
1    AAAA(BBBB, CCCC, DDDD)
```

예를 들어서 위와 같은 줄이 있다면, **AAAA는 함수명이며 BBBB, CCCC, DDDD는 인수입니다.** 함수명은 반드시 한 개여야 하며, 인수는 여러 개가 올 수 있습니다. 인수는 해당하는 함수를 어떻게 동작시킬지를 결정합니다. 예를 들어서 로봇 강아지의 '짖기'가 다 똑같은 짖기가 아닐 것입니다. 높게 짖을 수도, 낮게 짖을 수도, 으르렁댈 수도 있지요. 두 번 짖을 수도 있고요. 이는 인수를 어떻게 적어주냐에 따라 조절할 수 있습니다.

```
1    짖기("낮게", 2)
```

예를 들어 이런 식으로 적으면 로봇 강아지를 낮게 두 번 짖게 할 수 있습니다. 물론 '짖기( )' 함수는 오토핫키에 존재하지 않습니다.

## 🔷 함수의 원형

그리고 해당 함수를 이용할 때 어떤 인수를 넣어주어야 하는지 알아보기 쉽게 적은 것이 바로 함수의 원형입니다. 원형에서 어떤 인수를 적어야 하는지 표현한 것을 **매개변수**라고 하고요.

예를 들어서, 오토핫키에 CookRamyeon이라는 컴퓨터에게 라면을 끓이라는 지시를 내릴 수 있는 함수가 있다고 가정하고, CookRamyeon의 '함수의 원형'이 다음과 같다고 해봅시다.

```
CookRamyeon(라면의 종류, 물의 양, 조리 시간 [, 스프의 양])
```

'라면의 종류', '물의 양', '조리 시간', '스프의 양'은 **매개변수**입니다. 여러분은 이를 보고 인수를 작성해주면 됩니다.

```
1    CookRamyeon("Jin", 500, 5)
```

컴퓨터에게 'Jin'이라는 라면을 500mL의 물의 양으로 5분간 끓이라는 명령이 완성되었습니다.

그런데, '스프의 양'은 지정해주지 않았네요. 왜냐하면 스프의 양은 선택 매개변수이기 때문입니다. 선택 매개변수란 작성하지 않아도 문제가 없는 매개변수를 뜻합니다. **선택 매개변수**를 작성하지 않으면 미리 함수에 설정되어 있는 기본값으로 실행됩니다. 그러므로 이는 생략해도 오류가 나지 않습니다.

어떠한 매개변수가 선택 매개변수인지도 역시 함수의 원형을 보면 알 수 있습니다. 함수의 원형에서 대괄호로 묶여 있는 부분은 선택 매개변수라는 뜻입니다. 위의 CookRamyeon 함수의 원형에서 [, 스프의 양]이라고 대괄호 처리가 되어있죠?

오토핫키에서 함수의 원형은 함수에 어떤 값을 인수로 전달해주어야 하는지 알아보기 쉽게 적은 힌트에 불과합니다. 따라서 여러분은 함수의 원형을 보고, 인수가 몇 개 필요한 함수인지, 또 어떤 인수가 필요한지 정도만 파악할 줄 알면 OK입니다.

---

**점검 질문**

아래와 같은 함수의 원형에서, '함수명', '매개변수', '선택 매개변수'는 무엇인가요?

```
FileAppend(Text [, Filename, Options])
```

---

Tip    **인수는 '전달했다'라고 합니다.**

인수는 함수(혹은 매개변수)로 '전달했다' 혹은 '제공했다'라고 표현하는데, 그 이유는 나중에 배울 것입니다.

Tip    **인수와 매개변수의 차이**

인수와 매개변수의 차이는 다음과 같이 확인할 수 있습니다.

- **인수**: 함수를 어떻게 동작하는지 결정하기 위해 호출할 때 함께 전달해주는 값
- **매개변수**: 함수의 원형에서, 어떤 인수를 넣어야 하는지 표시해주는 이름

예를 들어서, 앞의 **CookRamyeon** 예시에서 "물의 양"은 매개변수, "500"은 함수에 전달해준 인수라고 생각하면 됩니다. 함수의 원형은 제가 여러분께 설명하는 용도이므로, 실제 코드 작성 시엔 인수만 작성하게 되겠죠? 엄밀히 말하면 매개변수는 '함수 안에서 사용되는 호출 시 전달받은 값'을 나타내지만, 이를 이해하려면 Section 52부터 시작되는 함수 부분을 참고해야 하므로 아직은 '어떤 인수를 넣어야 하는지 표시해주는 힌트' 정도로만 이해하길 바랍니다.

## ✿ FAQ. 자주 올라오는 질문과 답변 1

**Q** 오토핫키 강좌에서는 자신의 PC에서 64비트를 사용하더라도, 32비트로 설정하라고 하는데 호환성과 GUI 스킨 변경 때문일까요? PC 설명에 맞게 64비트로 사용해도 될까요?

**A** 1강좌에서 32비트로 안내하는 이유는 배포를 염두에 두기 위해서입니다. 32비트 프로그램은 64비트 운영체제서 실행되지만, 그 반대는 되지 않습니다. 그래서 만약 64비트 오토핫키로 컴파일한 후 32비트 윈도우 사용자분께 배포하면, 실행이 되지 않을 수 있습니다. 이를 방지하고자 32비트로 설치하도록 설명하는 것입니다.

개인적으로 사용하는 것이라면 어느 것이든 상관없고, 배포할 대상의 아키텍처를 알고 있다면 64비트로 설정해도 됩니다.

## ✿ FAQ. 자주 올라오는 질문과 답변 2

**Q** 오토핫키 v1과 오토핫키 v2가 있던데 무엇을 기준으로 배워야 하나요?

**A** v1과 v2는 호환이 안 되어서 둘 중 하나를 택일해서 배우는 게 좋습니다. 그리고 어차피 새로 배워야 한다면 v2를 추천드립니다. 본 도서도 v2를 기준으로 설명합니다.

온라인상에 공유된 많은 스크립트가 v1이지만, 시간이 지날수록 v2 스크립트의 비중이 높아질 것입니다. 결국 v1 스크립트는 도태될 예정이고, 이미 오토핫키 재단에선 v1을 'Deprecated(사용하지 않음)'로 분류해두었습니다. 현재 실력이 라이브러리를 구해서 뭔가를 만들 수 있는 정도라면 'v1'과 'v2' 중 상황에 따라 선택해도 되지만, 새로 배우는 상황이라면 v2를 배우길 추천합니다.

현재 라이브러리나 공유된 스크립트가 부족하다는 이유로 v1 버전을 쓸 바엔 Python 등 다른 많은 라이브러리가 있는 언어를 배우는 걸 추천합니다. 저는 v1을 결코 추천하지 않고, 오토핫키 'v2' vs 'Python' 정도의 비교만 하고 있습니다.

즉, 지금 당장 뭔가 급하게 필요하다면 v1을 고려해볼 순 있지만, 강력하게 v2를 배우는 편을 추천하며, 만약 v2로 프로그램을 개발하다가 라이브러리가 부족하여 자신의 능력상 개발할 수 없을 땐 차라리 v1 대신 Python을 배워보세요. 중요한 것은 코드를 붙여넣는 것이 아니라, 처음부터 원하는 코드를 짤 수 있는 능력을 키우는 것입니다.

# 오토핫키 시작하기

# 05 오토핫키 스크립트 만들기    SECTION

본격적으로 오토핫키 스크립트를 만들어볼까요? 지금까지 설치 방법을 정확히 따라왔다면, 오토핫키 스크립트를 만드는 방법 또한 쉽게 할 수 있습니다.

## 🔝 새 스크립트 생성하기

오토핫키 스크립트는 바탕화면이나 탐색기에서 우클릭하여 컨텍스트 메뉴를 열면 만들 수 있습니다. 컨텍스트 메뉴에서 [새로 만들기] → [AutoHotkey Script]를 클릭해서 새 오토핫키 스크립트 파일을 만들 수 있습니다.

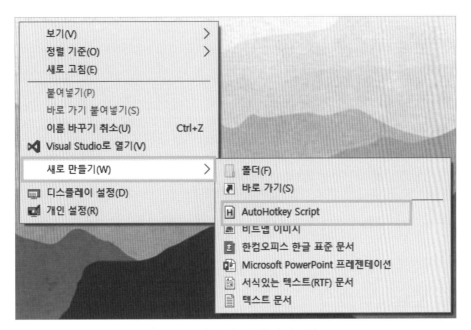

[그림 5-1] 새 스크립트 파일을 만드는 과정

> **Tip** ㅣ **Windows 11의 경우**
>
> Windows 11의 경우 바탕화면이나 탐색기에서 우클릭하여 열린 컨텍스트 메뉴에서 [추가 옵션 표시]를 클릭하면 [그림 5-1]과 같은 메뉴가 나타납니다.

다음과 같이 새 스크립트의 템플릿을 설정하는 창에서 '빈 템플릿'을 의미하는 [Empty] 버튼을 선택한 후 [Create] 버튼을 클릭해 새 스크립트 파일을 만듭니다.

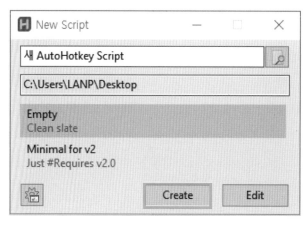

[그림 5-2] 템플릿 설정

위의 과정을 거치면 다음과 같은 스크립트 파일이 생성됩니다.

[그림 5-3] 생성된 오토핫키 스크립트 파일

## 🔯 오토핫키 스크립트 편집하기

스크립트 파일을 우클릭하면 나타나는 컨텍스트 메뉴에서 [Edit script] 버튼을 클릭해 스크립트를 편집할 수 있습니다. Windows 11의 경우 컨텍스트 메뉴에서 [추가 옵션 표시]를 선택해야 나타납니다.

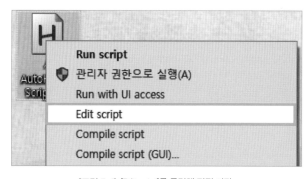

[그림 5-4] [Edit script]를 클릭해 편집 시작

만약, 이 과정에서 [Edit script] 버튼이 보이지 않으면 편집기 설치 시 지침대로 체크박스를 해제하지 않은 경우입니다. 이 경우엔 .ahk 파일을 여는 기본 연결 프로그램을 AutoHotkey Dash로 설정하면 정상적으로 메뉴가 보입니다.

> **Tip** **연결 프로그램 설정 방법**
> - **Windows 10**: 아이콘 우클릭 → [연결 프로그램] → [항상 이 앱을 사용하여 .ahk 파일 열기] 옵션 체크 → 'AutoHotkey Dash' 선택 → [확인]
> - **Windows 11 (업데이트가 안 된 버전)**: 아이콘 우클릭 → [연결 프로그램] → [다른 앱 선택] → [항상 이 앱을 사용하여 .ahk 파일 열기] 옵션 체크 → [AutoHotkey Dash] → [확인]
> - **Windows 11 (최신 버전)**: 아이콘 우클릭 → [연결 프로그램] → [다른 앱 선택] → [AutoHotkey Dash] → [항상]

## ✿ 최초 실행 시 편집기 설정하기

스크립트를 편집하고자 하면, 최초 한 번만 다음과 같은 설정 창이 나타납니다. 어떤 프로그램을 기본 편집기로 여길지 설정해 줄 수 있습니다. 설치한 [SciTE4AutoHotkey]를 선택한 뒤, [OK] 버튼을 클릭해 적용해줍니다. 만약 .ahk 파일의 연결 프로그램을 묻는 창이 나타난다면 연결 프로그램은 [AutoHotkey Dash]로 설정하고, [항상 이 앱을 사용하여 .ahk 파일 열기]를 체크하여 설정하면 됩니다. 역시 이 설정을 하지 않으면 향후 오토핫키 스크립트 파일을 우클릭했을 때 [Edit Script]가 보이지 않는데, 위의 Tip을 참고하여 연결 프로그램을 [AutoHotkey Dash]로 설정해주면 됩니다.

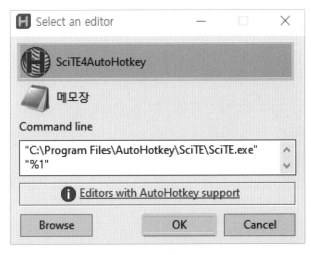

[그림 5-5] 기본 편집기 설정

설정이 끝났습니다! 빈 에디터 화면이 떴고, 우리는 이 창에다 오토핫키 코드를 작성할 수 있습니다.

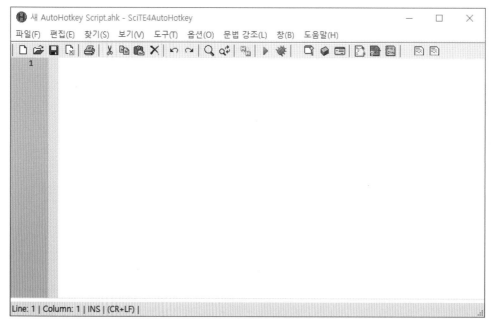

[그림 5-6] 열린 편집기 화면

앞으로는 이렇게 복잡하지 않습니다.

우리가 여러 설정을 하며 여기까지 오느라 다소 복잡했지만, 앞으로 새 스크립트를 만들 땐 바탕화면이나 탐색기에서 우클릭하여 컨텍스트 메뉴를 열고 [새로 만들기] → [AutoHotkey Script] 버튼을 클릭해서 새 스크립트 파일을 만들기만 하면 됩니다. 만든 스크립트를 수정 및 편집하고 싶다면 파일을 우클릭해서 [Edit script] 버튼을 클릭하기만 하면 되죠.

이제 다음부터는 드디어 뭔가를 프로그래밍해보겠습니다.

# 06 문자를 출력하는 MsgBox (상)　　SECTION

이제 드디어 소스 코드를 작성해봅시다. 첫 번째로 배울 함수는 화면에 문자를 출력해주는 함수인 'MsgBox'입니다. 우선 지난 섹션을 참고해 스크립트를 편집할 수 있도록 에디터 화면을 연 채로 시작해보겠습니다.

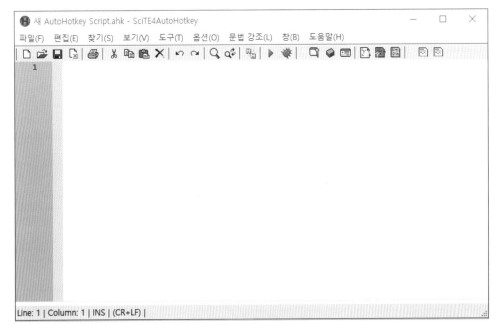

[그림 6-1] ] 편집기를 연 모습

## 🏛 MsgBox

MsgBox는 알림상자로 화면에 문자를 출력해주는 함수입니다. 이를 이용해서 사용자에게 알림이나 경고 등을 표시할 수 있습니다. 간단하지만 자주 사용됩니다. 먼저 **MsgBox** 함수의 원형은 다음과 같습니다.

```
MsgBox([Text, Title, Options])
```

⬆ MsgBox 함수의 원형

## 🏛 매개변수

- **Text**: 알림상자에 표시될 내용
- **Title**: 알림상자의 제목
- **Options**: 알림상자가 어떻게 표시되는지 설정할 수 있는 옵션

Section 04에서 설명한 내용이 기억나나요? 함수의 원형에서 대괄호로 표시된 매개변수는 선택 매개변수라고 했습니다. 입력하지 않아도 오류가 나지 않고 실행된다는 뜻이지요. 원형을 보니, **MsgBox**는 모든 매개변수가 선택 매개변수네요. 시험으로 삼아서 인수를 모두 생략한 후 **MsgBox** 함수를 호출해보겠습니다. 이제 빈 편집기에 직접 코드를 타이핑해보면 됩니다.

```
1    MsgBox()
```

▲ 인수가 모두 생략된 MsgBox

이제 여러분이 입력한 코드를 실행해보겠습니다. 편집 중인 스크립트를 실행해보고자 한다면, SciTE4 AutoHotkey의 상단 도구모음에서 [실행(▶)] 버튼을 클릭하거나 키보드의 F5를 누르면 됩니다.

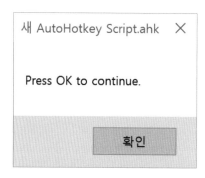

[그림 6-2] 실행된 알림상자의 모습

정말이네요! 오류 없이 알림상자가 나타났습니다. 적어준 인수가 없으므로 기본 문구인 "Press OK to continue."가 나타났지만, 선택 매개변수를 모두 생략했을 때 오류가 나지 않고 스크립트가 실행된다는 점을 알게 되었습니다.

📖 **실습**

### 1. 인수 사용해보기

표시되는 문구를 수정해봅시다. 바다 건너 외국인들은 프로그래밍 언어를 처음 배울 때 'Hello, world'라는 문구를 출력해보는 전통 아닌 전통이 있습니다. 우리도 한 번 따라 해보죠. 알림상자에 'Hello, world!'를 출력하려면 어떻게 해야 할까요? 함수의 원형을 보며 알아봅시다.

```
MsgBox([Text, Title, Options])
```

△ MsgBox 함수의 원형

알림상자의 문구는 Text 매개변수로 지정할 수 있습니다. 그렇다면 Title과 Options 매개변수를 생략하고, Text 매개변수의 위치에 아래와 같이 적고 실행해봅시다.

```
1    MsgBox("Hello, World!")
```

[예제 6-1] Text 매개변수에 "Hello, world!"를 입력

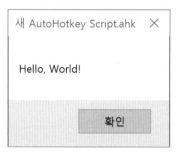

[그림 6-3] 실행된 알림상자의 모습

Hello, world! 문구가 출력됩니다. 여기서 한 가지 짚고 넘어가 보자면, 함수의 인수로 문자열을 전달할 땐 이를 따옴표로 감싸주어야 합니다. 따옴표는 큰따옴표(")와 작은따옴표(') 모두를 사용할 수 있으나, 여는 따옴표와 닫는 따옴표는 같아야 합니다.

> **Tip    문자열이란?**
>
> 프로그래밍에서 문자열이란 문자의 집합을 의미합니다. 보통 a, b, 가, 나와 같은 한 글자를 문자라고 하죠? 문자열은 그러한 문자들이 모여 만든 단어나 문장 등을 뜻합니다. 아래처럼 특별한 기능을 하지 않는 일반적인 단어나 문장, 혹은 단일문자가 이에 포함됩니다.
>
> ```
> apple, 가방, 너를 좋아해, a, abc123
> ```
>
> 앞의 실습에서 사용한 Hello, world! 또한 문자열이죠. 앞으로는 '문구', '문장', '단어'와 같은 용어 대신 문자열이란 용어를 자주 사용하겠습니다.

## 2. 여러 줄 사용해보기

오토핫키는 구문을 위에서 아래로 순차적으로 실행합니다. 그렇다면 **MsgBox**도 여러 번 써볼까요?

```
1    MsgBox("제 이름은 홍길동입니다.")
2    MsgBox("나이는 30살입니다")
3    MsgBox("오토핫키를 배우고 있습니다.")
```

[예제 6-2] 여러 줄의 소스 코드 입력

직접 코드를 실행해보세요. 첫 번째 알림상자가 나타난 후, [확인] 버튼을 클릭하면 그다음 알림상자가 나타납니다. 여기서 우리는 두 가지 깨달음을 얻을 수 있는데요, 하나는 이미 알고 있던 대로 **소스 코드는 위에서 아래로 실행된다**'라는 것이고, 다른 하나는 '**동작이 완료되기 전엔 다음 줄로 진행되지 않는다**'는 것입니다.

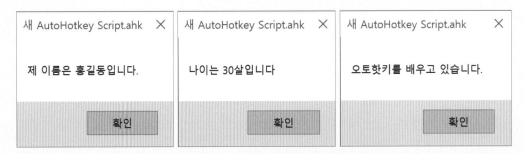

[그림 6-4], [그림 6-5], [그림 6-6] 여러 문구의 알림상자 출력

[예제 6-2]에서 첫 번째 알림상자를 닫기 전까진 두 번째 알림상자가 나타나지 않았습니다. 오토핫키는 이전 동작을 완료하기 전까지 다음 줄로 넘어가지 않는 특징을 갖고 있기 때문입니다.

분량이 길어지니 Title과 Options 매개변수에 대한 설명은 다음에서 이어 하도록 하겠습니다.

# 07 문자를 출력하는 MsgBox (하)    SECTION

지난 섹션에서는 **MsgBox**의 첫 번째 매개변수인 Text 매개변수만을 사용해보았는데, 이번엔 Title과 Options 매개변수를 사용해볼 것입니다. 먼저 원형을 다시 한번 살펴보겠습니다.

```
MsgBox([Text, Title, Options])
```

▲ MsgBox 함수의 원형

## 🎲 매개변수

- **Text**: 알림상자에 표시될 내용
- **Title**: 알림상자의 제목
- **Options**: 알림상자가 어떻게 표시되는지 설정할 수 있는 옵션

① **Text, Title**: 앞에서 Text 매개변수를 전달하여 알림상자의 내용을 변경해보았습니다. Title 매개변수는 Text 매개변수와 같은 방법으로 사용하며 알림상자의 제목을 바꿔줍니다.

② **Options**: 알림상자가 표시되는 방법을 설정할 수 있는 옵션을 적어줍니다.

공식적으로 Options에 쓸 수 있는 인수는 기능별로 다섯 묶음으로 분류하고 있지만, 세 묶음으로 간추려서 설명하겠습니다. 각 분류에서 원하는 옵션의 수나 문자열을 찾아 사용하면 됩니다.

| 버튼의 종류 | 수 | 문자열 |
|---|---|---|
| 확인 (기본값) | 0 | OK 또는 O |
| 확인\|취소 | 1 | OKCancel 또는 O/C 또는 OC |
| 중단\|다시 시도\|무시 | 2 | AbortRetryIgnore 또는 A/R/I 또는 ARI |
| 예\|아니요\|취소 | 3 | YesNoCancel 또는 Y/N/C 또는 YNC |
| 예\|아니요 | 4 | YesNo 또는 Y/N 또는 YN |
| 다시 시도\|취소 | 5 | RetryCancel 또는 R/C 또는 RC |
| 취소\|다시 시도\|계속 | 6 | CancelTryAgainContinue 또는 C/T/C 또는 CTC |

▲ 알림상자의 버튼

| 아이콘의 종류 | 수 | 문자열 |
|---|---|---|
| 금지(×) | 16 | Iconx |
| 물음표(?) | 32 | Icon? |
| 주의(△) | 48 | Icon! |
| 정보(i) | 64 | Iconi |

▲ 알림상자의 아이콘

| 기능의 종류 | 수 | 문자열 |
|---|---|---|
| 최상위화(제목 표시줄에 아이콘 표시) | 4096 | 없음 |
| 최상위화 | 262144 | 없음 |
| 오른쪽 정렬 | 1048576 | 없음 |

▲ 알림상자가 화면에 표시되는 방법

## 📖 실습

### 1. 알림상자의 제목 설정하기

알림상자의 제목을 바꿔보겠습니다. 다시 원형을 살펴볼까요? MsgBox 함수의 원형은 아래와 같습니다.

```
MsgBox([Text, Title, Options])
```

△ MsgBox 함수의 원형

지난 섹션에서 Text 매개변수에 인수로 문자열을 넣으면 알림상자의 문구가 변경된다는 것을 알게 되었죠. 이번엔 Title 매개변수를 사용하여 제목을 변경해보겠습니다.

```
1    MsgBox("Hello, world!", "Test Title")
```

[예제 7-1] Title 매개변수의 사용

[그림 7-1] 실행 결과

좋습니다. 타이틀이 잘 바뀌었군요. 지난 섹션에서 배웠듯이 인수가 문자열이므로 코드 작성 시 따옴표로 감싸준 것도 확인할 수 있습니다.

### 2. 알림상자의 옵션 지정하기 - 버튼

지정하고자 하는 옵션의 '수'나 '문자열'을 적어주면 된다고 하였으므로, 예를 들어 [예]와 [아니요] 버튼이 있는 알림상자를 만들고자 한다면 아래처럼 세 가지 방법으로 코딩할 수 있을 것입니다.

```
1    MsgBox("옵션 테스트", "Test Title", 4)
2    MsgBox("옵션 테스트", "Test Title", "Y/N")
3    MsgBox("옵션 테스트", "Test Title", "YN")
```

[예제 7-2] 셋 모두 알림상자에 [예], [아니요] 버튼 옵션을 부여하는 코드입니다.

[그림 7-2] 실행 결과

이해되었나요? 말이 어렵지 직접 프로그래밍해본다면 쉽습니다. 7개의 옵션 모두 사용해보고 알림상자의 변화를 관찰해봅시다. 그런데 일반적인 프로그램에선 사용자가 어떤 버튼을 누르느냐에 따라 프로그램의 동작이 결정되곤 합니다. 사용자가 [취소] 버튼을 클릭하면 작업을 취소해야 하고, [다시 시도] 버튼을 클릭하면 다시 시도해야 합니다. 이런 식으로 사용자의 입력에 따라 다른 동작을 하게 하려면 곧 배울 **연산자**와 나중에 배울 **조건문**을 알아야 합니다. 우리는 아직 배우지 않았기 때문에, 일단 허울 좋게 모양을 만드는 법만 알고 넘어갑시다.

> **Tip** 🔍 **수(number)는 문자열이 아닙니다**
>
> 수는 기본적으로 문자열에 포함되지 않습니다. 따라서 [예제 7-2]의 1번 줄에서 세 번째 인수는 문자열이 아니기 때문에 "4"라고 쓰지 않았습니다. '수'와 '숫자로 이루어져 있는 문자열'은 구분해야 하는데, "4"와 4는 각각 문자열 4와 수 4로 의미가 다릅니다. 다행히도 오토핫키는 수를 넣어야 하는 대부분 상황에서 이를 문자열 취급하여 따옴표 처리해도 무방하게 동작하긴 합니다. 따라서 위의 상황에서 세 번째 인수를 "4"라고 써도 동작하긴 하지만, 원칙적으론 4라고 쓰는 것이 맞습니다.

### 3. 알림상자의 옵션 지정하기 - 아이콘

이번엔 알림상자에 아이콘을 추가해봅시다. 알림상자에는 문구를 쉽게 인지하게 해주는 아이콘을 추가해줄 수 있습니다. 아래 그림처럼 말이지요.

[그림 7-3] 알림상자의 아이콘-옵션(금지)

[그림 7-4] 알림상자의 아이콘-옵션(물음표)

[그림 7-5] 알림상자의 아이콘-옵션(주의)　　[그림 7-6] 알림상자의 아이콘-옵션(정보)

위의 아이콘은 각각 금지(×) 물음표(?), 주의(△), 정보(i)를 의미합니다. 이 역시 버튼 옵션과 마찬가지로, 상단의 표에서 원하는 옵션의 수나 문자열을 적어주면 됩니다. 예를 들어서 주의 아이콘을 넣고 싶다면 아래와 같이 쓰면 되겠죠.

```
1    MsgBox("옵션 테스트", "Test Title", 48)
2    MsgBox("옵션 테스트", "Test Title", "Icon!")
```

[예제 7-3] 주의 아이콘 적용(두 줄 모두 같은 동작)

## 4. 여러 옵션의 결합

기능이 충돌하지 않는 이상, 여러 옵션을 동시에 쓸 수 있습니다. 예를 들어서 [확인], [취소] 버튼을 가지면서 주의(△) 아이콘을 가진 알림상자가 필요할 수 있습니다. 그럴 땐 공백으로 구분하여 문자열 형식으로 옵션을 나열해주면 됩니다. 예를 들면 아래처럼 말이지요.

```
1    MsgBox("알림 문구", "제목", "1 48")
2    MsgBox("알림 문구", "제목", "OC Icon!")
```

[예제 7-4] 여러 옵션의 동시 적용(두 줄 모두 같은 동작)

[그림 7-7] 실행 결과

혹은 옵션의 수를 더해주는 방식(위 예제에선 1 + 48 = 49를 사용)으로도 사용 가능한데, 이 경우 어떤 옵션을 사용했는지 한눈에 알아보기 힘든 단점이 있어서 언급만 하고 넘어가겠습니다.

---

`Tip` **선택 매개변수의 인수 생략**

앞에서 선택 매개변수는 생략할 수 있다고 했습니다. 그 부분엔 인수를 적지 않아도 된단 뜻이었죠. 만약 알림상자의 제목은 기본 값으로 하고, 옵션만 주고 싶다면 아래 예시처럼 Title 매개변수에 인수를 전달하지 않아야 합니다.

```
1    MsgBox("알림 문구",, "Y/N")
```

▲ Title 매개변수의 생략

위 코드 조각을 보시면, 인수를 적는 자리가 완전히 비어서 마치 쉼표를 두 번 쓴 것 같은 모습이 되었습니다. **이렇듯 인수를 생략하더라도 쉼표는 생략하면 안 된다는 점도 꼭 유의합니다.** 단, 생략할 인수의 뒤에 더는 적어 줄 인수가 없다면 쉼표는 적지 않아도 됩니다.

```
1    MsgBox("알림 문구", "Title")
```

▲ Options 매개변수의 생략

위 코드 조각은 Options 매개변수로 전달할 인수가 생략된 모습인데, Options 매개변수로 전달할 인수 뒤에 더는 적을 인수가 없으므로, Title 인수 뒤에 쉼표를 적지 않아도 정상 작동합니다.

# 08 이스케이프 시퀀스    SECTION

이번 섹션에서는 이스케이프 시퀀스(Escape Sequence)를 배우고 사용해볼 것입니다.

## 🏠 이스케이프란?

프로그래밍에서 이스케이프(Escape)란 표현할 수 없는 문자나 기능을 표현하도록 하는 조치 혹은 행위를 의미합니다. 오토핫키에선 상황에 따라 표현할 수 없는 문자가 존재합니다. 예를 들어서, 앞서 배운 MsgBox를 사용할 때, **만약 문구에 따옴표가 들어가 있으면 어떻게 해야 할까요?**

```
1    MsgBox("철수가 영희에게 "야! 나 너 좋아한다"라고 말했습니다.")
```

▲ 문자열 안에 따옴표를 사용할 경우(오류)

스크립트는 오류가 나며 실행되지 않습니다. 왜냐하면 따옴표는 작성한 코드가 문자열임을 나타내주는 하나의 기호인데, 문자열 중간에 따옴표가 들어간다면 이 따옴표로 인해 문자열 표시가 끝나기 때문이죠.

아주 꼼꼼히 읽은 분들은 알고 있을지 모르겠지만, Section 06에서 스쳐 지나가듯이 *"따옴표는 큰따옴표(")와 작은따옴표(') 모두를 사용할 수 있다"*라고 언급한 적이 있습니다. 그렇다면 문자열을 작은따옴표(')로 감싸준 후, 철수의 대화 부분을 큰따옴표(")로 적어주는 방법이 있습니다. 다음과 같이 말이죠.

```
1    MsgBox('철수가 영희에게 "야! 나 너 좋아한다"라고 말했습니다.')
```

▲ 문자열을 감싸는 따옴표를 작은따옴표로 사용

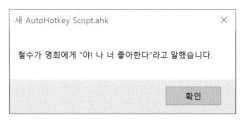

[그림 8-1] 실행 결과

정상적으로 큰따옴표를 문자열로써 표현할 수 있네요. 그렇지만 여전히 문제는 있습니다. 만약 한 문장 내에 작은따옴표와 큰따옴표를 둘 다 사용하려면 어떡할까요? 지금처럼 문자열을 감싸는 따옴표를 바꾸는 것만으로는 해결되지 않을 것입니다. 이럴 때 필요한 것이 **이스케이프** 처리입니다.

## 🏛 이스케이프 문자의 사용

이스케이프 처리를 하면 따옴표를 따옴표 그대로 표현할 수 있습니다. 또한, 어떠한 표현 불가능한 문자도 표현하게 해주죠. 이러한 이스케이프 처리는 '이스케이프 문자'를 '이스케이프할 문자' 앞에 붙이면 됩니다.

오토핫키에서 이스케이프 문자는 '`'입니다. 영미권에서 백 틱(Back tick)이라고 불리는 이 기호는 대부분 키보드의 Esc 아래에 있습니다. ~를 입력할 때 Shift 를 떼고 입력하면 바로 `가 입력되죠. 여러분 중 대부분은 처음 입력해본 문자일 수도 있겠습니다만, 오토핫키에선 이스케이프 문자로 자주 쓰입니다. 이러한 이스케이프 문자를, 이스케이프할 문자 앞에 붙여주면 끝입니다. 앞선 예제에선 따옴표 앞에 붙여주면 되겠죠. 아래와 같이 말입니다.

```
1    MsgBox("철수가 영희에게 `"야! 나 너 좋아한다`"라고 말했습니다.")
```

▲ 따옴표를 이스케이프 처리

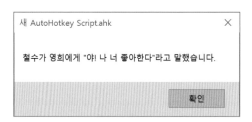

[그림 8-2] 실행 결과

과연 이스케이프 처리를 하니 따옴표를 표현할 수 있습니다! 이렇게 이스케이프 처리를 하면 표현할 수 없는 문자를 표현할 수 있습니다. ("" 또는 ''처럼) 문법적으로 사용되는 문자를 문자 그대로의 의미로 사용할 수 있게 해주죠.

## 🏛 이스케이프 시퀀스

그렇다면 섹션 제목인 이스케이프 시퀀스는 무엇일까요? 바로 '이스케이프 문자+이스케이프할 문자'로 이루어진 문자열을 의미합니다. 앞선 예제의 `"과 같은 것이지요. 오토핫키에선 `"를 포함해 몇 가지 이스케이프 시퀀스가 있습니다. 대표적으로 알아보자면 아래의 표와 같습니다.

| 이스케이프 시퀀스 | 설명 |
|---|---|
| `" 또는 `' | 각각 큰따옴표(")와 작은따옴표(')를 표현합니다. |
| `n | 줄바꿈을 표현합니다. |
| `t | 수평 탭을 표현합니다. |

Tip   **이스케이프 시퀀스는 더 많습니다.**

사실 언급한 네 가지 외에도 이스케이프 시퀀스는 많습니다. 그러나 외울 필요는 없습니다. 그저 여러분들이 '어? 이 상황에 이 문
자를 쓰면 오류가 나는데?' 싶을 때, 그 문자를 이스케이프 처리해주면 됩니다. 그밖에 `n 정도는 외우면 좋습니다.

📖 **실습**

## 1. 따옴표와 줄바꿈 표시

| 1 | MsgBox("`"닭 잡는 데 어찌 소 잡는 칼을 쓰려 하십니까?`"`n- 화웅") |
|---|---|

[예제 8-1] 따옴표와 줄바꿈을 표현하는 이스케이프 시퀀스 사용

[그림 8-3] 실행 결과

`"로 따옴표를 표현해주었고, `n으로 줄바꿈을 표현해주었습니다.

## 09 실행파일로 내보내기

이번 섹션에서는 오토핫키 스크립트를 **실행파일**로 내보내볼 것입니다. 실행파일이란 Windows 운영체제에서 .exe 확장자의 파일이며, 사용자는 이 파일을 실행하여 프로그램을 실행할 수 있습니다.

오토핫키에선 스크립트를 실행파일로 만드는 과정을 컴파일(Compile)이라고 하며, 이렇게 만들어진 스크립트는 오토핫키가 설치되어있지 않은 사람이 실행하더라도 정상 실행이 가능합니다. 따라서 만든 프로그램을 공유하려면 반드시 컴파일하여 실행파일로 만들어야 합니다.

### 컴파일을 위해 Ahk2Exe 열기

스크립트를 실행파일로 만드는 방법은 간단합니다. 우선 Ahk2Exe라는 오토핫키 컴파일 도구를 열어야 합니다.

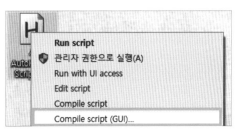

[그림 9-1] 컨텍스트 메뉴에서 [Compile script (GUI)...]를 선택

스크립트 파일을 우클릭하여 나타나는 컨텍스트 메뉴에서 [Compile script (GUI)...]를 선택하면, 아래와 같은 프로그램 창이 나타납니다. 이 프로그램이 바로 오토핫키 스크립트를 컴파일해주는 도구인 Ahk2Exe입니다.

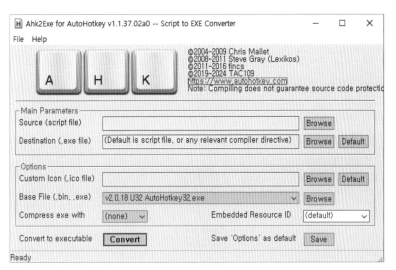

[그림 9-2] Ahk2Exe의 모습

> **Tip** ▶ **[Compile script] 메뉴가 없어요!**
>
> Section 03에서 Ahk2Exe를 설치하는 과정을 생략한 경우 해당 메뉴가 나타나지 않습니다. 오토핫키를 설치한 경로(기본 설정: C:\Program Files\AutoHotkey\UX)로 이동하면 install-ahk2exe.ahk 파일이 있는데, 이를 실행시키면 몇 초 후 설치가 완료됩니다. 또한 Windows 11의 경우 컨텍스트 메뉴에서 [추가 옵션 표시]를 선택해야 나타납니다.

## 컴파일 설정 및 컴파일하기

컴파일은 간단합니다. Ahk2Exe에서 어떻게 컴파일할 것인지 설정하면 되는데, 아래와 같이 설정하면 대부분 환경에서 잘 동작하는 exe 파일을 만들 수 있습니다.

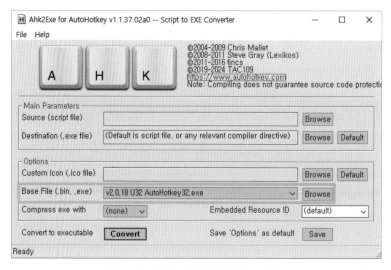

[그림 9-3] Base File은 오토핫키 버전에 따라 다릅니다.

녹색 상자로 강조한 Base File 부분에 저와 똑같이 오토핫키 v2 설치를 따라온 분들은 이미 [그림 9-3]과 같이 설정되어 있을 것입니다. 만약 다르다면 'Base File'을 설정합니다. 여러분이 설치한 오토핫키 버전에 따라 다를 수 있는데, 맨 앞 두 글자가 v2이며, U32라고 적혀있는 버전이면 뭐든 괜찮습니다(예를 들어서, 위의 [그림 9-3]에선 v2.0.18 U32 AutoHotkey32.exe이며, v2와 U32 부분만 일치하면 됩니다.). 그리고 반드시 [Save] 버튼을 클릭합니다. 하단의 [Convert] 버튼을 클릭하고 잠시 기다리면 다음과 같은 스크립트 파일이 있는 위치에 exe 파일이 생성됩니다.

[그림 9-4] 생성된 오토핫키 실행파일

Tip `실행파일의 아이콘 바꾸기`

딱딱하면서도 다소 유치한 기본 아이콘을 바꾸고 싶다면, Ahk2Exe에서 [Custom Icon]란의 [Browse] 버튼을 클릭해 사용자 아이콘 파일(.ico)을 적용할 수 있습니다.

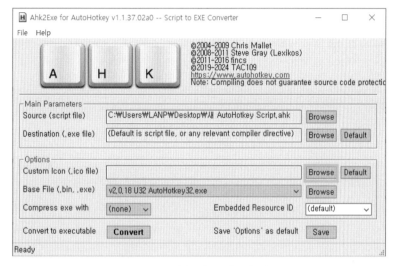

[그림 9-5] 실행파일의 아이콘 바꾸기

## 간단하게 클릭 한 번으로 컴파일하기

이렇게 Ahk2Exe 창을 직접 열어서 컴파일하는 방법도 있지만, 컨텍스트 메뉴에서 바로 컴파일할 수도 있습니다.

다음 [그림 9-4]처럼 컨텍스트 메뉴에서 [Compile script]를 선택하면 곧바로 스크립트 파일이 있는 위치에 exe 파일이 생성됩니다. Ahk2Exe를 열지 않고도 바로 컴파일할 수 있는 것이지요. 이 경우 Ahk2Exe에 선택되어 있는 설정대로 컴파일됩니다.

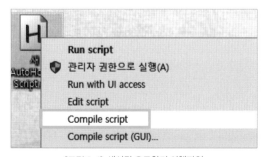

[그림 9-6] 생성된 오토핫키 실행파일

만약 Base File을 선택하지 않았다는 오류가 나타날 경우, 앞의 설정 과정에서 [Save] 버튼을 클릭하지 않은 것이니 다시 Ahk2Exe를 열어서 [Save] 버튼을 클릭해주세요.

---

**Tip   인터프리트 언어에서의 '컴파일'**

오토핫키와 같은 인터프리트 언어(Interpreted Language)는 본래 소스 코드를 한 줄씩 읽으며 실행시키는 구조로, 소스 코드를 기계어(혹은 바이트코드 등 다른 언어)로 통째로 바꿔두는 엄밀한 정의의 컴파일(Compile)에 해당하지는 않습니다.

인터프리트 언어에서 컴파일이라고 부르는 과정은 (대부분은) 소스 코드를 한 줄씩 해석하는 해석기인 인터프리터를 스크립트와 동시에 하나의 파일로 묶는 과정에 지나지 않으며, 오토핫키 또한 오토핫키 인터프리터를 우리가 작성한 스크립트와 함께 exe로 묶어주는 과정을 편의상 '컴파일'이라고 부르고 있습니다.

따라서 오토핫키의 컴파일은 소프트웨어 공학적 의미의 '컴파일'과는 다릅니다!

## 10 프로그래밍 문제 (1)    SECTION

문제 1   **[보기]의 문구를 조건에 맞게 출력하세요.**

---

보기

별을 보고 항로를 정하라
지나가는 모든 배들의 등불 말고

---

조건

1. 주어진 두 줄의 격언을 한 번에 출력할 것.
2. 줄바꿈에 유의할 것.
3. 코드 제한: 1줄

---

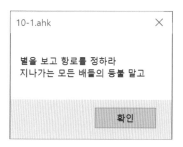

[그림 10-1] 출력 결과

문제 2   **[보기]의 문구를 조건에 맞게 출력하세요.**

---

보기

작업에 실패했습니다.
다시 시도하시겠습니까?

---

조건

1. 주어진 두 줄의 문구를 한 번에 출력할 것.
2. 줄바꿈에 유의할 것.
3. [다시 시도] 버튼과 [취소] 버튼이 있도록 설정할 것.
4. 알림상자의 제목은 기본값으로 출력되도록 할 것.
5. 코드 제한: 1줄

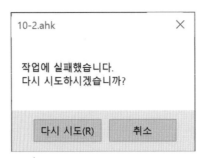

[그림 10-2] 출력 결과

---

<table><tr><td>문제 3</td></tr></table> **조건에 따라, [문제 2]의 알림상자를 변형해보세요.**

<table><tr><td>보기</td></tr></table>

- [문제 2]의 알림상자에 '주의' 아이콘을 함께 출력할 것.
- 코드 제한: 1줄

[그림 10-3] 출력 예시

## ☼ 민주적 프로그래밍 언어, 오토핫키!

사람들은 대부분 C 또는 Python으로 프로그래밍을 접합니다. 드물게 웹 쪽에서의 경력이 있던 분들은 JavaScript, PHP와 같은 언어로 첫 프로그래밍을 접하게 됩니다. 그런데, 오토핫키는 어떨까요? 처음 프로그래밍을 배우는 도구로 적합할까요?

과거엔 C 언어로 처음 프로그래밍을 배우는 경우가 많았습니다. 메모리 구조 등 컴퓨터의 기초적인 구조를 배우는 데에 제격이거든요. 프로그램이 어떻게 동작하는지 가장 깊은 곳(Low Level)에서 볼 수 있기 때문이었습니다. 최근엔 Python을 통해 프로그래밍 세계에 첫걸음을 내딛는 경우가 많습니다. 컴퓨터 기술의 발달로 복잡한 '메모리'나 '포인터' 등을 신경쓰지 않아도 되는 경우가 많아졌기 때문입니다. Python이 C보다 고수준(High Level) 언어이기 때문에, 초보자가 배우기에 더 쉽습니다(기계어에 가까울수록 저수준, 자연어에 가까울수록 고수준이라고 합니다.).

오토핫키는 초(超)고수준언어(Ultra-High Level Language)라고 부를 수 있습니다. 그만큼 우리가 평소 사용하는 자연어와 아주 가깝다는 뜻입니다. Python보다도 배우기 쉽습니다. 우리는 코드 한 줄로 '알림상자를 출력'하거나, '마우스나 키보드를 조작'할 수 있습니다. 오토핫키를 통하면 프로그래밍을 배우고자 큰 노력을 들이지 않아도, 누구나 프로그래밍을 시작할 수 있습니다.

이런 현상을 '프로그래밍의 민주화'라고 부르고 싶습니다. 과거엔 전문 프로그래머만의 영역이었던 프로그래밍이, 이젠 비전문가도 쉽게 사용할 수 있도록 '모두의 것'이 되었습니다. 오토핫키는 그런 면에서 민주적인 프로그래밍 언어라고 할 수 있습니다. 민주적 프로그래밍 언어, 오토핫키! 이 책과 함께라면 어렵지 않습니다.

# 변수와 연산자

# 11 변수의 의미

이제부터는 프로그래밍의 꽃, '변수'에 대해 알아볼 것입니다. 여기는 이론을 많이 다루기 때문에 꽤 지겨운 부분입니다. 그러나 너무 걱정하지 않아도 됩니다. 다소 지겹긴 해도 최대한 쉽게 이해할 수 있도록 간략하고 재밌게 설명하겠습니다.

## 변수의 의미

프로그램에서 사용되는 여러 가지 값들을 담는 저장공간을 변수라고 합니다. 그 저장공간에 이름을 붙여서 소스 코드 내부에서 사용할 수 있죠. 한마디로 '값에 이름을 붙인 것'을 변수라고 생각하면 됩니다.

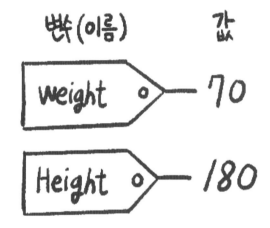

[그림 11-1] 프로그래밍에서 사용되는 값에 이름을 붙인 것을 변수라고 합니다.

그런데, 왜 프로그래밍에 변수가 필요할까요?

## 변수를 사용하는 이유

### 1. 연산의 결괏값을 코드에 사용하기 위해

여러 이유가 있지만, 그 첫 번째 이유는 **프로그램의 연산에 따른 다양한 결괏값을 우리가 사용해야 하기 때문입니다. 예를 들어서, 어떠한 연산의 결과가 3일 수도 있고 5일 수도 있을 때, 그 결과를 코드 내에서 사용하려면 변수가 필요합니다. 어떤 값이 결과로 나올지 모르는 상황에서, 직접 코드에 3 또는 5라고 적어줄 수 없으니까요. 따라서 '연산의 결과'를 변수에 담아서 사용하는 경우가 가장 흔합니다. 어떤 값이 될지 모르는 연산의 결과를 코드 내에서 사용하기 위해서죠. 그런데 이런 설명은 프로그래밍이 처음이면 이해가 힘들 수 있으니, 일단 넘어가도 좋습니다.

## 2. 코드에 유연성을 더하기 위해서

코드에 유연성을 더하기 위해서도 사용됩니다. 변수를 사용하면 프로그램이 더욱 유연해지죠. 변화에 대응하기 쉽다는 뜻입니다.

예를 들어서, 육상 선수 우사인 볼트가 항상 동일한 속도인 1초에 10m씩 뛸 수 있다고 가정하겠습니다(실제론 가속되는 시간이 필요하겠지만 무시합시다.). 그렇다면 프로그램상에서 우사인 볼트의 거리별 예상 기록을 계산할 때, 아래와 같이 계산할 수 있습니다.

```
50m 기록: 5 x 1초
100m 기록: 10 x 1초
```

왜냐하면 우사인 볼트는 앞서 가정했듯 1초에 10m를 달리기 때문입니다. 그런데, 그날 아침 우사인 볼트가 밥을 많이 먹어서 10m를 달리는 데 2초씩이나 걸리게 되었다고 해봅시다. 기존의 프로그램을 이용하여 50m, 100m 기록을 계산하려면 코드에서 아래와 같이 두 부분을 수정해야 합니다.

```
50m 기록: 5 x 2초
100m 기록: 10 x 2초
```

이처럼, 변수를 사용하지 않으면 하나의 조건을 변경되었을 때 코드의 모든 부분을 수정해주어야 하는 불편함이 있습니다. 만약 볼트의 150m, 200m 기록 또한 계산하는 프로그램이었다면 총 네 군데를 변경해야 하죠. 그런데 애초에 변수를 사용하여 프로그래밍했다면 아래와 같이 프로그래밍할 수 있습니다.

```
unitTime 변수에 1을 담는다.
```

```
50m 기록: 5 x unitTime 초
100m 기록: 10 x unitTime 초
```

위의 상태에서 볼트의 10m 기록이 변경되었더라도 아래처럼 변수의 값만 고쳐주면 됩니다.

```
unitTime 변수에 2를 담는다.
```

```
50m 기록: 5 x unitTime 초
100m 기록: 10 x unitTime 초
```

이렇게 변수의 값 딱 한 군데만 수정해준다면 프로그램은 위와 동일한 동작을 할 수 있을 것입니다. 따라서 변수를 사용하면 더욱 변화에 유연한 프로그램을 만들 수 있습니다.

## 3. 코드에 의미를 더하기 위해서

또한, 변수는 작성한 코드의 의미를 명확하게 보여줄 때도 사용할 수 있습니다. 간단한 예를 들어서, 체중을 키의 제곱으로 나누어 구할 수 있는 체질량지수(BMI)를 계산해주는 프로그램이 있다고 하겠습니다.

체질량지수(BMI) = 70 / 1.82

체중 변수에 70을 담는다.
키 변수에 $1.8^2$를 담는다.

체질량지수(BMI) = 체중 / 키$^2$

위와 같은 두 방법 중, 어느 코드가 더욱 의미상 명확한가요? 코드를 처음 보는 사람도 의미를 이해할 수 있는 것은 아래쪽 코드일 것입니다. 이렇듯 변수는 코드의 의미를 명확하게 해주는 역할도 합니다.

## 🏛 변수를 사용하는 경우는 많습니다!

프로그래밍에서 변수는 떼려야 뗄 수 없습니다. 제가 말한 내용은 어디까지나 변수의 대표적인 역할입니다. 변수를 사용하는 모든 경우를 설명할 자신조차 없습니다. 다만 확실하게 말할 수 있는 것은, 변수는 편리하고 유용하다는 것입니다.

변수가 왜 필요한지 아직 와닿지 않는다 해도 괜찮습니다. 앞으로 코드를 작성해보면 느낄 수 있을 테니, 일단은 변수의 개념만 알고 넘어갑시다.

## 12 내장 변수

앞서, 변수란 프로그래밍에서 사용되는 어떠한 값에 이름을 붙여둔 것이라고 했습니다. 값을 코드에 직접 적는 대신에, 값이 담긴 변수를 프로그래밍에 직접 사용할 수 있다는 뜻이었죠.

우리가 직접 변수에 값을 담을 수 있지만(= 직접 값에 이름을 붙여줄 수 있지만), 오토핫키에서는 미리 내장되어 있는 변수가 존재합니다. **내장 변수**는 오토핫키에서 미리 만들어둔 변수로서, 주로 시스템과 관련된 여러 값이 존재합니다. 따라서 이런 변수는 만들지 않고 바로 쓰기만 하면 되죠. 이번 섹션에서는 내장 변수를 알아보고, 사용해보겠습니다.

### 🏛 변수의 사용

우선 변수를 사용해보겠습니다.

```
1    MsgBox(variable)
```

▲ 변수의 사용

변수는 말 그대로 '수'이기 때문에, 문자열을 사용할 때처럼 따옴표 처리할 필요가 없습니다. 만약 variable이라는 변수에 Hello, world!라는 문자열 값이 담겨있다면, 알림상자는 Hello, world!를 출력할 것입니다. 물론, 지금은 variable 변수에 아무 값도 담겨있지 않아서 경고만 출력됩니다. 어렵지 않죠?

### 🏛 내장 변수

variable 변수와 다르게, 오토핫키에서 자주 쓰이거나 컴퓨터 시스템과 관련된 변수는 따로 값을 담지 않아도 쓸 수 있습니다. 이를 '오토핫키 자체에 내장되어있는 변수'라는 뜻에서 내장 변수라고 부릅니다.

모든 내장 변수를 정리하기엔 너무 많을뿐더러 그다지 쓸 일이 없는 내장 변수도 많습니다. 모든 내장 변수 목록은 오토핫키 v2 문서(https://www.autohotkey.com/docs/v2/AutoHotkey.htm)에서 찾아볼 수 있습니다.

주요한 내장 변수만 ① 스크립트 파일 / ② 날짜와 시간 / ③ 운영체제 / ④ 기타와 같이 네 분류로 나누어서 표로 정리해보았습니다. 다시 언급하지만 모든 내장 변수를 적은 것이 아닙니다!

## 🏛 스크립트 파일과 관련된 내장 변수

| 내장 변수 | 설명 |
| --- | --- |
| A_WorkingDir | 현재 스크립트가 실행되고 있는 경로 |
| A_ScriptDir | 현재 스크립트가 존재하는 경로(일반적으로 A_WorkingDir과 같음) |
| A_ScriptName | 현재 스크립트 파일의 이름 |
| A_ScriptFullPath | 현재 스크립트의 파일 이름을 포함한 전체 경로 |
| A_AhkVersion | 현재 실행 중인 오토핫키의 버전 |
| A_IsCompiled | 현재 실행 중인 스크립트가 컴파일되었다면 1, 아니라면 0의 값을 가짐 |

## 🏛 날짜와 시간과 관련된 내장 변수

| 내장 변수 | 설명 |
| --- | --- |
| A_YYYY 또는 A_Year | 현재 연도 (2022) |
| A_MM 또는 A_Mon | 현재 월 (07) |
| A_DD 또는 A_MDay | 현재 일 (31) |
| A_MMMM | 현재 월의 전체 명칭 (7월) |
| A_MMM | 현재 월의 간략한 명칭 (7) |
| A_DDDD | 현재 요일의 전체 명칭 (월요일) |
| A_DDD | 현재 요일의 간략한 명칭 (월) |
| A_WDay | 현재 주의 일숫자. 일요일은 (1), 월요일은 (2), ... 토요일은 (7) |
| A_YDay | 현재 연도의 일숫자. 1월 1일은 (1), 평년 12월 31일은 (365) |
| A_Hour | 현재 시 (23) |
| A_Min | 현재 분 (59) |
| A_Sec | 현재 초 (59) |
| A_Now | 현재 날짜 및 시간 – 연월일시분초 (20220727215502) |
| A_TickCount | 컴퓨터가 가동된 후 흐른 시간 – 밀리초 (7833703) = 약 2시간 18분 |

## 🔷 운영체제와 관련된 내장 변수

| 내장 변수 | 설명 |
| --- | --- |
| A_Temp | Temp 폴더의 경로 |
| A_OSVersion | 현재 운영체제의 버전 |
| A_ComputerName | 운영체제에 설정된 현재 컴퓨터의 이름 |
| A_UserName | 운영체제에 설정된 현재 사용자의 이름 |
| A_ProgramFiles | Program Files 폴더의 경로 |
| A_AppData | AppData\Roaming 폴더의 경로 |
| A_Desktop | 바탕화면의 경로 |
| A_StartMenu | 시작 메뉴 폴더의 경로 |
| A_Startup | 시작 프로그램 폴더의 경로 |
| A_MyDocuments | 문서 폴더의 경로 |
| A_IsAdmin | 현재 스크립트가 관리자 권한으로 실행되어 있으면 1, 아니라면 0의 값을 가짐 |
| A_ScreenWidth | 주 모니터의 너비(px) |
| A_ScreenHeight | 주 모니터의 높이(px) |

## 🔷 기타 내장 변수

| 내장 변수 | 설명 |
| --- | --- |
| A_Clipboard | 클립보드가 가진 텍스트 값(= 현재 복사되어 있는 텍스트) |
| A_Space | 반각 공백(= 띄어쓰기) |
| A_Tab | 수평 탭(= 이스케이프된 문자열 `t와 동일) |
| true | 숫자 1과 동일 |
| false | 숫자 0과 동일 |

아주 많은 내장 변수가 생략되어 있지만, 그러한 내장 변수 중 쓸모있는 것은 관련된 내용을 배울 때 함께 설명하겠습니다. 배우지 않은 함수와 관련된 내장 변수 같은 경우 아직은 설명할 수 없거든요.

> `Tip` **날짜와 시간과 관련된 내장 변수는 운영체제 설정을 따릅니다.**
>
> 따라서 사용자가 운영체제의 날짜 및 시간 설정을 변경한다면, 이런 내장 변수는 그에 맞는 변경된 값을 가집니다. 또한, A_MMMM, A_MMM, A_DDDD, A_DDD는 사용자의 언어 설정에 따라 다른 값을 가집니다. 예를 들어서 A_MMMM은 국문 설정에서 7월이라는 값을 가지지만, 영문 설정에선 July라는 값을 가집니다.

📖 **실습**

## 1. 내장 변수 사용

간단한 예제를 들어보겠습니다. 이번엔 현재 날짜와 시간을 담고 있는 변수인 A_Now를 써보겠습니다.

```
1    MsgBox(A_Now)
```

[예제 12-1] A_Now 변수의 사용

저는 20220727215502라고 출력되네요. 이는 2022년 07월 27일 21시 55분 02초를 나타냅니다. 이렇게 현재의 날짜와 시간을 출력할 수 있습니다.

A_Now처럼 모든 연/월/일/시/분/초를 한꺼번에 쓰지 않고, 연/월/일/시/분/초가 따로 필요한 때도 있습니다. 그럴 땐 A_YYYY, A_MM, A_DD, A_Hour, A_Min, A_Sec과 같이 각각을 의미하는 내장 변수도 존재하니 이를 사용하면 됩니다.

## 2. 변수와 변수, 변수와 문자열의 연결

여러 변수나 문자열을 합쳐서 하나의 인수로 적는 방법은 무엇일까요? 예를 들어서, 알림상자에 내장 변수와 문자열을 동시에 표시하게끔 말이에요. 즉, 아래처럼 출력하고 싶은 상황인 거죠.

지금 시각은 (현재 시)시 (현재 분)분입니다.

방법은 간단합니다. 지금까지 배운 대로 변수는 놔두고 문자열만 따옴표로 감싸 적으면 됩니다. 단, 각각을 이을 때는 한 칸의 공백을 사이에 두어야 합니다.

```
1    MsgBox("지금 시각은 " A_Hour "시 " A_Min "분입니다.")
```

[예제 12-2] 변수와 문자열을 연결해 하나의 인수로 사용

[그림 12-1] 출력 예시(실행 시각에 따라 출력 결과가 다릅니다.)

[예제 12-2]에서 따옴표로 감싼 문자열 부분과 감싸지 않은 변수 부분이 한 칸씩 띄어져 있는 것을 볼 수 있습니다. 변수와 문자열은 항상 공백으로 구분해 줘야 한다는 것을 잊지 마세요!

---

점검 문제

[예제 12-2]에서 인수는 몇 개를 전달해줬나요?

---

# 13 연산자의 의미

오토핫키는 각종 연산을 위한 기호를 지원하는데, 그 기호가 바로 **연산자**(Operator)입니다.

## 🔷 연산자의 역할

프로그래밍 곳곳에서 연산이 사용됩니다. 일상에서 사용하는 사칙연산을 포함하여, 여러 수학 기호나 프로그램적인 기능을 하는 연산도 있습니다. 대표적으로 아래와 같은 연산이 필요하죠.

- 값을 변수에 대입
- 값끼리 사칙연산
- 값끼리 비교

다음 섹션부터는 이런 연산자가 무엇이 있는지, 또 그 역할은 무엇인지 알아보도록 하겠습니다.

## 14 연산자의 종류 (상) SECTION

오토핫키에 쓰이는 여러 연산자를 배워보겠습니다. 모든 연산자를 배우기엔 아직 이해가 어려운 것도 있으니, 기초 강좌인 여기서는 주요 연산자만 다루도록 하겠습니다.

### 🏯 대입 연산자

**대입 연산자**는 변수에 값을 대입해줄 때 사용하는 연산자입니다. 대입 연산자의 왼쪽엔 변수, 오른쪽엔 대입해 줄 값을 사용합니다. 아래와 같이 두 종류의 대입 연산자가 있습니다.

| 대입 연산자 | 설명 |
| :---: | :--- |
| := | 변수에 값을 대입 |
| .= | 변수에 값을 이어서 대입 |

먼저 :=는 대부분 경우에서 사용하는 일반적인 대입 연산자이며, 오른쪽의 값을 왼쪽의 변수에 대입하는 역할을 합니다.

```
1    var := 10
2    var := "텍스트"
```

▲ 변수에 값 대입

위와 같이 사용하면, var 변수에 각각 10과 텍스트를 담게 되죠. 문자열에는 따옴표 처리를 한 점도 눈여겨볼 만합니다. 그리고 '.=' 연산자는 변수에 값을 이어서 대입하는 역할을 합니다. 기존에 변수가 가진 값에, 새로 대입한 값이 이어지는 것이죠. 따라서 아래의 예제에선 '꼼짝마! 움직이면 쏜다!'라는 문장이 'var' 변수에 담기고, 이것이 출력될 것입니다.

```
1    var := "꼼짝마! "
2    var .= "움직이면 쏜다!"
3    MsgBox(var)
```

▲ 변수에 값 대입 후 출력

만약에 2번 줄에서 '.=' 연산자가 아닌 ':=' 연산자를 사용했다면 var 변수는 '움직이면 쏜다!'만 담겨있었겠죠. .= 연산자를 사용했기 때문에, 기존에 변수가 가지고 있던 값에 새 값이 이어서 대입(= 연결)된 것입니다.

> `Tip` **변수와 변수, 변수와 문자열의 연결도 가능합니다.**

```
var := var1 var2
var := "string" var
```

Section 12에서 배웠던 것처럼 변수와 문자열, 변수와 변수를 연결해서 사용할 수도 있습니다. 변수와 문자열을 띄어쓰기로 구분한다고 했죠. 위의 예시에서 var1에 문자열 A, var2에 문자열 B가 담겨있다고 가정하면 var 변수엔 최종적으로 stringAB라는 문자열이 담기겠네요.

## 🏛 산술 연산자

산술 연산자는 여러분이 수학(산수)에서 사용하던 사칙연산과 동일합니다.

| 산술 연산자 | 설명 |
|:---:|---|
| + | 더하기 |
| - | 빼기 |
| * | 곱하기 |
| / | 나누기 |
| // | 나누기 (몫만 구하기) |

쉽죠? MsgBox를 이용하여 산술 연산의 결과를 출력해봅시다.

```
1    MsgBox("1 + 2 = " 1 + 2)
```

▲ 산술 연산의 결과 출력

위의 코드 조각에서, "1 + 2 =" 부분은 문자열이므로 문자 그대로 출력될 것입니다. 그 뒤의 1 + 2 부분은 따옴표로 감싸지 않았으므로, 연산이 되어 3이 되겠죠. 따라서 알림상자에는 1 + 2 = 3이 출력됩니다.

당연히 산술 연산의 결과를 변수에 대입할 수도 있습니다.

```
1    calcResult := 3 * 5
2    MsgBox("결과는 " calcResult "입니다.")
```

▲ 산술 연산의 변수 대입 후 결과 출

## 🔷 복합 대입 연산자

**복합 대입 연산자**는 대입 연산자와 산술 연산자를 합쳐둔 것입니다. **주어진 변수에 특정 값을 산술연산해주는 역할**을 합니다.

| 산술 연산자 | 설명 |
|:---:|:---|
| += | 더해서 대입 |
| -= | 빼서 대입 |
| *= | 곱해서 대입 |
| /= | 나눠서 대입 |
| //= | 나눠서 대입 (몫만 구하기) |

말이 어려운데, 예제를 보면 이해가 쉽습니다.

```
1    num := 5
2    num += 3
3    MsgBox(num)
```

▲ 복합 대입 연산자 +=의 사용

위와 같은 상황에서, 2번 줄에 주목합니다. 복합 대입 연산자 +=이 사용되었습니다. num 변수에 3이 더해져서, num 변수는 최종적으로 8의 값을 갖습니다. 즉, var += n은 var := var + n과 완전히 동일합니다! 변수에 특정 값을 연산하는 역할을 해서 재대입해주는 것이지요.

> **Tip** ✏️ **연산의 대상으로 변수도 사용할 수 있습니다.**
>
> 아래와 같이, 변수가 가진 값을 대입하거나 산술 연산할 수도 있습니다.
>
> ```
> var := num1 + num2 - 10
> ```
>
> 위의 예시에선 num1 + num2 - 10의 결과값이 var 변수에 담길 것입니다.

# 15 연산자의 종류 (하) SECTION

지난 섹션에 이어서 연산자를 마저 배워보겠습니다.

## 🏛 비교 연산자

**비교 연산자**는 두 값을 비교하여 그 결과를 보여주는 연산자입니다. 만약 비교의 값이 옳다면 1, 옳지 않다면 0을 뱉어내죠. 오토핫키에서 1과 0은 각각 내장 변수 true, false와 대응되기 때문에, 비교의 참과 거짓을 나타내주는 연산자로도 볼 수 있습니다.

| 대입 연산자 | 설명 |
|:---:|---|
| < | 좌측이 우측 값보다 작다(미만). |
| <= | 좌측이 우측 값보다 작거나 같다(이하). |
| > | 좌측이 우측 값보다 크다(초과). |
| >= | 좌측이 우측 값보다 크거나 같다(이상). |
| = | 좌측과 우측의 값이 같다. |

예를 들어서, 한번 2 > 3이라는 거짓된 조건식을 출력해볼까요?

```
1    MsgBox(2 > 3)
```

△ 거짓된 식(2가 3보다 크다) 출력

0이 출력되는 것을 볼 수 있습니다. 왜냐하면 2 > 3은 거짓된 식이기 때문이죠. 반대로 3 > 2와 같이 참된 비교식을 작성해주면, 그 식은 1의 값을 갖습니다.

## 🏛 논리 연산자

논리 연산자는 두 값의 논리적인 연결 관계를 계산할 수 있는 연산자입니다. 감이 잘 오지 않을 텐데 아래와 같은 것들이 논리 연산자입니다.

| 논리 연산자 | 설명 |
|:---:|---|
| && | (두 피연산자의 사이에 써서) 그리고(AND) |
| \|\| | (두 피연산자의 사이에 써서) 또는(OR) |
| ! | ((피)연산자의 앞에 써서) 부정(NOT) |

예를 들어서 'a가 10보다 크고, b의 값이 1이다'를 표현하면 'a > 10 && b = 1'이라고 표현할 수 있습니다. 이 경우 'a > 10'이라는 수식과 'b = 1'이라는 수식 중 한 개라도 거짓이라면 전체식은 거짓이 되겠죠.

실제 숫자로 예를 들면, '1 = 1 && 2 > 3'이라는 식에서, '1 = 1'은 참일지라도 '2 > 3'은 명백한 거짓이기 때문에(2가 3보다 크진 않죠?) "1과 1은 같고, 2는 3보다 크다"라는 전체식은 거짓이 되는 셈입니다. MsgBox에 출력해보면 0이 나오겠네요.

논리 연산자를 사용해서 '같지 않다'를 만들 수도 있습니다. '같다'를 뜻하는 비교 연산자 =에 '부정'을 뜻하는 논리 연산자 !를 붙여 주어, !=로 쓸 수 있습니다. 뜻은 '같지 않다'겠네요. 따라서 1 != 1의 결과는 0(거짓)이고, 1 != 2의 값은 1(참)입니다.

> **Tip  부정(!)의 사용**
> 부정을 나타내는 논리 연산자 !는 연산자뿐만 아니라, 뒤에 오는 값(피연산자)을 반전시키는 역할을 합니다. 값이 참이면 거짓으로, 거짓이라면 참으로 바꾸어주죠.
> MsgBox로 !0을 출력해볼까요? 0은 오토핫키에서 거짓을 나타내므로, 이의 부정인 참(1)을 출력하겠죠. 여기서 파생되는 테크닉으로, '변수 := !변수'는 변수의 값이 0이라면 1로, 1이라면 0으로 바꾸는 스위치 역할을 하게 됩니다.

> **Tip  │의 위치**
> OR을 나타내는 연산자 │의 키보드 위치를 모르는 경우가 많습니다. 해당 키는 다르지만 대개 Enter↵ 위에, ['] 오른쪽에 위치하고 있습니다. 역슬래시(\) 혹은 원화(₩)를 Shift와 함께 입력해 주면 되죠. 또한, 해당 기호는 글꼴에 따라 | 또는 ¦처럼 다르게 보일 수 있습니다.

## 증감 연산자

증감 연산자는 정말 쉽습니다. 그저 변수의 값을 1만큼 증가시키거나, 1만큼 감소시키는 역할을 하죠.

| 증감 연산자 | 설명 |
| --- | --- |
| ++ | 변수의 값을 1만큼 증가 |
| -- | 변수의 값을 1만큼 감소 |

예를 들어서, 이미 10이라는 값이 담긴 변수 var가 있다고 가정할 때, var--를 해주면 var 변수의 값은 9가 되죠.

```
1    var := 10
2    var--
3    MsgBox(var)
```

▲ 증감 연산자의 사용

아래와 같은 세 구문은 모두 같은 역할을 합니다.

- var := var + 1
- var += 1
- var++

---

`Tip` **전위 표기와 후위 표기**

타 프로그래밍 언어를 학습한 분들은 전위 표기, 후위 표기를 사용한 경험이 있을 수 있습니다. 오토핫키 또한 증감 연산자의 전위 표기를 지원하여, **++var**의 형태로 사용할 수 있습니다.

그러나 기초에서 전위 표기와 후위 표기까지 구분 지어 설명하기엔 다소 복잡해지므로, 후위 표기 방식인 **var++**만 설명합니다. 본인이 전위 표기/후위 표기에 대한 학습을 타 언어에서 경험해봤다면 써도 좋습니다!

만약 전위 표기/후위 표기가 무엇인지 모르거나 오토핫키로 프로그래밍을 처음 접한 분들은 그냥 본문에서 사용한 대로 증감 연산자를 쓰면 됩니다. 어디까지나 고급(?) 활용법이니까요. 추가로 더 궁금한 분들은 '전위 표기식'에 대해 검색하는 것으로 충분합니다.

---

`Tip` **주어진 문장을 논리 연산자와 비교 연산자를 이용한 수식으로 표현해보세요.**

**연산자에 익숙해지기 위해 간단한 논리 문제를 내보겠습니다.**

[예] a는 2보다 크다.

  → a > 2

1. a는 3이면서 b는 10이다.

  [답]

2. a가 100이거나 b가 1이다.

  [답]

3. a는 b가 아니고, c는 d보다 크거나 같다.

  [답]

4. a가 b거나, a는 c와 같거나, a는 1이다.

  [답]

5. (a가 1이면서 b는 0)이거나, (c는 1)이다. (괄호는 소괄호로 표시)

  [답]

# 16 프로그래밍 문제 (2)

SECTION

**문제 1** 다음 중 옳지 않은 내용을 있는 대로 고르세요.

ㄱ. 변수에 값을 대입할 땐 := 연산자를 사용한다.

ㄴ. var 변수에 3이 담겨있을 때, var .= 3을 하면 var 변수의 값은 6이 된다.

ㄷ. 1 > 3의 값은 1이다.

ㄹ. 100 != "text"의 값은 1이다.

**문제 2** 다음 중 나머지 두 개의 항목과 의미가 다른 것은?

ㄱ. a := 1 + a

ㄴ. a .= 1

ㄷ. a++

**문제 3** 다음 스크립트가 있을 때, var 변수가 최종적으로 가지는 값은?

```
1    a := 100
2    b := 10
3    c := 1
4    var := a - b - c
5    var .= var ".ahk"
6
7    MsgBox(var)
```

**CHAPTER. 04**

# 종합 프로그래밍 문제

## 17 종합 프로그래밍 문제 for Part 01 SECTION

문제 1 **조건을 엄수하여, [보기]와 같이 출력하는 프로그램을 만들어보세요.**

---

보기

현재 날짜: [현재 월]월 [현재 일]일
현재 시간: [현재 시]시 [현재 분]분 [현재 초]초

현재 실행중인 오토핫키는 [오토핫키 버전]입니다.
윈도우 버전 [윈도우 버전]에서 실행 중입니다.
컴퓨터가 켜진지 [켜진 시간(분)]분 지났습니다.

---

조건

1. 알림상자의 제목은 기본값으로 출력되도록 할 것(즉, 알림상자의 제목을 설정하지 말 것).
2. 알림상자의 좌측엔 정보 아이콘(ⓘ)을 표시할 것.
3. [켜진 시간(분)]은 몫만 나오게 할 것(예를 들어, 488.33333분이 아닌 488분으로 깔끔하게 나오게 할 것).

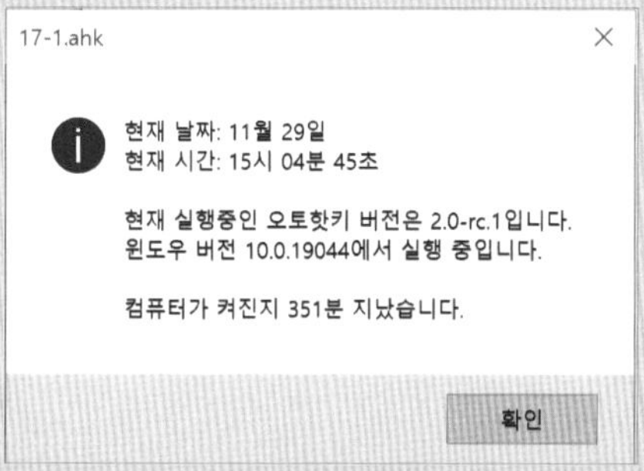

---

17-1.ahk                                  ✕

 현재 날짜: 11월 29일
현재 시간: 15시 04분 45초

현재 실행중인 오토핫키 버전은 2.0-rc.1입니다.
윈도우 버전 10.0.19044에서 실행 중입니다.

컴퓨터가 켜진지 351분 지났습니다.

확인

[그림 17-1] 출력 예시

---

힌트

1. 내장 변수를 적극적으로 활용해보세요.
2. 1,000밀리초 = 1초이고, 60초 = 1분임을 이용하면 간단히 밀리초를 분으로 변환할 수 있습니다.
3. 나눗셈의 몫만 구하는 연산자를 배운 적 있습니다.

# PART

# 자동화 프로그래밍

Part 02에서는 컴퓨팅 사고력을 키움과 동시에, 자동화 프로그래밍에 도움이 되는 여러 함수를 배우게 됩니다. 컴퓨팅 사고력은 '우리가 원하는 바를 컴퓨터가 이해하도록 코드로 구현하는 능력'을 의미합니다. 이로써 여러분은 간단한 수준의 자동화 프로그램을 작성할 수 있게 됩니다.

# CHAPTER. 01

# 자동화 프로그래밍 기초

## 18 | 자동화 프로그래밍                                    SECTION

지금부터는 본서의 두 번째 대단원인 'Part 02. 자동화 프로그래밍'입니다. 여러분은 이제부터 실제 유의미하게 동작하는 프로그램을 만들게 될 것입니다. 설레지 않나요? 어렵지 않게 천천히 따라오다 보면 어느새 자신만의 프로그램을 만들 수 있게 될 것입니다.

### 🏛 자동화 프로그래밍이란?

오토핫키의 꽃은 **자동화 프로그래밍**이죠. 자동화 프로그래밍이란, 사람이 하는 업무를 컴퓨터가 대신 하도록 하는 프로그램을 작성하는 일을 말합니다. 사람과 다르게 컴퓨터는 지치지도 않고, 반복된 작업을 아주 빠르게 처리할 수 있으니까요. 오토핫키는 이러한 자동화 작업에 특화되어 있습니다.

이제 'Part 02. 자동화 프로그래밍'을 공부하면서 여러분은 이러한 자동화 프로그래밍을 배우게 될 것입니다. 사람이 직접 마우스와 키보드를 조작하지 않아도 자동으로 작업을 해주죠. 여러분의 업무 효율이 높아지고, 단순한 반복 작업에 시간을 뺏기지 않아도 됩니다. 멋진 일입니다.

### 🏛 프로그래밍 윤리

이 타이밍에서 관련된 윤리를 한 번 더 상기시키는 것이 제 책임일 것입니다.

인간보다 아주 빠르게 많은 작업을 할 수 있는 컴퓨터 프로그램은, 분명 사용하는 사람에 따라 누군가에게 칼이 될 수도 있습니다. 여러분은 이 기술을 배움으로써 다른 이의 IT 서비스에 해를 가할 수 있는 능력을 갖춘다는 점을 인지해야 합니다. 모든 컴퓨터 프로그램은 남에게 해를 가하지 않는 선에서만 제작 및 이용되어야 합니다.

**프로그래밍 기술의 악용**은 다른 이가 개발한 IT 서비스를 방해하는 가장 쉬운 방법 중 하나일 것입니다. 그리고 개발자들은 그 폐해를 알고 있으므로, 자신의 서비스에 최소한의 방어를 해두는 경우가 많습니다. 본서는 이러한 방어를 해제하거나 우회하는 것과 관련된 방법을 알려주지 않습니다.

모든 프로그래머가 남을 해칠 수 있는 능력을 갖추고 있지만, 다른 프로그래밍 강좌에서 이러한 프로그래밍 윤리를 언급하는 경우는 거의 없다는 점은 정말 안타깝습니다. 저는 모든 교육자가 이러한 프로그래밍 윤리를 반드시 가르쳐야 한다고 생각합니다.

다음은 **책임 있는 소프트웨어 개발 선언**(https://manifesto.responsiblesoftware.org/)의 일부입니다.

---

**책임 있는 소프트웨어 개발 선언 제1조, 제2조 (한글 번역본)**

**1. 나는 내 결정에 대해 윤리적으로 책임이 있으며, 양심에 따라 행동할 것입니다.**

- 소프트웨어의 영향력은 우리 삶의 모든 영역에서 지속해서 증가하고 있습니다. 우리의 작업이 인류와 환경에 미치는 결과를 인지하겠습니다.

**2. 나는 인권과 시민의 자유를 침해하는 소프트웨어를 개발하지 않을 것입니다.**

- 현실 세계와 디지털 세계의 경계가 모호해짐에 따라 소프트웨어 사용으로 개인 및 인권을 침해할 가능성이 점점 더 커지고 있습니다.
- 나는 소프트웨어가 배포되면 제어할 수 없다는 것을 알고 있으므로 구현을 시작하기 전에 내 소프트웨어가 사람들의 권리를 침해할 가능성을 고려해야 할 책임이 있습니다. 나는 이러한 남용을 조장하는 프로젝트를 거부할 것입니다.

(이하 생략)

---

이제 막 오토핫키를 배우는 여러분 또한, 다른 프로그래머와 마찬가지로 깨끗한 프로그래밍 세상에 이바지해 주세요.

# 19 핫키

이제 자동화 프로그래밍을 위한 기초인 핫키를 배워보겠습니다. 핫키를 우리말로 풀어보면 단축키인데요, 여러분은 이제부터 특정 단축키를 눌렀을 때 어떤 구문이 실행되는 것을 배울 것입니다. 그 이름에 걸맞게, 오토'핫키'는 간단히 단축키 기능을 구현할 수 있는 장점이 있습니다. 단축키를 눌러서 복잡한 작업을 자동으로 해주는 것이죠.

## 핫키

오토핫키에서 단축키는 쌍점 두 개(::)로 지정합니다. 그리고 실행시킬 구문의 영역은 단축키 표시 밑에 중괄호쌍({})으로 명확히 표기해주어야 합니다.

```
1    K::
2    {
3        ;여기에 단축키를 눌렀을 때 구문을 작성
4    }
```

△ 핫키의 기본 골격

아직까진 스크립트를 실행시켜도, ⬚K⬚는 아무런 역할을 하지 않습니다. 실행 영역에 단축키를 눌렀을 때 할 행동을 작성해주어야 하죠.

## 수식 기호

핫키와 함께 쓸 수 있는 **수식 기호**가 있습니다. 컴퓨터에서도 '복사'의 단축키가 ⬚Ctrl⬚ + ⬚C⬚인 것처럼, '키 조합'을 사용할 수 있습니다. 키 조합에 사용되는 ⬚Ctrl⬚, ⬚Alt⬚, ⬚Shift⬚, ⬚Win⬚를 **조합키**라고 하는데, 조합키의 수식 기호를 이용하여 키 조합을 사용할 수 있습니다. 또한, 핫키의 성질을 지정해주는 용도로도 수식 기호가 사용됩니다.

수식 기호는 핫키의 앞에 써주며, 다음과 같은 기호를 키 이름 대신 사용합니다.

### 1. 조합키의 수식 기호

먼저 조합키를 나타내는 수식 기호입니다.

| 기호 | 수식 기호의 의미 |
|:---:|:---|
| ^ | Ctrl |
| ! | Alt |
| + | Shift |
| # | Win |

예를 들어서, Ctrl + P 핫키는 아래와 같이 지정합니다.

```
1    ^P::
```

▲ Ctrl + P를 의미하는 핫키

Ctrl + Alt + P 핫키는 아래처럼 써주면 되겠죠.

```
1    ^!P::
```

▲ Ctrl + Alt + P를 의미하는 핫키

## 2. 핫키의 성질을 바꿔주는 수식 기호

이번엔 핫키의 성질을 바꿔주는 수식 기호입니다. 이를 이용하면 핫키의 동작 조건을 세부적으로 설정할 수 있습니다.

| 기호 | 수식 기호의 의미 |
|:---:|:---|
| * | 와일드카드 |
| ~ | 입력 투과 |
| $ | Send에 의한 핫키 촉발 방지 |

먼저, **와일드카드**(*)는 다른 조합키의 조합을 허용합니다. 예를 들어서, '*P::'와 같이 적어주면 P만 눌러도 핫키 구문이 실행되지만, Alt + P 또는 Ctrl + P처럼 다른 어떠한 조합키와 함께 입력해도 실행됩니다.

이어서 다음의 구문을 살펴보겠습니다. Ctrl을 나타내는 수식 기호 '^'와 함께 와일드카드 '*'를 사용했으니, Ctrl을 포함했다면 다른 키 조합에도 대응합니다.

```
1    *^P::
```

▲ 와일드카드를 사용한 모습

또 다른 수식 기호인 입력 투과(~)는 해당 키의 원래 입력을 허용하는 수식 기호입니다. 원래 K를 핫키로 지정했다면 프로그램이 실행되는 동안 K는 원래 목적으로 사용할 수 없습니다. 키보드의 K를 눌러도 문자 K가 입력되진 않는다는 것이지요. 그러나 ~ 수식 기호를 사용하면 해당 키의 원래 기능도 막지 않으면서, 핫키 또한 실행됩니다.

$ 수식 기호는 추후 오토핫키로 키보드 입력을 할 때, 소프트웨어적 입력으로 핫키가 촉발되지 않도록 방지해주는 수식 기호입니다. 예를 들어서 오토핫키를 이용하여 A 신호를 보내면 A:: 핫키가 촉발되지만, $A:: 핫키는 촉발되지 않습니다. 오토핫키를 이용한 키보드 조작을 배워야 쓸모 있는 수식 기호입니다.

> **Tip** **A_ThisHotkey 내장 변수**
>
> 누른 핫키는 그 블록 내에선 A_ThisHotkey 내장 변수에 담깁니다.

## 📖 실습

### 1. 핫키의 사용

아직 배운 함수가 MsgBox밖에 없군요. 핫키를 누르면 알림상자를 출력하도록 연습해보겠습니다.

```
1    K::
2    {
3        MsgBox("K키를 눌렀습니다.")
4    }
```

[예제 19-1] 단축키 K를 누르면 알림상자가 출력됨

위의 예제를 실행시킨 뒤, 키보드의 K를 눌러보세요. 아래와 같이 알림상자가 나타날 것입니다.

[그림 19-1] 실행 결과 K를 눌렀을 때

알림상자를 닫고 다시 K를 누르면, 또다시 알림상자가 열립니다. 스크립트가 종료되지 않았다는 뜻입니다. 이렇게 핫키를 사용한다면 자동으로 스크립트가 종료되지 않는다는 점을 알아주셨으면 합니다. 프로그램이 핫키 입력을 계속하여 기다리고 있어야 하기 때문입니다

---

**Tip** ▸ **오토핫키 프로그램을 수동 종료하는 방법**

핫키를 사용하면 스크립트가 자동으로 종료되지 않는다는 점을 알게 되었습니다. 실습 코드를 실행한 후엔 K를 누를 때마다 알림상자가 나타나죠. 다시 K의 기능을 돌려놓기 위해선 프로그램을 종료할 필요가 있습니다.

다음 [그림 19-2]와 같이, Windows 작업표시줄의 아이콘 트레이에서 오토핫키 아이콘을 찾아 우클릭한 뒤 컨텍스트 메뉴에서 [Exit]를 눌러서 프로그램을 수동 종료할 수 있습니다. 자동으로 종료되게 하는 방법은 추후 배우도록 하겠습니다.

[그림 19-2] 프로그램 종료

## 2. 수식 기호의 사용

수식 기호를 사용한 간단한 예제를 만들어보면 아래와 같습니다.

```
1    ~^C::
2    {
3        MsgBox("Ctrl+C를 눌렀습니다.")
4    }
```

[예제 19-2] 수식 기호의 활용

예제를 실행한 후 Ctrl + C를 누르면 알림상자가 나타납니다. 그리고 핫키를 입력할 때의 키 입력이 온전히 투과되기 때문에, 핫키 동작과 동시에 Ctrl + C라는 키가 컴퓨터에 전달됩니다.

## 20  지연시간 부여하기                                          SECTION

이번엔 스크립트에 지연시간을 넣어주는 Sleep 함수를 배워보겠습니다.

### 🎛 Sleep

Sleep 함수는 아무 동작도 하지 않고 정해진 시간만큼 진행을 지연시켜주는 함수입니다. 원형은 아래와 같습니다.

```
Sleep(Delay)
```

▲ Sleep 함수의 원형

### 🎛 매개변수

- **Delay**: 지연 시간(ms)

유일한 매개변수인 Delay는 원하는 지연시간을 숫자로 적어주며, 단위는 밀리초(ms)입니다. 따라서 1초의 지연시간을 주고 싶다면 '1000'을 적어주면 되죠.

## 📖 실습

### 1. 3초 후에 알림상자를 표시하기 ①

예를 들어서, 스크립트를 실행한 뒤 3초 후 알림상자를 표시하려면 아래와 같이 작성하면 되겠습니다.

```
1    Sleep(3000)
2    MsgBox("Pop!")
```

[예제 20-1] 3초 후 알림상자가 팝업되는 스크립트

### 2. 3초 후에 알림상자를 표시하기 ②

너무 쉬워서 한가지 예제를 더 만들어보겠습니다. 아래 예제는 Go, Set을 표시한 알림상자를 닫으면, 3초 후에 "Go!"를 나타낼 것입니다.

```
1    MsgBox("Get, Set")
2    Sleep(3000)
3    MsgBox("Go!")
```

[예제 20-2] 알림상자가 표시된 3초 후 알림상자가 팝업되는 스크립트

## 21 스크립트 종료하기 SECTION

지난 'Section 19. 핫키'에서, 핫키 동작 이후에도 스크립트가 계속 실행되어있던 것 기억나나요? 핫키를 사용하면 그 핫키 입력을 계속 대기해야 하는 상태이기 때문에, 스크립트가 자동으로 종료되지 않았습니다. 그래서 트레이 아이콘의 메뉴를 이용해서 수동으로 종료해주었죠. 이번 섹션에서는 스크립트를 종료하는 함수인 ExitApp을 배우겠습니다.

### 🏛 ExitApp

ExitApp이 하는 일은 그저 현재 스크립트를 종료하는 일뿐입니다. 스크립트가 한 줄씩 진행되다가 ExitApp을 만나면 그대로 종료되죠. 원형은 아래와 같습니다.

```
ExitApp([ExitCode])
```

▲ ExitApp 함수의 원형

ExitApp 매개변수는 선택 매개변수네요. 스크립트가 종료될 땐 스크립트를 실행한 주체에게 종료 코드를 전달하게 되는데, 그 코드를 설정하는 매개변수입니다. 그런데, 기초 강좌에서 다룰 만큼 핵심적이면서 간단한 내용은 아닙니다. 따라서 우리는 이 매개변수를 항상 생략할 것입니다.

## 📖 실습

### 1. 핫키의 동작이 끝나면 프로그램을 종료

아래는 핫키 동작을 실행한 뒤, ExitApp을 통해 스크립트를 즉시 종료하는 예제입니다. 핫키를 눌러 표시된 알림상자를 닫으면 스크립트가 ExitApp을 만나서 종료되겠죠.

```
1    F1::
2    {
3        MsgBox("Press OK to exit script")
4        ExitApp
5    }
```

[예제 21-1] F1을 누르면 알림상자를 표시한 뒤 스크립트가 종료되는 예제

> **Tip** 🔖 **ExitApp 뒤에 괄호()가 생략된 이유**
>
> **ExitApp** 함수 뒤의 ExitCode 매개변수는 선택 매개변수라 생략해주었는데, 도대체 왜 소괄호( ( ) )도 없나 의문이 생길 수도 있습니다. 그러니까, 왜 **ExitApp()** 처럼 적지 않았냐 이것이죠.
>
> 사실 오토핫키에선 함수를 호출할 때 일부 조건만 만족한다면 괄호 ()를 생략할 수 있습니다. 그럼에도 불구하고 본서에선 인수가 없는 경우에도 일관성을 위해 **MsgBox()** 와 같이 괄호를 생략하지 않고 '아무 인수도 전달하지 않음'을 명시적으로 표현해주는 편입니다.
>
> 그러나 **ExitApp** 의 ExitCode 매개변수는 거의 쓰이지 않는 매개변수이기 때문에 거의 항상 생략됩니다. 어차피 쓰이지 않을 매개변수의 생략 여부를 굳이 표시하여 **ExitApp()** 으로 적는 것보단, 아예 **ExitApp** 으로 적는 것을 추천합니다. 관용적인 표현을 원칙이라는 이름으로 배척할 필요는 없어 보입니다.

## 22 다른 프로그램 실행하기 SECTION

이번에는 Run 함수입니다. Run 함수는 무언가를 실행하거나 여는 역할을 하는데, 프로그램을 실행할 수도, 웹페이지를 열 수도, 그리고 어떤 폴더를 열 수도 있습니다.

### Run

Run의 원형은 아래와 같습니다.

```
Run(Target [, WorkingDir, Options, &OutputVarPID])
```

▲ Run 함수의 원형

ExitApp과 마찬가지로, 지엽적이고 잘 쓰지 않는 매개변수인 '&OutputVarPID'는 알아보지 않겠습니다. 기초 강좌니까요. 나머지 매개변수를 하나씩 알아보면 아래와 같습니다.

### 매개변수

- **Target**: 실행할 대상을 문자열로 적어줍니다.
- **WorkingDir**: 작동 위치를 설정할 경우, 문자열로 적어줍니다.
- **Options**: 실행 옵션이 있다면, 문자열로 적어줍니다.

### Target

먼저 Tartget 매개변수에는 실행 대상을 넣어줍니다. 예를 들어서 실행할 프로그램의 경로가 C:\Programs\Program.exe라면, 이를 그대로 적어주면 됩니다. 프로그램의 위치와 이름까지 포함해야 한다는 점을 명심하세요. 만약 특정 웹페이지를 열고 싶다면, https://example.org처럼 URL 주소를 그대로 적어주면 됩니다. 아래와 같은 CLSID를 이용하여 특수 목적의 폴더를 열어줄 수도 있습니다.

| CLSID | 위치 |
|---|---|
| ::{21ec2020-3aea-1069-a2dd-08002b30309d} | 제어판 |
| ::{20d04fe0-3aea-1069-a2d8-08002b30309d} | 내 PC |
| ::{450d8fba-ad25-11d0-98a8-0800361b1103} | 문서 |
| ::{645ff040-5081-101b-9f08-00aa002f954e} | 휴지통 |
| 기타 CLSID는 https://www.autohotkey.com/docs/v2/misc/CLSID-List.htm 참고 | |

간단하게 이해해보자면 아래와 같죠.

```
1    Run("C:\Programs\Program.exe")
2    Run("https://example.org")
3    Run("::{645ff040-5081-101b-9f08-00aa002f954e}")
```

위와 같은 스크립트가 있다면, C:\Programs\Program.exe를 실행시키고 example.org를 연 후에 휴지통 폴더를 열 것입니다.

## ⬙ WorkingDir

이제 WorkingDir 매개변수를 알아보겠습니다. 이는 대상이 작동할 위치를 정해주는데, 실질적인 경로가 아닌 개념적인 작동 위치를 의미합니다. 실제론 프로그램이 C:\Programs 폴더에 있다고 해도, 다른 폴더에서 실행된 것처럼 여길 수 있도록 해줍니다. 설정하지 않을 경우 기본값은 오토핫키 스크립트의 위치입니다(실제 프로그램 경로가 아님에 유의하세요.).

프로그램의 작동 위치에 따른 동작의 차이를 잘 모르겠는 분들은 쓸 일이 없는 매개변수이니, 깊게 설명하진 않겠습니다. 대부분은 생략하니까요. 다른 프로그램을 개발할 때 언젠가 쓸 일이 있긴 합니다.

## ⬙ Options

어떻게 실행할 것인지 설정해줄 수 있는 매개변수입니다. 아래와 같은 옵션 중 하나를 넣어줍니다.

| 옵션 문자열 | 효과 |
|---|---|
| Max | 최대화된 상태로 실행 |
| Min | 최소화된 상태로 실행 |
| Hide | 숨김 상태로 실행(창이 표시되지 않음) |

예를 들어서 어떤 웹사이트를 최대화된 상태로 실행하고자 한다면 아래와 같이 작성해줄 수 있습니다.

```
1    Run("https://example.org",,"Max")
```

WorkingDir 매개변수는 생략했기에 쉼표가 두 번 적힌 꼴이 되었습니다. 저 두 개의 쉼표 사이에 WorkingDir 매개변수로 적을 인수가 들어갈 수 있지만, 선택 매개변수이므로 이를 생략한 것입니다. 어렵지 않죠? 이제 여러분은 어떤 프로그램이나 사이트, 폴더를 실행할 수 있습니다.

## 🏮 절대 경로와 상대 경로

Run 함수를 포함하여, 오토핫키의 모든 '경로'를 적어주는 매개변수엔 절대 경로와 상대 경로를 모두 사용할 수 있습니다.

스크립트 위치와 상관없이 컴퓨터의 최상위 드라이브(보통 C: 혹은 D:)부터 표현하는 경로를 절대 경로라고 하며, 스크립트 위치에 따라 목적까지 상대적으로 표현하는 경로를 상대 경로라고 합니다.

만약 스크립트가 C:\Example 안에서 작동하고 있다면 각각의 경로 표기 방법은 아래처럼 됩니다.

> 절대 경로: C:\Example\ExampleSub\Example.png
> 상대 경로: .\ExampleSub\Example.png

상대 경로 표기법에서 현재 위치는 '.'으로, 현재 위치의 상위 폴더는 '..'으로, 표현할 수 있으며, 현재 위치를 표현하는 '.'은 생략할 수 있습니다(이 경우 '.' 뒤에 '\' 기호도 생략합니다.).

따라서 C:\Example에서 작동하고 있는 스크립트에서 ..\Test\1.exe라는 경로를 작성하면, 이는 절대 경로로 C:\Test\1.exe를 의미하죠. 상위 경로의 Test 폴더 안으로 지정했으니까요!

---

> **Tip**  **Run은 더 유용합니다.**
>
> 기초이기 때문에 많은 부분이 생략되었으나, 인수를 받는 프로그램의 경우 인수를 설정해줄수도 있으며, 어떤 프로그램으로 열어야 하는 파일이라면 그 연결 프로그램을 지정해줄 수도 있습니다.
> 심지어는 mailto: 주소로 바로 이메일 클라이언트로 이메일을 쓸 수 있도록 할 수도 있죠. 그러나 지엽적인 부분이기에 생략했습니다.

## 23 프로그래밍 문제 (3)    SECTION

문제 1 **다음과 같은 프로그램을 작성하세요.**

---

동작

1. F1 을 누르면, 프날 오토핫키 강좌 사이트(https://ahkv2.pnal.dev)가 실행되게 한다.
2. 사이트를 연 후엔 프로그램이 자동으로 종료되게 한다.

---

문제 2 **다음과 같이 [문제 1]의 프로그램을 수정하세요.**

---

1. F1 뿐만 아니라, 아무 조합키(Ctrl, Alt, Shift, Win)와 함께 눌러도 인터넷 사이트가 열리게 한다.
2. 인터넷 사이트는 핫키를 누른 후 3초 있다가 열리게 한다.
3. 사이트가 열린 후, Complete!라고 적힌 알림상자를 출력한다.

힌트

Section 19에서 다른 조합키의 조합을 허용하는 수식 기호를 설명했었습니다.

---

## 📖 실전 프로그램 만들기! 1

지금까지 배운 내용을 토대로 실전 프로그램을 만들어보겠습니다. 컴퓨터를 켜고 어떤 날은 A, B 프로그램을 열고, 어떤 날은 D, E 프로그램을 여는 작업을 간단히 할 수 있다면 얼마나 좋을까요? 한번 만들어봅시다. F1 을 누르면 '웹사이트', '바탕화면의 한글 파일'이 열리고, F2를 누르면 '바탕화면의 폴더'와 '바탕화면의 한글 파일'이 열리도록 해봅시다. 지금까지 배운 내용으로 할 수 있습니다!

```
1    MsgBox("핫키를 눌러주세요.`nF1: ahkv2.pnal.dev, 한글`nF2: 폴더, 한글")
2
3    F1::
4    {
5        run("https://ahkv2.pnal.dev")
6        run(A_Desktop "\Test.hwpx")
7        ExitApp
8    }
9
10   F2::
11   {
12       run(A_Desktop "\TestFolder")
13       run(A_Desktop "\Test.hwpx")
14       ExitApp
15   }
```

테스트를 위해 바탕화면에 아래와 같이 'Test.hwpx' 한글 파일과 [TestFolder] 폴더를 만들어주세요.

```
1    MsgBox("Hello, World!")
```

테스트 파일과 폴더 생성

그다음 스크립트를 실행하고, F1을 누르면 웹사이트가 열리고 Test.hwpx 파일이 실행되고, F2를 누르면 [TestFolder] 폴더가 열리고 Test.hwpx 파일이 실행됩니다. 여러분이 지금까지 배운 오토핫키 기능만으로 버튼 하나로 컴퓨터 내의 파일을 열고, 스크립트가 종료되는 기능을 만들었습니다!

가장 이해하기 힘든 부분은 6번 줄과 13번 줄의 run(A_Desktop  "\Test.hwpx") 구문일 것입니다. 12번 줄의 run(A_Desktop  "\TestFolder") 구문도 어려울 수 있습니다. 이 부분만 해석해보겠습니다.

MsgBox(A_Desktop)을 이용하여 내장 변수 A_Desktop의 값을 출력해보세요. 바탕화면의 경로가 출력될 것입니다. C:\Users\(사용자명)\Desktop일텐데요, 이 값을 가지고 "바탕화면의 Test.hwpx 파일"을 지정하려면 전체 경로가 C:\Users\(사용자명)\Desktop\Test.hwpx가 되어야겠죠. 따라서 전체 경로는 A_Desktop + \Test.hwpx가 됩니다. 변수는 그대로 써주고, 문자열은 따옴표 표시를 해서 써주면, run 안쪽의 경로는 A_Desktop  "\Test.hwpx"가 되는 것이죠. 어렵지 않죠?

A  H  K

# 24 변수의 유효 범위 (상)

이제 다소 이론적인 부분으로 돌아와봅시다. 핫키를 배우면서 우리는 블록(Block) 개념을 접하게 되었는데, 이로 인한 혼동을 방지하기 위해서는 스크립트의 구조를 조금 더 구체화시켜 이해할 필요가 있습니다.

## 🏛 블록과 지역

블록은 스크립트에서 중괄호({ })로 둘러싸인 부분을 의미합니다. 이는 주로 앞에 있는 구문의 실행 범위를 지정해주는 데 사용됩니다.

예를 들어서 아래와 같은 핫키 구문에서도 블록(중괄호)을 이용해서 '핫키의 실행 범위'를 지정해주었죠.

```
1    F1::
2    {
3        ;F1을 눌렀을 때 실행되는 내용
4    }
```

이렇게 앞으로 우리는 블록을 이용해서 각 코드의 실행 범위를 지정해주곤 할 것입니다. 지역은 함수나 핫키의 내부 전체를 의미합니다. 블록 안에 블록이 더 있더라도, 가장 바깥의 함수 혹은 핫키의 본문 전체가 지역이 됩니다.

```
1    F1::
2    {
3        ;F1을 눌렀을 때 실행되는 내용
4        (어떤 내부 블록의 시작 1)
5        {
6        }
7        (어떤 내부 블록의 시작 2)
8        {
9        }
10   }
11
12   F2::
13   {
14       ;F2를 눌렀을 때 실행되는 내용
15   }
```

앞의 예시에서 지역은 'F1에 의한 지역'과 'F2에 의한 지역'이 있네요. 편하게 'F1 지역', 'F2 지역'이라고 부르겠습니다. **그리고 F1 지역 안에 있는 두 개의 블록의 안쪽은 또 다른 지역이 아닙니다.** 위 코드 조각에는 총 두 개의 '지역'이 있는 셈이죠. 각각의 지역이 구분되나요?

지역이란 함수나 핫키의 내부 전체를 의미한다고 했습니다. 사실 함수도 직접 만들면 지역이 생기거든요. 그런데 우리는 오토핫키에 기본으로 있는 함수만 사용하고 있습니다. 따라서 우리는 지금까지 함수에 의한 지역은 써본 적이 없으며, 핫키에 의한 지역만 써본 셈입니다.

## ⬡ 자동 실행 스레드

또, **자동 실행 스레드**(Auto-execute Thread)라는 개념을 알아야 합니다. 이는 프로그램을 실행하면 자동으로 진행되는 부분을 의미합니다. 스크립트를 실행하면 **어느 지역에도 포함되지 않는 부분**을 자동으로 실행하는데, 이 부분을 자동 실행 스레드라고 부릅니다.

아래와 같은 코드는 표시한 부분이 자동 실행 스레드 영역입니다.

```
1    ;자동 실행 스레드 영역
2    F1::
3    {
4    }
5    ;자동 실행 스레드 영역
```

위의 코드에서는 자동 실행 스레드 영역이 두 군데로 나뉘어져있습니다. 핫키 구문의 위, 그리고 아래이죠. 프로그램을 실행하면 자동으로 이 영역에 있는 구문이 위에서부터 순차적으로 실행됩니다. 중간에 핫키처럼 어떤 지역이 있다고 해도, 자동 실행 스레드 전체가 우선 실행됩니다.

따라서, 우리가 핫키 구문을 배우기 전에 했던 실습은 모두 자동 실행 스레드에서 한 셈입니다. 지역 안에 코드를 적지 않고, 어느 지역에도 포함되지 않은 부분에서 스크립트를 작성했으니까요.

> **Tip** ▸ **스크립트의 자동 종료**
>
> 핫키 지역이 없다면, 스크립트는 자동 실행 스레드의 모든 구문을 실행했을 때 자동으로 종료됩니다. 핫키를 사용하면 스크립트가 자동으로 종료되지 않아 ExitApp을 사용했던 이유가 그 때문입니다.

## 🔯 **변수의 유효 범위**

이제 지겹고도 어려운 이야기를 안할 수 없겠군요. 대부분의 현대 프로그래밍 언어에서는 구조적인 프로그래밍을 위해 변수의 생존 및 사용 범위를 제한해둡니다.

"변수가 유효하다"라는 것은, 해당 변수가 값을 가져 사용할 수 있는 상태를 의미합니다. 아래와 같은 코드에서, 변수 var1은 2번 줄에서 유효한 상태이기 때문에 사용할 수 있는 것입니다.

```
1    var1 := 1
2    MsgBox(var1)
```

오토핫키의 변수는 그 유효 범위에 따라 아래와 같이 세 종류로 구분됩니다.

| 종류 | 사용 가능 범위 | 생존 기한 |
| --- | --- | --- |
| 지역(Local) 변수 | 해당 지역 내 | 해당 지역이 끝나면 소멸 |
| 전역(Global) 변수 | 스크립트 전체 | 프로그램이 종료될 때까지 소멸하지 않음 |
| 정적(Static) 변수 | 해당 지역 내 | 프로그램이 종료될 때까지 소멸하지 않음 |

## 1. 지역 변수

어떠한 함수 내에서 만들어진 모든 변수는 지역 변수입니다. 지역 변수는 해당 지역 내에서만 사용이 가능합니다. 즉, 여러분이 핫키 구문 내에서 만든 변수는 다른 함수에서 사용할 수 없습니다. 말이 어렵나요? 쉽게 예를 들면, 아래 스크립트를 실행하면 경고를 제시합니다.

```
1    F1::
2    {
3        var := 100
4    }
5
6    F2::
7    {
8        MsgBox(var)
9    }
```

경고가 발생하는 스크립트

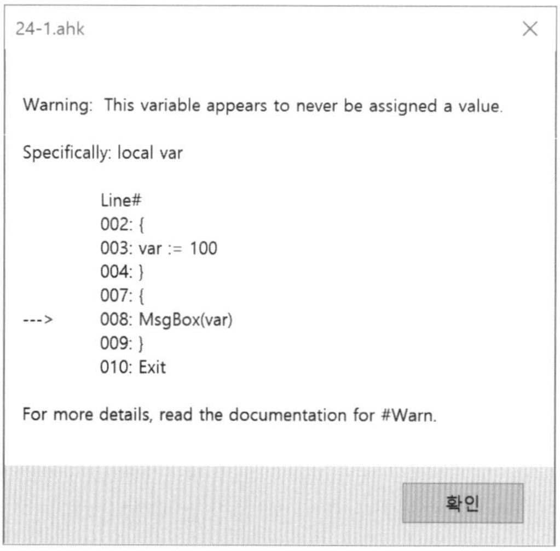

[그림 24-1] 실행 결과

경고의 내용은 F2 핫키 구문 내에서 var 변수의 값이 할당되지 않았다는 것입니다. 즉, F2 지역 내에서는 F1 지역에서 만든 var 변수를 인식하지 못하는 것을 알 수 있습니다. 왜냐하면 지역 변수는 그 지역 안에서만 유효하기 때문입니다! 또한, 지역 변수는 지역이 끝나면 소멸됩니다.

## 2. 전역 변수

어떠한 지역 내에서 만들어지지 않은 변수, 즉 자동 실행 스레드에서 만들어진 변수는 모두 전역 변수입니다. 전역 변수는 어디에서나 접근할 수 있으며, 프로그램이 종료되기 전엔 사라지지 않습니다.

전역 변수를 읽기만 하는 경우엔 지역 내에서도 조건 없이 읽을 수 있습니다. 예를 들어서, 아래 예제는 전역 변수의 값을 읽는 상황을 잘 드러냅니다.

```
1    var := 100
2
3    F1::
4    {
5        MsgBox(var)
6    }
7
8    F2::
9    {
10       MsgBox(var)
11   }
```

▲ 전역 변수의 사용

코드 조각을 실행해보면 각각의 핫키 지역 안에서 var 변수가 잘 표현되는 것을 볼 수 있습니다. 어느 핫키를 눌러도 전역 변수를 읽을 수 있죠.

## 🏛 global 키워드

전역 변수를 지역에서 읽기만 하지 않고, 전역 변수의 값을 지역에서 수정하거나 연산을 하려면 "이 지역에서 사용하려는 변수가 전역 변수다."라고 명시해주어야합니다.

간단히 해당 변수 앞에 global 키워드를 붙여주면 됩니다. 아래 예시는 지역 내에서 global 키워드를 사용하여 그 지역에서 var는 전역 변수로 사용한다고 지정해주었습니다.

```
1    var := 100
2
3    F1::
4    {
5        global var ;이 지역에서 var는 전역 변수로 사용한다.
6        var := 200 ;전역 변수 var의 값을 수정
7        MsgBox(var)
8    }
9
10   F2::
11   {
12       MsgBox(var) ;읽기만 하기 때문에 global 구문이 없어도 값이 표시됨
13       ExitApp
14   }
```

▲ var 변수는 전역 변수입니다.

5번 줄에 global 키워드가 보이나요? 이와 같이 사용하면 해당 지역에서 var 변수의 값을 수정할 수 있기 때문에 12번 줄에서 바뀐 전역 변수의 값을 확인할 수 있습니다. 그리고 다음과 같이 global 지정과 값 대입을 동시에 할 수 있습니다.

```
5    global var := 200
```

▲ 위 코드의 5~6번 줄을 위와 같이 한 줄로 쓸 수 있습니다.

> **Tip** **전역 변수가 없을 때 global을 쓰면**
>
> 자동 실행 스레드에 전역 변수를 만들지 않았어도, global 키워드를 사용하면 자동으로 그 이름의 전역 변수를 만듭니다. 실제로 이전 페이지의 예시에서 1번 줄이 없다고 해도, F1 블록의 **global** 키워드를 만나면 자동으로 var 전역 변수를 만들기 때문에 F1을 누른 후 F2를 누르면 값을 잘 보여줍니다.
>
> 그러나, 이런 경우 var 변수가 만들어지기 전(=F1을 누르기 전)에 F2를 누르면 값을 지정해주지 않은 var 변수를 이용했다며 오류가 날 것입니다. 때에 따라 다르지만, 전역 변수로 쓸 변수는 자동 실행 스레드에 모두 적어주는 편을 추천합니다.

```
1    var := 0 ;숫자가 들어갈 전역 변수의 생성
2    var := "" ;문자열이 들어갈 전역 변수의 생성
```

## 🗄 지역 변수와 전역 변수의 우선 순위

지역 변수와 전역 변수가 같이 써져있으면 어떻게 될까요? 예를 들어 아래와 같은 경우 말입니다.

```
1    var := 100
2
3    F1::
4    {
5        var := 200
6        MsgBox(var)
7    }
```

⬆ 6번 줄의 var 변수는 100? 200?

global 키워드를 쓰지 않았으므로, 5번 줄의 var는 1번 줄의 var와 다른 새 지역 변수입니다. 따라서 6번 줄에서 사용하는 var 변수는 5번 줄에서 대입한 지역 변수입니다. 따라서 1번 줄에서 대입한 전역 변수의 값은 전혀 바뀌지 않았고, 스크립트는 200을 출력합니다.

다만, 아래와 같이 동명의 전역 변수가 있는 상황에서 지역 변수가 쓰임에도 불구하고 해당 변수를 대입하기 전에 사용하면, 오토핫키는 이를 지역 변수로 해석하여 '할당된 값이 없다'며 경고를 나타냅니다.

```
1    var := 100
2
3    F1::
4    {
```

```
5        MsgBox(var) ≪≪ 경고 발생!
6        var := 200
7        MsgBox(var)
8    }
```

◦ 5번 줄의 var 변수는 지역 변수(빈 값)로 취급됩니다.

해당 지역 내에서 var라는 지역 변수가 존재하는데(6번 줄), 이 변수가 값을 가지기 전에 사용(5번 줄)해버리면 스크립트가 전역 변수(100) 대신 지역 변수(빈 값)로 해석합니다. 따라서 지역 변수와 전역 변수의 이름은 같을 수 있지만, 그 경우 같은 함수 내에서 전역 변수로서 해당 변수를 사용할 순 없습니다. 우리는 이러한 오류를 줄이기 위해 아래와 같은 스크립트 작성 원칙을 정해보겠습니다.

---

**[전역 변수와 이름이 같은 지역 변수가 있다면...]**

1. 그 변수명은 지역 변수로만 사용하거나,

2. global 키워드를 이용하여 전역 변수로만 사용한다.

---

## 25 변수의 유효 범위 (하)

지난 섹션에서 지역 변수와 전역 변수의 개념을 배웠고, 또 지역에서 전역 변수를 만드는 방법까지 배웠습니다. 이번에는 정적 변수에 대해 배워볼 것입니다.

### 🏛 변수의 유효 범위

다시 표를 가져와보겠습니다. 개념을 정리해보자고요.

| 종류 | 사용 가능 범위 | 생존 기한 |
|---|---|---|
| 지역(Local) 변수 | 해당 함수 내 | 해당 함수가 끝나면 소멸 |
| 전역(Global) 변수 | 스크립트 전체 | 프로그램이 종료될 때까지 소멸하지 않음 |
| 정적(Static) 변수 | 해당 함수 내 | 프로그램이 종료될 때까지 소멸하지 않음 |

### 1. 지역 변수

해당 지역 안에서만 사용 가능하고, 그 지역이 끝나면 소멸되는 변수를 지역 변수라고 말합니다. 일반적으로 지역 내에서 변수를 만들면 자동으로 지역 변수로 만들어집니다. 따라서 A 핫키 지역에서 만든 변수는 B 핫키 지역에서 사용할 수 없습니다.

### 2. 전역 변수

반대로, 스크립트 전역에서 사용할 수 있는 변수를 전역 변수라고 합니다. 자동 실행 스레드에서 만든 변수는 자동으로 전역 변수로 만들어집니다. 당연히 모든 지역에서 자유롭게 사용할 수 있습니다.

### 3. 정적 변수

이제 정적 변수에 대해 알아봅시다. 정적 변수는 그 수명이 프로그램이 종료될 때까지이지만, 그 지역에서만 사용할 수 있는 변수입니다. 전역 변수의 수명과 지역 변수의 강건성을 모두 유지한 개념입니다. 만약 해당 함수를 반복적으로 호출하면서, 그 값은 유지해야 할 땐 전역 변수보단 정적 변수를 사용하는 것이 좋습니다.

변수는 어떤 지역 내에서 만들면 지역 변수로 만들어지고, 아무 지역도 아닌 곳(= 자동 실행 스레드)에서 만들면 전역 변수로 만들어진다고 했습니다. 그렇다면 정적 변수는 어떻게 만들어야 할까요? 바로 static이라는 특별한 키워드를 이용하여 만들어야 합니다.

## 🏛 static 키워드

static 키워드는 gobal 키워드와 마찬가지로 정적 변수로 생성하고자 하는 변수 앞에 붙여줍니다. 또한 해당 지역 내에서만 사용할 수 있다고 했으므로, 블록 내에서 만들어야 함은 당연합니다. 아래 예시는 정적 변수의 사용을 잘 보여줍니다.

```
1    F1::
2    {
3        static var := 1
4        MsgBox(var)
5        var++
6    }
```

▲ 정적 변수의 사용

위 코드 조각을 실행하면 처음엔 초깃값인 1부터 출력하는데, 블록이 끝나기 전에 **var++** 구문을 통해 변수의 값을 증가시킵니다. 계속해서 [F1]키를 눌러보면 값이 1씩 증가하면서 출력되는 것을 볼 수 있죠. 지역이 끝나도 var 변수가 소멸되지 않고, 그 값이 유지되는 것을 볼 수 있습니다.

이렇게 정적 변수를 적절히 사용하면 예쁜 코드를 작성할 수 있습니다(적어도 전역 변수를 가득 써놓은 코드보단 말이죠!). 물론 이곳저곳 여러 지역에서 사용한다면 전역 변수를 사용하는게 좋을 수 있지만, 한 지역에서만 사용하면서 지역이 끝나도 값을 소멸시키지 않으려면 정적 변수를 사용하는 것이 좋습니다.

## 🏛 전역 변수의 남용

변수의 세 가지 유효 범위를 보시고 의문이 생길 수 있습니다.

그러면 모든 곳에서 제약 없이 쓸 수 있는 전역 변수만 사용하면 되는 것 아닌가요?

매력적인 선택지입니다. 이렇게 하면 변수의 소멸 기한이나 사용 범위에 대해 고려할 필요가 없어보입니다. 그렇지만 이는 피해야 할 방법입니다.

여러 이유가 있지만, 대표적으로 코드의 강건성이 떨어진다는 것입니다. 어디서나 접근할 수 있는 전역 변수는 어디서나 값이 바뀔 수 있습니다. 잠재적으로 모든 지역에서 해당 변수를 가져오거나 값을 수정할 수 있고, 따라서 해당 변수는 언제든지 값이 변할 위험에 노출되어있습니다.

인간은 컴퓨터처럼 완벽하지 않습니다. 원치 않게 전역 변수의 값을 변경시키는 코드를 사용하곤 합니다. 코드가 길어질수록, 프로그램의 규모가 커질수록 이러한 실수는 잦아집니다.

전역 변수를 사용하면 좋은 경우도 물론 있습니다. 여러 지역에서 공통적으로 사용해야 하는 변수는 전역 변수인 편이 좋습니다. 전역 변수의 사용을 금지하는 것은 아니니, '기본적으로 지역 변수의 사용을 원칙으로 하되, 필요시 전역 변수와 정적 변수를 사용한다.'라고 생각하면 됩니다.

---

**정리: 어떤 종류의 변수를 사용할까?**

기본적으로 지역 변수의 사용을 원칙으로 하되, 필요시 전역 변수와 정적 변수를 사용한다!

---

# 26 내장 함수

Section 12에서 내장 변수에 대해 배웠는데, 기억하나요? 프로그래밍에 쓰이는 여러 값들이 미리 변수로 들어져있는데, 이것을 내장 변수라고 한다고 했습니다. 이와 마찬가지로 오토핫키에서 기본적으로 제공되는 함수를 내장 함수라고 합니다.

## 🏛 내장 함수

Section 04에서 언급한 적 있는데, 오토핫키에서 "어떤 기능을 해라!"라는 명령은 함수로 내린다고 하였습니다. 즉, 오토핫키에서 기본 제공되는 여러 내장 함수를 통해 이런저런 작업 지시를 내린다고 할 수 있습니다.

생각해보면 MsgBox도 오토핫키에서 기본 제공하는 함수였네요. 따라서 MsgBox는 내장 함수입니다.

내장 함수는 그 종류가 너무 많아 섹션 한 편으로 설명할 수 없습니다. 그러나 오토핫키를 사용하면서 꼭 알아두면 좋은 기본적인 내장 함수는 본서에서 천천히 설명할 것입니다. 믿고 따라주세요.

## 🏛 내장 함수의 사용

내장 함수를 사용하는 방법은 이미 알고 있죠? MsgBox는 다들 사용해봤으니까요. 다음 코드와 같이 함수에 인수를 전달하여 그 함수를 사용할 수 있습니다.

```
FunctionName(param1, param2)
```

위의 경우 FunctionName이라는 함수에 인수 두 개(parm1, param2)를 전달합니다. 실제로 MsgBox를 배울 때도 아래와 같은 예제 코드를 사용했습니다.

```
1    MsgBox("Hello, World!")
```

즉, 우리는 MsgBox라는 내장 함수에 "Hello, World!"라는 인수를 전달하여 사용한 것입니다. 다음 섹션에서는 함수가 가지는 다른 특징인 '반환값'에 대해 알아보도록 하겠습니다.

## 27 함수의 반환값

### 🏛 함수의 본질

뜬금없이 함수의 본질에 대해 언급하는 이유는 함수에 반환값이 있는 이유를 납득시키기 위해서입니다. 이렇게 본질을 파악하면 우리가 배운 함수의 개념을 조금 더 명확히 하여 나중에 헷갈릴 일이 없도록 해줍니다. 학창 시절 수학 시간에 함수를 배워본 적 있을 것입니다. 주로 다음과 같은 형식으로 표현되곤 했죠.

y = 2x + 3

갑자기 수학이 나오다니! 머리가 아플 수 있지만 더 이상 어렵게 하진 않겠습니다. 아무튼, 위 함수는 일차함수로서 y가 2x + 3이라는 것을 나타냅니다.

우리가 x에 1, 2, 3, 4 …를 넣어보면 y의 값은 각각 5, 7, 9, 11 …이 됩니다. 프로그래밍을 배우려는 것이므로 당장 계산해야 하는 것은 아닙니다. 중요한 것은, **무언가 입력(x:input)이 있다면 출력(y:output)이 있다는 것이죠.**

프로그래밍에서의 함수도 마찬가지입니다. 우리가 어떤 입력을 주면, 무언가 작업을 열심히 해서 출력을 뱉어내는 구조를 함수라고 합니다. 여기서 '입력'을 인수로, '출력'은 반환값으로 부릅니다. 인수를 전달하여 함수를 호출하는 작업은 해보았죠?

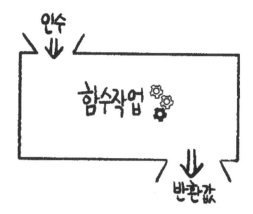

[그림 27-1] 수학의 함수와 프로그래밍에서의 함수는 구조적으로 같습니다. ①

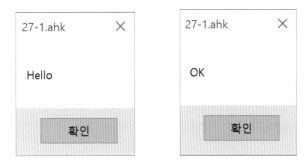

[그림 27-2] 수학의 함수와 프로그래밍에서의 함수는 구조적으로 같습니다. ②

우리는 지금까지 '함수는 무언가 일을 한다'라고만 알고 있었습니다. MsgBox를 사용하면 알림상자를 화면에 출력하는 작업만 해줬죠. 그러나 함수는 (필요한 경우) 그 일의 결과 또한 반환해줍니다. 우리는 MsgBox를 사용하면서 함수의 반환값을 사용한 적은 없습니다.

## 🏛 함수의 반환값

함수를 함수명(인수)처럼 호출하면, 그 호출부는 작업을 마친 후 결괏값을 가집니다. 우리는 이 과정을 '함수가 값을 반환했다'라고 부를 것입니다. 즉, 함수는 작업을 마친 후 결괏값을 반환합니다. 그 값을 알아보기 위해 대입 연산자를 사용해서 변수에 반환값을 담아볼 수 있습니다.

```
1    var := MsgBox("Hello")
2    MsgBox(var)
```

▲ MsgBox 함수의 반환값을 변수로 받아 출력

MsgBox 함수도 값을 반환합니다. 위 예제와 같이 사용하면, MsgBox가 실행된 후 적절한 값이 반환되어 var 변수에 담길 것입니다. 어떤 값이 담기는지 실행해볼까요?

| 27-1.ahk          ✕ | 27-1.ahk          ✕ |
|---------------------|---------------------|
| Hello               | OK                  |
| **확인**             | **확인**             |

[그림 27-3], [그림 27-4] 첫 번째 알림상자(Hello)와 그 반환값(OK)을 출력

알림상자가 열려있는 동안은 코드 진행이 멈춘다는 점은 이미 말했었죠. 첫 번째 알림상자를 닫으면 이어서 두 번째 알림상자가 열립니다. 두 번재 알림상자에는 [그림 27-4]와 같이 'OK'라고 출력이 될 것입니다.

눈치챈 분도 있겠지만, MsgBox의 반환값은 **사용자가 클릭한 버튼**입니다. MsgBox 부분에서 나왔던 표를 기억하나요?

| 버튼의 종류 | 수 | 문자열 |
|---|---|---|
| 확인 (기본값) | 0 | OK 또는 O |
| 확인\|취소 | 1 | OKCancel 또는 O/C 또는 OC |
| 중단\|다시 시도\|무시 | 2 | AbortRetryIgnore 또는 A/R/I 또는 ARI |
| 예\|아니요\|취소 | 3 | YesNoCancel 또는 Y/N/C 또는 YNC |
| 예\|아니요 | 4 | YesNo 또는 Y/N 또는 YN |
| 다시 시도\|취소 | 5 | RetryCancel 또는 R/C 또는 RC |
| 취소\|다시 시도\|계속 | 6 | CancelTryAgainContinue 또는 C/T/C 또는 CTC |

위의 표에서 각 버튼의 영문명을 확인할 수 있는데, [확인] 버튼은 'OK', [취소] 버튼은 'Cancel' 등 각 버튼의 영문명이 반환된다는 것을 알 수 있습니다. 우리는 [확인] 버튼을 클릭했기 때문에 'OK'라는 반환값이 var 변수에 담겨 출력되었던 것이죠.

그렇다면 아래와 같은 경우는 어떨까요?

```
1    var := MsgBox("Press any button", "Title", "Y/N")
2    MsgBox("Selected button: " var)
```

▲ 사용자의 선택을 출력

이미 배우셨듯이, MsgBox의 Options 매개변수로 "Y/N"을 전달해주면 [예\|아니요] 버튼이 있는 알림상자를 만들 수 있습니다. 알림상자의 [예]를 클릭하면 [Yes]가 출력되고, [아니요]를 클릭하면 [No]가 출력되는 것을 볼 수 있습니다.

이제 MsgBox에서 반환값을 받아 출력하는 방법을 익혔나요? 다른 함수도 마찬가지입니다. 함수 호출부에 대입 연산자를 통해 반환값을 변수에 담을 수 있죠. 물론, 아래와 같이 대입하지 않고 바로 사용할 수도 있습니다. 아래 코드는 CookRamyeon(Param)의 반환값이 출력됩니다.

```
1    MsgBox(CookRamyeon(Param))
```

▲ 한 줄로 사용자의 선택을 출력

## 🏛 **반환값을 쓰는 이유**

MsgBox의 예시를 보듯이, 함수를 호출하면 그 호출문으로 값이 반환되어옵니다. 따라서 우리는 반환값을 변수로 받아서 추후에 사용할 수 있습니다. 함수마다 다르지만, 어떤 함수는 실행한 결과를 반환해줍니다. 앞으로는 내장 함수를 강좌할 때 그 반환값을 같이 설명하도록 하겠습니다. 어떤 값이 반환되는지 알면 여러 동작을 할 수 있습니다.

---

**정리: 함수의 반환값**

1. 함수의 호출부는 작업을 마친 후 결괏값을 가지는데, 이를 '함수가 값을 반환한다.'라고 한다.

2. 필요한 경우, 함수는 그 실행 결과를 반환한다.

3. 예를 들어서 MsgBox는 사용자가 선택한 버튼이 무엇인지를 반환한다.

---

**CHAPTER 03**

# 반복문과 조건문

# 28    반복문

컴퓨터보다 프로그램이 먼저 개발되었다는 사실을 알고 있나요? 1800년대 당시 '해석 기관'이라는 기계식 계산기가 설계되었을 무렵, 에이다 러브레이스(Ada Lovelace)는 공상의 산물이던 해석 기관의 설계만 보고 계산을 해주는 알고리즘을 작성한 바 있습니다. 최초의 프로그램이었죠. 에이다는 최초의 프로그래머였고요. 에이다가 닦은 프로그래밍의 기초는 현대 프로그래밍에 큰 영향을 주었는데, 그중 가장 크게 영향을 끼친 것을 뽑자면 단연 '반복문', '조건문'이라는 개념의 발명입니다. 그만큼 프로그래밍에서 '반복'과 '조건'은 빠질 수 없는 요소입니다. 프로그래밍의 역사와 함께한 개념이며, 현재까지도 큰 변화 없이 이어지고 있는 위대한 발명입니다.

## 🏛 반복문 개요

지금까지 작성한 스크립트는 위에서 아래로 순차 진행되었습니다. 그러나 반복문을 사용하면 스크립트의 흐름을 위로 올릴 수 있으며, 지정한 구간을 반복하게 할 수 있습니다. 같은 작업을 여러 번 반복하는 것은 물론, 일정한 규칙을 가지며 반복할 수도 있습니다.

오토핫키의 반복문은 Loop라는 문(Statement)으로 사용할 수 있습니다. 반복 횟수를 지정해줄 수 있는데, Loop는 함수가 아니기 때문에 괄호로 감싸지는 않습니다. 지정하지 않으면 무한 반복합니다. 그리고 반복할 구간은 블록으로 지정해주죠. 정리하면 아래와 같습니다.

```
1    Loop 반복횟수
2    {
3        ;반복할 내용
4    }
```

△ 반복문의 기본 형태

> **Tip** **반복 횟수에 변수를 쓸 수 있습니다**
>
> 아래와 같이, Loop 뒤에 변수를 써주어 반복 횟수를 지정할 수 있습니다.
>
> ```
> 1    Loop var
> ```

## 🎲 A_index

반복문의 반복 횟수가 담겨있는 내장 변수도 있습니다. 바로 A_Index입니다. 이 내장 변수에는 현재 진행 중인 반복문을 얼마나 반복했는지가 숫자로 들어있습니다.

```
1    Loop 3
2    {
3        MsgBox(A_index "회 반복 중")
4    }
```

▲ A_index의 출력

## 🎲 break와 continue

break는 횟수가 다하지 않은 반복문을 탈출하는 가장 적절한 방법입니다. 반복문을 진행하다 break를 만나면 그 반복문을 탈출하죠.

```
1    Loop
2    {
3        MsgBox("3번 줄")
4        break
5    }
```

▲ 첫 번째 반복에서 바로 break를 만나서 결국 반복이 되지 않습니다.

함수는 아니지만 Loop처럼 뒤에 숫자를 적어줄 수 있는데, 탈출할 반복문의 개수를 의미합니다. break 2라고 쓰면 두 개의 반복문을 탈출하죠.

```
1    Loop
2    {
3        Loop
4        {
5            break 2
6        }
7    }
```

▲ 5번 줄에 의해 두 개의 반복문을 탈출합니다.

또, continue를 만나게 되면 남은 반복문 진행을 건너뛰고, 다음 반복으로 속행해줍니다. 예를 들어서 아래와 같이 작성하면 5번 줄은 실행되지 않는다는 경고가 나타나며, 무시하고 실행시키면 5번 줄이 실행되지 않는다는 것을 눈으로 볼 수 있습니다.

```
1    Loop
2    {
3        MsgBox("3번 줄")
4        continue
5        MsgBox("5번 줄")
6    }
```

△ 5번 줄을 실행하지 않는다는 경고가 나타납니다.

continue도 숫자를 적어주어 속행할 반복문의 개수를 지정해줄 수 있습니다. 잘 사용되지 않으므로 "그렇구나" 하고 넘어가면 됩니다. 아쉽게도 지금은 break와 continue를 사용해보기 곤란합니다. 적절한 예제를 만들기 어렵거든요. 그렇기 때문에 다음 섹션에서 조건문을 배우면, 예제와 함께 결합해서 전달하도록 하겠습니다.

## 📖 실습

### 1. 반복문의 기초적인 사용

예를 들어서, 알림상자를 세 번 나타내려면 아래와 같이 작성하면 될 것입니다.

```
1    Loop 3
2    {
3        MsgBox("Hello!")
4    }
```

[예제 28-1] 세 번 나타나는 알림상자

### 2. 증가하는 값의 사용

변수를 사용해서 증가하는 값을 표현해볼까요? 아래와 같이 var 변수 하나의 초깃값을 2로 두고, 1회 반복 시마다 2씩 증가시키며 출력해보겠습니다. 아래 예제를 실행시키면 어떤가요? 알림상자로 2 4 6 8 10이라고 차례차례 출력됩니다. 반복될 때마다 6번 줄을 만나 var 변수의 값이 2씩 증가하기 때문이죠.

```
1    var := 2
2
3    Loop 5
4    {
5        MsgBox(var)
6        var += 2
7    }
```

[예제 28-2] 2씩 늘어나는 변수를 출력

### 3. 다중 반복문

반복문 안에 반복문이 있으면 어떨까요? 이럴 경우 각각의 규칙으로 변화하는 여러 변수를 사용할 수 있겠지요.

```
1    outer := 0
2    inner := 0
```

```
3
4     Loop 5
5     {
6         outer++
7         Loop 5
8         {
9             inner++
10            MsgBox("바깥쪽 Loop: " outer "회`n안쪽 Loop: " inner "회")
11        }
12        inner := 0
13    }
```

[예제 28-3] 이중 반복문

위와 같은 구조의 이중 반복문은 처음 보면 해석이 어려울 수 있습니다. 오토핫키는 한 줄씩 순차 진행된다는 점을 명심하세요. 그리고 눈으로 한 줄씩 따라가며 순서를 짚어보세요.

[그림 28-1] 실행 결과

위 [그림 28-1]과 같이, 안쪽 반복문에서 inner 변수를 5까지 늘리면서 출력한 이후, 다시 0으로 초기화한 다음 바깥 Loop로 인해 또다시 반복하게 됩니다.

이 [예제 28-3]은 꼭 이해해야 합니다! 이 부분을 이해하지 못하면 향후 본문에서 이해가 안 되는 부분이 많을 겁니다. 반드시 각 변수가 왜 이렇게 변하는지를 이해한 후 넘어가주길 바랍니다.

예제는 이중 반복문을 들었지만, 삼중, 사중으로도 사용할 수 있습니다. 그러나 블록이 끝도 없이 중첩되는 것은 좋지 못하다는 점을 알아두세요.

## 29 조건문 (상) SECTION

지난 섹션의 에이다 러브레이스 이야기 기억나나요? 최초의 프로그래머인 그녀가 발명한 것 중 현대 프로그램의 흐름 방식에 큰 영향을 끼친 두 가지는 반복, 조건이라고 했습니다(그 외에 서브루틴 등의 개념도 그녀가 만들었는데, 강좌에서 다루지 않는 내용이므로 반복과 조건만 뽑았습니다.). 반복문을 배웠으니 이제 조건문을 배울 차례입니다.

### 🏛 조건문 개요

조건문이란, 특정 조건을 만족했을 때만 명령을 실행하도록 해주는 구문을 의미합니다. 예를 들어 오후 3시가 되면 알람이 울리게 할 수도, 사용자가 키를 누르면 반복을 탈출하게 할 수도 있습니다. 공통적으로 "만약 ~면 ~해라" 꼴이죠.

가장 기초적인 조건문은 if를 사용하는데, 아래와 같이 그 옆에 괄호를 써준 후 조건을 적어줍니다. 그리고 조건을 만족할 때 실행할 블록을 표시해주면 됩니다.

```
1    if (조건)
2    {
3        ;조건을 만족할 때 할 일
4    }
```

▲ if의 기본 형태

'조건을 만족한다'는 것은 조건이 참(true)일 경우를 이야기합니다. '참'은 무엇일까요?

### 🏛 참과 거짓

잠시 Section 15의 비교 연산자 부분으로 돌아가봅시다. 비교 연산자의 결과값은 1 아니면 0이라고 설명했었습니다. 비교의 결과가 참이면 1, 거짓이면 0을 뱉는다고 했습니다. 그래서 아래와 같은 코드는 모두 1을 출력합니다.

```
1    MsgBox(1 < 2)
2    MsgBox(1 = 1)
3    MsgBox(1 != 2)
```

▲ 모두 옳은 비교수식이기 때문에 1을 출력합니다.

그리고 아래와 같은 코드는 모두 0을 출력하겠죠.

```
1    MsgBox(1 > 2)
2    MsgBox(1 != 1)
3    MsgBox(1 = 2)
```

⬆ 모두 거짓인 비교수식이기 때문에 0을 출력합니다.

위 사실로 미루어보아, 오토핫키에서 '참'은 곧 1, '거짓'은 곧 0으로 취급됨을 알 수 있습니다. 또한, 1과 0을 포함하여 참과 거짓으로 판단되는 값을 정리해보면 아래와 같습니다.

```
1    MsgBox(1 > 2)
2    MsgBox(1 != 1)
3    MsgBox(1 = 2)
```

⬆ 모두 거짓인 비교수식

예를 들어서 "Hello"라는 문자열은 0도 빈 값도 아니기 때문에 참입니다.

> **Tip** **true와 false**
>
> 내장 변수를 소개할 때 true와 false라는 내장 변수를 언급한 적 있습니다. 각각 숫자 1, 0이 담겨있습니다. 숫자만 담긴 별 의미 없어 보이는 이 내장 변수를 이용하면 코드를 조금 더 읽기 쉽게 만들 수 있습니다.

## 🏛 if

조건문은 if 코드로 사용합니다. 가장 기본 형태를 다시 적어보겠습니다.

```
1    if (조건)
2    {
3        ;조건을 만족할 때 할 일
4    }
```

⬆ if의 기본 형태

조건이 참이면 블록 안의 내용을 실행하게 됩니다. 이것이 조건문의 가장 기초적인 사용 방법입니다.

## 🎲 **else**

if 블록 밑에 연달아서 else 블록을 넣어 '조건을 만족하지 않을 때'의 동작을 작성해줄 수 있습니다.

```
1    if (조건)
2    {
3        ;조건을 만족할 때 할 일
4    }
5    else
6    {
7        ;조건을 만족하지 않을 때 할 일
8    }
```

▲ else의 기본 형태

else는 조건을 만족하지 않을 때를 의미하므로, 반드시 조건을 가진 **if**문이 선행되어야 합니다.

## 📖 실습

처음 보는 구문이라 낯설 순 있어도, 그렇게 어렵지는 않습니다. 실습해보며 익혀나가면 금방 원하는 조건문을 작성할 수 있을 것입니다.

### 1. 가장 기초적인 조건문

var 변수에 따라 다른 알림상자가 출력되는 예제입니다. 비교 연산자를 유의미하겐 처음 이용해보는 것 같은데, 어렵지 않죠?

```
1    var := 2
2    if (var = 1)
3    {
4        MsgBox("var의 값은 1입니다.")
5    }
6    else
7    {
8        MsgBox("var의 값은 1이 아닙니다.")
9    }
```

[예제 29-1] 조건문을 사용한 모습

### 2. 복잡한 조건을 가진 조건문

쉬운 예제 하나만 더 실습해보겠습니다. 아래 예제는 코드를 실행해보지 않고도 결과를 짐작할 수 있겠죠? var 값이 1이기 때문에, if 블록이 아닌 else 블록으로 진행될 것입니다.

```
1    var := 1
2    if (var > 2 || var = -1)
3    {
4        MsgBox("var의 값은 2보다 크거나 -1입니다.")
5    }
6    else
7    {
8        MsgBox("var의 값은 2보다 크지 않으면서, -1도 아닙니다.")
9    }
```

[예제 29-2] 다른 경우에서 else의 사용

조건이 다소 까다롭습니다. 'var > 2 ‖ var = -1'라는 조건을 말로 풀어낼 수 있다면 크게 어렵진 않은데, 문제는 해당 조건을 만족하지 않을 때 수행되는 else 블록입니다. 수학에서 명제를 다루는 것과 같으나, 명제에 익숙하지 않다면 아래와 같이 쪼개서 계산하면 됩니다.

- var > 2가 아니더라도 var = -1이면 조건이 참이 된다.
- var = -1가 아니더라도 var > 2이면 조건이 참이 된다.
- 따라서, var > 2가 아니면서 var = -1도 아니어야 else 구문이 수행된다.

## 3. 반복문과 조건문의 결합 ①

아래 예제는 반복을 하며 알림상자를 보여주다가, 현재 반복 횟수(A_Index)가 3이 되면 break를 통해 반복문을 탈출하는 예제입니다.

Loop에 반복 횟수를 지정하지 않으면 무한 반복한다고 말한 적 있습니다. 그러나 예제에선 반복 횟수를 지정해주지 않았음에도 불구하고, 조건문을 통해 현재 반복 횟수가 3일 때 반복을 탈출시켜주고 있죠.

```
1    Loop
2    {
3        MsgBox("반복: " A_Index "회")
4        if (A_Index = 3)
5        {
6            break
7        }
8    }
9    MsgBox("반복문이 탈출되었습니다.")
```

[예제 29-3] 현재 반복 횟수가 3이면 반복문을 탈출

## 4. 반복문과 조건문의 결합 ②

또, 아래와 같이 continue를 사용하는 경우도 만들어볼 수 있습니다. continue를 만나면 해당 반복문의 남은 내용을 건너뛰고 다음 반복으로 속행하기 때문에, 반복 횟수가 5회 이하인 경우 7번 줄의 알림상자가 출력되지 않는 모습을 볼 수 있습니다.

```
1    Loop 10
2    {
3        if (A_Index <= 5)
4        {
```

```
5          continue
6      }
7      MsgBox("반복: " A_Index "회")
8  }
9  MsgBox("반복문이 탈출되었습니다.")
```

[예제 29-4] 반복 횟수가 5회 이하면 아무 동작도 하지 않음

# 30 조건문 (중)

이번에는 if와 else에 이은, else if문을 배워보도록 하겠습니다.

## 🎲 else if

여러 조건에 따라 동작이 나뉘는 프로그램을 작성하려면 어떻게 해야 할까요? 아래와 같은 예시를 생각해봅시다.

- 변수의 값이 2의 배수이면 "2의 배수입니다."를 출력
- 변수의 값이 3의 배수이면 "3의 배수입니다."를 출력
- 모두 아니면 "어느 쪽도 아닙니다"를 출력

가장 간단한 방법은 이번에 배울 else if를 사용하는 것입니다. 이것은 여러 조건에 따라 각각 다른 분기를 시킬 때 사용됩니다. 전체 구성은 아래와 같습니다.

```
1    if (조건 1)
2    {
3        ;조건 1을 만족하면 할 행동
4    }
5    else if (조건 2)
6    {
7        ;조건 1이 거짓일 때, 조건 2를 만족하면 할 행동
8    }
9    else
10   {
11       ;모든 조건을 만족하지 못할 때 할 행동
12   }
```

▲ else if문의 사용

이로써 우리는 각각의 조건마다 다른 행동을 할 수 있도록 조건문을 구성할 수 있습니다. else if문은 필요한 만큼 사용할 수 있고, else와 그 블록은 필요하지 않으면 삭제해도 됩니다.

## 🎲 else if의 필요성

"그냥 if를 여러 개 쓰면 안 되나요?"

이런 의문이 들 수 있습니다. if를 연달아서 쓰면 else if 없이도 여러 조건에 따른 행동을 분기할 수 있지 않을까요? 그러나 이 경우 다음과 같은 문제가 생깁니다.

### 1. 블록 안쪽에서, 다음 조건문의 조건의 결과가 바뀔 수 있습니다.

예를 들어서 var 값으로 분기가 나뉘는 경우, 첫 번째 조건문의 블록에서 var 값이 바뀔 수 있습니다.

이 상태에서 두 번째 조건문의 조건으로 var 값을 이용한다면 의도치 않은 동작을 유발할 수 있습니다. 첫 번째 조건문의 블록에서 그 값이 바뀌었기 때문이죠.

그러나 else if를 사용하고 어떤 조건문이 참이라 그 블록의 내용을 수행했을 경우, 그 밑에 존재하는 else if와 else를 사용한 조건문은 아예 건너뜁니다. 따라서 한 조건문 블록을 실행하면 그 밑의 else if를 수행하지 않습니다.

```
1    if (true)
2    {
3        ;var가 참(true)이기 때문에 항상 이 구문을 실행
4    }
5    else if (true)
6    {
7        ;앞선 조건문이 참이었기 때문에, 이 블록을 수행하는 조건은 아예 검사하지 않음
8        ;따라서 이 블록은 조건이 참임에도 불구하고 수행되지 않습니다.
9    }
10   else
11   {
12       ;앞선 조건문 중이 참인 조건문이 있었기 때문에, else 블록은 수행되지 않음
13   }
```

▲ else 혹은 else if로 묶여있다면, 앞선 조건문 중 참인 것이 있을 경우 그 밑의 조건 검사는 건너뜁니다.

else 혹은 else if로 묶여있다면, 앞선 조건문 중 참인 것이 있을 경우 그 밑의 조건 검사는 건너뜁니다.

### 2. else의 사용이 곤란해집니다.

아래처럼, 여러 if를 사용하면 가장 마지막의 if만 else에 대응됩니다.

```
1    if (조건 1)
2    {
3        ;조건 1을 만족하면 할 행동
4    }
```

```
5    if (조건 2)
6    {
7        ;조건 2를 만족하면 할 행동
8    }
9    else
10   {
11       ;조건 2가 만족되지 않았을 때 할 행동
12   }
```

▲ else는 조건 2를 만족하지 않았을 때에만 수행됩니다.

이와 같은 경우 else 블록은 첫 번째 조건을 만족하지 않는다 해도 실행되지 않죠. 어떤 식으로든 첫 번째 if 와는 별개의 구문이 되어버리는 것입니다.

물론 여러 if를 연달아 써야 하는 경우도 있습니다. 그 두 조건이 어떠한 방식으로든 연관이 없다면 그렇게 합니다. 연관이 없는 두 조건문을 else if로 묶는 것은 오히려 잘못된 것입니다. 따라서 else if의 사용을 완전히 이해하는 것이 중요합니다.

## 📖 실습

### 1. else if의 기초적인 사용

아래 예제는 var 변수의 값에 따라 조건이 분기됩니다. 직접 값을 변경시키며 스크립트를 실행시켜보세요. var 값이 양수면 '양수입니다.'를, 음수면 '음수입니다.'를 출력합니다. 어느 쪽도 아니면 0이라고 출력하죠.

```
1    var := 3
2    if (var > 0)
3    {
4        MsgBox("양수입니다.")
5    }
6    else if (var < 0)
7    {
8        MsgBox("음수입니다.")
9    }
10   else
11   {
12       MsgBox("0입니다.")
13   }
```

[예제 30-1] else if의 사용

### 2. 반복문과 결합된 조건문 - 배수 판별 프로그램

실습을 통해 처음 언급한 배수 판별 예시를 심화적으로 만들어보며 반복문과 조건문을 모두 연습해보겠습니다. 이 프로그램은 다음과 같이 구성할 것입니다.

- 1부터 10까지 값을 증가시키면서 그 값이 배수인지를 판별
- 변수의 값이 2의 배수이면 그 값과 "2의 배수입니다."를 출력
- 변수의 값이 3의 배수이면 그 값과 "3의 배수입니다."를 출력
- 모두 아니면 그 값과 "어느 쪽도 아닙니다."를 출력

어떤 수를 2로 나눈 나머지가 0이면, 그 수는 2의 배수임을 알 수 있습니다. 3의 배수도 마찬가지고요. 이 배수의 특성을 이용하여 프로그램을 작성하면 됩니다. 나머지를 구하는 함수는 **Mod**인데, 원형은 다음과 같습니다.

```
Mod(Dividend, Divisor)
```

이 함수는 두 수를 나눴을 때의 나머지를 반환합니다. 따라서 Mod(3, 2)는 1을 반환하죠. '3 나누기 2'의 나머지는 1이니까요. 이 함수를 이용하여 원하는 프로그램을 만들어보겠습니다.

```
1    Loop 10
2    {
3        if (Mod(A_Index, 2) = 0)
4        {
5            MsgBox(A_Index ": 2의 배수입니다.")
6        }
7        else if (Mod(A_Index, 3) = 0)
8        {
9            MsgBox(A_Index ": 3의 배수입니다.")
10       }
11       else
12       {
13           MsgBox(A_Index ": 어느 쪽도 아닙니다.")
14       }
15   }
```

[예제 30-2] 반복문과 결합하여 배수 판별

위 예제는 var 변수의 값이 2의 배수일 때와 3의 배수일 때 각각 다른 알림상자를 나타내는 예시입니다.

실행해보니 어떤가요? 멋지게 2의 배수와 3의 배수를 구별하여 출력합니다.

else와 그 블록을 없애면 '어느 쪽도 아닙니다.'라는 알림은 나타나지 않습니다. 예제를 수정하여 2의 배수일 때와 3의 배수일 때만 알림상자를 출력하도록 해봅시다. 자율적으로 연습해보세요.

# 31   조건문 (하)

if, else if, else까지 배워놓고, 또 어떤 조건문이 있길래 하편을 준비했는지 걱정되죠? 걱정마세요. 이번에 배울 것은 기존의 조건문 개념 및 역할과 동일하지만, 사용법이 다른 또 다른 조건문을 준비했습니다. 더욱 간단하고 깔끔한 코드를 위해서죠. 그래서 어렵지는 않을 것입니다.

## 🏛 switch

switch는 가장 발전된 형태의 조건문 중 하나일 것입니다. 여러 개의 else if와 else로 묶인 큰 조건문 묶음을 간결하게 쓸 수 있거든요.

```
1    if (변수 = 값 1)
2    {
3        ;변수가 '값 1'일 때 할 내용
4    }
5    else if (변수 = 값 2)
6    {
7        ;변수가 '값 2'일 때 할 내용
8    }
9    else if (변수 = 값 3 || 변수 = 값 4)
10   {
11       ;변수가 '값 3' 또는 '값 4'일 때 할 내용
12   }
13   else
14   {
15       ;모든 경우에 해당하지 않을 때 할 내용
16   }
```

▲ 복잡한 if - else if - else 조건문

위와 같은 조건문의 단점은 눈에 잘 안 들어온다는 것입니다. 따라서, 이렇게 값을 등호(=)로 비교하는 조건문을 연달아서 쓴다면 아래와 같이 switch로 대체하는 게 좋습니다.

```
1    switch 변수
2    {
3        case 값 1:
```

```
4                     ;변수가 '값 1'일 때 할 내용
5       case 값 2:
6                     ;변수가 '값 2'일 때 할 내용
7       case 값 3, 값 4:
8                     ;변수가 '값 3' 또는 '값 4'일 때 할 내용
9       default:
10                    ;모든 경우에 해당하지 않을 때 할 내용
11      }
```

▲ switch문의 기본 구조

이 코드 조각은 본질적으로 위의 if - else if - else 조건문과 같습니다. 눈에 더 잘 들어오지 않나요? switch를 사용할 때 알아야 할 점은 다음과 같습니다.

1. 변수가 여러 값 중 하나와 일치하면 된다면, 그 값들을 콤마로 구분하여 작성합니다. (위 코드 조각의 7번 줄)
2. case엔 블록 처리를 해주지 않습니다.
3. default는 기존에 배웠던 else와 마찬가지로, 필요 없다면 쓰지 않아도 됩니다.


## 🏛 switch를 쓰는 이유

"그냥 if - else if - else로 사용해도 되잖아요?"

타당한 의문입니다. switch문을 몰라도 조건문을 구성하는 데 아무런 지장이 없습니다. 그러나 switch문을 사용하면 좋은 경우가 꽤 있습니다. 대표적으로 else if가 많은 경우입니다. 조건이 많고 각 조건마다 다른 동작을 해야 하는 경우 else if를 쭉 늘여서 사용하게 됩니다. 자연스럽게 하나의 수준에서 블록이 많이 사용됩니다.

```
1       if (비교할 변수 = 경우 1)
2       {
3       }
4       else if (비교할 변수 = 경우 2)
5       {
6       }
7       else if (비교할 변수 = 경우 3)
8       {
9       }
```

```
10   else if (비교할 변수 = 경우 4)
11   {
12   }
13   else if (비교할 변수 = 경우 5)
14   {
15   }
16   ...
```

이런 경우, 같은 수준의 블록이 많기 때문에 조건문 묶음의 범위를 파악하기 힘들어집니다. 해당 변수의 값을
비교하는 구문이 어디까지 이어져있는지 헷갈리기 마련입니다. 반면 switch를 사용하면 전체가 하나의 블록
으로 감싸지기 때문에 그 범위를 파악하기 용이해집니다.

```
1    switch 비교할 변수
2    {
3        case 경우 1:
4                ;변수가 '경우 1'일 때 할 내용
5        case 경우 2:
6                ;변수가 '경우 2'일 때 할 내용
7        case 경우 3:
8                ;변수가 '경우 3'일 때 할 내용
9        case 경우 4:
10               ;변수가 '경우 4'일 때 할 내용
11   }
```

switch문 전체를 묶은 하나의 큰 블록이 보이나요? 이와 같이, 전체가 한 블록으로 감싸져 조건문의 범위가
눈에 잘 띕니다. 보기 좋은 코드가 유지·보수 시 생산성이 높은 것은 당연합니다. 따라서 else if가 많이 연결
되면서 조건이 var = value 형식인 경우, switch문의 사용을 적극 고려해보세요.

📖 **실습**

만약 변수에 name이라는 문자열이 들어있으면 이름을 출력하고, address 혹은 addr이라는 문자열이 들어있으면 주소를 출력하는 예제를 만들어보겠습니다.

```
1    var := "addr"
2    switch var
3    {
4        case "name":
5            MsgBox("이름은 홍길동입니다.")
6        case "address", "addr":
7            MsgBox("울릉도 동남쪽 뱃길따라 이백리")
8            MsgBox("외로운 섬하나 새들의 고향에 살고 있습니다.")
9    }
```

[예제 30-1] switch문의 사용

눈여겨볼 점이 몇 개 있습니다.

1. 늘 그래왔던 대로, 문자열인 name, address, addr은 따옴표로 처리해주었습니다.
2. var가 address와 addr 중 하나라도 일치하면 되는 조건이므로, 콤마로 구분하여 작성해주었습니다.
3. 두 번째 case에서 볼 수 있듯 여러 줄의 구문을 실행시킬 때 블록 처리를 해주지 않았습니다.
4. default는 사용하지 않았습니다. 기존에 배웠던 else와 마찬가지로, 필요 없다면 쓰지 않아도 됩니다.

즉, 기존 사용하던 if - else if - else문에서 조건이 변수가 어떤 값일 경우를 단순히 작성할 수 있는 장점이 있습니다. 비교 연산자로 =를 사용하는 경우면서 else if가 많은 경우 switch문의 사용을 고려해야 합니다.

# 32 제어문 이모저모    SECTION

머리도 식힐 겸, 조건문과 반복문에 관련된 여러 재미있는 이야기를 준비했습니다.

## 🏛 제어문

다음에서 알 수 있듯이 반복문과 조건문은 코드의 흐름을 바꿉니다. 그대로 내려가던 코드 흐름이 거꾸로 올라가 반복되거나, 특정 부분은 건너뛰기도 하죠. 즉, 코드는 '순차 진행'뿐만 아니라 '반복 실행'과 '조건 분기'도 합니다. 이렇게 기존 순차 진행되던 코드의 흐름을 변경하는 구문을 제어문(Control statements)이라고 합니다. 한마디로, 반복문과 조건문은 제어문이라고 할 수 있습니다.

> **Tip**  **흐름 제어문? 제어 흐름문? 제어문?**
>
> 현재 우리나라에선 조건문과 반복문처럼 코드의 진행을 변경하는 문장을 일컫는 용어로서 흐름 제어문, 제어 흐름문, 제어문이 혼용되고 있습니다.
>
> '흐름 제어'는 본디 네트워크 분야에서 사용되는 용어이며 일반적인 코드 수행 순서를 제어하는 행위를 일컫는 말이 아닙니다. 반면 '제어 흐름'은 조건문과 반복문처럼 프로그램 코드의 진행을 말하는 용어로서, '정보통신용어사전', '우리말샘'의 뜻을 보면 (우리가 원하는) 프로그램 진행에 관련된 용어임을 알 수 있습니다. 따라서 우리가 써야 할 용어는 '흐름 제어'가 아닌 '제어 흐름'입니다.
>
> 그러나 우리말 조어 습관에 따라 '흐름 제어문'은 '코드의 흐름을 제어하니까 흐름 제어문'이라고 읽힐 수 있는 반면, '제어 흐름문'은 어떻게 이해하기 힘든 조어이긴 합니다. '제어 흐름'이라는 용어를 모르면 엉뚱한 단어가 되기 때문입니다. 그렇다고 전혀 다른 뜻인 '흐름 제어'를 사용하여 '흐름 제어문'을 쓸 수는 없습니다.
>
> 따라서 '정보통신용어사전', '우리말샘'의 경우엔 '흐름'을 삭제하여, 제어문이라는 단어를 소개하고 있습니다. 본서에서는 혼동을 줄이기 위해 '제어문'이라는 용어를 사용할 것입니다.
>
> 사족이지만 이 용어, 영어권에서도 '흐름 제어문'과 혼용되나봅니다. IBM 문서에서는 'Flow control statements(흐름 제어문)'로 소개하기 때문입니다. 다행히(?) 다른 프로그래밍 언어 공식 문서에서는 'Control flow statements(제어 흐름문)'가 압도적으로 자주 쓰입니다.

## 🏛 블록의 생략

제어문에서, 블록 안의 내용이 한 줄일 경우 그 블록의 중괄호 표시는 생략할 수 있습니다.

```
1    if (조건)
2    {
3        ;조건이 참일 때 할 내용 (한 줄)
4    }
```

```
5     else if (조건)
6     {
7           ;조건이 참일 때 할 내용 (한 줄)
8     }
9     else
10    {
11          ;조건이 참일 때 할 내용 (한 줄)
12    }
```

따라서 위 코드는 아래처럼 쓸 수 있습니다.

```
1     if (조건)
2           ;조건이 참일 때 할 내용 (한 줄)
3     else if (조건)
4           ;조건이 참일 때 할 내용 (한 줄)
5     else
6           ;조건이 참일 때 할 내용 (한 줄)
```

훨씬 깔끔하죠? 반복문도 마찬가지로 그 반복 내용이 한 줄인 경우 중괄호를 생략할 수 있습니다.

```
1     Loop  횟수
2           ;반복할 내용 (한 줄)
```

## 🏯 else if의 유래

else if는 아래와 같은 구문이 줄어든 것입니다.

```
1     if (조건)
2     {
3           ;조건이 참일 때 할 내용
4     }
5     else
6     {
7         if (조건)
8         {
9             ;조건이 참일 때 할 내용
10        }
11    }
```

5번 줄의 else와 7번 줄의 if가 보이나요? 이 부분이 축약되어 else if로 쓰던 것이 굳어진 것입니다. 물론 오토핫키 코드에서 유래된 것은 당연히 아닙니다. 수십 년 전 원시적인 언어에서부터 쓰이던 테크닉이 굳어진 것입니다.

실제로 위 코드는 아래와 같이 else if를 사용한 경우와 기능상으로 완전히 동일합니다.

```
1    if (조건)
2    {
3        ;조건이 참일 때 할 내용
4    }
5    else if (조건)
6    {
7        ;조건이 참일 때 할 내용
8    }
```

블록의 단계가 과도하게 깊숙하면 좋지 않으니, 위와 같이 else if를 사용해야합니다.

## 🏛 표기 관례

함수와 다르게, Loop를 제외한 제어문은 관례적으로 소문자로 시작하여 적습니다. Break, Continue, If, Else if, Else, Switch, Case, Default가 아니라 break, continue, if, else if, else, switch, case, default로 씁니다. 물론 오토핫키가 대소문자를 구분하진 않지만, 관습을 따르는 것이 혼동을 줄이겠죠?

이번 섹션에서는 제어문에 관한 여러 이야기를 해보았습니다. 이어지는 섹션에서는 제어문을 이용한 이론 및 프로그래밍 문제를 풀어보도록 하겠습니다.

## 33　프로그래밍 문제 (4)　　　　　SECTION

**문제 1**　다음 중 Loop에 관한 설명으로 옳지 않은 것은?

ㄱ. 함수의 한 종류이다.
ㄴ. 원하는 횟수만큼 블록 안의 내용을 반복한다.
ㄷ. 무한 반복이 가능하다.
ㄹ. 조건이 참일 때 반복한다.

**문제 2**　다음 중 조건문에 관한 설명으로 옳지 않은 것은?

ㄱ. 조건이 참이면 블록 안의 구문을 실행한다.
ㄴ. 조건이 -1이면 거짓이므로, 블록 안의 구문을 실행하지 않는다.
ㄷ. if의 조건이 참이어서 구문을 실행했다면, 그 밑의 else if와 else문은 건너뛴다.
ㄹ. else는 하나의 조건문 묶음에서 여러개 쓸 수 있다.
ㅁ. else는 필요 없는 경우 사용하지 않아도 된다

**문제 3**　다음과 같은 프로그램을 작성하세요.

현재 초(Second)에 따라 구구단을 출력하는 프로그램

**동작**

1. F1을 누르면 (현재 초의 10의 자릿수 + 1)을 '단'으로 하여 구구단을 출력한다.
2. 예를 들어서, 현재 '초'가 34초라면 4단을, 59초라면 6단을 출력하도록 한다.
3. F2를 누르면 프로그램이 종료되게 한다.

**조건**

1. 구구단은 반복문을 이용하여 구현할 것.
2. 구구단은 해당 '단'의 내용을 한 번에 하나의 알림상자로 출력할 것. (다음의 출력 예시 참고)
3. 다음의 출력 예시와 동일하게, 현재 초 또한 출력하게 한다.

**힌트**

- 현재 초를 표현하는 내장 변수를 배운 적이 있습니다.
- 어떤 수의 10의 자리를 구하려면, 그 수를 10으로 나눈 후 몫만 취하면 되겠죠?
- 한 단을 하나의 알림상자에 모두 표현하려면, 반복할 때마다 곱셈 식을 문자열로 이어붙이면 되겠네요.
- 특히, '개행'을 뜻하는 이스케이프 시퀀스를 이용해서 한 줄씩 이어붙이면 보기 좋을 것입니다.

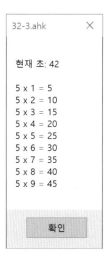

[그림 33-1] 출력 예시 - 현재 초가 42이기 때문에, 4 + 1 = 5를 단으로 해 구구단을 출력한 모습

---

문제 4   **다음과 같은 프로그램을 작성하세요.**

사용자의 선택에 따라 구구단을 출력하는 프로그램

동작

1. 첫 번째 알림상자의 내용은 '7단?'이며, [예]를 누르면 7단을 출력하고 프로그램이 종료된다.
2. 첫 번째 알림상자에서 [아니오]를 누르면 두 번째 알림상자가 나타난다.
3. 두 번째 알림상자의 내용은 '8단?'이며, [예]를 누르면 8단을 출력하고 프로그램이 종료된다.
4. 두 번째 알림상자에서 [아니오]를 누르면 세 번째 알림상자가 나타난다.
5. 세 번째 알림상자의 내용은 '9단?'이며, [예]를 누르면 9단을 출력하고 프로그램이 종료된다.
6. 세 번째 알림상자에서 [아니오]를 누르면 프로그램이 종료된다.

조건

1. 구구단은 반복문을 이용하여 구현할 것.
2. 구구단은 해당 '단'의 내용을 한 번에 하나의 알림상자로 출력할 것.
3. 자세한 출력 형태는 하단의 출력 예시 영상을 참고할 것.

힌트

- 전체적으로 [문제 3]과 접근 방법이 동일하나, 알림상자에서 선택한 버튼에 따라 행동이 달라져야합니다.
- **MsgBox** 함수의 반환값은 사용자가 누른 버튼의 이름입니다.

## 📖 실전 프로그램 만들기! 2

이번엔 매 정각마다 물을 마시도록 알림을 보여주고, 매시 30분마다 자리에서 일어나서 운동하라는 알림을 보여주는 프로그램을 만들어봅시다.

```
1    MsgBox("프로그램이 시작되었습니다.")
2
3    Loop
4    {
5        if (A_Min = 00)
6        {
7            MsgBox("정각입니다. 물을 마시세요.")
8            Sleep(60 * 1000)
9        }
10       else if (A_Min = 30)
11       {
12           MsgBox("30분입니다. 운동하세요.")
13           Sleep(60 * 1000)
14       }
15       Sleep(1000)
16   }
17
18   ESC::
19   {
20       if (MsgBox("종료하시겠습니까?",,"YesNo") = "Yes")
21           ExitApp
22   }
```

이해하기 어렵지 않죠? 3번 줄의 **Loop**와 15번 줄의 **Sleep**에 의해, 이 반복문은 1회 반복에 1초가 소요됩니다. 즉, 1초에 한 번씩 현재 분을 체크합니다. 현재 분이 00이거나 30이면 각각 정각, 매시 30분이란 뜻이므로 그 때에 맞는 행동을 수행합니다.

종료는 Esc로 수행하는데, **MsgBox** 함수의 반환값이 문자열 Yes라면, 즉 사용자가 [예] 버튼을 눌렀다면 종료되게 합니다. 따라서 [아니요] 버튼을 눌렀다면 아무 동작도 하지 않습니다.

이 유용한 프로그램을 회사 컴퓨터의 시작 프로그램에 등록해두면 건강을 지키며 업무를 볼 수 있습니다. 아직 배운 게 적어도 오토핫키는 단 22줄의 코드로 탄탄한 프로그램을 만들 수 있습니다.

## ⚙ 최초의 프로그래머였던 에이다 러브레이스

본문에서 최초의 프로그래머로 '에이다 러브레이스(Ada Lovelace)'를 언급했습니다. 그녀에 관한 조금 더 자세한 이야기를 해보겠습니다.

19세기, 그녀는 시인 아버지와 귀족 어머니 사이에서 태어났습니다. 그리 행복하지 못한 가정사를 지녔다고 알려졌는데요, 부모님은 이혼하고 그중 아버지는 에이다가 8살이 되던 해 숨졌습니다. 몸도 약했죠. 학교도 가지 못했고요. 대신 어머니가 붙여준 가정교사에 의해 수학과 과학 재능을 발견하게 됩니다.

비슷한 시기에 '찰스 배비지(Charles Babbage)'에 의해 '해석 기관'이 설계됩니다. 해석 기관은 기계식 계산기의 일종으로, 한 번에 많은 양의 데이터 입력이 가능했고 증기기관의 힘으로 움직이는 아주 거대한 계산기였습니다. 일반적으로, 컴퓨터의 바로 이전 형태라고 봅니다. 이 해석 기관은 당시 기술로는 개발될 수 없었던 그야말로 '공상의 산물'이었습니다. 설계만 존재하고, 실제 기계는 존재하지 않았던 것이죠.

에이다는 설계도만 보고 이 기계를 이해했습니다. 그리고 해석 기관에 들어갈 수학 계산 프로그램을 작성합니다. 다시 한번 강조하면 이 기계는 실제 제작된 것이 아닙니다! 상상만으로 기계의 동작을 이해하고 이에 들어가는 프로그램을 작성한 것이죠. 지금처럼 컴퓨터로 작성하는 것도 아니고, 종이에 그 순서를 한 줄씩 적어 냈습니다.

에이다가 작성한 이것이 인류 최초의 프로그램으로 알려져 있습니다. 에이다는 최초의 프로그래머가 되었고요. 역사 속 인물이기 때문에, 정확한 업적의 범위는 분분합니다. 그러나 일반적으로 그녀가 조건문, 반복문, 서브루틴 등의 기초 컴퓨터 프로그램의 흐름을 정립했다는 설이 받아들여집니다. 또한, 그녀는 해석 기관의 가능성을 알아보고 단순한 수학 계산이 아닌 작곡 분야와 결합할 수 있다고 주장하는 등, 현대 컴퓨터의 역할까지 정확히 예견합니다.

위대한 여성이자 프로그래머였던 에이다 러브레이스는 19세기에 컴퓨터 과학의 기초를 놓은 선구자적 인물이었습니다. 36세의 젊은 나이로 세상을 떠났지만, 에이다 러브레이스는 최초의 프로그래머로서 컴퓨터 과학의 역사에 불멸의 족적을 남겼습니다.

# CHAPTER. 04 { 좌표와 입력

# 34 컴퓨터에서의 좌표

오토핫키는 자동화 프로그래밍에 특화되어 있습니다. 가장 간단한 수준의 자동화 프로그래밍은 마우스 포인터를 자동으로 옮겨 클릭하거나, 키를 입력하는 것으로부터 시작합니다.

이제부터 앞으로 몇 섹션 동안, 여러분은 저와 함께 기초적인 자동화 프로그램을 개발해볼 것입니다. 원하는 부분을 클릭하고 원하는 키를 입력할 수 있죠. 그리고 지난 섹션까지 배운 내용으로 원하는 만큼 반복할 수도, 조건에 맞을 때만 실행하게 할 수도 있습니다.

이제 여러분은 유의미한 프로그램을 만들 수 있는 능력을 갖게 됩니다. Section 18에서 언급했던 프로그래밍 윤리를 다시 짚어보고, 본격적으로 자동화 프로그래밍을 시작해봅시다.

## 🏛 좌표를 배우는 이유

이번 섹션은 컴퓨터에서 좌표를 어떻게 표현/인식하는지 알아볼 것입니다. 프로그램이 화면상의 범위나 지점과 관련된 작업을 하기 위해서는 컴퓨터 위에서의 한 점이 어떻게 표현되는지 알아야 하는데, 그 방법이 좌표이기 때문에 컴퓨터에서의 좌표를 배우는 것입니다.

## 🏛 활성 창

먼저 활성 창(Active window)에 대해 알아야 합니다. 우리가 주로 사용하는 Windows 운영체제(그리고 모든 현대적인 운영체제)는 아래와 같이 여러 창을 동시에 켠 후 작업을 할 수 있습니다.

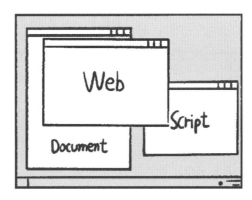

[그림 34-1] Windows 운영체제에서 여러 창을 띄운 모습

이 여러 창 중, 현재 선택되어 있어서 사용자의 주 입력을 받을 수 있는 상태의 창을 '활성 창'이라고 합니다. [그림 34-1]에선 'Web'이라고 적힌 창이죠. 즉 초점(Focus)을 가진 창입니다. 여러분이 현재 작업하고 있는 창을 의미합니다.

## 🔷 화면과 좌표

컴퓨터에서의 좌표는 아래와 같은 특징을 가지고 있습니다.

- 컴퓨터 화면의 한 점은 (x, y) 형태의 좌표 쌍으로 나타낼 수 있습니다.
- x값은 오른쪽으로 갈수록 증가, y값은 아래쪽으로 갈수록 증가합니다.

컴퓨터에서 화면의 어떤 지점을 가리키려면 x 좌표와 y 좌표를 적어주어야 합니다.

## 🔷 세 가지 좌표 유형

위와 같이 컴퓨터 화면은 좌표 체계로 나타낼 수 있는데, 실제 좌푯값은 원점(0, 0)을 어디에 두느냐에 따라 달라집니다.

원점을 지정하는 방식에 따라 좌표 유형이 나뉘는데, 활성 창의 영향을 받는지 여부에 따라 크게 두 가지가 있습니다. 하나는 활성 창과 관계없이 항상 주 모니터 왼쪽 위를 원점으로 삼는 **절대(Absolute) 좌표**고, 다른 하나는 활성 창의 왼쪽 위를 원점으로 삼는 **상대(Relative) 좌표**입니다. 절대 좌표는 화면의 왼쪽 위를 원점으로 삼기 때문에 스크린(Screen) 좌표라고도 합니다.

상대 좌표는 또 두 가지 좌표로 나뉘는데, 창 그 자체의 왼쪽 위를 원점으로 삼는 **창(Window) 좌표**, 창의 제목 표시줄과 메뉴 바 등을 제외하고 실질적인 사용자 영역의 왼쪽 위를 원점으로 삼는 **클라이언트(Client) 좌표**가 있습니다.

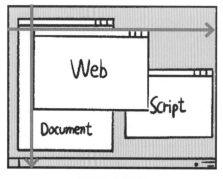

[그림 34-2] 창 좌표

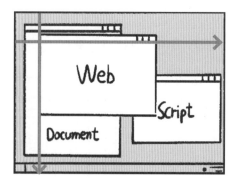

[그림 34-3] 클라이언트 좌표

따라서 정리해보면 컴퓨터에서의 좌표 유형은 활성 창에 영향을 받는지, 그리고 활성 창의 어느 부분의 영향을 받는지에 따라 아래와 같이 세 유형으로 나뉜다고 할 수 있죠.

- **절대 좌표**: 활성 창과 관계없이 항상 주 모니터 화면의 왼쪽 위가 원점인 좌표 유형으로. 스크린 좌표라고도 합니다.
- **창 좌표**: 활성 창의 왼쪽 위가 원점인 좌표 유형으로 상대 좌표의 한 종류입니다.
- **클라이언트 좌표**: 활성 창에서 사용자 영역의 왼쪽 위가 원점인 좌표 유형으로 상대 좌표의 한 종류입니다.

좌표 유형에 따라 원점이 달라지기 때문에, 좌푯값도 달라집니다. 예를 들어서 어떤 좌표축의 원점이 (-1, -1) 만큼 이동했다면, 기존에 (3, 2)라는 좌표는 (4, 3)으로 쓰일 것입니다.

따라서 해당 창 안에서 마우스나 키보드 자동화를 하려면 상대 좌표를 쓰면 되고, 화면 전체를 대상으로 자동화를 하려면 절대 좌표를 사용하면 됩니다.

> **Tip** **클라이언트 좌표의 사용**
>
> 창 좌표와 클라이언트 좌표는 둘 다 상대 좌표를 사용합니다. 그러나 클라이언트 좌표는 창의 제목 표시줄과 메뉴 바 등을 제외하기 때문에, 사용자의 운영체제 버전과 테마의 영향을 적게 받습니다. 따라서 상대 좌표를 이용할 땐, 제목 표시줄과 메뉴 바를 이용하지 않는 이상 클라이언트 좌표를 사용하는 것이 바람직합니다.

## ⬡ 좌표 알아오기

원하는 지점의 좌표가 무엇인지 알려면 어떻게 해야 할까요? 오토핫키 설치 시에 기본 제공되는 Window Spy라는 프로그램을 이용하면 됩니다. 간단하게 Window Spy를 열려면 SciTE4AutoHotkey의 도구모음에 있는 아래 아이콘을 누르면 됩니다. 이 아이콘을 클릭하면 바로 Window Spy가 열립니다.

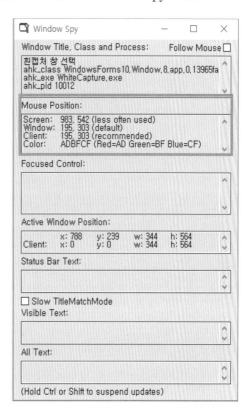

[그림 34-4] Window Spy 아이콘          [그림 34-5] Window Spy의 모습

[그림 34-5]의 표시한 부분을 보면 현재 마우스 포인터의 위치를 알 수 있습니다. 스크린 좌표, 창 좌표, 클라이언트 좌표가 나오네요. 더불어 현재 마우스 포인터가 가리키는 곳의 색상값도 나옵니다.

이제 컴퓨터에서 어느 한 지점의 좌표를 구할 수 있습니다.

# 35 CoordMode SECTION

지난 섹션에서 여러 좌표 유형을 배웠습니다. 원점을 어디로 삼는가에 따라 좌표 유형이 바뀌고, 실제 좌푯값도 달라집니다. 따라서 '내가 어떤 좌표 유형을 사용하겠다!'라고 프로그램에 지정해주어야 하는데, 그래서 사용하는 함수가 CoordMode 함수입니다.

## 🏛 CoordMode

```
CoordMode(TargetType[, RelativeTo])
```

CoordMode 함수의 원형

CoordMode 함수의 원형은 위와 같습니다. 두 개의 매개변수가 보이죠?

## 🏛 매개변수

- **TargetType**: 좌표 유형을 지정할 대상
- **RelativeTo**: 좌표 유형

### 1. TargetType

'좌표 유형을 지정할 대상'에는 Pixel, Mouse, ToolTip, Caret, Menu 중 하나를 지정하여 적어줍니다. 'Pixel'은 화면상의 픽셀과 관련된 함수를 이용할 때 적용받는 좌표 유형을 지정해주며, 'Mouse'는 마우스 포인터를 이동하거나 클릭하는 등 마우스와 관련된 함수를 이용할 때 적용받는 좌표 유형입니다. 어떤 문자열을 적어야 하는지 필요할 때마다 언급하겠습니다. ToolTip, Caret, Menu도 적어줄 수 있지만, 기초 강좌인 여기서는 생략하도록 하겠습니다.

### 2. RelativeTo

선택할 좌표 유형입니다. 지난 섹션을 참고하여 Screen, Window, Client 중 하나를 지정할 수 있습니다. 각각 스크린 좌표, 창 좌표, 클라이언트 좌표입니다. 원형에서 대괄호 처리되어있으면 선택 매개변수라고 했죠? 만약 이 매개변수를 생략하면 Screen을 사용한 취급이 됩니다.

> Tip. **CoordMode를 사용하지 않으면**
>
> **CoordMode**를 사용하지 않으면 클라이언트 좌표를 사용합니다. 명확한 코드를 위해 적어주는 것을 추천하지만, 규모가 작고 좌
> 표를 이용하는 일이 적은 경우 생략해도 됩니다.

## 🔯 CoordMode에 따른 마우스 포인터의 동작

CoordMode 함수를 수행하면 사용하는 좌표 유형이 달라지므로 같은 코드라도 다른 위치를 가리키게 됩니다.

```
1    ;마우스 포인터를 (100, 100)으로 움직여라!
2    CoordMode("Mouse", "Screen")
3    ;마우스 포인터를 (100, 100)으로 움직여라!
```

▲ CoordMode에 따른 마우스 포인터 움직임

우리가 마우스 포인터를 움직이는 함수를 배우진 않았지만, 1번 줄은 활성 창의 클라이언트 영역을 기준으로 (100, 100)으로 이동할 것이며 3번 줄에선 주 모니터를 기준으로 (100, 100)으로 이동할 것입니다.

그럼 다음과 같은 스크립트는 어떻게 동작할까요?

```
1    CoordMode("Mouse", "Client")
2
3    F1::
4    {
5        ;마우스 포인터를 (100, 100)으로 움직여라!
6    }
7
8    F2::
9    {
10       CoordMode("Mouse", "Screen")
11       MsgBox("좌표 유형이 [Screen]으로 변경되었습니다.")
12   }
```

▲ 핫키를 이용하여 사용할 좌표 유형을 변경?

위의 스크립트를 실행한 후 F1을 누르면 일단 마우스 포인터는 클라이언트 좌표를 기준으로 (100, 100)으로 움직일 것입니다. 이어서 F2를 누르면 그때부터 스크린 좌표 유형을 사용하게 되므로, 다시 F1을 누르면 주 모니터를 기준으로 (100, 100)으로 마우스 포인터가 움직일 것이라 생각하기 쉽습니다.

그러나 사용하는 좌표 유형은 해당 지역 전체에 영향을 끼치고, 해당 지역을 벗어나면 초기화되는 특성(= 지역적)을 가지고 있습니다. 따라서 앞의 스크립트는 F2 지역에서 좌표 유형을 바꿨으므로, F1 지역에는 영향을 미치지 않을 것입니다. (더 정확히는 Threads 개념에 대한 이해가 필요한데, 본서에선 다루지 않는 내용이므로 '지역' 개념으로 설명합니다.) 만약 전역적으로 모든 지역에 다른 좌표 유형을 사용하고 싶다면 Section 24에서 언급한 '자동 실행 스레드'에 CoordMode를 사용하면 됩니다.

또, CoordMode를 사용하지 않으면 기본으로 사용하는 좌표 유형은 '클라이언트 좌표'이기 때문에, 자동 실행 스레드에 적은 1번 줄 CoordMode는 생략하여도 같은 동작을 할 것입니다.

이제 컴퓨터가 좌표를 어떻게 다루는지, 또 사용할 좌표 유형은 어떻게 선택하는지 모두 배웠습니다. 다음 섹션에서는 드디어 직접 좌표를 지정해주어 마우스 포인터를 움직여볼 것입니다.

## 36  MouseMove & Click                              SECTION

드디어 마우스 포인터를 움직이고, 클릭해보겠습니다.

### ⬡ MouseMove

마우스 포인터를 움직이려면 MouseMove 함수를 사용합니다. 이 함수는 원하는 좌표로 마우스 포인터를 이동
시켜주는 동작을 합니다.

```
MouseMove(X, Y [, Speed, Relative])
```

▲ MouseMove 함수의 원형

CoordMode 함수의 원형은 위와 같습니다.

### ⬡ 매개변수

- **X**: 마우스 포인터가 움직일 x 좌표
- **Y**: 마우스 포인터가 움직일 y 좌표
- **Speed**: 마우스 포인터가 지정한 좌표까지 이동하는 속도(생략 시 2)
- **Relative**: 문자열 R이 전달되면 마우스 포인터가 좌표 유형을 무시하고, 현재 마우스의 위치를 기준으로
  이동함

### 1. X, Y

마우스가 이동할 X, Y 좌표입니다. 각 매개변수의 자리에 맞게 숫자로 적어주면 됩니다. 좌표는 앞선 섹션에
서 설명한 Window spy 프로그램을 이용하여 구할 수 있습니다. 움직이고자 하는 곳에 마우스 포인터를 위
치시킨 후, 그 값을 읽으면 되죠.

### 2. Speed

마우스 포인터가 이동할 속도입니다. 선택 매개변수이기 때문에 생략이 가능하며, 기본값은 2입니다. 숫자가
낮을수록 속도가 빠릅니다. 0은 즉시 이동하며, 100은 가장 느리게 이동합니다.

그러나 이 매개변수는 SendMode(후술)가 Event 모드일 때만 유효하며, 이외의 경우는 기본값이 2임에도 불
구하고 지연 시간 없이 즉시 이동됩니다.

## 3. Relative

이 매개변수에는 R이라는 문자열만 집어넣을 수 있습니다. 만약 R이 전달되면, 현재 마우스 좌표에서 (x, y) 만큼 더한 곳으로 마우스 포인터를 이동시킵니다. 즉, 좌표의 원점(0, 0)이 현재 마우스 포인터의 위치에 따라 달라지는 셈입니다. 당연히 CoordMode로 좌표 유형을 지정했어도 전혀 영향을 받지 않습니다.

> Tip    **Speed 매개변수의 사용**
>
> 마우스 포인터가 이동하는 움직임을 보려면 Speed가 1보다 커야 합니다(0은 즉시 이동). 그리고 Speed 매개변수의 기본 값은 2이죠. 그러나 매개변수를 생략해도, 아래와 같이 Speed 매개변수를 부여해도 마우스 포인터는 목표 좌표로 즉시 이동할 뿐, 그 움직임이 보이지 않습니다.
>
> ```
> 1    MouseMove(100, 100, 10)
> ```
>
> Speed 매개변수로 인수 10을 전달해주었지만, 마우스는 여전히 '즉시' 움직입니다. 그 이유는 **SendMode**에 있습니다. 오토핫키에서 키보드나 마우스의 동작 방식은 크게 Event, Input, Play가 있는데, 오토핫키는 기본 입력 동작 방식으로 Input 모드를 사용합니다. 그러나 마우스의 궤적을 보여주는 것은 Event 모드뿐입니다.
>
> 따라서, 아래와 같이 **SendMode** 함수를 이용하여 입력 동작 방식을 Event로 바꿔준 후, 마우스 동작을 하면 그 속도가 조절됩니다.
>
> ```
> 1    SendMode("Event")
> ```

## 🏛 MouseClick

MouseMove 함수를 익혔다면, 마우스를 클릭하는 MouseClick 함수는 간단히 사용할 수 있습니다.

```
MouseClick([WhichButton, X, Y, ClickCount, Speed, DownOrUp, Relative])
```

△ MouseClick 함수의 원형

## 🏛 매개변수

- **WhichButton**: 클릭할 마우스 버튼(생략 시 왼쪽 버튼)
- **X**: 클릭할 x 좌표(생략 시 현재 x 좌표)
- **Y**: 클릭할 y 좌표(생략 시 현재 y 좌표)
- **ClickCount**: 클릭할 횟수(생략 시 1회)
- **Speed**: 마우스 포인터가 움직일 속도(생략 시 2회)

- **DownOrUp**: 마우스 포인터를 누르고 있거나, 떼고 있게 할 수 있음(생략 시 눌렀다 뗌)
- **Relative**: 문자열 R이 전달되면 마우스 포인터가 좌표 유형을 무시하고, 현재 마우스의 위치를 기준으로 이동함

매개변수만 보고 눈치챘나요? MouseClick 함수는 단순히 제자리를 클릭하는 것이 아닌, 원하는 위치로 마우스 포인터를 이동시킨 후 클릭으로 이어집니다. 그리고 몇몇 매개변수는 MouseMove 함수와 사용 방식/목적이 동일한 것을 알 수 있습니다.

## 1. WhichButton

클릭할 버튼을 문자열로 적어줍니다. 마우스는 왼쪽/오른쪽 버튼과 휠버튼(마우스 2개의 버튼 사이에 있는 스크롤을 조절할 수 있는 바퀴)이 있죠? 각각 Left, Right, Middle로 적어줍니다. 문자열이니까 따옴표 처리를 해야 한다는 점 잊지 마시고요.

고급 마우스 옆에 달린 추가 버튼은 각각 X1, X2로 적어줍니다. 또한 Left, Right, Middle은 각각 그 머리글자인 L, R, M으로 축약해서 쓸 수 있습니다.

## 2. X, Y

MouseMove의 경우와 동일합니다. 마우스가 클릭할 좌표를 숫자로 적어줍니다.

## 3. ClickCount

클릭할 횟수를 숫자로 적어줍니다. 이 매개변수부터는 보통 생략합니다.

## 4. Speed

MouseMove의 경우와 동일합니다. 입력 동작 방식을 Event로 바꿔주어야 마우스의 움직이는 속도를 조절할 수 있는 것도 MouseMove와 같습니다(오른쪽 페이지의 Tip 참고).

## 5. DownOrUp

문자열 D와 U만 적을 수 있으며, 마우스 버튼을 꾹 누르는 동작을 구현하거나 반대로 마우스 버튼을 떼는 동작을 구현할 때 사용합니다. D를 적으면 누르고 있고, U를 적으면 뗍니다.

## 6. Relative

MouseMove의 경우와 동일합니다.

`Tip` **Click과 MouseClick**

`MouseClick` 함수와 별개로 `Click` 함수가 있는데, 공식 문서에서는 보다 유연한 동작을 하므로 `Click` 사용을 권장하고 있습니다. 그러나 `Click`은 매개변수가 하나(Options)인 함수이고, 그 매개변수에 전달할 값이 고정되어있지 않기 때문에 가르치기에 모호한 편이 있다고 생각합니다. 따라서 개인적인 판단으로 `Click` 대신 `MouseClick`을 설명했습니다. 저도 `MouseClick`을 자주 이용합니다.

## 📖 실습

### 1. MouseMove로 마우스 이동시키기

먼저 MouseMove부터 실습해봅시다. 아래와 같은 코드는 (100, 100)부터 (200, 200)까지 있는 가상의 사각형의 네 꼭짓점 위치로 마우스 포인터를 순서대로 이동시킬 것입니다. 속으로 화면 속에 좌표를 그려본 후 스크립트를 실행해보세요. 생각한 대로 동작하나요?

```
1    Loop 3
2    {
3        MouseMove(100, 100)
4        Sleep(300)
5        MouseMove(100, 200)
6        Sleep(300)
7        MouseMove(200, 200)
8        Sleep(300)
9        MouseMove(200, 100)
10       Sleep(300)
11   }
```

[예제 36-1] 가상의 사각형의 꼭짓점으로 이동하는 마우스

(100, 100), (100, 200), (200, 200), (200, 100)을 속으로 이어보면 정사각형의 각 꼭짓점임을 알 수 있습니다. 이 예제를 통해 화면 상의 좌표에 대한 감을 익힐 수 있습니다.

### 2. 좌표 유형 변경 후 클릭하기

CoordMode를 통해 마우스 좌표 유형을 절대 좌표로 지정해준 후, 원하는 지점을 클릭하도록 스크립트를 작성해보겠습니다.

```
1    F1::
2    {
3        CoordMode("Mouse", "Screen")
4        MouseClick("Left", 300, 300)
5    }
```

[예제 36-2] 사용할 좌표 유형을 바꾸고 마우스를 클릭

이렇게 보통 MouseClick은 (x, y) 좌표까지만 지정해줍니다. [예제 36-2]는 절대 좌표(스크린 좌표)로 (300, 300) 부분을 클릭하겠죠.

이제 나머지는 응용의 영역입니다. 예제에 나오지 않은 매개변수를 이용해서 여러 동작을 구현해보세요. 그리고 연속적인 클릭으로 특정 작업을 자동화해보세요. 예를 들어서, F1을 누르면 [시작] 버튼을 클릭한 후 시스템을 종료하는 버튼을 클릭하게 해보거나, 바탕화면에 있는 아이콘을 더블클릭하게 만들며 연습해봅시다.

# 37 MouseGetPos SECTION

마우스 포인터 위치를 변수에 담는 방법에 대해 알아볼 것입니다.

## 🔷 MouseGetPos

MouseGetPos는 현재 마우스 포인터의 위치를 반환하는 함수입니다.

```
MouseGetPos([&OutputVarX, &OutputVarY, &OutputVarWin, &OutputVarControl, Flag])
```

▲ MouseGetPos 함수의 원형

각각의 매개변수는 아래와 같은 역할을 합니다.

- **&OutputVarX**: 마우스 포인터 위치의 x 좌표가 담길 변수의 참조
- **&OutputVarY**: 마우스 포인터 위치의 y 좌표가 담길 변수의 참조
- **&OutputVarWin**: 마우스 포인터 위치의 창 ID가 담길 변수의 참조
- **&OutputVarControl**: 마우스 포인터 위치의 컨트롤 ID가 담길 변수의 참조
- **Flag**: &OutputVarControl 매개변수의 동작을 설정해주는 매개변수

매개변수에 &가 붙은 이유는 '지정한 변수에 값을 담는 매개변수'는 인수를 '참조 형식'으로 전달해야 하기 때문인데, 현재 수준에서 이유를 설명하기에는 복잡한 내용입니다. 추후 분량에서 언급할 내용이지만, 일단 이렇게 생각하면 됩니다.

> 값이 담길 변수 앞에 & 기호를 붙여 작성해준다!

따라서, var 변수에 값을 담고 싶으면, 함수에 전달할 때 &var로 사용하면 됩니다.

### 1. &OutputVarX, &OutputVarY

현재 마우스 포인터 위치(x, y)가 담길 변수를 참조 형식으로 각각 적어줍니다. 만약 posX와 posY 변수에 각각 x, y 좌표를 담고 싶다면 &posX, &posY로 적어주면 됩니다.

### 2. &OutputVarWin, &OutputVarControl

현재 마우스 포인터가 위치한 곳의 창 ID와 컨트롤의 ClassNN이 담깁니다. ID가 무엇인지, ClassNN이 무엇인지는 뒤에서 더 자세히 설명합니다. 자주 쓰이는 매개변수는 아니면서 지금 설명하려면 GUI 프로그램의 구

조를 설명해야 하므로 구체적인 설명은 넘어가겠습니다.

## 3. Flag

&OutputVarControl 매개변수에 적어준 변수에 어떤 값이 담길지 지정해주는 일종의 옵션입니다. 이 매개
변수 역시 기초 강좌에서 언급하기엔 내용이 복잡해지므로 생략하겠습니다.

📖 **실습**

보셨듯이 마우스가 위치한 곳의 여러 정보를 받아올 수 있는 유용한 함수이지만, 실습은 자주 쓰이는 **'마우스 포인터의 위치를 가져오는'** 동작만 진행해보겠습니다. 예제를 살펴보면 그렇게 어렵지 않을 것입니다.

### 1. 마우스 포인터의 위치를 가져와 출력하기

```
1    F1::
2    {
3         MouseGetPos(&posX, &posY)
4         MsgBox(posX ", " posY)
5    }
6
7    F2::
8    {
9         ExitApp
10   }
```

[예제 37-1] 마우스 좌표를 출력

실행 후 F1을 누를 때마다 현재 마우스 좌표가 출력되는 것을 볼 수 있습니다. 참조 형식으로 적어주기 위해 값을 담을 변수에 & 기호를 적어준 부분은 생소하겠지만, 그 이유를 파헤치기엔 우리가 배운 것이 너무 적습니다. 추후에 참조에 대해 구체적으로 배울 때 명확히 설명하겠습니다.

# 38 Send

이번 섹션에서는 오토핫키를 이용한 키보드 입력을 구현해보겠습니다.

## 🏛 Send

단일 자판을 입력하든, 키 조합을 입력하든, 심지어 문장을 입력하든 키보드로 '입력'하는 것은 모두 Send 함수를 이용할 수 있습니다.

```
Send(Keys)
```

▲ Send 함수의 원형

## 🏛 매개변수

- **Keys**: 누를 키(문자열이기 때문에 따옴표 처리를 잊으면 안 됩니다!)

### 1. 단일 자판 입력

먼저 단일 자판를 누르는 경우입니다. 이 경우 누를 키를 중괄호 { }로 감싸줍니다. 예를 들어서, 키보드의 F1을 누르고 싶다면 {F1}처럼, Ａ를 누르고 싶다면 {a}처럼 쓰면 됩니다. 특수한 키도 마찬가지입니다. 화살표 버튼은 {up} {down} {left} {right}처럼, 기타 특수 키도 {Ctrl} {Alt} {Shift}럼 입력할 수 있습니다. 대부분의 경우 키보드에 써진 글쇠를 그대로 따릅니다.

```
1    Send("{c}")
```

▲ 단일 자판 입력(Ｃ)

### 2. 키 조합 입력

핫키를 배울 때 키 조합에 대해서 언급했는데, 기억하시나요? 핫키에서 썼던 조합키의 수식 기호를 그대로 이용해서 써줍니다. 그리고 수식 기호 뒤에 단일 자판을 그대로 적으면 되죠.

예를 들어서 Ctrl + Ｃ는 ^{c}로 적으면 됩니다. Ctrl을 의미하는 수식 기호가 ^였죠? 수식 기호가 기억이 나지 않으면 다시 'Section 19. 조합키의 수식 기호' 부분을 참고하세요.

```
1    Send("!{F5}")
```

▲ 키 조합 입력(Alt + F5)

## 3. 문장 입력

문장을 그대로 입력하면 됩니다. 그 문장을 만드는 데 필요한 키보드 입력을 재현하여 문장이 쳐지게 합니다.

다만 조합키에 쓰이는 기호나 단일 자판 입력에 쓰는 중괄호 기호({ })는 입력되지 않기 때문에, 입력하고자 하는 문장에 이들이 포함되어 있다면 Send 대신 SendText를 사용하면 됩니다(함수가 달라졌지만 사용법은 똑같습니다.).

```
1    Send("헌법 제22조`n① 모든 국민은 학문과 예술의 자유를 가진다.")
```

▲ 문장 입력(「헌법」 조문)

> **Tip** **단일 자판 입력에서의 대소문자 구분**
>
> Send("{A}")와 Send("{a}")는 다릅니다!
> [Caps Lock]이 꺼진 상태에서, 우리가 Ⓐ를 누르면 소문자가 입력되고 Shift + Ⓐ를 누르면 대문자가 입력됩니다. 따라서 Send("{A}")처럼 사용하면 Shift + Ⓐ를 입력하게 됩니다. 이런 Shift 입력을 의도하지 않은 경우, 소문자로 적어주어야 합니다.

## 🏛 Send의 추가 기능

키를 누르고 있거나 반복할 수 있습니다.

## 1. 누르고 있기(Holding)

단일 자판을 입력할 때 그 자판을 계속 누르고 있게 할 수 있습니다. 중괄호 안에서 키 이름 뒤를 한 칸 띄우고, down 또는 up 키워드를 붙여주면 됩니다.

```
1    Send("{a down}")
2    Sleep(1000)
3    Send("{a up}")
```

▲ Ⓐ를 1초간 입력

일반적으로 Ⓐ를 꾹 누르면 aaaaaaa와 같이 해당 키가 반복되는데, 오토핫키와 같이 소프트웨어적으로 키를 누르고 있으면 이러한 반복이 일어나지 않습니다. 키를 반복해주는 것은 드라이버 또는 하드웨어의 기능이기 때문입니다. 소프트웨어 입력에서 키를 반복하려면 아래의 반복 기능을 사용하거나, 반복문을 사용해야 합니다.

## 2. 반복하기 (Repeating)

다음과 같이 키를 반복할 수 있게 할 수도 있습니다. 사용한 중괄호 안에서 키 이름 뒤를 띄우고 반복할 숫자를 붙여주면 됩니다.

```
1     Send("{a 30}")
```

△ A를 30번 누름

조합키를 사용해도 마찬가지입니다. Send("+{F1 5}")는 Shift + F1을 5번 입력합니다.

## 🜚 글쇠 목록

사용 가능한 글쇠는 공식 문서의 KeyList 문서(https://www.autohotkey.com/docs/v2/KeyList.htm)에서 볼 수 있습니다. 몇가지 추가로 설명하자면, 방향키는 Up, Down, Left, Right로 입력할 수 있습니다. 마우스 버튼도 LButton, RButton, MButton, XButton1, XButton2 등으로 입력할 수 있으며, WheelDown, WheelUp과 같이 마우스 휠도 동작시킬 수 있습니다. 마지막으로, 우리나라에서 자주 쓰는 [한/영]은 VK15입니다.

## 📖 실습

### 1. 간단한 키 입력 기초

```
1    F1::
2    {
3         Send("제31조`n① 모든 국민은 능력에 따라 균등하게 교육을 받을 권리를 가진다. `n")
4         Send("⑤ 국가는 평생교육을 진흥하여야 한다. `n")
5         SendText("#남녀노소 #오토핫키 ^^")
6         Send("^{a}")
6         ExitApp
7    }
```

[예제 38-1] 문장을 입력한 후 Ctrl + A 를 누르는 예제

메모장을 열고, F1 를 눌러 실행해보세요. 문장을 입력한 후 Ctrl + A 를 누르기 때문에, 입력한 텍스트가 전체 선택되는 것을 볼 수 있습니다(Ctrl + A 는 '모두 선택' 단축키입니다.).

5번 줄이 특이한데, 앞서 언급한 대로 입력할 문장에 조합키의 수식 기호나 {, }와 같은 기호는 '문장'이 아닌 '특수한 키'로 사용되므로, 위와 같이 SendText를 이용해야 합니다. 수식 기호 #, ^를 원래대로 입력하기 위해서 SendText를 사용한 것입니다.

Send로 할 수 있는 일은 무궁무진합니다. 여기에 설명하지 못한 기능도 많습니다. 기초 강좌이므로 이렇게만 설명하고 넘어가도록 하겠습니다.

# 39   프로그래밍 문제 (5)   SECTION

**문제 1**   **다음 중 컴퓨터에서의 좌표에 관한 설명으로 옳지 않은 것은?**

ㄱ. x 좌표와 y 좌표로 표현한다.

ㄴ. 오른쪽으로 갈수록 x 좌표가 증가하며, 위쪽으로 갈수록 y 좌표가 증가한다.

ㄷ. 활성 창에 따라 원점이 달라지는 좌표 유형을 '상대 좌표'라고 한다.

ㄹ. 기본적으로 절대 좌표(스크린 좌표)를 이용한다.

**문제 2**   **다음 중 오토핫키를 통한 마우스 동작에 관한 설명으로 옳지 않은 것은?**

ㄱ. MouseMove 함수를 이용하여 마우스 포인터를 이동할 수 있다.

ㄴ. MouseClick 함수를 이용하여 특정 좌표를 클릭할 수 있다.

ㄷ. 원하는 위치를 클릭할 땐 먼저 MouseMove 함수를 이용하여 클릭하고자 하는 위치로 마우스 포인터를 이동시켜야 한다.

ㄹ. MouseClick은 모든 인수를 생략할 수 있다.

**문제 3**   **다음과 같은 프로그램을 작성하세요.**

**동작**

1. F1을 누르면 현재 마우스 좌표를 절대 좌표로 변수에 저장한 후, 그 좌표를 출력한다.

2. F2를 누르면 저장된 위치의 (x+100, y+100)로 마우스 포인터를 이동한 후, 다시 그 좌표를 저장한다.

3. F3를 누르면 저장된 위치를 클릭한 후, 현재 시간과 누른 핫키(F3)를 Send로 입력한다.

4. Esc를 누르면 프로그램을 종료한다.

**조건**

1. 변수는 세 개만 이용한다. 그중 내장 변수가 필요하면 한 개만 사용한다.

**힌트**

- 전역 변수를 이용합니다.

- 핫키 강좌에서 지나가듯 언급했는데, 누른 핫키가 무엇인지는 A_ThisHotkey 내장 변수에 담겨있습니다.

## 📖 실전 프로그램 만들기! 3

이번엔 인터넷에 있는 문서 페이지의 글 전체를 갈무리하여 한글 문서에 붙여넣는 작업을 자동화해봅시다. https://ahkv2.pnal.dev/1부터 https://ahkv2.pnal.dev/69까지는 본 책의 일부 과정이 수록되어 있습니다. 이 내용을 모두 한글 문서에 붙여넣으려면 얼마나 오래 걸릴까요? 오토핫키를 이용하면 빠르게 이를 '복사'해서, 한글 문서에 붙여넣을 수 있습니다. 앞으로 배울 내용을 활용하면 더욱 멋있는 프로그램이 탄생하지만, 일단 지금까지 배운 내용만으로도 가능한 작업입니다.

먼저 설계를 해봅시다. 아래와 같은 웹페이지가 있을 때, 상단의 경고 부분을 제외하고 '제목'부터 '본문의 끝'까지 복사하려면 어떻게 해야 할까요?

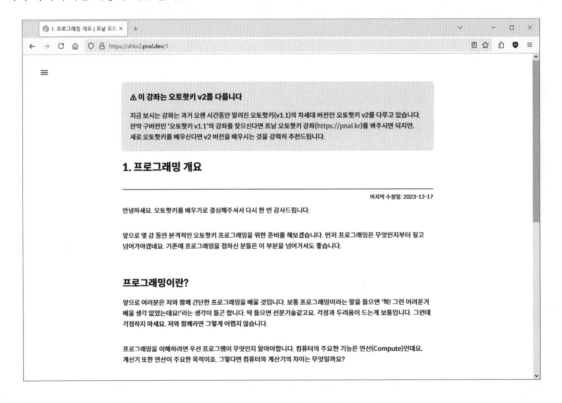

다음과 같이 해보겠습니다.

1. 제목 옆에서 마우스 버튼을 누르고 있습니다.
2. 스크롤을 최하단으로 내립니다.
3. 본문 최하단까지 마우스를 이동하고, 마우스 버튼을 뗍니다.

위와 같은 과정을 거치면 제목과 본문을 한 번에 '선택'할 수 있습니다. 이를 이용하여, 1페이지부터 99페이지까지 전체 화면을 복사해서 한글 파일에 붙여넣으려면 다음과 같이 코드를 짜볼 수 있을 것입니다.

```
1     F1::
2     {
3         Loop 69
4         {
5             run("https://ahkv2.pnal.dev/" A_Index,,"Max") ;웹페이지 실행
6             Sleep(3000) ;웹페이지가 로딩 될 때까지 기다림
7             MouseClick("L", 552, 354, , ,"D")
8             Send("{End}") ;웹페이지 최하단으로 스크롤
9             Sleep(1000) ;웹페이지가 스크롤 될 때까지 기다림
10            MouseClick("L", 1387, 790, , ,"U")
11            Send("^{c}") ;복사
12            Sleep(1000)
13
14            Send("!{Tab}") ;'한글'로 돌아가기'
15            Sleep(1000)
16            Send("^{v}") ;붙여넣기
17            Sleep(1000)
18            Send("{Enter}") ;붙여넣기 옵션 선택
19            Sleep(1000)
20            Send("^{Enter}") ;쪽갈이
21            Sleep(1000)
22        }
23    }
24
25    ESC::
26    {
27        ExitApp
28    }
```

7번 줄과 10번 줄의 좌표는 독자 여러분의 인터넷 창 환경에 따라 다릅니다. 저는 1920×1080 환경에서 전체 화면으로 웹브라우저를 띄운 후 진행하였습니다. 또, 14번 줄의 Alt + tab 명령으로 '한글' 프로그램으로 돌아가기 때문에 '웹브라우저'와 '한글' 프로그램이 서로 Alt + tab 으로 전환될 수 있도록 최근 사용 창이 '웹브라우저'와 '한글' 프로그램이어야 합니다.

Send로 할 수 있는 일은 무궁무진합니다. 여기에 설명하지 못한 기능도 많습니다. 기초 강좌이므로 이렇게만 설명하고 넘어가도록 하겠습니다.

모든 환경이 맞아떨어지면 https://ahkv2.pnal.dev/1부터 https://ahkv2.pnal.dev/69까지의 내용을 열려 있는 한글 문서에 붙여넣을 것입니다. 한글 프로그램과 웹브라우저에서의 단축키만 알고있으면 쉽게 앞에서 제시한 매크로를 구현할 수 있습니다.

각 줄을 해석해보겠습니다. 5번 줄의 A_Index는 반복문의 반복 횟수가 담긴 내장 변수였습니다. 이를 이용하여 각 반복마다 다른 웹페이지를 순차적으로 작업할 수 있게 했습니다. 7번 줄과 10번 줄의 **MouseClick**을 이용하여 마우스 드래그를 구현해주었습니다. DownOrUp 매개변수에 각각 **D**와 **U**를 부여함으로써 마우스를 클릭하고, 떼는 것을 따로 구현할 수 있습니다. 불필요한 매개변수는 생략해서 콤마가 여러번 찍힌 모습이 되었습니다.

13번 줄의 공백을 기준으로 그 윗줄은 웹페이지에서 문서를 복사하는 부분, 그 아랫줄은 한글 문서에 복사한 내용을 붙여넣는 부분입니다. 내용을 붙여넣고 쪽갈이를 하기까지 **Send**로 일련의 과정을 적어주었습니다.

각 명령 사이사이에 **Sleep**을 적절히 부여함으로써 안정성을 높였습니다. 어렵지 않죠? 다만 사용자의 컴퓨터에 따라 환경이 다르기 때문에, 이렇게 다른 프로그램과 상호작용 하는 프로그램을 만든다면 예제와 정확히 입력했더라도 정확히 동작하지 않을 수 있습니다. 사용자 컴퓨터에 맞게 좌표나 지연 시간 등을 적절히 수정해주어야 할 것입니다.

향후 오토핫키를 더 배우면 더욱 안정적이고 신속한 프로그램을 만들 수 있으나, 일단은 빈약하긴 해도 간단한 마우스와 키보드 조작만으로 웹사이트의 문서를 갈무리할 수 있게 되었습니다!

## ⬡ FAQ. 자주 올라오는 질문과 답변 3

**Q** Section 24의 아래 소스 코드의 5번 줄은 왜 오류가 나나요? 소스 코드는 위에서 아래로 진행되는데, 어떻게 6번 줄의 지역 변수 유무가 5번 줄의 변수에 영향을 미치나요?

```
var := 100

F1::
{
    MsgBox(var) ≪≪ 경고 발생!
    var := 200
    MsgBox(var)
}
```

**A** 이 부분은 모호한 부분이 많아서 본문에서는 설명하지 않고 아예 뺐는데요, 사실 그 변수가 전역/지역/정적 중 어느 변수인지 '평가'하는 과정은 스크립트 실행 시입니다. 즉, 자동 실행 스레드의 시작보다 빠릅니다. 다음의 프로세스가 되는 것이지요.

1. 변수의 성격을 평가
2. 자동 실행 스레드가 실행
3. 핫키 입력을 대기

그렇기 때문에 같은 지역 안에 정적 변수와 지역 변수가 같은 이름으로 존재할 수 없게 됩니다. 그 변수는 지역변수로 평가되었기 때문입니다. 그 후에 스크립트가 순차 실행된다면, 5번 줄의 var는 "지역변수로 평가되었으나, 값은 들어있지 않는" 상태가 되어 오류가 나는 것입니다.

# 화면의 요소 인식하기

# 40   화소와 색상 값

앞으로 우리는 컴퓨터 화면 속 화상을 찾거나, 특정 색상이 존재하는지 알아내는 등 '화면'에 관한 함수를 배울 것입니다. 이를 잘 이해하기 위해선 '화소(Pixel)'와 그 색상을 나타내는 '색상 값(Color code)'의 약간의 이해가 필요합니다. 자동화 프로그래밍에 쓰이는 최소한의 개념만 알면 되므로, 간단히만 설명하겠습니다.

## 🏠 화소

앞으로 본서를 진행하면서 '화소'라는 말을 자주 쓸 것입니다. 영어로 흔히 '픽셀'이라고 일컫는 이 용어는 컴퓨터나 이미지 파일에서 좌표를 나타내는 기준 단위가 됩니다. 컴퓨터에서 한 화소는 하나의 색상을 표현하고 있으며, 그렇게 색상을 표현하는 점이 모여 하나의 화상이 됩니다. 우선 이렇게만 이해하자고요.

## 🏠 색상 값

한 화소는 하나의 색상을 가지고 있다고 했습니다. 색상을 표현하는 여러 방법이 있는데, 컴퓨터는 주로 RGB 방식을 사용합니다.

학창 시절 미술 시간에 배웠는지 모르겠습니다. 빨간 빛과 초록 빛, 파란 빛을 모두 합쳐서 벽에 쏘면 흰색이 나타나는데, 각각의 밝기를 낮춰서 여러 색을 낼 수 있죠. 그래서 여러분이 보는 화상은 빨강, 초록, 파랑 빛을 얼마나 섞는가로 나타낼 수 있습니다.

그래서 컴퓨터에서는 '빨강', '초록', '파랑'을 얼마나 섞었는지를 수치로 표현하여 한 색상을 표현합니다. 각 색을 영문 머리글자를 따서 'R', 'G', 'B'라고 하죠. R, G, B 각각의 수치는 0(아예 섞지 않음)부터 255(원색)으로 나타날 수 있으며, 예를 들어 순수한 빨강은 R=255이며 G, B는 0입니다. 노랑은 "빨강 + 초록"이기 때문에, R, G=255이고 B는 0일 것입니다. 색을 좀 덜 섞으면 탁해지겠죠. 모두 255의 값을 가지면 흰색이고, 모두 섞지 않으면 검은색입니다.

아무튼, 컴퓨터에서 색은 RGB 값으로 나타낼 수 있다는 점만 이해하면 됩니다.

## 🏠 색상 값의 16진수 표기

우리가 일상생활에서 쓰는 수는 '10진수'입니다. 0~9까지 총 10개의 숫자를 이용하고, 그 뒤의 값은 자리올림을 하여 나타냅니다.

그러나 컴퓨터에서 색상 값은 주로 16진수로 나타냅니다. 쓰는 숫자가 '9' 뒤에도 6개나 더 있는 것입니다. 아라비아 숫자(0~9)에는 9를 넘는 숫자가 없기 때문에, 우리는 알파벳을 빌려서 A~F를 추가로 사용합니다. 16진수는 총 16개의 숫자 - 0, 1, 2, 3, 4, 5, 6, 7, 8, 9, A, B, C, D, E, F가 있는 것이지요.

> **Tip** **수와 숫자**
>
> '수'는 셀 수 없는 큰 수까지 있지만, '숫자'는 수를 표현하는 데 쓰이는 문자로서 아라비아 숫자는 0부터 9까지 총 10개만 존재합니다. 따라서 '16진수용 숫자'에서 쓰이는 'A~F'는 알파벳으로 썼지만 숫자로 취급합니다. 16진수는 0~F까지 총 16가지의 숫자를 사용하죠.

16진수에서 '10'은 'F'의 다음 수입니다. 따라서 RGB 수치가 각각 255까지 있다는 말은 16진수로는 FF까지 있다는 뜻입니다. (계산하지 마세요! 그냥 16진수 FF가 10진수로는 255입니다.) 깔끔하게 두 자리로 딱 떨어지죠. 그래서 우리는 RGB 수치를 16진수로 두 자리씩 써서, 총 6자리로 표기합니다. 예를 들어서, FF00FF는 [R=FF, G=0, B=FF]라는 뜻입니다.

00C896은? [R=00, G=C8, B=96]만큼 섞였다는 뜻이지요. 10진수로 바꾸면 G=200이고 B=150인데, 단순히 앞자리만 비교 해봐도 C8이 96보다 크겠죠? C는 13번째 숫자, 9는 10번째 숫자니까요. (0이 첫 번째 숫자입니다.)

16진수를 10진수로 일일이 바꿀 필요는 없습니다. 여러분은 "색상은 16진수로 두 자리씩 써서 표기한다."라는 사실만 이해하면 됩니다. 각 값에 따른 색상 변화는 몸으로 익혀나갈 수 있습니다. 프로그래밍에 그렇게 중요하진 않기도 하고요.

## 🎲 화소와 좌표 유형

마우스 관련된 함수를 사용 할 땐 좌표 유형을 CoordMode("Mouse", 유형)으로 적어주었습니다. 비슷하게, 앞으로 화소와 관련된 함수는 CoordMode("Pixel", 유형)으로 적어 좌표 유형을 지정하면 됩니다. 예를 들어 화면에서 색상을 찾는 함수를 쓸 때 그 범위를 '절대 좌표'로 지정해주고 싶으면 CoordMode("Pixel", "Screen")이 되겠죠.

> **Tip** **본문에서 말하는 '이미지'와 '화상'의 차이**
>
> 가능하면 우리말을 사용하고자, 바꿔도 어색하지 않은 외국어는 우리말로 적고 있습니다. '이미지 파일'이라는 용어는 '영상 파일'로 쓸 수 있지만, 최근 '영상'과 '동영상'의 구분이 약해졌기 때문에 혼동을 방지하고자 '파일'을 말하는 경우엔 '이미지 파일'을 그대로 씁니다. 반면, 화면상에 보이는 이미지는 '화상'으로 사용하니 고려하여 학습하길 바랍니다.
>
> • **이미지 파일**: 컴퓨터에 파일 형식으로 존재하는 이미지(= 파일로 있는 이미지)
> • **화상**: 컴퓨터 화면에 보이는 모든 시각 정보(= 화면상의 이미지)

# 41   ImageSearch

지금까지 배운 내용으로 키보드와 마우스 동작을 제어하여 간단한 프로그램을 만들 수 있었습니다. 그러나
아래와 같은 동작을 하려면 어떻게 해야 할까요?

- 특정 작업이 완료될 때까지 기다린 후, 키보드를 제어한다.
- 특정 창이 뜨면 자동으로 [확인] 버튼을 눌러준다.

우리 인간이 느끼기에 '작업이 완료됐다', '특정 창이 뜬다'와 같은 것은 화면의 변화에 속합니다. 이러한 화면
의 변화를 감지할 수 있으면 얼마나 유용할까요? 그 역할을 바로 ImageSearch 함수가 합니다.

## ImageSearch

ImageSearch 함수는 화상을 찾고, 찾았다면 그 위치를 변수에 담아주는 함수입니다.

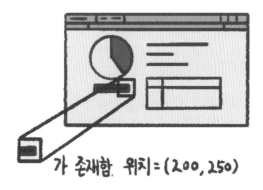

[그림 41-1] ImageSearch 함수의 동작

ImageSearch 함수의 역할이 이해되었나요? 이제 사용해보기 위해, 함수의 원형부터 보겠습니다.

```
ImageSearch(&OutputVarX, &OutputVarY, X1, Y1, X2, Y2, ImageFile)
```

▲ ImageSearch 함수의 원형

## 매개변수

- **&OutputVarX**: 찾은 화상의 x 좌표가 담길 변수의 참조
- **&OutputVarY**: 찾은 화상의 y 좌표가 담길 변수의 참조
- **X1**: 화상을 찾을 사각 영역의 좌상단 꼭짓점 x 좌표
- **Y1**: 화상을 찾을 사각 영역의 좌상단 꼭짓점 y 좌표

- **X2**: 화상을 찾을 사각 영역의 우하단 꼭짓점 x 좌표
- **Y2**: 화상을 찾을 사각 영역의 우하단 꼭짓점 y 좌표
- **ImageFile**: 찾을 화상이 담긴 이미지 파일의 경로 및 옵션

## 🏛 반환값

- **1 (true)**: 화상을 정상적으로 찾았을 때
- **0 (false)**: 화상을 찾지 못했을 때

각각의 매개변수를 세부적으로 알아보면 아래와 같습니다.

### 1. &OutputVarX, &OutputVarY

범위 내에서 화상을 찾았을 경우, 찾은 화상 좌표가 담기는 변수를 참조로 적어줍니다. '참조로 적는다'라는 뜻은 추후에 설명하기로 했죠? 지금으로선 '담기는 변수 앞에 & 기호를 붙여서 적는다'라고 이해하면 된다고 했습니다. 예를 들어서, 찾은 화상의 좌표가 outputX, outputY 변수에 각각 담기게 하고 싶다면 **&outputX, &outputY**처럼 적어주면 되는 것이지요.

### 2. X1, Y1, X2, Y2

화상을 찾을 영역을 지정해줍니다. 왜 좌표가 두 쌍((x1, y1), (x2, y2))이나 필요하냐면, 컴퓨터에서 '영역'은 흔히 가상의 사각형으로 표현하며, 사각형은 '왼쪽 위 꼭짓점'과 '오른쪽 아래 꼭짓점'으로 표현될 수 있기 때문입니다.

간단하게 다음 그림은 컴퓨터에서 영역을 지정하는 사각형에 왜 두 쌍의 좌표가 필요한지를 보여줍니다.

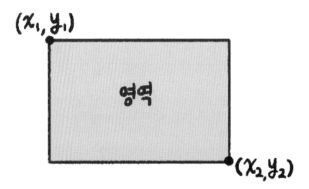

[그림 41-2] 컴퓨터에서 사각형은 두 쌍의 좌표로 표현됩니다.

## 3. ImageFile

찾을 화상이 담긴 이미지 파일의 경로를 적어줍니다. 상대 경로와 절대 경로 중 원하는 대로 적을 수 있습니다. 절대 경로와 상대 경로에 관한 내용은 'Section 22. 함수의 절대 경로와 상대 경로' 부분을 참고하길 바랍니다.

또한, 경로 앞에 함수의 옵션을 적어줄 수 있습니다. 옵션과 경로는 띄어 써줍니다. 적을 수 있는 옵션은 여러 가지가 있지만, 기초 강좌인 이곳에서는 한 가지(*n)만 설명합니다.

- **\*n**: 색상 음영 오차 허용도를 의미합니다. \*0부터 \*255까지 적을 수 있습니다.

예를 들어서 \*2를 지정했다면 화상을 구성하는 어떤 화소가 #444444 색상을 가지고 있다면 #424242부터 #464646까지의 색상은 그 화소의 색상과 동일한 것으로 간주합니다.

```
1    ImageSearch(&outputVarX, &outputVarY, 100, 100, 200, 200, "*10 Image.bmp")
```

▲ *n 옵션의 사용

## 📖 실습

### 🏛 ImageSearch의 전체 과정

기초적인 단계부터 실습해보겠습니다. ImageSearch는 범위 내에서 화상을 찾는 함수이기 때문에, 찾고자 하는 화상이 이미지 파일 형태로 존재해야 합니다(정확히는 파일 말고도 비트맵을 불러와서 사용할 수 있지만, 추가적인 옵션과 'GDI'라는 일종의 기능에 대해 이해해야 하므로 생략합니다.).

### 1. 화상 캡처하기(이미지 파일 만들기)

우선 화상을 파일 형태로 저장해야 합니다. 시중에 있는 캡처 프로그램이나, Windows 기본 기능을 사용하여 찾고자 하는 화상을 캡처하여 이미지 파일로 만들어줍니다.

[예제 41-1] 이미지 파일에 저장된 화상의 예

원활한 탐색를 위해, 파일 형식은 'BMP' 혹은 'PNG'로 캡처하면 됩니다. 이들은 무손실 파일 형식이기 때문에, 화상을 파일로 저장할 때 변형이 일어나지 않습니다. 반면 'JPEG'와 같은 형식은 (현재는 무손실로 저장할 수 있는 표준이 나왔지만,) 일반적으로 손실 저장되기 때문에 많이 변형되곤 합니다. 찾을 화상이 변형되어 저장되면 동작이 되지 않을 수 있겠죠?

또한, 이미지 파일은 최대한 작지만 특징이 드러나게 캡처합니다.

### 2. 함수 사용하기

캡처한 이미지 파일이 스크립트와 같은 경로에 'Image.png'로 저장되어있다고 합시다. 그리고 함수의 원형에 맞춰서 함수를 호출해줍니다.

```
1    result := ImageSearch(&posX, &posY, 0, 0, 400, 400, "Image.png")
2    MsgBox(result)
```

▲ ImageSearch의 사용

기본 좌표 유형은 클라이언트 좌표죠? 즉, 활성 창의 클라이언트 영역을 기준으로 (0, 0)부터 (400, 400)까지 'Image.png'와 같은 화상이 있는지 찾게 되며, 만약 찾으면 1이 출력되고 찾지 못하면 0이 출력됩니다. 이미지 파일의 경로로 Image.png만 적어주었으므로 현재 스크립트 파일과 같은 위치에 있는 Image.png를 지정해준 것입니다.

> **Tip** **함수 실행 시 오류가 발생할 경우**
>
> 여러분은 대부분 0이나 오류 메시지가 나타날 것입니다. 0은 화면에서 화상을 찾지 못했다는 것이고, 오류 메시지는 'Image.png' 파일이 없거나 인수를 잘못 적어준 것입니다. 이미지 파일의 경로를 잘못 적어주었을 수도 있죠. Section 34의 '좌표 알아오기'를 참고하여 클라이언트 좌표로 (0, 0)부터 (400, 400) 사이에 있는 화상을 잘 캡처했다면 1이 출력될 것입니다.
>
> 아, 그리고 SciTE4AutoHotkey에서 위 예제를 실행하면, 당연히 활성 창이 SciTE4AutoHotkey가 되겠죠? 이 점도 고려하길 바랍니다.

## 3. 유의미하게 구현하기

ImageSearch 함수는 화상을 찾았는지 여부를 반환하고, 만약 찾았다면 &OutputVarX, &OutputVarY 매개변수에 찾은 화상의 좌표가 담긴다고 했습니다.

이런 기능을 이용해서, ① 핫키를 누르면 화상을 찾아 그 부분을 더블클릭하기, ② 화상이 나타날 때까지 기다렸다가 나타나면 메시지 박스를 띄우기 이렇게 두 가지 예제를 구현해보겠습니다.

### ① 화상을 찾아 더블클릭하기

```
1    CoordMode("Pixel", "Screen")
2    CoordMode("Mouse", "Screen")
3
4    F1::
5    {
6        if (ImageSearch(&vx, &vy, 0, 0, A_ScreenWidth, A_ScreenHeight, "Image\1.png"))
7            MouseClick("L", vx + 20, vy + 20, 2)
8        ExitApp
9    }
```

[예제 41-3-1] 핫키를 누르면 화상을 찾아 더블클릭합니다.

**CoordMode**를 사용하여 화상을 주 모니터의 왼쪽 위를 기준으로 찾도록 하였고, 이미지 파일은 Image 폴더 안에 1.png를 찾도록 하였습니다. A_ScreenWidth와 A_ScreenHeight는 주 모니터의 너비와 높이가 들어있는 변수입니다. 1920×1080 해상도에 화면 배율을 100%로 놓는 일반적인 경우에는 A_ScreenWidth가 1920, A_ScreenHeight는 1080이 담겨있죠. 따라서, (0, 0)부터 (A_ScreenWidth, A_ScreenHeight)를 범위로 한다는 뜻은 '주 모니터 전체'가 되겠습니다.

그리고 찾은 화상의 좌표의 (vx + 20, vy + 20) 부분을 클릭하죠. 조건문에 의해 화상을 찾았을 때만 클릭할 것입니다. (vx, vy)는 찾은 화상의 왼쪽 윗부분인데, (vx + 20, vy + 20)는 그것보단 좀 오른쪽 아래 (+20px)를 의미합니다.

### ② 화상이 나타날 때까지 기다리기

화상이 나타날 때까지 기다리는 예제를 만들어보겠습니다. '화상이 나타날 때까지'라는 것은 곧 'Image Search의 반환값이 '참'일 때까지'를 의미합니다. 따라서, ImageSearch의 반환값이 참이 될 때까지 반복해서 찾으면 되겠네요.

```
1    CoordMode("Pixel", "Screen")
2    Loop
3    {
4        if (ImageSearch(&vx, &vy, 0, 0, A_ScreenWidth, A_ScreenHeight, "Image\2.png"))
5            break
6        Sleep(1000)
7    }
8    MsgBox("찾았습니다! 좌표: (" vx ", " vy ")")
```

[예제 41--3-2] 화상이 찾아지면 반복문 탈출

한 줄씩 따라가면 어렵지 않은 코드입니다. 화상을 매 반복마다 찾으며, 존재한다면 반복문을 탈출합니다. 8번 줄의 MsgBox는 화상을 찾았을 때만 실행되겠죠. 눈여겨 볼 부분은 6번 줄의 Sleep 함수입니다. 이와 같이 지연 시간이 없으면 스크립트는 ImageSearch를 지연 시간 없이 계속 수행할 것입니다. Image Search는 비용이 큰 함수이기 때문에, 이는 환경에 따라 프로그램이 버벅거리거나 멈추는 원인이 되곤 합니다. 그러니 반복문을 쓸 땐 매 반복마다 적절한 지연 시간을 주는 것이 좋습니다.

---

**Tip 프로그램에서 '실행 비용이 크다'란?**

실행 비용이 크다는 것은 컴퓨터의 자원을 많이 쓰는 것을 의미합니다. 꼭 금전적인 '비용'을 의미하는 것이 아니라, 하드웨어 자원을 과도하게 소모하여 프로그램이나 컴퓨터의 성능이 저하되는 정도가 크면 '비용이 크다'라고 합니다.

반복문에서 무거운 함수를 지속해서 수행하게 한다면 자원을 많이 쓰기 때문에 컴퓨터는 쉬지 못할 것입니다. ImageSearch는 CPU의 연산을 많이 사용하기 때문에, 빠른 속도로 반복하면 CPU를 과점하게 됩니다. 프로그램이 CPU를 무한정 과점할 수 없기 때문에, 가능한 한 반복문에는 지연 시간을 주는 것이 좋습니다.

## 🎲 **ImageSearch와 화면 변화 감지**

화면상에서 주어진 이미지 파일과 일치하는 화상을 찾는다는 동작은 분명 유용하지만, 그만큼 변수가 많은 동작이기도 합니다. 컴퓨터 환경마다 화상이 조금씩 달라지기도 하고, 자칫하면 화상이 다르게 캡처되어 이미지 파일과 다를 수도 있습니다. 심지어 비용도 높습니다!

ImageSearch는 말 그대로 화상의 위치를 찾기 위해서만 사용하는 것이 좋습니다. 화면의 변화는 가능하면 다른 기준을 사용하여 감지하는 것이 좋습니다. 특히, 그 변화가 정확히 화면의 한 지점에서만 일어난다면 다른 함수로 대체할 겨를이 많습니다. 한 프로그램 내에서만 일어나는 변화라면 아예 '찾기'와 관련된 함수를 쓰지 않고 그 프로그램의 변화를 감지할 수도 있습니다.

따라서 ImageSearch는 단순히 '화면의 변화 감지'가 아니라 '위치가 정해지지 않은 화상이 화면에 있을 때, 그 위치를 파악'하는 때 사용하는 것이 적당합니다.

## 42 PixelSearch

ImageSearch는 화면 내의 화상을 찾고, 그 위치를 변수에 담아주는 함수였습니다. 비슷하게, 화면 내에서 원하는 화소의 위치를 찾는 함수인 PixelSearch를 배워보도록 하겠습니다.

### 🛋 PixelSearch

PixelSearch 함수는 특정 색상을 가진 화소를 찾고, 찾았다면 그 위치를 변수에 담아주는 함수입니다.

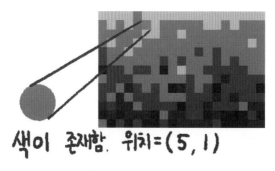

색이 존재함. 위치=(5,1)

[그림 42-1] PixelSearch 함수의 동작

ImageSearch와 유사하지만, 찾는 대상이 '화상'이 아니라 '화소'가 되었습니다. 따라서, 원형 또한 굉장히 유사한 모습을 볼 수 있습니다.

```
PixelSearch(&OutputVarX, &OutputVarY, X1, Y1, X2, Y2, ColorID [, Variation])
```

▲ PixelSearch 함수의 원형

### 🛋 매개변수

- **&OutputVarX**: 찾은 화소의 x 좌표가 담길 변수의 참조
- **&OutputVarY**: 찾은 화소의 y 좌표가 담길 변수의 참조
- **X1**: 화소를 찾을 사각 영역의 좌상단 꼭짓점 x 좌표
- **Y1**: 화소를 찾을 사각 영역의 좌상단 꼭짓점 y 좌표
- **X2**: 화소를 찾을 사각 영역의 우하단 꼭짓점 x 좌표
- **Y2**: 화소를 찾을 사각 영역의 우하단 꼭짓점 y 좌표
- **ColorID**: 찾을 화소의 색상 값
- **Variation**: 색상 음영 오차 허용도

### 🎲 반환값

- **1(true)**: 화소를 정상적으로 찾았을 때
- **0(false)**: 화소를 찾지 못했을 때

각각의 매개변수를 세부적으로 알아보면 다음과 같습니다.

## 1. &OutputVarX, &OutputVarY

범위 내에서 화소를 찾았을 경우, 찾은 화소의 좌표가 담기는 변수를 참조로 적어줍니다. MouseGetPos나 ImageSearch에서와 마찬가지로, '참조로 적는다'라고 하면 '값이 담길 변수 앞에 & 기호를 붙여서 적는다'는 뜻입니다. 그 원리는 나중에 설명하기로 했습니다.

## 2. X1, Y1, X2, Y2

화소를 찾을 영역을 지정해줍니다. 역시 ImageSearch와 같습니다. 좌표 유형도 마찬가지로 '클라이언트 좌표'를 기본 사용하며, CoordMode("Pixel", 유형)로 사용할 좌표 유형을 지정할 수 있다고 했습니다.

## 3. ColorID

범위 내에서 찾을 화소의 색상 값을 적어줍니다. 색상 값은 좌표를 알아올 때와 마찬가지로 Window Spy로 알아낼 수 있는데, 아래와 같이 현재 마우스 포인터가 위치한 화소의 색상 값을 가져올 수 있습니다.

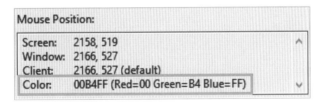

[그림 42-2] Window Spy에 보이는 색상 값

중요한 점은, 색상 값을 16진수로 적어줄 때 '16진수 수'를 의미하는 '0x' 기호를 앞에 붙여야 한다는 것입니다. 오토핫키는 앞에 0x가 붙은 수는 16진수로, 아무것도 붙지 않은 수는 10진수로 해석하기 때문입니다. 따라서, 흰색(R=FF, G=FF, B=FF)을 찾고 싶다면 0xFFFFFF로 적어야 하죠.

## 4. Variation

ImageSearch의 *n 옵션과 동일합니다(단, * 기호는 쓰지 않습니다.). 마찬가지로 0부터 255까지 적을 수 있으며, 예를 들어서 2를 지정했다면 #444444 색상은 #424242부터 #464646까지 동일한 것으로 간주합니다. 그렇게 어렵지 않죠? 간단한 예제를 하나 만들어보고 마무리해도 될 것 같습니다.

## 📖 실습

### 1. 마우스 근처에서 원하는 색상의 화소를 찾아보기

```
1    F1::
2    {
3        MouseGetPos(&posX, &posY)
4        if (PixelSearch(&vx, &vy, posX, posY, posX + 100, posY + 100, 0x00C896))
5            MsgBox("찾았습니다! (" vx ", " vy ")")
6    }
7
8    F2::
9    {
10       ExitApp
11   }
```

[예제 42-1] PixelSearch의 사용

위 예제는 마우스 포인터의 현재 좌표를 가져와, 그 좌표로부터 (x + 100, y + 100) 좌표까지의 범위에서 0x00C896 색상을 찾는 예제입니다. 한마디로 마우스 포인터 위치를 좌상단으로 하여, 너비와 높이가 각각 100px인 사각형이 범위인 것이죠.

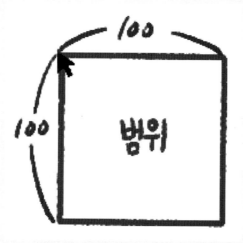

[그림 42-3] 마우스 포인터 위치를 기준으로 100x100 범위

# 43 | PixelGetColor SECTION

이번에는 특정 위치의 색상 값을 가져오는 PixelGetColor 함수를 배워보겠습니다.

## 📦 PixelGetColor

```
PixelGetColor(X, Y [, Mode])
```

▲ PixelGetColor 함수의 원형

## 📦 매개변수

- **X**: 색상 값을 가져올 x 좌표
- **Y**: 색상 값을 가져올 y 좌표
- **Mode**: 색상을 가져오는 방식을 설정

## 📦 반환값

- 해당 좌표의 색상 값 (16진수)

Mode는 선택 매개변수이므로 제외하고 간단하게 유추해보면, (x, y) 좌표를 지정하여 그 좌표의 색상 값을 반환하는 함수임을 알 수 있죠.

## 1. X, Y

색상 값을 가져올 좌표를 적어줍니다. 좌표 유형은 CoordMode("Pixel", **유형**)으로 지정해주면 되고, 미지정 시 클라이언트 좌표를 사용합니다. 여타 화면과 관련된 함수와 동일하죠.

## 2. Mode

색상 값을 가져오는 방식을 지정합니다. 기존 방식을 통해 얻어오는 색상 값이 잘못되었다면 이러한 대체 방식을 사용할 수 있습니다. Alt 방식은 특정 창에서 부정확하게 색상을 가져오는 현상이 발생할 경우 사용할 수 있는 방식이며, 그마저도 부정확하다면 Slow 방식을 사용할 수 있습니다.

```
1    PixelGetColor(x, y, "Alt")
```

▲ Mode 매개변수의 사용 - Alt 방식

각각의 방법은 기존 방식에 비해 0.1배, 3배 더 느리게 수행됩니다. 따라서 일반적으로는 생략합니다. ImageSearch나 PixelSearch보다 확실히 쉽습니다. 매개변수도 얼마 없고, 그마저도 선택 매개변수는 거의 모든 경우에서 생략하여 사용합니다. 간단한 예제를 통해 실습해보겠습니다.

📖 **실습**

## 1. 현재 마우스 포인터 위치의 색상 값을 가져오기

```
1    F1::
2    {
3         MouseGetPos(&vx, &vy)
4         MsgBox(PixelGetColor(vx, vy))
5    }
6
7    F2::
8    {
9         ExitApp
10   }
```

[예제 43-1] PixelGetColor의 사용

마우스 포인터의 좌표를 가져와, 그 좌표의 색상을 알림상자에 출력하는 예제입니다. 어려운 코드는 없죠? 위 예제의 4번 줄에서 PixelGetColor 함수의 반환값을 직접 MsgBox 함수에 전달하지 않고, 아래와 같이 변수에 담아서 써주면 코드는 길어져도 더욱 명료해집니다.

```
4    color := PixelGetColor(vx, vy)
5    MsgBox(color)
```

▲ 반환값을 담는 변수(color)를 사용한 예시

# 44 프로그래밍 문제 (6)

**문제 1** **다음과 같은 프로그램을 작성하세요.**

> **동작**
>
> 1. 스크립트를 실행하면 자동으로 임의의 웹사이트를 연다.
> 2. 웹사이트가 완전히 로딩된다면 [웹사이트가 열렸습니다.]라고 출력하고 종료한다.
>
> **조건**
>
> 1. 웹사이트가 로딩되기 전에 [웹사이트가 열렸습니다.]라고 출력하지 말 것.
> 2. 여는 웹사이트는 자율적으로 정할 것.
> 3. 절대 좌표를 이용할 것.

**문제 2** **다음과 같은 프로그램을 작성하세요.**

> **동작**
>
> 1. F1을 누를 때마다 현재 마우스 좌표와 그 색상을 저장한다.
> 2. F2를 누르면 현재까지 저장된 좌표와 색상을 한 번에 모두 보여준 후, 프로그램을 종료한다.
>
> **조건**
>
> 1. 절대 좌표로 출력되게 할 것.
> 2. 다음의 출력 예시를 참고할 것.
>
> **힌트**
>
> - F1을 누를 때마다 변수에 [(x, y) 0x000000`n] 형식을 계속 이어 붙이면 되겠죠?

[그림 44-1] F1을 누를 때마다 좌표와 색상 값을 저장해두었다가, F2를 눌렀을 때의 출력 예시

문제 3 **다음과 같은 프로그램을 작성하세요.**

동작

1. 화면의 정가운데 화소를 지속 감시한다.
2. 해당 화소의 값이 바뀌면 [화면이 변화했습니다.]를 출력한다.

시험 방법

1. 스크립트를 실행한 후, 화면 가운데 화소의 색상이 바뀌도록 새 창을 열거나 화면을 변화시키는 방법으로 시험해본다.

힌트

- 화면의 정가운데 화소의 위치 = (화면의 너비 / 2, 화면의 높이 / 2)
- 화면의 너비와 높이가 담긴 내장 변수를 배웠습니다.

📖 **실전 프로그램 만들기! 4**

이번엔 ImageSearch를 이용해서, 국립중앙도서관 홈페이지(https://www.nl.go.kr/)에서 특정 검색어를 입력한 뒤, 소장 자료 목록을 다운로드해보겠습니다.

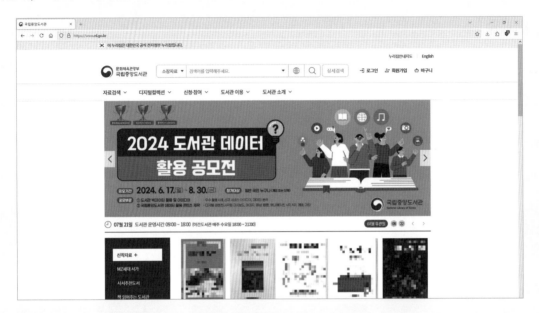

국립중앙도서관 홈페이지 상단의 검색창에 출판사 '디지털북스'를 검색하면 다음과 같은 검색 결과 화면이 나옵니다.

우측 상단의 [더보기] 버튼을 클릭하면 다시 다음과 같은 화면으로 이동합니다.

도서 목록만 나오는 화면으로 이동이 되고, 상단의 [전체선택] 체크박스와 [목록 다운로드] 버튼이 보입니다. 체크를 하고, [목록 다운로드] 버튼을 클릭하면 체크된 모든 목록(이 화면에선 10개)이 다운로드됩니다. 이 과정을 자동화해봅시다.

```
1    run("https://www.nl.go.kr")
2    Loop
3    {
4        if (ImageSearch(&vx, &vy, 0, 0, A_ScreenWidth, A_ScreenHeight, "Search.png"))
5            break
6        Sleep(1000)
7    }
8    MouseClick("L", vx + 10, vy + 5)
9    Send("디지털북스{Enter}")
10   Loop
11   {
12       if (ImageSearch(&vx, &vy, 0, 0, A_ScreenWidth, A_ScreenHeight, "More.png"))
13           break
14       Sleep(1000)
15   }
16   MouseClick("L", vx + 10, vy + 5)
17   Loop
18   {
19       if (ImageSearch(&vx, &vy, 0, 0, A_ScreenWidth, A_ScreenHeight, "Select.png"))
20           break
21       Sleep(1000)
```

```
22     }
23     MouseClick("L", vx, vy)
24     ImageSearch(&vx, &vy, 0, 0, A_ScreenWidth, A_ScreenHeight, "Download.png")
25     MouseClick("L", vx + 10, vy + 5)
26     ExitApp
27
28     ESC::
29     {
30         ExitApp
31     }
```

---

**프로그램을 실행하기 전 준비해야 할 것**

이전 그림들의 초록색 사각형을 참고하여, 아래와 같은 이미지를 국립중앙도서관 홈페이지에서 캡처해서 각각 Search.png,
More.png, Select.png, Download.png로 저장한 뒤 오토핫키 스크립트와 같은 경로에 위치시킵니다.

|   ▲ Search.png   |   ▲ More.png   |   ▲ Select.png   |   ▲ Download.png   |

---

오타와 파일명에 주의해서 입력해주세요. 올바르게 모든 사항을 준수하였다면, 스크립트를 실행하면 자동으로 국립중앙도서관 홈페이지를 연 후 '디지털북스'를 검색한 뒤에 [더보기], [전체선택], [목록 다운로드]를 순차적으로 눌러 목록을 내려받을 것입니다.

캡처 이미지를 만들 땐 주의해야 하는데요, 특징이 보이고 최대한 작게 캡처해야 합니다.

각 코드를 해석해봅시다. 2번 줄부터 7번 줄까지는 하나의 Loop 덩이입니다. 10번 줄부터 15번 줄까지도, 17번부터 22번 줄까지도 마찬가지입니다. 모두 '이미지를 찾을 때까지 반복한다'를 수행하는 반복문입니다. 이미지를 찾으면, 즉 if문 안의 내용이 참이 되면 break하는 것이죠. 이미지는 Sleep에 의해 1초에 한 번씩 찾습니다.

이미지서치는 0,0부터 A_ScreenWidth, A_ScreenHeight 좌표를 탐색합니다. CoordMode를 따로 지정해주지 않았기 때문에 클라이언트 좌표를 이용하며, 전체 화면보다 창의 크기가 커질 수 없기 때문에 탐색 범위는 이론상 A_ScreenWidth, A_ScreenHeight를 넘지는 못할 것입니다.

MouseClick은 vx+10, vy+5 좌표를 클릭합니다. 그 이유는 이미지서치의 결과로 담긴 vx, vy 변수는 이미지의 가장 왼쪽 상단의 좌표이기 때문입니다. 즉, 캡처한 이미지의 가장 왼쪽 위가 아닌 그보다 조금 오른쪽 아래를 클릭하기 위해서, 각각의 좌표에 10과 5를 더해준 것입니다. x 좌표에 수를 더하면 더 오른쪽을, y 좌표에 수를 더하면 더 아래쪽을 의미하기 때문입니다.

# ☆ 오토핫키의 역사

알면 재미있는 오토핫키의 역사를 이야기해보겠습니다.

태초에 오토잇(AutoIt)이라는, 자동화 작업에 특화된 프로그래밍 언어가 있었습니다. 오토핫키의 창시자이자 오토잇의 기여자였던 '크리스 말렛(Chris Mallett)'은 오토잇에 단축키 기능을 추가하자고 했지만, 커뮤니티의 호응을 얻지 못했습니다. 단축키 하나로 여러 기능을 수행할 수 있는 혁신적인 제안이었는데 말이죠.

2003년, 크리스는 이에 포기하지 않고, 오토잇 프로젝트를 기반으로 '오토핫키 프로젝트'를 시작하게 됩니다. 오토핫키는 오토잇 구문을 기반으로 하여 완전히 새로 설계된 프로그래밍 언어였습니다. 즉 오토핫키는 원하는 기능을 추가해주지 않은 오토잇에 반발하여 나온 크리스 말렛의 야심작이었습니다.

오토핫키 프로젝트는 2009년까지 문제없이 진행되었습니다. 크리스가 프로젝트에 흥미를 잃기 전까진 말이죠. 그는 자신이 개발하는 오토핫키의 마지막 버전인 1.0.48.05 버전을 마지막으로 오토핫키 개발에서 손을 뗍니다. 이때까지 크리스가 개발한 오토핫키의 버전을 'AutoHotkey Basic 버전' 혹은 '오토핫키 1.0'이라고 부릅니다.

2010년, 구심점을 잃은 오토핫키 프로젝트는 '스티브 그레이(Steve Gray, 커뮤니티에선 'Lexikos'라는 닉네임으로 알려졌습니다.)'라는 개발자가 넘겨받게 됩니다. 그는 자신의 닉네임을 따서 AutoHotkey_L 프로젝트를 시작했습니다. 기존 오토핫키의 기능을 더욱 고도화하고, 더 현대적인 언어의 스타일을 갖추게 된 AutoHotkey_L은 향후 오토핫키 1.1로 불리우며 정식 버전에 통합됩니다. 이 버전은 대부분의 문법이 오토핫키 1.0과 호환되었습니다.

그러나 과거의 프로젝트에 살을 덧붙여 나가던 오토핫키 프로젝트는 문법적 한계에 부딪힙니다. 2003년부터 문법 호환성을 유지했었기 때문에, 현대 언어에 맞는 여러 콘셉트를 추가할 수 없었습니다. 그래서 처음부터 오토핫키를 새로 개발하기로 합니다. 이 버전을 오토핫키 2.0이라고 부릅니다. 이 프로젝트는 아주 예전부터 시작되었지만, 정식 릴리즈된 것은 2022년 12월입니다. 이 오토핫키 2.0이 여러분이 배우고 있는 바로 이 '최신' 오토핫키 버전입니다.

# 쉬어가는 글

# 45  배움에 지친 당신에게     SECTION

여기는 도서의 절반 정도 온 지점입니다. 분위기를 환기시킬 겸 여러분의 효율적인 학습을 위해 전하고 싶은 말이 여러 개 있습니다. 이번만큼은 키보드에서 손을 떼고, 편하게 봐도 좋습니다.

## 🏛 필자가 보는 여러분에 대하여

프로그래밍을 배우기로 결심한 여러분은 참 대단한 사람입니다. 오토핫키와 같은 비주류 프로그래밍 언어는 가르치는 교육기관이 극히 드뭅니다. 취업에 도움이 된다고 할 수도 없고, 대학에서 가르치는 것도 아닙니다.

그럼 오토핫키를 배우고 있는 여러분은 스스로 원해서 프로그래밍을 배우는 것입니다. 대학 컴퓨터공학과 신입생 중에서도 프로그래밍을 접하지 않고 진학한 학생이 수두룩합니다. 그만큼 '의무'가 아닌 '스스로' 프로그래밍을 배운다는 것은 남들과는 다른 '배움'을 하고 있는 것입니다.

저는 그런 여러분을 참 멋있다고 생각하고 있습니다. 이 책으로 배우는 게 어떤지 모르겠습니다. 무언가를 새로 배울 땐 당연히 여러 좌절을 맛보게 됩니다. 그렇지 않은 사람은 드물며, 우리는 그들을 천재라고 부릅니다. 그런 면에서 '난 좀 배우는 게 느린 것 같아'라는 생각은 지극히 정상이며, 결코 그렇지 않다고 말하고 싶습니다.

한 번 본 이론을 전부 기억하는 사람은 없습니다. 그렇기 때문에 새로 어떤 것을 배울 땐 분명 한 번 봤던 내용인데도 불구하고 그 이론을 다시 살펴보게 됩니다. 본서도 마찬가지로, 모든 이론을 매번 다시 설명할 수 없기 때문에 여러분은 이전 섹션을 다시 보는 경우가 많았을 것입니다. 그러나 그것이 뒤처지는 것은 아닙니다.

한 번이라도 지난 섹션으로 돌아가서 모르는 부분을 다시 찾아보았다면, 여러분은 스스로 복습의 노하우를 깨우친 '달인'입니다.

## 🏛 컴퓨팅 사고에 대하여

모든 배움은 기초가 중요하다고 생각하는 사람이라, 본서도 이론적인 부분이 많습니다. 일상생활에선 프로그래밍 이론과 같은 개념을 접할 수 없습니다. 당연히 여러분은 처음 보는 이론을 배우고 있는 것이고, 이해가 되지 않는 것은 당연합니다.

우리는 인간이기에 주관적으로 '딱' 말하면 '척' 알아듣습니다. "쓰레기 좀 대문 앞에 내놓아라" 하면 봉투를 묶어 신발을 신고 쓰레기 봉투를 버리러 나갔다 오죠. 그러나 컴퓨터는 우리와 달라서, 어떤 동작을 반복과 조건을 이용하여 일일이 명령해주어야 합니다.

이렇게 컴퓨터에게 명령을 내리는 식으로(= 코드를 작성하는 식으로) 생각하는 과정을 **컴퓨팅 사고(思考)**라고 합니다. 일상생활에서 우리가 어떤 동작을 하기 위해 추상적으로 생각하는 것과는 완전히 다른 사고방식입니다. 그동안 컴퓨팅 사고를 하지 않아도 잘 살아왔기 때문에 익숙하지 않으리라 생각합니다. 결국, 프로그래밍을 처음 접했다면 우리가 원하는 동작이 있어도 이를 코드로 어떻게 구성해야 하는지 잘 모를 수밖에 없습니다.

그러나 어느 순간 탁 트이는 날이 옵니다. 우리가 일상생활에서 아주 평범한 일을 할 때, 그 일을 어떻게 해야 하는지 하나씩 고려하면서 하진 않습니다. 이미 그 '추상적 사고'에 익숙해졌기 때문입니다. '컴퓨팅 사고' 역시 익숙해지면 마치 일상생활에서의 추상적 사고처럼 자연스럽게 할 수 있습니다.

여러분이 컴퓨팅 사고에 익숙해지기 전까진 프로그래밍 문제를 보고 '어떤 코드 흐름으로 구성해야 하는지' 알지 못합니다. 그것은 당연한 것입니다. 저도 그랬고, 대부분의 사람이 겪는 일종의 성장통입니다. 그러나 컴퓨팅 사고가 트이는 날이 분명 옵니다. 그러니 조금만 더 파이팅입니다.

## 🏛 속도와 복습에 대하여

이 책은 하루에 4~5개의 섹션씩, 총 25일 가량의 학습 기간을 염두에 두고 작성하였습니다. 이해가 빠르다면 그보다 더 많이, 느리다면 더 조금씩 해도 되나 하루에 10개 섹션 이상의 학습은 권장하지 않습니다.

하루에 많은 양을 학습하지 마십시오. 시간이 남는다면 지난 내용을 복습하고, 헤맸던 프로그래밍 문제를 다시 풀어보세요. 만약 많은 양을 한 번에 배운다면 분명 이해했던 것 같아도 나중에 곧잘 잊어먹곤 합니다. 대부분 사람은 한 번에 많은 양을 오래 기억하는 재주가 없습니다.

또한, 지난 내용 중 이해가 안 되고 넘긴 부분이 있다면 돌아가서 이해하는 것이 좋습니다. 진행하다 보면 그전에 배웠던 개념을 이용하는 경우가 많습니다. 놓친 개념이 있다면 그런 상황에서 학습에 장애가 있을 수 있기 때문에, 모든 내용은 매번 이해하고 넘어가는 것이 바람직합니다.

## 🏛 코드의 당연한 성질에 대하여

코드는 거짓말을 하지 않습니다. 작성한 코드가 올바르고, 시험이 정확하다면 그 코드는 작동할 것입니다. 그것은 코드의 당연한 성질입니다.

작성한 코드가 올바르게 작동하지 않는다면 그것은 코드의 문제로 보는 것이 타당합니다. 오류 메시지가 나타나진 않아도 실제로는 잘못 작성한 코드가 있을 가능성이 큽니다. 많은 사람들이 '분명 되는 코드인데 왜 안되지?'라는 생각을 합니다. 저도 간혹 그럽니다. 그러나 타당한 생각은 아닐 것입니다. 안 되는 코드라서 안 되는 것입니다.

혹은 시험이 정확하지 않을 수도 있습니다. 예를 들어서, ImageSearch 함수를 사용할 때 실제 화상과 다르게 캡처된 이미지 파일을 사용했을 수도 있습니다. 아니면 화상이 미세하게 변했음에도 그것을 인지하지 못하고 하나의 이미지 파일로만 ImageSearch를 사용했을 수도 있습니다. 아니면 좌표 유형을 생각과 다르게 사용하여 엉뚱한 곳을 탐색하고 있었을지도 모릅니다.

오류를 잡는 과정을 '디버깅'이라고 합니다. 프로그램이 올바르게 작동하지 않는 것을 '버그가 있다'라고 표현하죠? '지우다'라는 뜻을 가진 접두사 'De'에 오류를 뜻하는 'Bug', 행위를 뜻하는 'ing'가 붙어서 Debugging입니다.

디버깅 도구를 사용하여 효율적으로 디버깅을 할 수 있지만, 가장 원시적이며 간단한 방법은 '값 점검'일 것입니다. 여러 곳에서 변수의 값을 점검하여 함수가 제대로 동작했는지, 엉뚱한 값을 받아오진 않는지를 확인하는 것입니다. 점검이라고 쓰니 되게 거창한 것 같지만, MsgBox로 변수의 값을 출력해보자는 뜻입니다. 그렇게 해서 변수의 값이 이상한 곳이 있다면, 그 전의 코드에 문제가 있다고 짐작할 수 있습니다. 몇 번 반복하면 정확히 어느 줄이 문제임을 알 수 있죠.

그럼에도 코드의 오류가 잘 보이지 않을 때도 많습니다. 이럴 때 사용할 수 있는 경험적으로 가장 좋은 방법은 코드에서 눈을 떼는 것입니다. 잠시 커피라도 타오거나, 세수를 하는 등 말입니다. 너무 '나무'만 보고 있어서 놓치는 부분이 많습니다. 그래서 많은 학습자들이 막상 질문하자마자 스스로 해결책을 찾곤 합니다. 질문 글을 작성하느라 코드에서 한 발짝 멀어지게 되거든요.

다만 다른 프로그램과 상호작용하는 경우, 예를 들어서 '다른 프로그램'의 버튼을 클릭하거나, '다른 프로그램'의 화상을 찾는 등의 동작을 하면 올바른 코드임에도 불구하고 원하는 동작이 되지 않을 수 있습니다. 모든 프로그램이 만들어진 방식이 같지 않기 때문입니다. 그것은 코드의 문제가 아니기에, 원인과 해결책이 다양합니다.

그 원인 중 하나는 해당 프로그램의 개발자가 의도적으로 이러한 동작을 제한한 경우입니다. 이를 우회하거나 편법을 사용하여 그들이 원하지 않았던 동작을 하는 것은 도덕적으로 옳지 못함을 강조합니다. 기술적인 가능 여부와 별개로, 이런 경우엔 '해결할 수 없음'으로 취급하는 것이 옳습니다.

## 46 지나쳤던 내용 SECTION

한 편의 섹션으로 구성하기엔 내용이 부족하지만, 알면 좋은 내용을 한데 엮어보았습니다

### 🔷 주석

코드를 이해하기 쉽게 주석(Comment)을 달 수 있습니다. 오토핫키에서 한 줄 주석은 ; 기호로, 여러 줄 주석은 /\*와 \*/로 지정할 수 있습니다. 주석 안의 내용은 인터프리터가 해석하지 않기 때문에, 자유롭게 설명을 적을 수 있습니다.

```
1    ;한 줄 주석
2
3    /*
4    여러 줄 주석
5    여러 줄 주석
6    여러 줄 주석
7    */
```

▲ 주석의 사용 방법

### 🔷 핫키 블록의 생략

핫키가 해야 할 동작이 한 줄이면 그 블록을 생략하고, 핫키 구문의 :: 뒤에 이어서 명령을 적어줄 수 있습니다. 제어문의 내용이 한 줄일 때 그 블록을 생략했던 것과 마찬가지입니다. 예를 들어서, 아래와 같은 핫키 구문은 블록을 지정해주지 않았지만 올바르게 작동합니다.

```
1    F1::ExitApp
2    F2::MsgBox("Hello")
3    F3::Send("123")
```

▲ 핫키 블록을 생략하여 한 줄로 작성하는 방법

앞으로 각 섹션에서 필요한 경우, 위와 같이 블록을 생략하여 예시를 작성하도록 하겠습니다.

### 🔷 함수 호출 시 괄호의 생략

함수를 호출할 때, 그 반환값이 필요하지 않으면서 몇 가지 조건만 만족한다면 괄호를 생략할 수 있습니다. 이

경우 함수명과 매개변수 사이는 반드시 띄어써줍니다. 예를 들어서, `MsgBox`는 아래와 같이 쓸 수 있습니다.

```
1    MsgBox "괄호가 생략된 MsgBox"
```

▲ MsgBox 함수의 괄호가 생략된 모습

다만, 괄호를 생략할 수 있는 조건을 설명하기 까다로우며, 다른 프로그래밍 언어는 대부분 ( ) 기호를 생략할 수 없기 때문에 저는 오토핫키 v2에서도 ( ) 기호를 생략하지 않는 것을 좋아합니다. 따라서 본문에서도 ( ) 기호를 생략하지 않고 있습니다. 그 편이 더욱 일관적이고 명확하다고 생각합니다.

단, ExitApp 함수만은 관용적인 표현으로 **ExitApp( )** 대신 **ExitApp**으로 표기하겠습니다.

---

**Tip** ⚓ **괄호 생략에 대한 공식 문서**

대부분 함수 호출 상황에선 괄호를 생략할 수 있지만, 일부 생략할 수 없는 경우가 있습니다. 그 경우를 이곳에서 설명하기엔 너무 길어지고, 무엇보다 "모든 함수 호출에는 괄호를 붙인다"라는 원칙을 세우면 고려하지 않아도 될 문제이니 아래와 같이 공식 문서의 해당 설명 연결로 갈음합니다.

https://www.autohotkey.com/docs/v2/Language.htm#function-call-statements

# 컨트롤 제어

# 47 창의 구성 알기

지금까지는 MouseClick과 Send의 조합으로 키보드/마우스 입력을 구현하였습니다. 그러나 이럴 경우, 자동화 프로그램을 실행하면서 그 컴퓨터를 정상적으로 사용하긴 힘들 것입니다. 컴퓨터 이용 중에 키보드와 마우스 입력이 저절로 될 테니까요.

그래서 앞으로 우리는 **컨트롤 함수**를 배울 것입니다. 활성 창에 대한 개념을 배웠었죠? 컨트롤 함수를 이용하면 활성되지 않은 창에도 키보드/마우스 입력을 구현할 수 있습니다. 굉장히 많은 컨트롤 함수가 있지만, 우리는 흔히 **비활성 입력 함수**로 불리는 ControlClick, ControlSend와 알아두면 좋은 ControlSetText를 배울 것입니다.

컨트롤 함수는 실제 키보드 입력이나 마우스 포인터의 동작을 재현 하지 않습니다. 단지, 입력을 전송할 창에 '입력 신호'를 보내어, 마치 실제로 입력한 것과 같은 효과를 줄 수 있습니다. 입력을 전송하고자 하는 창이 비활성 상태에 있는 채로 '그 창에만' 클릭이나 키 입력을 할 수 있는 것입니다. 따라서 자동화 작업 중에도 여러분의 컴퓨터 이용에는 큰 지장이 없습니다.

이를 잘 이해하기 위해선 '창'의 구조에 대해서 알아야합니다.

## ⬡ 창의 구조

우리가 사용하는 Windows 운영체제는 GUI(Graphic User Interface) 기반이자, 멀티태스킹을 지원합니다. 어렵게 생각하지 마세요. 여러 창을 동시에 띄워두고 컴퓨터 이용을 할 수 있다는 것입니다.

우리가 직접 실행하는 프로그램은 흔히 '창'을 가졌고, 그 창이 화면에 나타나기 때문에 마우스로 클릭하여 여러 동작을 할 수 있습니다.

[그림 47-1] 창의 모습

창에는 아래와 같이 '제목'과 '내용'이 있고, 가장 중요한 '컨트롤'이라는 개념이 있습니다.

- **제목(Title)**: 창의 제목. 제목 표시줄이 있다면 그곳에 표시됨.
- **내용(Text)**: 창이 가지고 있는 내용.
- **컨트롤(Control)**: 창이 가지고 있는, 사용자의 입력을 받거나 글자를 보여주는 등 상호작용을 하는 요소.

여러 창이 있을 때 제목과 내용으로 각각의 창을 구분지을 수 있습니다. 'ABC라는 제목을 가진 창', 'Needle 이라는 내용을 가진 창'처럼 말입니다. 혹은 둘 모두 쓸 수 있죠. 'ABC라는 제목을 가졌으며 Needle이라는 내용을 가진 창'처럼요.

## 🏛 컨트롤

아래와 같이 창을 이루는 눈에 보이는 요소 하나하나가 모두 컨트롤입니다. 컨트롤은 아래와 같이 여러 종류 와 모양으로 존재합니다.

[그림 47-2] 컨트롤의 모습

그런데 위의 그림에서 '버튼'처럼 같은 종류의 컨트롤이 보입니다. 이들을 구분하기 위해 컨트롤이 가지고 있 는 고유의 이름인 ClassNN을 이용할 수 있습니다. 각 컨트롤은 ClassNN이라는 고유한 별칭을 가지고 있습 니다. 따라서 프로그램을 작성할 때 ClassNN을 이용하면 여러 컨트롤 중 하나를 명확히 지정해줄 수 있습니 다. "Button1을 클릭해줘", "Edit3에 글씨를 써줘"와 같이 말입니다.

또, 컨트롤 또한 내용을 가지고 있습니다. 컨트롤이 가지고 있는 글 내용으로도 여러 컨트롤을 구분할 수 있습 니다. "Note라는 내용을 가진 컨트롤"처럼 말입니다. 이렇게 하면 같은 종류의 컨트롤이라도 구분지어 지정 해줄 수 있습니다.

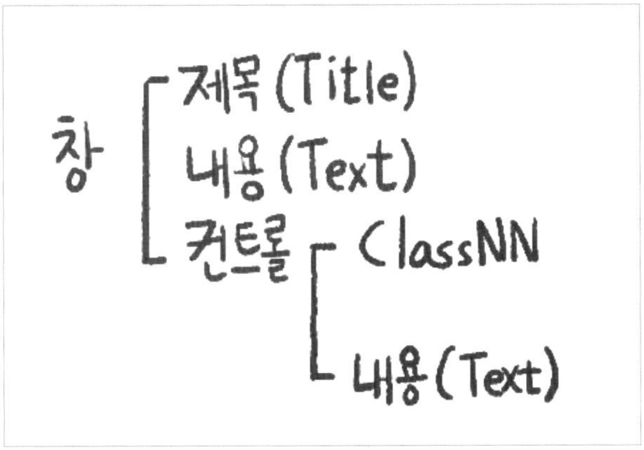

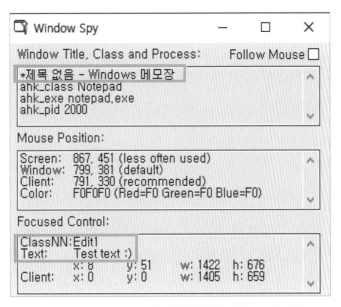

[그림 47-3] 프로그램 창의 구조

## 🏠 창과 컨트롤 정보 알아오기

창과 컨트롤 정보 역시 Window Spy를 통해 알아올 수 있습니다. 알고자 하는 창과 컨트롤 위에 마우스 포인터를 올리면, 아래와 같이 창의 제목은 맨 위에, 컨트롤 정보는 중간 부분에 표시됩니다.

[그림 47-4] Window Spy에서 창의 Title과 컨트롤의 ClassNN, Text가 표시된 모습

창의 내용은 더 밑에 표시됩니다.

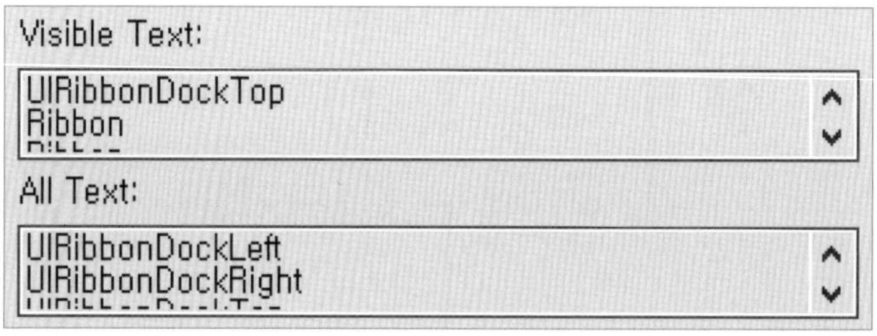

[그림 47-5] 창의 Text

위의 경우에선 아래와 같이 각각의 정보를 알아올 수 있죠.

- **창의 제목**: *제목 없음 - Windows 메모장
- **창의 내용**: UIRibbonDockTop, Ribbon, ...
- **컨트롤의 ClassNN**: Edit1
- **컨트롤의 내용**: Test text :)

일단 이 정도로만 알아두고 본격적으로 컨트롤 함수를 배워봅시다.

# 48 비활성 마우스 입력 ControlClick SECTION

활성 상태가 아닌 창에도 키보드 혹은 마우스 입력 신호를 창으로 전송하는 비활성 입력을 본격적으로 배워
봅시다.

## ControlClick

ControlClick은 어떤 창이나 컨트롤에 마우스 클릭 신호를 전송해줍니다. 우리가 배웠던 MouseClick을 비활
성 상태의 창에 사용하는 꼴입니다. 마우스 포인터가 실제로 움직이지 않고도 창에 마우스 클릭 신호를 전송
할 수 있죠.

```
ControlClick([Control-or-Pos, WinTitle, WinText, WhichButton, ClickCount, Options, ExcludeTitle,
ExcludeText])
```

△ ControlClick 함수의 원형

## 매개변수

- **Control-or-Pos**: 클릭 신호를 보낼 컨트롤 혹은 위치(좌표)
- **WinTitle**: 클릭 신호를 보낼 창의 제목 혹은 기타 식별자
- **WinText**: 클릭 신호를 보낼 창의 전체 혹은 일부 내용
- **WhichButton**: 클릭 신호를 보낼 버튼의 종류
- **ClickCount**: 클릭 신호를 보낼 횟수
- **Options**: 수행 방법을 지정할 수 있음
- **ExcludeTitle**: 이곳에 적은 문자열이 포함된 제목을 가진 창은 제외하고 지정
- **ExcludeText**: 이곳에 적은 문자열이 포함된 내용을 가진 창은 제외하고 지정

매개변수가 많지만 그렇게 어렵진 않을 것입니다. 필요 없는 매개변수의 경우 생략하면 됩니다.

### 1. Control-or-Pos

클릭할 컨트롤이나 좌표를 지정해줍니다. 컨트롤의 ClassNN을 적어주거나, 원하는 좌표를 Xn Yn 형식으로
적어주면 됩니다. 컨트롤을 클릭할 땐 해당 컨트롤의 중앙부를 클릭하게 되며, 좌표를 입력하면 그 창의 클라
이언트 위치를 기준으로 적어준 좌표를 클릭하게 됩니다. 컨트롤은 내용으로도 지정할 수 있지만, 보통 그렇
게 사용하지는 않습니다.

## 2. WinTitle

클릭 신호를 보낼 창의 제목이나 식별자를 적어줍니다. '식별자'는 프로세스명, 프로세스 ID, 윈도우 클래스, HWND 등을 적을 수 있는데, 앞에 어떤 식별자를 사용할 지 수식어를 적어준 후 사용할 수 있습니다. 가장 자주 쓰이는 식별자인 '프로세스명'은 ahk_exe라는 수식어를 쓴 후 적어주면 됩니다.

예를 들어서, 창의 제목이 "메모장"이며 프로세스명이 "notepad.exe"인 프로그램의 (100, 200) 좌표에 클릭 신호를 보내려면 아래와 같은 두 가지 방법으로 사용할 수 있습니다.

```
1    ControlClick("X100 Y100", "메모장")
2    ControlClick("X100 Y100", "ahk_exe notepad.exe")
```

▲ 제목 '메모장' 또는 프로세스명 'notepad.exe'로 클릭 신호를 보낼 창을 지정한 모습

ControlClick은 선택 매개변수만으로 이루어진 함수이지만, Control-or-Pos와 WinTitle 매개변수까지는 거의 필수로 작성해줍니다. 여기까지만 작성해도 올바른 위치에 클릭 신호를 보낼 수 있기 때문입니다.

## 3. WinText

클릭 신호를 보낼 창을 내용으로 구분하여 지정할 수 있습니다. 보통 사용되지 않습니다. WinTitle만으로 충분히 창을 구별할 수 있기 때문입니다.

## 4. WhichButton, ClickCount

MouseClick과 사용법이 같습니다.

## 5. Options

ControlClick의 동작 방식을 설정할 수 있습니다. 아래와 같은 옵션 키워드를 띄어쓰기로 구분하여 적어줄 수 있습니다.

| 옵션 | 역할 |
|---|---|
| NA | 작업 중에 마우스를 사용하면 스크립트와 간섭될 수 있는데, 그럴 때 이 옵션을 적어볼 수 있습니다. |
| D | 마우스 "누름" 신호만 전달합니다. 즉, 클릭 후 떼지 않습니다. |
| U | 마우스 "뗌" 신호만 전달합니다. |
| Pos | 만약 컨트롤의 ClassNN이 Xn Yn 형태일 때, 좌표가 아닌 ClassNN으로 해석하도록 합니다. |
| Xn Yn | 컨트롤에 클릭 신호를 주었을 때, 해당 컨트롤의 어느 부분을 클릭할지 정해줍니다. |

특히 'NA' 옵션은 마우스 클릭 신호가 전달될 때 창이 활성화되는 증상을 막기 때문에, 마우스를 사용할 때 생기는 간섭을 방지하는 효과가 있습니다. 다만 일부 상황에선 'NA' 옵션을 사용할 시 오히려 동작하지 않는 경우도 있기 때문에 필요한 경우에만 사용해줍니다.

## 6. ExcludeTitle, ExcludeText

이곳에 적은 문자열을 포함한 제목/내용을 가진 창은 고려하지 않도록 합니다. 예를 들어서, 똑같은 제목을 가진 두 창이 있지만 하나의 창만 "Needle"이라는 내용을 가지고 있다고 할 때, 다른 창을 지정하여 클릭 신호를 보내려면 ExcludeText에 Needle을 적어줌으로서 해당 창은 고려하지 않게 할 수 있습니다.

📖 **실습**

🏛 **사전 준비 - 실습용 프로그램 내려받기**

실습용 프로그램은 서적의 예제 모음 안에 Sample.ahk라는 이름으로 있으니, 예제 모음을 내려받길 바랍니다. Section 03에서 설명했듯 예제 모음은 https://ahkv2.pnal.dev/downloads 에서 내려받을 수 있습니다.

프로그램을 실행하면 아래와 같은 창이 뜨며, 버튼을 눌렀을 때 알림상자가 뜨는 것을 제외하곤 각 컨트롤을 조작해도 아무 반응이 없습니다. 오토핫키로 간단히 만든 프로그램인데, 끝까지 보면 비슷하게 구현할 수 있습니다.

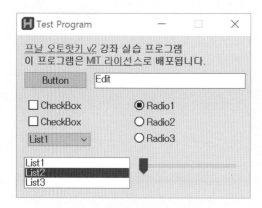

[그림 48-1] 실습용 프로그램의 모습

## 1. ControlClick으로 버튼 클릭하기

클릭 신호를 보낼 창과 컨트롤의 정보를 가져와보는 것이 첫 단계입니다. Window Spy를 이용하여 실습 프로그램의 'Button'이라고 적힌 버튼 컨트롤의 정보를 가져와봅시다.

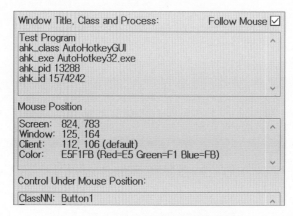

[그림 48-2] 신호를 보낼 창과 버튼 컨트롤의 정보

창의 제목은 'Test Program'이고, 버튼의 ClassNN은 'Button1'입니다. 이를 이용하여 `ControlClick` 함수를 구성할 수 있습니다.

```
1    ControlClick("Button1", "Test Program")
```

[예제 48-1] 실습 프로그램의 버튼을 클릭하는 코드

스크립트를 실행하면 마우스 포인터가 움직이지 않고도 실습 프로그램의 버튼을 눌러져 '버튼이 클릭되었습니다.'가 출력될 것입니다.

## 2. ControlClick으로 체크박스 및 라디오 버튼 클릭하기

비슷한 예로, 실습용 프로그램의 체크박스와 라디오 버튼을 클릭해보겠습니다. 'CheckBox'라고 적힌 네모 모양 선택지는 '체크박스'이고, 'Radio'라고 적힌 동그란 선택지는 '라디오 버튼'입니다.

이번엔 '두 번째 체크박스'와 '세 번째 라디오 버튼'을 각각 클릭하는 예제를 만들어보겠습니다. Window Spy 로 각각의 ClassNN을 가져와보면 'Button3', 'Button6'일 것입니다.

```
1    ControlClick("Button3", "Test Program")
2    ControlClick("Button6", "Test Program")
```

[예제 48-2] 실습 프로그램의 체크박스와 라디오 버튼을 클릭하는 코드

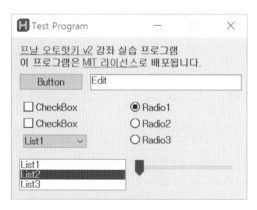

[그림 48-3] 프로그램 실행 전

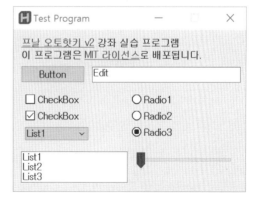

[그림 48-4] 프로그램 실행 후

## 3. ControlClick으로 좌표 클릭해보기

지금까지 Control-or-Pos 매개변수로 ClassNN을 사용하는 실습을 해보았습니다. 이번엔 클릭 신호를 보낼 좌표를 지정하여 사용해보겠습니다.

지금까지 사용했던 실습용 프로그램은 좌표로 클릭하는 것을 연습하기엔 적절하지 않은 것 같군요. 컨트롤이 명확히 구분되어있어서 ClassNN으로 원하는 지역을 정확히 선택할 수 있었습니다. 그래서 우리는 Windows에 내장되어있는 '그림판' 프로그램을 이용하여 실습해보겠습니다.

```
1    Loop 10
2        ControlClick("X" A_index * 10 + 400 " Y400", "제목 없음 - 그림판",,,, "NA")
```

[예제 48-3] 그림판에 점 10개를 찍는 프로그램

코드를 보고 결과를 생각해보세요. 첫 번째 매개변수가 "X" A_index * 10 + 400 " Y400"으로 쓰였는데, X와 Y400은 문자열로 작성하였고 나머지는 연산하여 넣어주었습니다. X 좌표가 A_index * 10 + 400인 셈이죠. 반복할 때마다 A_index의 값이 증가하니 x 좌표는 반복될 때마다 410, 420, 430...을 클릭할 것입니다.

결과적으로 해당 매개변수의 값은 (X410 Y400) (X420 Y400)...처럼 구성되는 것을 볼 수 있습니다. 아래와 같이 죽 늘여서 쓰는 것보다 반복문을 사용한 것이 훨씬 효율적임은 당연하죠.

```
1     ControlClick("X410 Y400", "제목 없음 - 그림판",,,, "NA")
2     ControlClick("X420 Y400", "제목 없음 - 그림판",,,, "NA")
3     ControlClick("X430 Y400", "제목 없음 - 그림판",,,, "NA")
~     ...(중략)
10    ControlClick("X500 Y400", "제목 없음 - 그림판",,,, "NA")
```

만약 [브러시] 도구의 두께를 최대로 놓고 스크립트를 실행하면 아래와 같은 결과가 나옵니다.

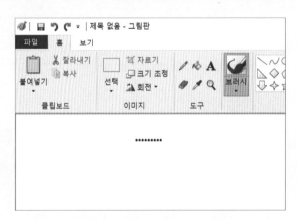

[그림 48-5] 비활성 입력으로 10군데 클릭

그 외에 특기할만한 내용은 ① 제어문의 내용이 한 줄이기에 블록을 생략해주었다는 점, ② NA 옵션을 사용해주었다는 점, ③ 중간의 매개변수가 대부분 생략되어 쉼표가 여러 번 찍혀있는 모습이 되었다는 점입니다. 따라서 그림판이 활성화 상태로 바뀌지 않고도, [그림 48-8]과 같이 10개의 점이 찍히는 것을 볼 수 있습니다.

조금 어려웠나요? 그래도 이번 섹션에서 완전히 이해했다면 다음 섹션인 ControlSend는 훨씬 쉽게 할 수 있을 것입니다. 앞서 Section 45의 '코드의 당연한 성질에 대하여'에서 설명했던 것처럼 다른 창과 상호작용하는 코드는 원하는 동작이 되지 않을 수 있습니다. 모든 프로그램이 다르게 만들어졌기 때문입니다. 따라서 코드가 정확하더라도 이 예제가 작동하지 않을 수 있습니다. 실제 프로그램을 작성할 땐 여러 시행착오를 겪어야 하며, 아예 다른 함수를 써야 할 수도 있는 점을 알아두면 되겠습니다.

---

**Tip** 🔧 **Windows 11에서 [그림판] 앱의 변화**

Windows 11에서 [그림판] 앱이 대대적으로 변경되며 'ControlClick'을 통한 비활성 마우스 클릭이 동작하지 않게 되었습니다. 따라서 앞선 [예제 48-3]도 제대로 동작하지 않을 것입니다.

프로그램을 개발하는 방법이 늘면서, 이와 같이 비활성 입력이 작동하지 않는 프로그램도 있다는 점을 알아두세요. Windows 11 에선 [예제 48-3]이 동작하지 않는 것이 맞습니다!

## 49 비활성 키보드 입력 ControlSend SECTION

이번엔 비활성 창으로 키보드 입력을 전달하는 ControlSend를 배워보겠습니다. 이 역시 다른 창에 신호를 보내는 함수이기 때문에 모든 경우에서 동작을 보장하진 않지만, ControlClick보다는 훨씬 안정적으로 동작합니다.

### ◈ ControlSend

ControlSend는 어떤 창이나 컨트롤에 키 입력 신호를 보내줍니다. Send를 비활성 상태의 창에 사용하는 꼴입니다.

```
ControlSend(Keys [, Control, WinTitle, WinText, ExcludeTitle, ExcludeText])
```

▲ ControlSend 함수의 원형

### ◈ 매개변수

- **Keys**: 누를 키(Send의 그것과 같음.)
- **Control**: 키 입력 신호를 보낼 컨트롤
- **WinTitle**: 키 입력 신호를 보낼 창의 Title 혹은 기타 식별자
- **WinText**: 키 입력 신호를 보낼 창의 전체 혹은 일부 Text
- **ExcludeTitle**: 이곳에 적은 문자열이 포함된 Title을 가진 창은 제외하고 지정
- **ExcludeText**: 이곳에 적은 문자열이 포함된 Text를 가진 창은 제외하고 지정

ControlClick보다 쉽죠? 게다가 어디서 한 번씩 본 매개변수입니다.

### 1. Keys

보낼 키입니다. Send와 마찬가지로 단일 키를 보낼 수도, 키 조합을 보낼 수도, 문장을 입력할 수 있습니다. 용법도 동일합니다. 입력할 키는 중괄호로 감싸고, 조합키를 나타내는 수식 기호를 앞에 붙여서 키 조합을 나타낼 수 있습니다.

^!+#는 키 조합을 보낼 때 사용하는 수식 기호이며, {}는 단일 자판을 입력할 때 쓰이는 기호였습니다. 만약 이들과 같이, 특별한 의미를 갖는 기호를 그대로 입력하려면 어떻게 해야 할까요? 같은 상황에서 Send를 SendText로 바꿔준 것과 마찬가지로, ControlSend를 ControlSendText로 바꿔 사용해주면 됩니다.

## 2. Control, WinTitle, WinText

키 입력 신호를 보낼 컨트롤과 창을 지정해줍니다. 'Control'에는 ClassNN을 적어주면 되고, 'WinTitle'에는 창의 Title이나 식별자를 적어줍니다. 마지막으로 'WinText'에는 창의 Text 일부를 적어주면 됩니다.

ControlClick과 마찬가지로 ClassNN을 적는 자리엔 컨트롤의 Text를 적어줄 수 있으며, 'WinTitle'에는 Title 대신 '프로세스명'과 같은 식별자를 이용하여 창을 구분지어줄 수도 있습니다. '프로세스명'을 지정해주려면 ahk_exe 수식어를 앞에 붙여 써주면 된다고 했죠. 다만, Text를 이용하여 창이나 컨트롤을 구분지어주는 경우는 거의 없습니다. 따라서 주로 Control 매개변수에는 ClassNN을 적으며, WinText 매개변수는 비워줍니다.

## 3. ExcludeTitle, ExcludeText

이곳에 적은 문자열을 포함한 Title/Text를 가진 창은 고려하지 않도록 합니다. ControlClick과 마찬가지입니다. 거의 사용되지 않습니다.

📖 **실습**

### 1. ControlSend로 에디트 컨트롤에 입력하기

'Section 48. 비활성 마우스 입력 ControlClick' 실습에서 사용한 실습용 프로그램을 그대로 사용합니다.
에디트 컨트롤은 사용자가 입력할 수 있는 아래와 같은 입력 상자 컨트롤을 의미합니다.

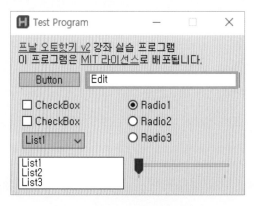

[그림 49-1] 에디트 컨트롤의 모습(초록색)

실습용 프로그램에서 창과 에디트 컨트롤의 정보를 Window Spy를 통해 가져와봅시다. 제목은 'Test
Program', 컨트롤의 ClassNN은 'Edit1'이네요. 한 번 이 컨트롤에 "Type it"를 입력해보겠습니다.

```
1    ControlSend("Type it", "Edit1", "Test Program")
```

[예제 49-1] 실습 프로그램의 에디트에 글을 입력

스크립트를 실행하면 아래와 같이 입력 상자에 글이 입력됩니다. 이미 Edit라는 글이 입력되어 있었으므로,
전체 글은 EditType it이 된 것을 볼 수 있습니다.

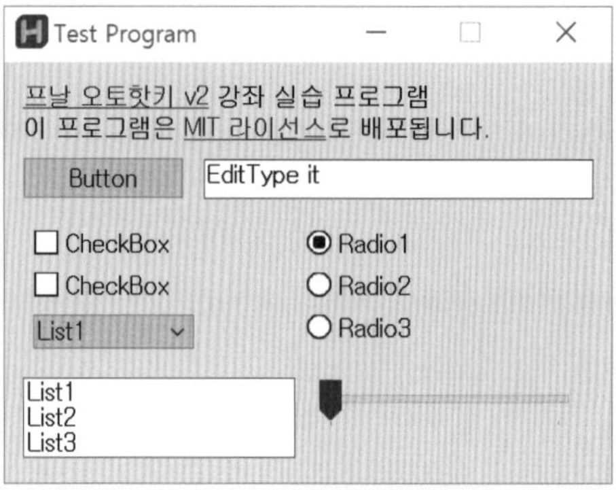

[그림 49-2] 'Type it'이 입력된 모습

만약 사전에 입력된 글씨가 선택되어있었을 경우, EditType it이 아닌 Type it만 나타납니다. 우리가 글씨를 드래그하여 선택한 후 키보드를 입력하면 선택한 글씨가 지워진 후 입력되죠? 이와 같습니다.

## 2. 컨트롤이 아닌, 창에 직접 입력하기

만약, 특정 컨트롤이 아니라 창에 직접 키 입력 신호를 보내야 하는 경우는 어떻게 해야 할까요? 예를 들어서 컨트롤의 위가 아니라서 ClassNN이 나타나지 않거나, 아무 곳으로 키 입력을 해도 상관없는 경우 말입니다. 바로 Control 매개변수를 생략하면 됩니다.

실습용 프로그램은 창에 직접 F5 신호가 들어가면 알림상자가 출력됩니다. 핫키(F5::)로 구현한 것이 아니기 때문에 여러분이 직접 눌러서는 출력되지 않습니다. 한 번 F5 신호를 창으로 전송해보겠습니다.

```
1    ControlSend("{F5}",, "Test Program")
```

[예제 49-2] 실습 프로그램의 창에 직접 신호를 전달

어느 컨트롤도 지정해주지 않았으므로, 창에 직접 키 입력 신호를 보내어 알림상자가 출력될 것입니다.

---

> **Tip** **컨트롤 함수**
>
> 이외에도 'Control'로 시작하는 함수는 엄청나게 많으며, 컨트롤의 정보를 가져오거나, 제어하는 등 상상할 수 있는 웬만한 기능이 모두 지원됩니다. 이 모두를 본문에서 설명하기는 무리인 것 같고, 공식 문서의 'Control Functions' 문서를 참고하길 바랍니다.
>
> https://www.autohotkey.com/docs/v2/commands/Control.htm

## 50  컨트롤 내용 변경 ControlSetText    SECTION

마지막으로, 컨트롤의 내용(Text)을 변경할 때 쓸 수 있는 유용한 함수인 ControlSetText를 배워보겠습니다. 창과 컨트롤은 Text를 가질 수 있다고 했죠? 그중 컨트롤의 Text를 바꿀 땐 ControlSetText를 사용합니다.

### 🎲 ControlSetText

ControlSend는 어떤 창이나 컨트롤에 키 입력 신호를 보내줍니다. Send를 비활성 상태의 창에 사용하는 꼴입니다.

```
ControlSetText(NewText, Control [, WinTitle, WinText, ExcludeTitle, ExcludeText])
```

▲ ControlSend 함수의 원형

### 🎲 매개변수

- **NewText**: 바꿀 텍스트
- **Control**: 키 입력 신호를 보낼 컨트롤
- **WinTitle**: 키 입력 신호를 보낼 창의 Title 혹은 기타 식별자
- **WinText**: 키 입력 신호를 보낼 창의 전체 혹은 일부 Text
- **ExcludeTitle**: 이 곳에 적은 문자열이 포함된 Title을 가진 창은 제외하고 지정
- **ExcludeText**: 이 곳에 적은 문자열이 포함된 Text를 가진 창은 제외하고 지정

이제 감이 잡히죠? 'Control' 매개변수부터 'ExcludeText' 매개변수까지는 사실상 어느 창의 어느 컨트롤을 대상으로 지정하는지를 결정해줍니다. 결국 특정된 컨트롤의 Text를 'NewText' 매개변수에 쓰인 내용으로 바꿔주는 것이죠.

### 1. NewText

컨트롤에 들어갈 새 내용입니다.

### 2. Control, WinTitle, WinText, ExcludeTitle, ExcludeText

내용을 바꿀 컨트롤을 지정해줍니다. 기존에 Control 계열 함수에서 쓰던 것과 동일하니 설명은 생략하겠습니다.

📖 **실습**

## 1. 에디트 컨트롤의 내용 바꾸기

Section 48과 Section 49의 실습에서 사용한 실습용 프로그램을 그대로 사용합니다. 에디트 컨트롤의
내용을 바꿔보겠습니다. Window Spy로 창과 컨트롤의 정보를 보면 제목은 'Test Program', 컨트롤의
ClassNN은 'Edit1'임을 알 수 있습니다. 이를 이용하여 아래와 같이 ClassNN과 WinTitle을 지정해서 그
내용을 바꿀 수 있습니다.

```
1    ControlSetText("Changed!", "Edit1", "Test Program")
```

[예제 50-1] 실습 프로그램의 에디트의 내용을 변경

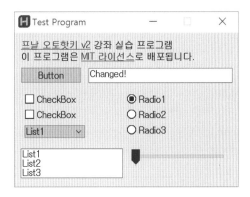

[그림 50-1] 내용이 'Changed!'로 바뀐 모습

사용법이 쉬우므로 실습 예제는 한 개만으로 충분하겠군요. 이렇게 ControlSetText는 컨트롤의 내용을 바
꾸는 데 유용합니다. ControlSend를 이용하여 새 내용을 '전송'하는 것보다는 훨씬 안정적입니다. 따라서, 컨
트롤의 내용을 바꿀 땐 ControlSend로 일일이 입력 신호를 전송하는 대신 ControlSetText를 사용하는 것을
권장합니다.

## 51   프로그래밍 문제 (7)   SECTION

문제 1   **다음과 같은 프로그램을 작성하세요.**

---

동작

1. 스크립트를 실행하면 [보기]와 똑같은 글을 메모장에 입력되게 한다.

조건

1. 코드 제한: 15줄
2. 비활성 상태의 메모장에 ControlSend로 입력되게 할 것.
3. 메모장의 Title과 관계없이 실행되게 할 것.

보기

5병의 맥주가 벽장에 있네, 5병의 맥주라네
하나를 내려서 차례로 돌렸네, 4병의 맥주가 벽장에 있네

4병의 맥주가 벽장에 있네, 4병의 맥주라네
하나를 내려서 차례로 돌렸네, 3병의 맥주가 벽장에 있네

3병의 맥주가 벽장에 있네, 3병의 맥주라네
하나를 내려서 차례로 돌렸네, 2병의 맥주가 벽장에 있네

2병의 맥주가 벽장에 있네, 2병의 맥주라네
하나를 내려서 차례로 돌렸네, 1병의 맥주가 벽장에 있네

1병의 맥주가 벽장에 있네, 1병의 맥주라네
하나를 내려서 차례로 돌렸네, 더이상 벽장에 맥주가 없네

더 이상 벽장에 맥주가 없네, 맥주는 더 이상 없다네
가게로 가서 더 사왔네, 99병의 맥주가 벽장에 있네

힌트

1. 반복문과 조건문을 적절히 사용할 수 있습니다.
2. [보기]에서 반복되는 부분을 잘 파악해보세요.
3. 메모장의 제목은 파일명에 따라 변하는데, 창의 제목이 바뀌어도 프로세스명은 바뀌지 않습니다.

> **Tip**  **99병의 맥주**
>
> [보기]에 주어진 글은 북미 지역의 민요인 '99병의 맥주'의 일부를 번역한 것입니다. 병의 개수가 하나씩 줄어든다는 점, 병이 모두 떨어졌을 때 다른 문구를 출력해야 한다는 점 때문에 초보 프로그래머가 이 가사로 반복문, 조건문을 연습하는 관례가 있습니다.
>
> 특히 원문은 한 병 남았을 때 복수형 'bottles'가 단수형 'bottle'로 변하는 부분까지 고려해야 하며, 문제처럼 5병이 아닌 99병부터 시작한다는 차이가 있습니다.

---

**문제 2**  **다음과 같이 [문제 1]의 프로그램을 수정하세요.**

[문제 1]의 프로그램을 'ControlSetText'를 이용하는 방식으로 바꿀 것.

---

**문제 3**  **[문제 1]의 프로그램과 [문제 2]의 프로그램 중 어느 것이 더 좋은가요? 그 이유는?**

## 📖 실전 프로그램 만들기! 5

이번엔 카카오톡 예약 전송을 구현해봅시다. 지정된 시간에 정해진 메시지를 상대에게 보내주는 프로그램입니다. 글씨를 보내는 것은 쉬우니, 현재 컴퓨터 화면을 캡처해서 보내보도록 합시다.

먼저 프로그램이 정상적으로 동작하기 위해, 카카오톡 PC 버전이 로그인 해제된 상태로 있어야 합니다. 또 [설정] → [보안] 메뉴에서 'PC 미사용 시 잠금모드 적용'을 꺼야 오랫동안 카카오톡을 켜두어도 자동으로 잠기지 않겠죠?

```
1    Loop
2    {
3        Loop
4        {
5            if (A_Hour = 20 && A_Min = 00)
6              break
7            Sleep(1000)
8        }
9        Send("{PrintScreen}")
10       run("C:\Program Files (x86)\Kakao\KakaoTalk\KakaoTalk.exe")
11       Sleep(10000) ;카카오톡이 켜질 때까지 넉넉히 기다리기
12       ControlClick("X31 Y120", "카카오톡")
13       Sleep(1000)
14       ControlSend("^{f}", "EVA_Window2", "카카오톡")
15       Sleep(500)
16       ControlSetText("채팅방 이름", "Edit2", "카카오톡")
17       Sleep(500)
18       ControlSend("{Enter}", "EVA_Window2", "카카오톡")
19       Sleep(3000) ;채팅창이 켜질 때까지 넉넉히 기다리기
20       ControlSend("^{v}", "RICHEDIT50W1", "채팅방 이름")
21       Sleep(500)
22       ControlSend("{Enter}", "Edit1", "ahk_exe KakaoTalk.exe")
23       Sleep(5000)
24       ControlSend("{ESC}",, "채팅방 이름")
25       ControlSend("{ESC}",, "카카오톡")
26       Sleep(1000 * 60)
27   }
28
29   F2::ExitApp
```

5번 줄의 조건문은 A_Hour가 20이고 A_Min이 00일 때, 즉 오후 8시 정각에 반복문을 탈출하라는 구문입니다. 반복문 탈출 후 [PrtSc]을 눌러 스크린샷을 클립보드에 복사한 후, run을 이용하여 카카오톡을 실행시켜줍니다. 카카오톡 설치 경로에 Kakaotalk.exe가 카카오톡의 경로입니다(바탕화면의 카카오톡 아이콘을 우클릭한 후 컨텍스트 메뉴에서 [파일 위치 열기]를 클릭하면 알 수 있습니다.).

그 후 카카오톡이 켜질 때까지 10초를 기다려주는데요, ImageSearch나 PixelGetColor를 이용할 수 있고, 추후에 'Part 03. 실전 프로그램 개발'에서 배울 Win 관련 명령어를 사용할 수 있지만 일단 간단하게 10초를 넉넉히 기다려주었습니다.

이어서 카카오톡의 X31 Y120 좌표를 비활성 클릭해주는데, 이 좌표는 아래와 같이 PC 카카오톡 메인 화면의 '채팅' 탭 버튼의 좌표입니다. 당연히 여러분 환경에서는 다를 수 있으므로 수정해주어야 합니다.

[그림 실전5-1] 카카오톡 채팅 탭의 모습

채팅 탭에서 [Ctrl]+[F]를 눌러주는데요(14번 줄), 채팅 목록에서 검색을 하기 위한 단축키입니다. 그 뒤 나타나는 검색창에 ControlSetText로 채팅방 이름을 검색해줍니다(16번 줄). 이후 [Enter↵]를 눌러 해당 채팅방으로 들어가줍니다.

14번 줄과 18번 줄은 EVA_Window2 컨트롤에서 작업하는데, 카카오톡 상단의 검색 버튼과 채팅창 만들기 버튼이 있는 구역의 컨트롤입니다. 또 16번 줄의 Edit2 컨트롤은 검색창의 컨트롤입니다.

20번 줄부터는 채팅방 내에서의 작업입니다. RICHEDIT50W1은 채팅 입력 칸의 ClassNN입니다. 여기에 위에서 클립보드에 복사한 스크린샷(이미지)을 붙여넣고(20번 줄) [Enter↵]를 눌러 전송합니다(22번 줄). 그 후 채팅방과 카카오톡 메인 화면을 닫아줍니다(24번, 25번 줄).

22번 줄은 ClassNN이 Edit1이고 WinTitle은 ahk_exe Kakaotalk.exe라고 프로세스명을 적어주었는데, 다음 [그림 실전5-2]와 같은 클립보드 이미지 전송 화면은 타이틀이 없었고 설명 입력란의 ClassNN이 Edit1이었기 때문이 이렇게 적어준 것입니다.

[그림 실전5-2] 카카오톡 전송창 붙여넣기

'클립보드 이미지 전송' 창은 타이틀이 없으며, '간단한 설명을 입력해주세요.'라고 적힌 부분은 Edit1 컨트롤입니다. 따라서 타이틀은 프로세스명으로 적어주고, 컨트롤명은 Edit1으로 적어두었습니다. 실제 코드를 작성할 땐 시행착오를 겪고 여러 ClassNN과 WinTitle을 적어보아야 이렇게 적어야만 한다는 것을 알 수 있습니다. 저 또한 '타이틀명으로 채팅방 이름' + 'ClassNN 생략'으로 적었을 땐 작동하지 않았기 때문에 시행착오를 통해 22번 줄과 같이 WinTitle과 ClassNN을 적어주는 것을 알아내었습니다.

집 컴퓨터에서 자동화 프로그램을 작동시키고 출근했을 때, 자신의 컴퓨터 상황을 주기적으로 카톡으로 받아볼 수 있는 유용한 프로그램입니다. 혹은 그림이 아닌 텍스트를 보내도록 수정하면 매일 아침 수업시간 전 학생들에게 수업 참고 링크나 공지사항을 자동으로 보내게 할 수 있을 것입니다.

카카오톡 자동화를 해보았습니다. 어떤가요? 실제 다른 프로그램과 상호작용하는 자동화 프로그램을 만드니, 시행착오도 많고 안되는 것도 많아 골치일 수 있겠습니다. 환경에 따라 코드가 조금씩 달라지기도 하고요. 또 카카오톡이 업데이트되면 잘 동작하던 매크로가 동작하지 않을 수도 있습니다. 그러면 구조를 또 바꿔야 하기도 하고요. 그러나 이렇게 다른 프로그램과 상호작용하는 프로그램을 만들어보는 경험은 향후 프로그래밍을 할 때 생기는 여러 기술적 문제를 해결하기 위한 귀중한 경험이 될 것입니다. 코드를 그대로 베낀 것이 자신의 환경에서 제대로 동작하지 않더라도 한 번 시행착오를 통해 만들어보세요!

# 함수

# 52 　나만의 함수 만들기　　SECTION

지금까지 잘 따라왔다면 간단한 자동화 프로그램 정도는 쉽게 만들 수 있을 것입니다. 그런데 프로그램이 조금만 길어져도 스크립트가 엄청나게 길어지고, 코드를 유지보수할 때 순차 진행되는 스크립트를 따라가려면 마우스를 계속 스크롤해야 할 것입니다.

결국 스크립트를 구조화 할 필요가 있습니다. '조금씩 다르지만 같은 기능을 하는 부분'을 묶어서 작성해줄 수 있습니다. 그렇게 하면 눈에 잘 보이는 코드를 만들 수 있습니다.

## 🏛 함수

함수는 하나의 기능을 하기 위해 여러 명령을 모아 작성해준 구조를 의미합니다. 지금까지 써준 내장 함수는 나름의 기능을 수행합니다. '알림상자를 화면에 띄워준다', '컨트롤의 내용을 바꿔준다' 같은 기능이 내장 함수로 제공되죠.

기본적인 기능만 내장 함수로 정해져 있기에, 더욱 복잡한 기능을 위해선 함수를 만들어줄 필요가 있습니다. 우리가 원하는 기능을 위해서 새 함수를 만들 수 있다는 뜻입니다. 예를 들어서, "이미지를 찾아 클릭한다"라는 함수를 만들어줄 수 있습니다. 이렇게 하면 ImageSearch + if + MouseClick을 매번 적지 않아도, 이것을 한 번에 할 수 있는 함수를 호출하기만 하면 원하는 동작을 할 수 있죠.

## 🏛 오토핫키 함수의 정의

드디어 설명하겠군요. 새 함수를 만드는 것을 '함수를 정의한다'라고 합니다. 함수는 함수명, 매개변수, 반환값으로 구성되어있습니다.

```
1    FunctionName(param1, param2)
2    {
3        [함수의 본문]
4        [함수의 본문]
5        ...
6        return returnValue
7    }
```

▲ 함수의 정의 방법

위의 코드는 FunctionName 함수를 정의한 모습입니다. param1과 param2는 매개변수, returnValue는 반환값입니다. 매개변수는 여러 개가 올 수 있지만, 반환값은 오직 한 개만 쓸 수 있습니다.

함수를 호출할 때 적어준 인수 값이 매개변수(parameter)로 전달됩니다. 함수 내는 또다른 '지역'입니다. 그렇기 때문에 바깥에서의 지역 변수를 그대로 쓸 수 없습니다. 그래서 인수를 전달해주어, 해당 인수의 값을 함수 내부에서 지역 변수로 사용할 수 있도록 하는 것입니다.

반환값을 가지는 내장 함수를 이용해봤죠? 예를 들어서, ImageSearch는 화상을 찾으면 1, 그렇지 못하면 0을 반환했습니다. 이와 같은 반환값 또한 return 제어문을 통해 지정해줄 수 있습니다.

> **Tip** ⟩ **return 제어문**
>
> **return** 제어문은 함수의 값을 반환하는 것뿐만 아니라, 코드 진행을 해당 지역에서부터 복귀하도록 지시하는 기능도 하고 있습니다. 예를 들어서, 함수나 핫키 지역 내에서 코드를 진행하다가 **return**을 만나면 그 밑의 부분은 실행하지 않습니다.
>
> 이와 관련된 내용은 추후 자세히 설명할 것이니, 지금은 우선 '함수에서 반환값을 지정하는 역할'이라고만 이해하면 됩니다.

## 🏛 함수의 기본 동작

간단한 예제를 보며 함수의 동작을 이해해봅시다.

```
1    MsgBox(Add(1, 2))
2
3    Add(x, y)
4    {
5        result := x + y
6        return result
7    }
```

▲ 두 수를 더한 값을 반환해주는 Add 함수의 구현

위의 **Add** 함수는 두 값을 인수로 받아서, 더한 값을 반환해주는 함수입니다. 1번 줄에서 **Add(1, 2)**로 함수를 호출하면, **Add(x, y)** 함수가 실행되면서 x, y 변수에 각각 인수인 1, 2를 담습니다. 인수가 전달되는 변수 x, y를 매개변수라고 하며, 함수 내에선 매개변수를 이용하여 이것저것 작업을 한 다음 반환값을 반환하죠. 이를 그림으로 표현하면 다음과 같습니다.

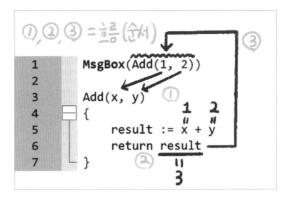

[그림 52-1] Add 함수의 동작

물론, 위의 스크립트는 함수의 각 부분을 구별하기 쉽게 하기 위해 함수의 내용을 늘려보았지만, 쓸데없는 지역 변수를 사용하지 않는 편이 더욱 좋기 때문에 아래처럼 쓰는 것이 더욱 좋습니다.

```
1    MsgBox(Add(1, 2))
2
3    Add(x, y)
4    {
5        return x + y
6    }
```

▲ return 옆에 식을 적어주어 보기 좋게 수정한 모습

## 🏛 매개변수와 반환값의 생략

매개변수나 반환값이 필요 없으면 생략할 수 있습니다. 예를 들어서, 아래와 같은 코드 조각들은 각각 매개변수가 없는 함수, 반환값이 없는 함수, 둘 모두 없는 함수의 모습입니다.

```
1    FunctionName()
2    {
3        MsgBox("함수가 호출되었습니다.")
4        return 1
5    }
```

▲ 매개변수가 없는 함수

```
1    FunctionName(param)
2    {
3        MsgBox(param "이 전달되었습니다.")
4    }
```

▲ 반환값이 없는 함수

```
1    FunctionName()
2    {
3        MsgBox("함수가 호출되었습니다.")
4    }
```

▲ 매개변수와 반환값이 없는 함수

필요에 따라 매개변수와 반환값을 적절히 사용하면 됩니다. 바깥의 값을 함수에서 이용하려면 매개변수를 이용하여 값을 전달받아야 하며, 함수에서 바깥으로 값을 내보내려면 반환값을 통해서 전달해야 하는 것을 원칙으로 합니다.

---

**Tip** 🔍 **인수와 매개변수의 차이**

아주 초반에서 '매개변수란 어떤 인수를 넣어야 하는지 표시해주는 이름'이라고 언급한 적 있습니다. 그때는 함수가 어떻게 동작하는지 알지 못했으므로(심지어는 변수가 무엇인지도 배우지 않았으므로!), 그것이 최선의 설명이었음을 이해해주길 바랍니다. 이제 제대로 설명할 수 있겠군요. 인수(Argument)는 함수를 호출할 때 적어주는 실질적인 값을 의미하며, 매개변수(parameter)는 함수 내에서 사용되는, 인수가 전달된 지역 변수를 의미합니다. 따라서 **Add** 함수에서 x, y는 매개변수이며 호출 시 작성한 1과 2는 인수입니다.

## 📖 실습

### 1. 주어진 값에 따라 반복 횟수가 달라지는 반복문

주어진 값에 따라 반복문의 반복 횟수를 다르게 하는 함수를 구성하여 호출해봅시다.

```
1    LoopMsg(3)
2    LoopMsg(5)
3    LoopMsg(2)
4
5    LoopMsg(count)
6    {
7        Loop count
8            MsgBox(A_Index "회 반복 중")
9    }
```

[예제 52-1] 주어진 값으로 반복 횟수를 결정

5번 줄부터 함수가 정의되어있습니다. 매개변수로 전달받은 값을 반복문의 반복 횟수로 지정해주고 있습니다. 호출 시에 인수를 전달하면 그 인수만큼 반복하겠죠. 따라서, 위의 예제는 반복문을 세 번, 다섯 번, 두 번 반복할 것입니다. 1, 2, 3번 줄에서 3, 5, 2를 인수로 함수를 호출하기 때문이죠.

참고로, 함수를 이용해도 당연히 순차 진행한다는 원칙을 지킵니다. 단지 함수 호출을 하면 함수를 잠시 들렀다가 온다고 여기면 됩니다. 위의 예제는 아래와 같은 줄 순서로 수행되겠죠.

1 → 7 → 8 → 8 → 8 → 2 → 7 → 8 → 8 → 8 → 8 → 8 → 3 → 7 → 8 → 8 → 4(=종료)

밑줄 친 줄 번호는 함수를 호출한 줄이며, 나머지는 함수 내부에서의 줄 진행입니다. 반환값이 필요하지 않으므로 return 구문은 생략했다는 점도 눈여겨볼만 합니다.

### 2. 절댓값을 만들어주는 함수

어떤 수가 전달되든 절댓값을 만들어주는 함수를 구현해보겠습니다. 학창시절에 배운 '절댓값', 기억하는 분 있나요? 절댓값은 수직선 위에서 해당 수가 얼마나 떨어져있는지를 나타낸 수인데, 양수는 그 자체가 절댓값이고 음수는 양수로 바꾸면 절댓값이 됩니다. 예를 들어서 -3의 절댓값은 3이죠.

아무튼, 오토핫키에선 Abs( )라는 내장 함수를 제공하여 절댓값 변환을 쉽게 할 수 있습니다. 그렇지만 한 번 직접 구현해보겠습니다.

```
1    MsgBox(GetAbs(-2))
2    MsgBox(GetAbs(2))
3
4    GetAbs(originalNumber)
5    {
6        if (originalNumber < 0)
7            originalNumber := -originalNumber
8        return originalNumber
9    }
```

[예제 52-2] 인수 값이 음수면 양수로 바꿔주고, 양수면 그대로를 반환하는 예제

함수를 제대로 이해했다면 그리 어렵지 않을 것입니다. 매개변수의 값을 비교해서, 0보다 작다면 앞에 마이너스 기호를 붙여주어 양수로 만들어줍니다. 이 예제의 결과는 2, 2가 되겠네요.

다음과 같이 return 구문을 두 군데 써주는 방법도 있습니다. 함수의 경우 return을 만나면 즉시 동작을 멈추고 호출부로 돌아가기 때문에(추후 설명), 아래와 같이 작성해도 문제가 없습니다.

```
1    MsgBox(GetAbs(-2))
2    MsgBox(GetAbs(2))
3
4    GetAbs(originalNumber)
5    {
6        if (originalNumber < 0)
7            return -originalNumber
8        return originalNumber
9    }
```

저는 반환을 한 군데에서 하는 것을 좋아하기 때문에, 코드가 크게 더러워지는 경우가 아니라면 이 방법은 선호하지 않습니다. 물론 반환 지점을 여러 군데로 나누어 작성해야 더욱 깔끔한 경우도 있습니다.

## 3. 찾은 화상을 클릭하는 함수

앞에서 우리는 함수를 이용하여 화상을 찾을 수 있었습니다. 찾은 이미지를 클릭하는 작업을 할 때마다 if와 MouseClick으로 일일이 적어주기엔 너무 코드가 복잡해집니다. 찾은 화상을 클릭하는 함수를 만들어봅시다.

```
1    ClickImage(100, 100, 400, 400, "Image.png")
2    ClickImage(600, 200, 900, 500, "Image.png")
3    ClickImage(500, 500, 800, 800, "ImageDiff.png")
4
5    ClickImage(startX, startY, endX, endY, imageFile)
6    {
7        if (ImageSearch(&vx, &vy, startX, startY, endX, endY, imageFile))
8            MouseClick("L", vx, vy)
9    }
```

[예제 52-3] 화상을 클릭해주는 함수

이해하기 어렵지 않을 겁니다. 찾을 범위와 이미지 파일의 이름을 인수로 전달해주면, 이를 이용하여 ImageSearch를 수행하여 찾은 부분을 클릭하여줍니다.

이 예제는 함수가 필요한 이유를 잘 보여줍니다. 만약 함수를 쓰지 않으면, 아래와 같이 쓸 수밖에 없습니다.

```
1    if (ImageSearch(&vx, &vy, 100, 100, 400, 400, "Image.png"))
2        MouseClick("L", vx, vy)
3    if (ImageSearch(&vx, &vy, 600, 200, 900, 500, "Image.png"))
4        MouseClick("L", vx, vy)
5    if (ImageSearch(&vx, &vy, 500, 500, 800, 800, "ImageDiff.png"))
6        MouseClick("L", vx, vy)
```

같은 부분이 숫자만 바뀌며 반복되는데, 완전히 같은 구문이 아니기에 반복문을 쓸 수는 없습니다. '화상을 클릭한다'라는 동작을 수정할 경우, 세 군데 모두를 수정해주어야합니다.

만약 이런 동작이 10개가 넘어가면 어떨까요? 한 동작에 두 줄씩 작성하므로, 10개면 총 20줄일 것입니다. 동작이 길어질수록 코드를 유지보수하느라 엄청난 노동력이 소모될 것입니다. 그것도 코드에 변경점이 있을 때마다 그런 고생을 해야 합니다.

하지만 함수를 사용하여 '화상을 클릭한다'라는 기능을 묶어놓으면, 보기에도 훨씬 깔끔한 것은 물론이거니와 함수의 정의만 수정하면 모든 호출 시 동작이 바뀌기 때문에 유지보수에도 용이합니다.

무엇보다, 함수는 다시 재사용할 수 있죠. 만약 "(100, 200)부터 (300, 400)까지에서 B.png를 찾아 클릭해"라는 동작을 추가할 때를 살펴보면, 함수를 사용하면 다음과 같이 한 줄만 추가하면 됩니다.

```
1    ClickImage(100, 200, 300, 400, "B.png")
```

▲ 함수가 정의되어 있을 경우

그렇지 않다면, 아래와 같이 그 동작을 다시 반복해서 적어주어야 하죠.

```
1    if (ImageSearch(&vx, &vy, 100, 200, 300, 400, "B.png"))
2        MouseClick("L", vx, vy)
```

동작이 길어지면 길어질수록 더욱 비효율적인 일이 될 것입니다. 이렇듯 가능한 한 함수로 동작을 묶어주는 것이 중요합니다. 결국 죽 늘여서 코드를 작성하는 것이 아닌, 함수를 작성하여 그 함수를 호출하는 식으로 프로그램을 작성하는 것이 좋습니다.

> **Tip** **함수로 묶는 동작의 크기**
>
> 함수는 한 가지만 해야 한다는 원칙이 있습니다. 함수가 그보다 커지면 안 됩니다. 예를 들어 "화상이 있을 때 클릭한 후 로그 파일을 생성한다"를 하나의 함수로 만들면 안 됩니다. 로그 파일을 만드는 부분은 별도의 함수로 만들어서, 그 함수를 호출해야 합니다.
>
> 함수 안의 동작이 커진다면 함수를 쪼개는 것이 기본이며, 더욱 아름다운 코드를 위해선 객체와 클래스에 관한 깊은 이해가 필요합니다. 기초 강좌인 본서에서는 이에 관해 Part 03에서 아주 약간만 설명합니다.
>
> 가능한 한 모두 함수로 만들어서, 작은 크기의 함수를 호출해가는 것이 프로그래밍을 처음 접한 여러분이 현재 할 수 있는 가장 좋은 코드일 것입니다. 이렇게 프로그램을 작게 쪼개는 것을 '모듈화'라고 하는데, 프로그래밍에서 중요하게 여겨지는 개발 원칙 중 하나입니다.
>
> 명심하세요. 함수는 한 가지만 해야 합니다.

# 53    선택 매개변수

지난 섹션에서 배웠듯이, 함수를 사용하면 더욱 구조적인 코드를 작성할 수 있습니다. 이번에는 함수를 만들 때 선택 매개변수를 지정하는 방법을 설명하겠습니다.

내장 함수를 이용할 때, 선택 매개변수에는 인수를 작성하지 않아도 되었죠. 우리가 만드는 함수도 이와 같이 선택 매개변수를 받도록 만들 수 있습니다. 어렵지 않습니다. 매개변수에 기본값만 지정해주면 그 매개변수는 선택 매개변수가 됩니다.

```
1    FunctionName(req1, req2, opt1 := 1, opt2 := "A")
2    {
3        ;함수 본문
4    }
```

▲ 함수의 정의에서 선택 매개변수로 지정하는 방법

위 코드 조각의 경우 opt1, opt2 매개변수는 선택 매개변수입니다. 이렇게 하면 함수 호출 시 선택 매개변수를 생략할 수 있으며, 생략 시 그 함수 안에서 매개변수의 값은 우리가 지정해준 기본 값이 됩니다.

주의해야 할 점은, 선택 매개변수는 항상 모든 필수 매개변수의 뒤에 와야 한다는 것입니다. 그래서 아래와 같은 함수 정의는 잘못되었습니다.

```
1    FunctionName(req1, opt := 1, req2)
```

▲ 잘못된 함수 정의 - 필수 매개변수가 선택 매개변수보다 뒤에 있음

## 📖 실습

### 1. 선택 매개변수의 사용

```
1    ShowMsg("ABC", "DEF")
2
3    ShowMsg(string1, string2, string3 := "")
4    {
5        MsgBox("필수 매개변수로 " string1 ", " string2 "가 전달되었습니다.")
6        if (string3 != "")
7            MsgBox("선택 매개변수도 전달되었습니다: " string3)
8        else
9            MsgBox("선택 매개변수는 전달되지 않았습니다.")
10   }
```

[예제 53-1] 기본값이 아니면 선택 매개변수를 이용

srting3 매개변수는 기본값이 빈 문자열인 선택 매개변수네요. 함수 본문에서 이 매개변수의 값이 기본값인지에 따라, 조건을 분기하여 다른 알림상자를 출력합니다.

# 54  참조와 역참조

이번에는 지루한 이론입니다. 그러나 더욱 진화된 함수를 만들기 위해 꼭 필요한 내용이니 반드시 이해해주길 바랍니다.

## 🔷 변수와 주소

변수의 값은 컴퓨터 어딘가에 저장되어있을 것입니다. 그러니까 우리가 원할 때 자유롭게 변수를 사용할 수 있는 것이지요. 여기까진 유추 가능한 사실입니다. 변수를 포함하여 프로그램 실행 중 생긴 모든 '기억할 것'은 컴퓨터의 '주기억장치'에 저장됩니다. 흔히 RAM 혹은 메모리라고 부릅니다. 변수의 값은 메모리 어딘가에 저장되어 있기 때문에, 우리가 변수를 사용하면 그 메모리에 저장된 내용을 읽습니다.

이제 주소에 관한 이야기를 해야겠네요. 메모리에 저장된 변수는 각자 '주소'를 가지고 있습니다. 말 그대로 아주 넓은 메모리 공간에서 값이 어디에 저장되어있는지 정확히 알 수 있는 주소 말입니다. 일단은 이렇게만 알고 넘어가도록 합시다.

## 🔷 참조

어떤 변수 var가 값을 갖고 있으며 메모리 어딘가에 저장되어있다고 합시다. 그런데, 그 변수를 가리키는 또다른 변수 ref를 만들 수 있으며, 이를 **"변수 ref가 변수 var를 참조한다"**라고 말합니다. 결국 var와 ref는 본질적으로 같은 변수입니다. ref는 var의 별칭인 셈이죠.

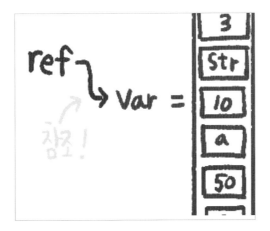

[그림 54-1] ref가 var를 참조하는 모습

변수는 참조 연산자(**&**)를 통해 참조할 수 있습니다.

```
1    var := 2
2    ref := &var
```

▲ ref가 var를 참조하는 예시

&var와 같이 변수 앞에 참조 연산자를 붙이면 **참조 형식**(VarRef)이 만들어집니다. 당연히 &var를 대입한 ref는 참조 형식입니다. 그러므로, 앞의 코드에서 ref는 var를 참조합니다. 이로써 var를 참조하는 변수인 ref 를 만들었습니다. 차이가 있다면 var는 숫자가 담긴 일반적인 변수지만, ref는 var를 참조하는 참조 형식의 변 수라는 점입니다.

## 역참조

참조 형식의 변수는 값을 직접 가진 것이 아니라, 다른 변수의 위치를 참조하고 있을 뿐입니다. 따라서 참조하 고 있는 변수를 직접 사용할 수 없습니다. 참조하고 있는 변수에 접근하려면 '역참조'라는 과정이 필요합니다.

참조 형식의 변수는 역참조 연산자(%)를 통해 역참조할 수 있습니다. 이 연산자는 역참조할 변수를 감싸는 형 태로 사용합니다.

```
1    var := 2
2    ref := &var
3    MsgBox(%ref%)
```

▲ 참조 형식의 변수(ref)를 역참조하여 값을 읽는 예시

위 코드는 var를 참조하고 있는 ref를 역참조합니다. 결국, %ref%는 var와 완전히 동일합니다. 당연히 아래 와 같이 대입도 가능합니다.

```
1    var := 2
2    ref := &var
3    %ref% := 50
```

▲ 역참조된 변수에 값을 대입

---

Tip ▸ **참조를 말하는 여러 어휘**

'참조 형식'을 단순히 '참조'라고도 부릅니다. 따라서, "변수 ref는 참조이다" 역시 맞는 어휘입니다. 응용하여 "ref는 var에 대한 참 조이다"는 ref 가 var를 참조한다는 뜻이죠. 사실 이 편이 더욱 잘 쓰이는 용어입니다.

도대체 참조를 왜 쓸까요? 그 이유는 함수의 매개변수 전달에 참조 형식을 이용하는 경우가 있기 때문입니다. 다음 섹션에서 그 방법과 효과를 배우겠습니다.

# 55 참조에 의한 호출

함수를 사용할 때 알면 좋은 '값에 의한 호출'과 '참조에 의한 호출'에 대해서 배워봅시다. 지난 섹션에서 배운 '참조'를 반드시 알아야 이해하기 쉽습니다.

## 값에 의한 호출

일반적인 경우에, 변수는 그 자체가 아닌 값을 이용합니다. 아래와 같은 스크립트를 보겠습니다.

```
1    a := 1
2    Foo(a)
3    MsgBox(a)
4
5    Foo(param)
6    {
7        param := 2
8    }
```

▲ 함수 내부에서 값이 바뀌어도 a는 1이다.

함수를 호출할 땐 변수 자체가 아니라 변수의 값이 매개변수에 복사됩니다. 그래서 함수 내부에서 매개변수의 값을 바꿔도, 인수로 전달된 변수는 아무런 변화가 없습니다. 위의 예시는 그래서 1이 출력됩니다.

이렇게 변수를 사용하면 일반적으로 그 값을 사용합니다. 이것은 우리가 지금까지 써왔던 변수의 당연한 성질입니다. 이렇게 일반적으로 값이 복사되어 매개변수로 전달되는 방식을 값에 의한 호출이라고 합니다.

## 참조에 의한 호출

매개변수에 참조를 전달할 수 있습니다. 즉, 아래와 같은 경우가 있습니다.

```
1    a := 1
2    Foo(&a)
3    MsgBox(a)
4
5    Foo(param)
6    {
7        %param% := 2
8    }
```

▲ 참조된 변수의 값이 바뀌면?

이 경우엔 이전과 다르게 2가 출력됩니다. 함수 내부에서 값을 바꿨음에도 불구하고, 인수로 전달해준 변수의 값이 변경된 것이죠. 왜 그럴까요? 지난 섹션에서 배운 참조와 역참조를 떠올려봅시다.

함수의 인수로 &a를 전달했습니다. 한마디로 param은 a를 참조하고 있다는 것이지요. 참조인 param을 다시 역참조하면 a를 이용할 수 있습니다. 결국 함수 내부에서도 함수 바깥에 있는 a의 값을 변경할 수 있게 되었습니다. 지난 섹션에서 배웠듯이, a의 참조를 param으로 복사하여 다시 역참조하면 결국 a와 같습니다.

이렇게 인수로 '참조'를 전달해주는 함수 호출 방식을 참조에 의한 호출이라고 합니다.

## 🗿 참조에 의한 호출의 장점

보다시피 참조를 인수로 넘겨준다면, 인수로 넘겨준 변수의 값을 함수 내부에서 수정할 수 있습니다. 만약 이것이 불가능했다면 수정한 값을 다시 반환하여 함수 바깥에서 대입해주어야 했을 것입니다. 이런 참조에 의한 호출을 사용하여 얻는 이점이 몇 가지 있습니다.

- 참조에 의한 호출을 이용하면 반환값을 사용하지 않아도 여러 값을 변경할 수 있습니다.
- 크기가 큰 값을 매개변수로 복사할 필요가 없기 때문에 성능상 이득이 됩니다.

참조에 의한 호출을 사용했던 대표적인 경우가 Section 37에서 배운 MouseGetPos입니다. MouseGetPos는 현재 마우스 포인터의 좌표를 가져와주는 함수로, 아래와 같이 사용했었습니다.

```
1    MouseGetPos(&vx, &vy)
```

△ MouseGetPos의 사용 - 참조에 의한 호출

인수에 쓰인 참조 연산자(&)가 보이시나요? 왜 우리는 이 함수에게 참조를 넘겨주었을까요? 바로 "매개변수로 전달된 변수의 값을 함수 내부에서 바꿔주기 위해서"입니다. 이와 같이 MouseGetPos를 호출하면, 변수 vx와 vy에 현재 마우스의 x, y 좌표가 담겼습니다. 즉, (어딘가에 있는) MouseGetPos 함수의 정의에서 인수로 전달된 &vx, &vy를 역참조하여 그 값을 수정해줄 것입니다. 그러면 vx, vy의 값이 수정된 셈이죠. 이해가 되나요?

함수는 원칙적으로 한 가지 값만 반환할 수 있습니다. return vx, vy 같이 사용할 순 없습니다. 그렇기에, 두 가지 이상의 값을 호출부에게 알려주어야 하는 MouseGetPos 같은 함수는 '참조에 의한 호출'을 이용했습니다. 성공적으로 마우스 포인터의 x 좌표와 y 좌표를 변수에 담아줄 수 있었죠.

또, 참조에 의한 호출을 사용하면 인수로 큰 값을 전달했을 때 그 값을 직접 매개변수로 복사할 필요가 없으므로 성능상 이점을 얻을 수 있습니다. 매개변수로 복사되는 것은 '참조'이지, '값' 자체가 아니기 때문입니다. 어마어마하게 큰 문자열 같은 경우엔 다음과 같이 참조로 전달하는 편이 성능상 좋습니다. 그렇지 않으면 함수를 호출할 때마다 큰 문자열이 매번 함수의 매개변수로 복사될 것입니다.

```
1   hugeString := "문자열 400만자"
2   Foo(&hugeString)
3
4   Foo(haystack)
5   {
6        함수의 본문
7   }
```

▲ 참조를 전달하여 성능상 이득을 꾀한 예시

⚠ **참조에 의한 호출의 남용**

전역 변수를 남용하면 안 되는 이유와 마찬가지로, 참조에 의한 호출을 사용하면 코드의 강건성이 떨어지기 때문에 이를 남용하면 안 됩니다. 함수 내부에서 바깥의 값을 자유롭게 수정할 수 있기 때문에, 의도치 않게 값을 변경하는 실수를 저지르기도 하기 때문입니다. 따라서 꼭 필요한 경우(두 개 이상의 값을 수정해야 하는 경우 등)에만 참조에 의한 호출을 사용하세요.

## 🏛 참조 매개변수

지금까지 배운 바로는, 참조를 함수에 넘겨주면 매번 그것을 역참조하여 사용해주어야 했습니다.

```
1   Foo(&bar, &baz)
2
3   Foo(param1, param2)
4   {
5        %param1% := 2
6        MsgBox(%param2%)
7   }
```

▲ 참조에 의한 호출의 구현 - 매개변수를 일일이 역참조했던 예시

그렇지만 만약 함수를 정의할 때 참조만 전달받을 수 있도록 '참조 매개변수'를 지정해준다면, 역참조하지 않아도 참조하는 변수를 바로 이용할 수 있습니다. 매개변수를 받자 마자 자동으로 역참조되는 셈이죠.

함수의 정의에서 매개변수의 앞에 참조 연산자(&)를 붙여주기만 하면 참조 매개변수를 지정할 수 있습니다.

```
1   Foo(&bar, &baz)
2
3   Foo(&param1, &param2) ;참조 매개변수로 지정
```

```
4     {
5         param1 := 2
6         MsgBox(param2)
7     }
```

▲ 참조 매개변수의 사용

앞의 예시에선 param1과 param2 모두 매개변수 앞에 & 연산자를 써서 참조 매개변수를 지정해주었습니다. 따라서 역참조해주지 않고 매개변수를 이용하는 모습을 볼 수 있습니다. 참조 매개변수는 받는 순간 역참조 된 셈으로, 일일이 역참조 해줄 필요가 없습니다.

즉, 여러분은 역참조 연산자를 쓸 일이 거의 없습니다. 참조를 사용하는 가장 큰 이유는 '참조에 의한 호출'을 하기 위함인데, 참조에 의한 호출에선 매개변수를 참조 매개변수로 지정해줄 수 있으니까요. 결국 앞의 예제처럼 간단하게 사용하면 됩니다. 일일이 역참조하며 쓰지 마세요!

# 56    프로그래밍 문제 (8)    SECTION

**문제 1** 다음 중 함수에 관한 설명으로 옳지 않은 것은?

ㄱ. 정의한 함수를 호출할 수 있다.

ㄴ. 함수는 여러 매개변수를 가질 수 있다.

ㄷ. 함수는 여러 반환값을 가질 수 있다.

ㄹ. 함수의 반환값이나 매개변수가 필요 없을 경우, 모두 생략할 수 있다.

**문제 2** 다음 중 참조에 관한 설명으로 옳지 않은 것은?

ㄱ. 참조는 어떤 변수의 또다른 별칭과도 같다.

ㄴ. B가 A의 참조일 때, B를 사용하여 A 값을 바로 출력할 순 있지만, 새 값을 대입하려면 B를 역참조할 필요가 있다.

ㄷ. 참조를 이용하면 인수로서 전달된 변수의 값을 바꿀 수 있다.

ㄹ. A를 참조하는 변수 B가 있을 때, B를 역참조하면 A와 본질적으로 같다.

**문제 3** 다음과 같은 프로그램을 작성하세요.

누른 핫키 기준으로 구구단을 출력하는 프로그램

**동작**

1. ①~⑨를 누르면 각각 1단부터 9단까지의 구구단을 출력한다.

2. Esc를 누르면 스크립트를 종료한다.

**조건**

1. 핫키 블록 안의 내용은 한 줄만 쓸 것.

2. 단을 입력받으면 구구단 문자열을 반환해주는 **GetGugu** 함수를 만들어 사용할 것.

3. 함수 호출문은 한 번만 쓸 것.

**힌트**

- 누른 핫키가 담긴 내장 변수가 있었습니다. 지금까지 문제 풀면서도 몇 번 썼었습니다.

- 핫키 블록 안의 한 줄은 당연히 함수 호출문일 것입니다.

문제4   **다음과 같이 제공된 프로그램을 수정하세요.**

---

두 변수의 값을 바꿔주는 프로그램

**동작**

1. 두 변수의 값을 바꾼다.
2. 바꾼 변수의 값을 출력한다.

**답안 작성**

1. 별개로 제공하는 아래의 '제공 스크립트'를 수정하여 작성한다.

**조건**

1. 표시된 부분 이외의 다른 부분은 수정하지 말 것.
2. 아래의 '출력 결과'를 참고할 것.

**힌트**

- 참조에 의한 호출을 이용하여 함수 안에서 a와 b의 값을 교환합니다.
- 각각 오렌지 주스, 포도 주스가 담긴 두 컵의 내용물을 서로 교환하려면 일상생활에선 어떻게 할까요?

```
1     a := 10
2     b := 20
3     Swap() ;함수의 호출부를 완성하세요.
4     MsgBox("a의 값: " a ", b의 값: " b)
5
6     Swap() ;함수의 매개변수를 완성하세요.
7     {
8         ;함수의 본문을 완성하세요.
9     }
```

▲ 제공 스크립트

[그림 56-1] 출력 결과 - Swap 함수를 거치니 a가 20, b가 10이 되었다.

# 더욱 멋진 코드를 위해

# 57    스크립트 파일로 분할하기    SECTION

프로그래밍을 하다 보면 함수가 엄청나게 많아지기 마련입니다. 그 많은 함수를 스크립트의 한쪽에 몰아서 적기에도 한계가 있기 마련입니다. 스크립트 파일을 나누면 어떨까요? 함수를 분류하여 각각 다른 스크립트 파일에 작성해서 실제 실행하는 스크립트에서는 함수를 호출만 하는 것입니다. 훨씬 정돈된 스크립트를 작성할 수 있겠지요.

## #Include

#Include를 이용하면 스크립트에 쓸 함수를 불러올 수 있습니다. 함수를 모아 다른 스크립트에 저장한 후, 아래와 같이 써주면 되죠.

```
1    #Include "EveryHangul.ahk"
```

△ #Include의 기본 사용

이렇게 하면 EveryHangul.ahk 안에 있는 함수를 마음껏 사용할 수 있습니다. 당연히, 지금까지 그래왔던 것처럼 상대 경로와 절대 경로 모두 사용할 수 있으며, 아래와 같이 폴더를 지정하면 폴더 내의 모든 파일에 있는 함수를 불러올 수 있습니다.

```
1    #Include "lib"
```

△ 폴더를 지정한 모습 (스크립트 현재 경로의 lib 폴더)

## 라이브러리

이와 같이, 프로그래밍을 작성할 때 필요한 함수 같은 자원을 모아둔 파일을 라이브러리라고 합니다. #include는 라이브러리 파일을 불러올 수 있는 함수이죠. 라이브러리에는 함수 말고도 클래스 등이 포함될 수 있지만, 기초 단계에선 함수로 분할만 열심히 해도 문제 없습니다.

# 58　return의 활용법

이전에 'Section 52. 나만의 함수 만들기'에서 return 제어문을 배웠습니다. 그땐 단순히 함수의 반환값을 지정해주는 역할로서 return을 사용해주었습니다. 함수에서 x + y를 반환하고자 한다면 return x + y를 적어준 식이었죠.

return을 적절히 쓰면 스크립트를 더욱 보기 좋게 만들 수 있습니다. 이번 섹션에선 return의 다른 모습을 배워보겠습니다. 이미 함수 강의에서 스치듯 언급했던 내용이기 때문에 "왜 당연한 소리를 하는 거야?"라고 느껴질 수 있으니, 편하게 봐주세요.

## 🗿 return

사실 "값 반환"을 따지기 전에 return의 본 역할은 '복귀'입니다. 일단은 **현재 지역**에서 **이전 지역**으로 제어 흐름을 복귀시켜주는 역할인데, 쉽게 설명하면 아래와 같습니다.

**현재 있는 함수를 빠져나가서 함수의 호출부로 되돌아가라!**

즉 아래와 같은 코드에선 조건에 따라 함수 중간에서 return되어 그 아랫줄은 실행되지 않고 함수의 호출부로 복귀합니다.

```
1    foo(1)
2    ExitApp
3
4    foo(bar)
5    {
6        if (bar = 1)
7            return
8        bar += 3
9        MsgBox(bar)
10   }
```

　▲ 사실, 핫키 블록이 없기 때문에 2번 줄의 ExitApp은 없어도 무방합니다.

1(호출) → 6 → 7(복귀) → 2(종료)

함수를 호출할 때 매개변수로 숫자 1을 전달해주었고, 함수 내의 조건문에 의해 return이 호출되어 1번 줄로 돌아간 모습입니다. 이렇듯, return은 함수의 실행을 중단하고 흐름을 복귀시키는 중요한 기능을 갖고 있습니다.

### 🏛 번외: 핫키 지역과 자동 실행 스레드에서 return 사용

만약 핫키 지역이나 자동 실행 스레드처럼 '호출부'가 없을 때 return을 만나면 프로그램은 핫키를 대기하던 상황(자동 실행 스레드를 모두 실행한 상황)으로 돌아갑니다. 직접 실험해보세요. 어렵지 않을 것입니다.

### 🏛 조금 더 깔끔한 코드

return을 배운 김에, 조금 더 나은 코드를 작성하는 아주 쉬운 요령을 하나 알려주겠습니다.

> 블록의 단계를 최소화하고, 블록의 안쪽은 최대한 짧게 만들어라!

가장 흔한 경우가 if를 사용할 때입니다. 아래의 두 함수는 같은 동작을 하는데, 한 번 비교해보세요.

```
1    AddUser(userString)
2    {
3        if (userString = "")
4            return false
5        userInfo := ParseSentense(userString)
6        userList.Push(userInfo["Name"])
7        MsgBox("사용자 추가 완료")
8        return true
9    }
```

⟁ 경우 1

```
1    AddUser(userString)
2    {
3        if (userString != "")
4        {
5            userInfo := ParseSentense(userString)
6            userList.Push(userInfo["Name"])
7            MsgBox("사용자 추가 완료")
8            return true
```

```
 9        }
10        return false
11    }
```

▲ 경우 2

두 코드는 조건문 안쪽의 조건이 다릅니다. '경우 1'은 함수를 중단할 조건인 userString = ""를 적어서 만약 조건이 성립할 때 return을 통해 함수를 벗어나주었습니다. 반면, '경우 2'는 함수를 계속 수행할 조건인 userString != ""를 적어서 조건이 성립할 때 작업을 수행하도록 했습니다.

관점에 따라 다르지만 프로그래머는 보통 블록의 단계를 줄이고, 블록 안쪽의 내용을 줄이고 싶어 합니다. 따라서 '경우 2'와 같이 코드를 작성하기보단 '경우 1'처럼 작성하는 것이 일반적입니다. 이렇듯 return을 적절히 사용하면 더 나은 코드를 작성할 수 있습니다.

**CHAPTER. 10**

# 종합 프로그래밍 문제

## **59**  종합 프로그래밍 문제 for Part 02  SECTION

문제 1 **다음과 같은 프로그램을 작성하세요.**

웹페이지상의 색상을 저장하는 프로그램

동작

1. 스크립트를 실행하면 [보기]의 웹페이지를 연다.
2. 웹페이지가 로딩될 때까지 기다린다.
3. 웹페이지에 있는 사각형의 색상 값을 변수에 담는다.
4. 2초 후 웹페이지에 F5 를 눌러, 사각형의 색상을 바꾼다.
5. 2~4번 과정을 5번 반복하여, 사각형 색상의 색상 변화가 한 번에 알림상자에 출력된 후 프로그램이 종료된다.

보기

열어야 하는 사이트: https://ahkv2.pnal.dev/playground

문제 2 **다음과 같은 프로그램을 작성하세요.**

A, B, C의 동작을 막는 프로그램

동작

1. 스크립트를 실행하면 A, B, C의 입력을 막는다.
2. Esc 를 누르면 스크립트가 종료되어, 모든 키가 정상으로 돌아온다.

**문제 3**  **다음과 같은 프로그램을 작성하세요.**

특정 시간에만 작동되는 프로그램

**동작**

1. 현재 시간이 매 시 15분, 35분일 때만 프로그램이 켜지도록 한다.

2. 이외의 시간에 실행하면 "15분, 35분에만 실행해주세요"라고 출력한 후, 프로그램을 종료한다.

3. 스크립트가 실행되면 아래의 라이브러리를 포함시킨 후 **getID** 함수를 호출한 후 그 반환값을 가져온다.

4. 반환값을 **checkID** 함수의 인수로 넣어보아 그 반환값이 1(true)이 나오면 정답이다.

**조건**

1. 하단 제공된 라이브러리를 이용할 것.

제공 라이브러리

IDLib.ahk (예제 파일과 함께 제공됨)

## 🔧 FAQ. 자주 올라오는 질문과 답변 4

Q "참조를 역참조한다"는 개념을 잘 이해하지 못하겠어요. 참조는 변수를 가리키는 행위 아닌가요?

A 1. 참조하는 행위는 '참조'라고 표현하는 게 맞습니다.

2. 참조하는 객체는 Section 54에서는 모두 '참조 형식(VarRef)'이라고 설명하였습니다.

3. '참조 형식'을 단순히 명사형으로 '참조'라고도 합니다(Section 54의 마지막 부분 Tip을 참고하세요.).

이에 따라 Section 55에서는 어휘를 보고 구분해야 하는데, 명사형(참조일 때, 참조이다, 참조면 등 명사형으로 쓰였을 때)이면 '참조 형식', 즉 참조된 결과로 나온 개체를 말하는 것입니다.

"참조를 역참조한다."는 따라서 "참조 형식을 역참조한다."고 이해하면 되겠습니다. 원본 변수가 나오겠죠.

PART

03

# 실전 프로그램 개발

Part 03에선 GUI 프로그래밍과 더불어 실제 프로그램을 개발할 때 유용한 여러 함수를 소개해 여러분이 원하는 프로그램을 개발할 수 있는 능력을 키울 수 있습니다.

실제 익숙한 컴퓨터 프로그램처럼 마우스로 클릭하거나 키보드로 입력할 수 있는 '프로그램 창'을 만들고, 데이터를 적절히 가공하여 업무의 생산성을 크게 늘릴 수 있는 '텍스트 가공'을 하는 방법을 배웁니다. 또 컴퓨터 내의 텍스트 파일을 불러오거나 내보내는 등 실무에 적합한 여러 기술을 익힐 수 있습니다.

# 객체 지향 프로그래밍

## 60 객체 지향 프로그래밍 SECTION

이제부터 Part 03에 해당하는 내용입니다. 이제부터 오토핫키로 실제 우리가 원하는 프로그램을 만들 수 있는 능력을 기를 것입니다. 여러분이 컴퓨터에서 쓰는 프로그램들, 간단한 메모장부터 재고 관리 프로그램이나, 병원에서 보았던 환자 호출 프로그램을 만들 수도 있습니다. 식당에서 쓰는 POS(포스) 프로그램도 만들 수 있을 것입니다. POS 기기를 구매하지 않고, 쓰던 컴퓨터로 POS 기능을 이용하다니, 멋지지 않나요?

이를 위해선 객체와 관련된 개념을 아주 간단히라도 이해하고 있어야 합니다. 아주 간단하게만 설명하니 객체 지향 프로그래밍에 관한 일반적인 개념을 이해하는 데에는 이 파트가 적합하지 않음을 미리 전달합니다. 여기서는 오토핫키를 통한 기초적인 프로그램 작성에 문제가 없을 정도의 아주 작은 개념만을 이야기합니다.

### 🎲 객체 지향 프로그래밍?

프로그램의 규모가 커지고 비슷한 역할을 하는 아주 헷갈리는 이름을 가진 변수와 함수가 많아지면 이들을 체계적으로 관리하긴 어려울 것입니다. 기능 하나의 수정을 위해 스크롤바를 이리저리 내리거나, 변수의 값이 무심코 바뀌는 등 결코 편하고 안전하게 프로그래밍을 할 수는 없습니다.

한마디로 우리는 더욱 **구조적인** 프로그램을 작성할 필요가 있습니다. 재사용할 수 있는 코드는 가능한 한 재사용하며, 프로그래머의 실수에 의한 논리적 오류를 발생시킬 가능성을 줄여야 합니다. 또, 가능한 한 적은 노력으로 코드를 유지 보수할 수 있어야 합니다.

이를 위해서 몇 가지 규칙을 추가한 프로그램 개발 방식을 **객체 지향 프로그래밍**이라고 합니다. 기존에 있던 상식을 뜯어낼 필요는 없습니다. 몇 가지 새로운 개념으로, 프로그램을 더욱 구조적으로 작성할 수 있습니다.

앞으로 우리는 객체 지향 프로그래밍에 관한 아주 작은 부분을 이야기할 것입니다. 객체 지향 프로그래밍의 5대 원칙이니 4대 특성이니, 디자인 패턴이니 뭐니… 그런 부분은 배우지 않을 것입니다. 이는 오토핫키 기초 강좌라는 취지에서 살짝 벗어나있기 때문입니다. 대신, 구조적인 프로그램을 작성하기 위해 객체 지향 프로그래밍의 몇 가지 개념만 살짝 맛을 보자고요. 그 정도면 충분합니다.

앞으로 더욱 프로그래밍 생활이 길어지고 타 언어를 이용해볼 때, 객체 지향 프로그래밍에 대한 세부적인 내용을 찾아보는 정도면 됩니다. 그런 내용은 재밌고 언젠가 꼭 읽어보아야 하는 내용이지만, 여기서는 진행하지 않습니다.

# 61 객체와 인스턴스, 클래스 SECTION

이제 객체 지향 프로그래밍을 이해하기 위해 꼭 알아야 하는 세 가지 개념을 배우겠습니다. 바로 '객체', '인스턴스', '클래스'입니다. 이들은 객체 지향 프로그래밍을 구성하는 세 가지 기본 개념입니다.

## 🎲 지금까지 배운 프로그램 제작 방식

만약 우리가 자동차를 운전하는 게임을 구현한다고 합시다. 여러 대의 자동차가 구현되어 있는 이 게임은, 당연히 각각의 자동차를 나타내는 변수가 작성되어 있을 것입니다. 각각의 자동차의 정보를 변수에 담으려면 지금까지 배운 바로는 아래와 같이 작성해야 합니다.

```
1    car_1_kind := "세단"
2    car_1_name := "쏘나타"
3    car_1_wheel := 4
4    car_1_color := "빨강"
5    car_1_weight := 1450
6
7    … (이하 생략)
```

▲ 모든 상황에 대해 위와 같이 변수로 지정합니다.

위 예시는 한 대의 자동차의 일부 정보만 담은 모습입니다. 각각의 변수는 논리적으로 연결되어있지 않습니다. 우리는 보이는 변수명으로만 이것이 "1번 차량"의 정보임을 파악해야 합니다. 게다가, 차량의 기능을 정의하기 위해 아래와 같은 함수를 만들어야 합니다.

- **car_accel( )**: 차량을 가속한다.
- **car_break( )**: 차량을 감속한다.
- **car_gear_up( )**: 차량의 기어를 1단 올린다.
- **car_gear_down( )**: 차량의 기어를 1단 낮춘다.
- **car_wiper( )**: 차량의 와이퍼를 작동한다.

휴! 겨우 차량의 기능을 함수로 구현했습니다. 이제 각각의 함수를 호출하여 차량을 조작할 수 있습니다. 그런데, 모든 차량에 대해 이렇게 구현하려 보니 큰 문제가 생겼습니다. 먼저 각각의 변수를 모든 차량에 대해 다시 적어야 합니다. 그 자체로도 엄청난 노동력이 들어가는 일이지만, 모든 차량에 대한 각각의 특징을 가진 변수를 매번 유지보수하는 상상을 해보세요. 과장 조금 보태서 실제 차를 하나 만드는 것이 낫겠군요.

또, 각각의 자동차마다 어떤 함수는 그대로 갖다 쓸 수 있고, 어떤 함수는 수정해서 써야 작동합니다. 어떤 함수는 아예 동작할 수 없어서 정의할 필요가 없는 반면, 그 차량만을 위한 새 함수를 작성해야 하는 경우도 있습니다. 예를 들어서, 오토바이는 와이퍼를 동작시키는 함수가 필요 없습니다. 트럭은 속도 제한 장치를 의미하는 변수가 필요합니다. 자동 변속기가 달린 차량은 기어 조작과 관련된 함수를 자동으로 제어하는 또 다른 함수를 작성해야 합니다.

결국 나름대로 야심 차게 진행하던 프로그램 개발은 수많은 변수와 함수의 지옥에 빠집니다. 어떻게든 함수 안에 기능을 몰아넣으려고 하니, 함수가 비대해집니다(함수는 한 가지만 해야 합니다!). 그런데, 다음과 같은 개념을 도입하면 어떨까요?

　　관련있는 변수나 함수는 한 묶음으로 관리하자!

흩뿌려져 있는 변수와 함수를 관리하기 위해 그 변수와 함수를 묶은 상위 개념의 무언가를 도입해보겠습니다.

## 🔶 객체

**객체는 '함수'와 '변수'를 갖고 있는 개념적이거나 실체적인 집합입니다.** 예를 들어서, "자동차" 객체는 차종, 이름, 바퀴 개수, 색상, 무게를 나타내는 변수와 가속( ), 감속( ), 기어 올리기( ), 기어 내리기( )라는 함수를 갖고 있습니다.

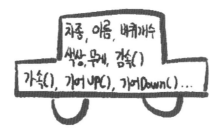

[그림 61-1] 자동차를 객체로 본 모습

대상을 별개의 변수나 함수가 아닌, '객체'라는 개념으로 묶어보면 장점이 많습니다. 일단 이 '자동차' 객체를 하나 만들어서 코드에 작성하면 성질이 같은 여러 자동차를 프로그램에 등장시킬 수 있습니다. 각 자동차에 있는 변수와 함수를 조정하면 그 자동차의 성질을 바꿀 수 있습니다. 각각의 변수와 함수를 각 차량 단위로 관리할 수 있는 셈이죠. 정말 효율적입니다.

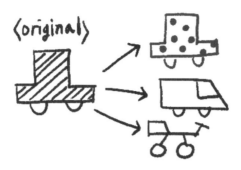

[그림 61-2] 자동차 객체를 조정하여 여러 자동차를 만든 모습

특히, 이런 '객체' 현실 세계의 사물과 대응됩니다. 우리가 보는 사물은 그 성질과 동작을 갖고 있습니다. 시계는 동그랗고 바늘이 세 개(혹은 두 개) 달려있는 '성질'과 1초에 초침이 하나씩 움직인다는 '동작'이 있습니다. 시계를 객체로 생각하면 성질은 변수, 시간의 흐름에 따른 바늘의 움직임은 함수로 구현할 수 있습니다. 이 변수와 함수를 프로그램 단위의 무언가로 보지 않고, 하나의 객체가 갖고 있는 특징으로 보는 것이죠.

이해가 어려우면 다음 그림을 보겠습니다. 기존 방식과 다르게, 객체라는 개념을 통해 서로 연관된 변수와 함수는 하나의 그룹으로 관리할 수 있습니다.

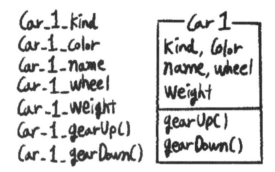

[그림 61-3] 객체를 썼을 때 더욱 구조화된 자동차 프로그램

## 🔷 인스턴스

설계한 객체를 사용하려면 일단 프로그램에서 쓸 수 있는 변수에 대입을 해야 하는데, 그렇게 변수에 대입되어서 나온 객체를 인스턴스라고 합니다. 다시 위의 그림을 가져와 다음 페이지에서 살펴보면, 오른쪽에 있는 세 대의 자동차를 인스턴스라고 할 수 있습니다.

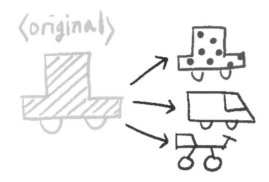

[그림 61-4] 개념적인 자동차 하나에서 실체적인 자동차 세 대를 만든 모습

우리는 각각의 인스턴스가 갖고 있는 값과 함수를 프로그래밍에 이용할 수 있습니다. 앞서 언급한 자동차 운전 게임에 네 대의 자동차가 필요하다면, 우리는 네 개의 인스턴스를 만들어서 각각의 인스턴스가 가지고 있는 값을 조정할 수 있습니다. 이로써 성질이 다른 여러 대의 자동차를 프로그램에 등장시킬 수 있습니다.

우리는 (일반적으로) 프로그램에서 인스턴스를 이용하는 것입니다. 인스턴스는 객체이지만, 객체가 인스턴스인 것은 아닙니다. 포함 관계를 명확히 기억해주세요.

## 🏛 클래스

그럼 우리가 원하는 요소를 담은 객체를 만들려면 어떻게 해야 할까요? 바로 **클래스**를 이용합니다.

클래스는 객체의 설계도입니다. 객체 안에 있는 여러 함수와 변수를 클래스 안에 적어두면, 프로그램은 클래스를 설계도로 하여 인스턴스를 만들 수 있습니다. 우리가 자동차 객체를 만들기 위해선 자동차 안에 들어가야 하는 변수와 함수를 클래스에 적습니다. 그 후 이 클래스를 이용하여 새 객체를 만들 수 있고, 이렇게 만들어진 객체를 "인스턴스"라고 하는 것입니다. 즉, 인스턴스는 클래스가 실체화된 객체입니다. 설계도(클래스)대로 구현된, 우리가 쓸 수 있는 객체이죠.

---

> **Tip**  멤버, 필드, 메서드
>
> 객체의 요소를 일컫는 용어에 관한 이야기를 하겠습니다. 아래와 같은 용어가 있는데 사실 외우려 하지 않아도 자연스레 쓰게 되는 말입니다.
>
> - **멤버**: 객체가 가지고 있는 각 성질(요소)이며, 객체 안의 변수와 함수를 통칭합니다.
> - **멤버 변수**: 객체가 가지고 있는 변수를 의미합니다.
> - **멤버 함수**: 객체가 가지고 있는 함수를 의미합니다.
> - **필드**: '멤버 변수'와 같습니다. 약간 다르지만 '속성'이라고도 합니다.
> - **메서드**: '멤버 함수'와 같습니다.
>
> 즉, 객체를 구성하는 각 요소를 멤버라고 하는데, 멤버 변수 = 필드 = 속성이며, 멤버 함수 = 메서드입니다. '필드'와 '속성'은 묘하게 다른데, 나중에 설명할 테니 일단은 같다고 여겨도 무방합니다.

## 🏛 객체 사용하기

객체에 대한 이론적인 부분은 한 번에 이해되지 않을 수 있습니다. 그러나 한 번 사용해보면 이론적인 부분은 당장 이해 안 되더라도 코드를 작성하기엔 문제 없을 것입니다.

```
1    car1 := Car()
2    car2 := Car()
3    car3 := Car()
```

▲ Car 클래스로 세 개의 인스턴스를 만든 모습

이 코드는 Car 클래스를 이용하여 세 개의 인스턴스를 만듭니다. 각 인스턴스의 이름은 car1, car2, car3입니다. Car는 함수처럼 보이고, 마치 함수의 반환값을 각 변수에 담은 모양새지만, Car가 클래스인 경우 이는 새 인스턴스를 만드는 구문이 됩니다.

각 인스턴스는 필드와 메서드를 가지고 있을 테고, "멤버 접근 연산자"를 이용하여 각 인스턴스의 멤버에 접근할 수 있습니다. 멤버 접근 연산자는 마침표(.)를 사용합니다.

```
1    car1.color := "WHITE"
2    MsgBox(car1.color)
3
4    car2.wiper()
```

▲ car1의 필드를 바꾸고 출력한 다음, car2의 메서드를 호출한 모습

아쉽게도, 우리는 클래스를 직접 만들지 않았기 때문에 위와 같은 구문을 실행시켜 볼 순 없습니다. 다음 섹션에서 이 구문을 실행시킬 수 있는 Car 클래스를 만들며 내용을 더욱 익혀보겠습니다.

---

> **Tip** 🖋 **이론 부분을 지금 당장 이해되지 않아도 됩니다!**
>
> 지금 배운 내용은 객체 지향 프로그래밍이라고 할 수도 없는 아주 기초적인 개념이지만, 확실히 이해해야 하는 부분임은 맞습니다. 그러나 객체 개념을 처음 알게된 여러분은 지금 이해가 어려운 것이 일반적입니다.
>
> 따라서, 지금 당장 이론 부분이 이해되지 않더라도 일단 아래의 내용만 "그렇구나"하고 넘어가보세요. 코드로 짜보면 지금 설명한 이론에 관한 의문이 저절로 해소될 가능성이 큽니다.
>
> **여러분이 지금 꼭 이해해야 하는 내용**
> - 관련있는 변수와 함수를 묶어서 관리할 수 있는데, 그 묶음을 '객체'라고 하겠습니다.
> - 우리는 객체명.변수 또는 객체명.함수()의 형태로 이들을 이용할 수 있습니다.

# 62　아주 간단한 클래스 만들기

객체를 직접 사용해보기 위해 클래스를 만들어보겠습니다. 클래스를 만들어 객체를 사용하는 간단한 실습에 의미가 있지, 실제로 아주 구조적인 클래스를 작성하지는 않습니다. 이곳에서 설명하지 않는 부분은 상속, 접근 제한자(가시성 설정), 생성자 등입니다.

대신, 여기선 오토핫키 언어에서 클래스를 만드는 기초적인 방법과 이를 이용하여 객체(인스턴스)를 생성해보는 실습을 해보겠습니다.

## 🏛 클래스 만들기

클래스는 class 키워드를 통해 만듭니다. 아래와 같이 만들 클래스의 이름을 class 키워드의 오른쪽에 적은 후, 함수를 만들 때처럼 블록으로 클래스의 범위를 지정합니다.

```
1    class TestClass
2    {
3
4    }
```

▲ TestClass 클래스를 생성한 모습

이 안에, 필드로 사용할 변수와 메서드로 사용할 함수를 적습니다.

```
1    class TestClass
2    {
3        bar := 1
4        baz := 2
5
6        Add(x, y)
7        {
8            return x + y
9        }
10   }
```

▲ 필드 bar, baz와 메서드 Add()를 정의한 모습

간단한 형태의 클래스가 완성되었습니다!

## 🎲 클래스 사용하기

클래스를 사용해보겠습니다. 위에서 완성한 클래스를 소스 코드의 한 구석에 넣던가, Section 57을 참고하여 분할한 후 현재 스크립트 파일에서 불러올 수 있게 합니다.

### 1. 인스턴스 만들기

앞에서 설명했듯 **인스턴스**는 클래스가 실체화된 객체입니다. 즉, 우리가 만든 클래스를 이용하여 새 객체를 만들 수 있는데, 이렇게 만들어진 새 객체를 인스턴스라고 하는 것입니다.

클래스로부터 인스턴스를 만들어야, 해당 인스턴스를 이용하여 필드와 메서드에 접근할 수 있습니다. 인스턴스를 만드는 방법은 지난 섹션 마지막에 짧게 언급한 적 있습니다.

> 인스턴스명 := 클래스명()

한마디로, 위의 TestClass 클래스를 이용하여 인스턴스를 만들어보면 다음과 같습니다.

```
1    test := TestClass()
2    MsgBox(IsObject(test))
3
4    class TestClass
5    {
6        bar := 1
7        baz := 2
8
9        Add(x, y)
10       {
11           return x + y
12       }
13   }
```

▲ TestClass 클래스를 이용하여 test 인스턴스를 만든 모습

만든 클래스는 소스 코드 어디에 있어도 상관없습니다. 저는 인스턴스를 생성하는 부분(= 1번 줄) 아래에 클래스를 배치했습니다. 위 코드는 test라는 인스턴스를 생성한 후, `IsObject()` 함수의 인수로 만들어진 인스턴스를 적어서 반환값을 출력하는 코드입니다. 제대로 따라오셨다면 1이 출력됩니다. `IsObject()` 함수는 내장 함수인데, 주어진 인수가 객체이면 1을, 그렇지 않다면 0을 출력합니다.

## 2. 멤버 접근해보기

이제 멤버 접근 연산자를 사용하여 만든 인스턴스의 멤버에 접근해보겠습니다. 편의를 위해 클래스의 정의
부분(이전 코드의 3번 줄 밑)은 생략합니다.

```
1    test := TestClass()
2    MsgBox(test.bar)
3    MsgBox(test.Add(2, 3))
```

▲ 필드 bar와 메서드 Add()에 접근

우선, 2번 줄에서 인스턴스의 두 개의 필드 중 하나인 bar에 접근했습니다. 클래스를 만들 때 bar의 값을 1
로 지정했으므로, 1이 출력됩니다.

그다음 3번 줄에선 인스턴스의 유일한 메서드인 **Add( )**를 호출했습니다. 매개변수로 2와 3을 전달했네요. 클
래스에서 **Add( )** 함수는 두 매개변수의 합을 반환하도록 했으므로, 알림상자엔 5가 출력될 것입니다.

물론 다음과 같이 변수에 담았다가 출력해도 무방합니다. 굳이 언급하지 않아도 이젠 자연스럽게 알고 있던
사실이죠?

```
1    test := TestClass()
2    testBar := test.bar
3    testAdd := test.Add(2, 3)
4    MsgBox(testBar)
5    MsgBox(testAdd)
```

▲ bar 필드의 값과 Add() 메서드의 반환값을 미리 변수에 담아두었다가 출력

> **Tip** **각 인스턴스는 독립적입니다.**
>
> 만약 아래와 같이 세 개의 인스턴스를 만들면, 각각의 필드와 메서드는 하나의 클래스로부터 파생되었으므로 모두 공유될까요?
>
> ```
> 1    test1 := TestClass()
> 2    test2 := TestClass()
> 3    test3 := TestClass()
> ```
>
> 아닙니다. 각 인스턴스는 완전히 별개의 객체이기 때문에, test1.baz := 100과 같이 필드의 값을 바꿔도 test2, test3 인스턴스의
> 필드에까지 영향을 미치지 않습니다. 마치 하나의 붕어빵 틀에서 나온 여러 개의 붕어빵이 모두 독립적이라, 한 붕어빵을 변형시
> 켜도 다른 붕어빵은 온전한 것처럼 말입니다.

## ✿ this 객체

클래스를 만들 때 자기 자신의 멤버에 접근하려면 어떻게 해야할까요? 즉, 앞서 만든 TestClass 클래스의 Add( ) 메서드에서 baz 필드의 값을 가져오거나 수정하는 방법은 무엇일까요? 클래스 안쪽에선 '자기 자신'을 나타내는 this 객체가 있습니다. this 객체에는 자기 자신의 멤버가 담겨있으므로, 다음과 같이 사용하여 자기 자신의 멤버를 이용할 수 있습니다.

```
1     class TestClass
2     {
3         bar := 1
4         baz := 2
5
6         AddBaz(x)
7         {
8             return x + this.baz
9         }
10    }
```

▲ 들어온 입력 값에 자기 자신의 baz 필드의 값을 더하여 반환하는 AddBaz() 함수의 정의

필드의 경우 뿐만 아니라, 만약 클래스 내의 다른 함수를 이용하려면 this.메서드명( )으로 이용할 수 있겠죠. 클래스를 작성하는 아주 기초적인 방법만 설명하려고 했으나, 적어도 this 객체는 알아야 기본적인 클래스를 작성할 수 있으므로 짤막하게 소개해봅니다.

# 63 프로그래밍 문제 (9)

문제 1 **다음 중 객체에 관한 설명으로 옳지 않은 것은?**

ㄱ. 객체는 변수와 함수를 갖고 있는 하나의 집합이다.

ㄴ. 객체는 인스턴스이다.

ㄷ. 클래스는 객체이다.

ㄹ. 객체의 멤버에 접근하고 싶을 땐 . 연산자를 사용한다.

문제 2 **다음과 같은 클래스를 작성하세요.**

수학 계산 클래스 'MyMath'

#### 동작

1. 하나의 수 n과 다른 수 m을 입력받아 nm을 반환하는 메서드 Exponent()를 구현할 것.

2. 하나의 수 n과 다른 수 m을 입력받아 nm/10을 반환하는 메서드 Exponent10()를 구현할 것.

3. 하나의 수 n을 입력받으면 그 n을 반지름으로 하는 원의 면적을 구하는 메서드 GetArea()를 구현할 것.

4. 3.14의 값을 가지는 필드 PI를 구현할 것.

#### 조건

1. Exponent() 함수는 오토핫키에 내장된 Exp() 함수를 이용하지 말고 구현할 것.

2. Exponent10() 함수는 그 내부에서 Exponent() 함수를 호출하여 구현할 것.

3. GetArea() 함수는 필드 PI를 이용하여 만들 것.

#### 참고 사항

1. 원의 면적은 PI * 반지름$^2$이다.

문제 3 **다음과 같은 프로그램을 작성하세요.**

다른 사람이 만든 클래스를 이용하기

#### 동작

1. 메모장에 글을 쓰다가 F1을 누르면, 작성한 글의 한글 초성을 출력한다.

#### 조건

1. 다음에 제공된 라이브러리를 이용할 것.

2. 현재 복사된 텍스트가 담겨있는 내장 변수 A_Clipboard를 사용할 것.

사용할 라이브러리: 모두의 한글

**다운로드 주소**

https://github.com/devPnal/every-hangul-v2

**다운로드 방법**

1. 우측의 [Releases] 버튼을 클릭하여 현재 버전의 다운로드 페이지로 들어간다.
2. [Library.zip] 버튼을 클릭해서 라이브러리(EveryHangul.ahk)와 예제 파일(Demo.ahk)이 들어있는 압축 파일을 내려받는다.
3. 라이브러리에 있는 메서드를 활용하여 위 문제를 해결한다.

**힌트**

- 적고 있는 글은 Ctrl + A로 전체 선택할 수 있으며, Ctrl + C로 복사할 수 있습니다.
- '모두의 한글' 라이브러리에는 클래스가 적혀있기 때문에, 그 안의 메서드를 이용하면 됩니다.

---

**Tip** 。 **라이브러리?**

Section 57에서 짧게 언급해서 용어가 낯설 수도 있겠습니다. 라이브러리는 프로그래밍에 필요한 함수나 클래스와 같은 자원을 모아둔 파일을 의미합니다.

내려받은 '모두의 한글'은 오토핫키에서 한글과 관련된 작업을 용이하게 하기 위해 제가 만든 라이브러리입니다. 이를 이용하여 한글과 관련된 여러 작업을 할 수 있습니다. 한글의 자모를 분리할 수도 있고, 현재 컴퓨터의 한/영 상태를 알아낼 수도 있습니다.

이 문제는 클래스 형태의 라이브러리를 잘 사용할 수 있는지 확인해볼 수 있는 문제입니다. 내려받은 파일에는 예제 파일도 있고, 각 함수별 역할과 사용법도 작성되어 있으니 받은 파일을 조금만 조사해보면 금방 풀 수 있을 것입니다. 주어진 라이브러리를 자신의 코드에 올바르게 적용하는 것도 능력입니다. 그러한 능력을 키우기 위해 이런 문제를 만들어보았습니다.

## ✿ 버그와 그레이스 호퍼

컴퓨터 프로그래밍 세계에서 '버그'라는 용어는 너무나 익숙합니다. 알만한 사람들은 아는 이야기지만, 처음 프로그래밍을 배우는 여러분에겐 재미있을 이야기 하나를 풀어보겠습니다.

이야기는 1947년 9월 9일, '마크 II'라는 컴퓨터에서 시작됩니다. 당시 미 해군 예비역 중위였던 그레이스 호퍼(Grace Hopper)는 컴퓨터의 오작동 원인을 조사하던 중 놀라운 광경을 목격했습니다. 컴퓨터 내부에서 부품 사이에 끼어 있던 나방을 발견한 것입니다. 그녀와 동료들은 이 나방을 조심스럽게 제거한 후, 노트에 나방을 테이프로 붙이고는 "First actual case of bug being found"(실제 버그가 발견된 최초의 사례)라고 기록했습니다. 이 노트와 나방은 워싱턴 D.C.의 '스미소니언 국립 미국사 박물관'에 소장되어있습니다.

일전부터 컴퓨터의 오작동을 '버그'라고 칭하긴 했었습니다. 정확히는, 컴퓨터의 등장 이전부터 '기계적 결함'을 버그라고 불렀습니다. 그러나 호퍼의 발견은 실제 버그(벌레)가 버그(오류)를 일으킨 최초의 사례였고, 이후 '버그'는 컴퓨터 소프트웨어의 오작동을 일컫는 말로 유명해져 전 세계 프로그래머에게 널리 사용되게 됩니다.

그레이스 호퍼는 단순히 버그를 발견한 사람이 아니었습니다. 예일 대학교 수학 박사인 그녀는 최초의 컴파일러(앞서 '프로그래밍 언어를 기계어로 변환하는 번역기의 한 종류'라고 설명했습니다.)를 개발하고, COBOL이라는 프로그래밍 언어 개발에 핵심적인 역할을 했습니다. 그녀의 업적은 현대 프로그래밍 언어의 기초가 되었습니다.

그레이스 호퍼의 이야기는 기술 발전의 흥미로운 한 장면입니다. 당시 컴퓨터는 이제 막 태동하는 단계였고, 많은 시행착오와 우연한 발견들이 있었습니다. 버그 이야기는 호퍼의 위대한 일대기 중 하나의 재미있는 에피소드일 뿐이지만, 오늘날 우리가 사용하는 첨단 기술의 이면에는 이런 작은 이야기들이 숨어있습니다.

# CHAPTER. 02

# 배열과 맵

# 64    배열과 맵 개요                                    SECTION

우리는 지난 시간 동안 객체를 통해 프로그램을 조금 더 구조화하는 방법을 습득했습니다. 관련있는 변수와 함수를 하나로 묶어 관리하기 위해 **객체**를 도입했고요. 이번에도 프로그램을 더욱 깔끔하게 작성하는 방법을 소개하겠습니다. 바로 연관된 값을 저장할 수 있는 **배열**과 **맵**이라는 자료 구조를 말입니다.

## 자료 구조

우리가 프로그램을 작성할 땐 여러 값이 필요합니다. 보통은 그 값을 변수의 형태로 등장시키지만, 만약 프로그램의 규모가 엄청나게 커지면 어떻게 될까요? 아마 수많은 변수가 필요하고 스크립트는 관리하기 힘들어질 것입니다. 그래서 자료(값)를 효율적으로 보관하기 위한 여러 방법이 고안되는데, 그 방법을 통틀어 자료 구조라고 합니다.

## 배열과 맵

배열과 맵은 연관된 값을 하나로 묶을 수 있는 자료 구조입니다. 아직까진 '자료 구조'라는 말이 어렵지만 그냥 '값을 저장할 수 있는 방법' 정도로 생각하고 있으면 됩니다.

앞서 설명한 것처럼 프로그램의 규모가 커질수록 사용되는 변수는 걷잡을 수 없이 많아집니다. 이러한 상황에서 객체를 이용하여 좀 더 구조화시킬 수 있지만, 이를 위해 구체적인 클래스를 설계해야 하는 것은 큰 노력이 듭니다. **간단하게 연관된 값들을 한 이름으로 관리할 수 있는 방법이 있다면 얼마나 좋을까요?** 그래서 연관된 값을 하나의 변수로 취급할 수 있는 배열 또는 맵을 사용합니다.

> **Tip** ▸ **배열과 객체의 관계**
>
> 사실 배열은 객체보다 먼저 나온 개념입니다. 즉, 객체가 없던 시절엔 배열만으로 연관된 값을 저장하곤 했습니다. 당연히 배열은 객체와는 관련 없는 개념이었습니다.
>
> **그러나 오토핫키에선 배열이 객체로 구현되어 있습니다.** 오토핫키에선 과거 이를 '객체 기반 배열(Object-based arrays)', 현행은 '배열 객체(Array object)'라고 부르며 오토핫키에서의 배열이 객체를 기반으로 하고 있음을 명확히 보여주고 있습니다.
>
> 타 언어에선 이와 같은 방식으로 구현된 자료 구조를 고전적 형태의 배열과 구분하기 위해 '리스트(List)'라고도 부릅니다.

## 배열(맵)을 쓰면 일어나는 변화

예를 들어서, 손님의 출입을 관리하는 독서실 운영 프로그램이 있다고 해봅시다. 이 독서실의 회원 100명을 관리하기 위해선, 다음과 같이 최소 100개의 변수가 필요할 것입니다.

```
student1, student2, student3, ..., student100
```

▲ 학생 100명을 별개의 변수로 관리하는 모습

그러나 배열을 쓰면 아래와 같이 하나의 변수로 관리할 수 있습니다.

```
student[1], student[2], student[3], ..., student[100]
```

▲ 학생 100명을 student 변수(배열)로 관리하는 모습

**...아니, 고작 대괄호 하나 추가된 모양새인데 뭐가 좋다는 거죠?**

어째 종이 넘어 여러분의 반응이 눈에 보입니다. 아직 본격적인 내용을 배우지 않았기 때문에 와닿지 않을 수 있지만, 믿고 따라와주세요. 연관된 값을 배열과 맵으로 관리하는 것은 사소해 보이지만 큰 변화를 가져다줍니다.

- 여러 변수를 하나로 통합하여 관리할 수 있다.
- 자료의 변동에 대처하기 용이하다.
- 대량의 자료를 추가할 때 편리하다.
- (오토핫키에선) 배열과 맵은 객체이므로, 자료를 관리하는 여러 메서드를 사용할 수 있다.

좋습니다. 다음 섹션부터는 배열, 맵을 이용하여 더욱 아름다운 코드를 작성해봅시다!

# 65 배열

SECTION

이름부터 가장 단순해보이는 배열부터 차근차근 배워보겠습니다.

## 🔷 배열

배열은 순차적인 값을 처리하기 위해 등장한 자료 구조입니다. 학생 100명을 관리하기 위해 100개의 변수를 사용하는 대신, 순차적으로 한 명씩 자료 구조에 담을 수 있게 한 것이죠. 각 학생은 '1번 학생', '2번 학생' 등으로 표현됩니다. 이렇듯 배열은 '순서'가 중요한 측면이 있습니다.

배열은 주로 한 줄의 표 형태로 나타냅니다. 본서도 마찬가지로, 아래와 같은 1행 표 형태로 배열을 표현하겠습니다.

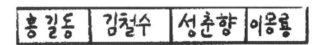

[그림 65-1] 배열의 구조 예시

---

> **Tip** **요소와 인덱스**

앞으로 본문에서 요소, 인덱스라는 말을 많이 사용할 것입니다.

요소는 배열 안에 있는 각 값을 의미하는데, 그러니까 [그림 65-1]에서 홍길동, 김철수 등이 요소입니다.

인덱스는 배열의 요소가 가진 순번을 말합니다. [그림 65-1]에서 성춘향의 인덱스는 3이죠.

- **요소(Element)**: 배열 안에 있는 각 값을 말합니다.
- **인덱스(Index)**: 배열의 요소가 가진 순번을 의미합니다.

참고로, '인덱스'라는 용어는 내장 변수 A_Index에서 알 수 있듯이 프로그래밍에서 어떤 순번을 의미하는 일반적인 용어입니다. 대부분 언어에서 인덱스는 0부터 시작하지만, 오토핫키에선 현실 세상과 마찬가지로 1부터 시작합니다. 첫 번째 요소의 인덱스는 1인 셈이죠.

## 🔷 배열의 생성과 할당, 사용

이제 배열을 만들어보고, 배열 안에 값을 넣어보겠습니다. 오토핫키에서 배열은 다음과 같이 만듭니다.

```
1    arr := Array()
2    arr := []
```

▲ 배열의 생성

두 줄 모두 arr이라는 배열을 만드는 구문입니다. 1번 줄보다는 2번 줄이 좀 더 축약된 형태로서, 흔히 사용되는 구문입니다. 본문에서는 2번 줄처럼 빈 대괄호쌍([ ])을 이용하겠습니다.

> 어? 1번 줄 말인데요. 이거 클래스로 인스턴스를 만드는 방법과 똑같은데요?
> instance := 클래스명()으로 인스턴스를 만들잖아요!

이런 의문이 있다면 정확한 관찰입니다. 실제로 오토핫키 내엔 Array 클래스가 있고, 우리는 이를 이용하여 인스턴스를 만들어주는 것입니다. 그래서 Array( )로 새 배열을 생성해줄 수 있습니다.

아무튼, 이제 arr 배열이 만들어졌습니다. 만약 빈 배열이 아닌 요소가 들어있는 배열을 만들고 싶다면 아래와 같이 콤마로 구분된 요소를 적어줄 수 있습니다. 이 역시 두 줄 모두 같은 구문입니다.

```
1    score := Array("홍길동", "김철수", "성춘향",  "이몽룡")
2    arr := ["홍길동", "김철수", "성춘향", "이몽룡"]
```

▲ 배열의 생성(초깃값 포함)

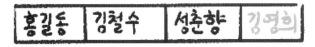

[그림 65-2] 생성된 배열의 모습

## 🎲 할당

아래와 같이, 배열의 원하는 인덱스에 값을 할당할 수 있습니다.

```
1    arr[4] := "김영희"
```

▲ 배열의 네 번째 요소를 변경(재할당)

[그림 65-3] 4번 인덱스의 값이 '이몽룡'에서 '김영희'가 된 배열의 모습

현재 존재하지 않는 인덱스에 할당할 수는 없습니다. 새 요소를 추가하기 위해서는 후술할 Push( ) 메서드를 사용하는 것이 좋습니다.

```
1    arr[7] := "김선달"
```

▲ 현재 배열은 4번 인덱스까지 있으므로, 7번 인덱스로는 할당이 되지 않습니다. (오류)

## 🏛 사용

배열에 들어가 있는 값에 접근하려면 위에 할당의 예시처럼 [ ]를 사용합니다. 간단히 출력을 해보겠습니다.

```
1    MsgBox(arr[2])
```

배열의 두 번째 요소를 출력

위에서 이용했던 배열을 계속 이용한다면, 이는 김철수를 출력할 것입니다. 할당과 사용의 예에서 보다시피, arr[n]은 'arr 배열의 n번째 요소'를 의미합니다.

---

> `Tip` **첨자 연산자**
>
> 배열 인덱스에 접근하는 연산자인 [ ]는 첨자 연산자 혹은 항목 접근 연산자라고 합니다. 첨자 연산자 안에 인덱스를 적으면, 그 인덱스에 해당하는 요소(값)에 접근할 수 있습니다.

> ⚠ **첨자 연산자와 배열 리터럴은 다릅니다.**
>
> 배열을 처음 만들 때 쓴 **arr := [ ]**의 [ ]는 첨자 연산자라고 하지 않습니다. 이 경우의 [ ]는 '배열 리터럴'이라고 부릅니다. 그 안에 [1, 10, 20]처럼 여러 항목을 적어서 배열 그 자체를 적어줄 수 있죠.
> 첨자 연산자는 배열 리터럴과 다르게 인덱스를 적어줘서 값을 할당할 때 사용한 **arr[3]** 부분의 [ ]입니다. 모양은 같지만 '첨자 연산자'는 배열의 인덱스에 접근하는 경우의 [ ]임을 알아두세요. 당연히, 첨자 연산자 바로 앞에는 배열명이 있어야 할 것입니다.

---

## 🏛 배열에서 사용할 수 있는 메서드와 속성

이전 섹션에서, 오토핫키에서 배열은 객체로 구현되어있다고 설명했습니다. 그래서, 오토핫키의 배열은 메서드를 이용할 수 있습니다. 객체에 들어있는 멤버 함수 말입니다.

메서드를 이용하면 인덱스를 계산하지 않고도 배열의 요소를 추가하거나 삭제하는 등 유용한 동작을 할 수 있습니다. 자주 사용되는 메서드는 아래와 같습니다.

| 메서드 | 매개변수 | 반환값 | 역할 |
|---|---|---|---|
| Push( ) | Value | – | 배열의 마지막에 값 추가 |
| Pop( ) | – | 제거된 값 | 배열의 마지막 값을 제거 후 반환 |
| InsertAt( ) | Index, Value1 [, Value2, ..., ValueN] | – | 배열의 특정 위치에 값 추가 |
| RemoveAt( ) | Index [, Length] | 제거된 값 | 배열의 특정 위치에서 값 제거 |

특히 Push( ), Pop( )은 정말 많이 쓰는 메서드입니다. 배열의 마지막에 값을 추가하거나, 마지막 값을 제거하기 때문입니다.

배열에서 쓸 수 있는 속성(= 멤버 변수)도 있는데, 주로 Length 하나만 사용합니다.

| 속성 | 의미 |
|---|---|
| Length | 배열의 길이(비어있는 요소를 포함) |

## 📖 실습

오랜만에 실습을 좀 해보겠습니다.

### 1. 50칸의 배열에 2의 배수 넣기

길이가 50인 배열에 2의 배수 50개, 즉 2, 4, 6, 8, …, 100을 넣어보겠습니다.

```
1    doubleNumbers := []
2    Loop 50
3        doubleNumbers.Push(A_Index * 2)
```

[예제 65-1] doubleNumbers 배열에 2의 배수 50개 삽입

Push( ) 메서드는 인수로 전달된 값을 배열의 끝에 삽입하는 역할이었죠? 이를 이용하여 2의 배수 50개를 순차적으로 요소를 추가해주었습니다. 간략하게 그림을 그려보면 아래와 같습니다.

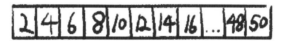

[그림 65-4] 2의 배수가 들어간 배열의 모습

### 2. 배열의 값 모두 출력해보기

[예제 65-1]의 배열에 실제 값이 잘 담겼는지 확인하려면 이를 직접 출력해보는 수밖에 없을 것입니다. 이번엔 배열의 값을 모두 출력하는 스크립트를 작성해보겠습니다.

```
~    예제 65-1의 코드 생략
4    Loop doubleNumbers.Length
5        result .= "[" A_Index "]" doubleNumbers[A_Index] "`t"
6    MsgBox(result)
```

[예제 65-2] doubleNumbers 배열의 값 모두 출력

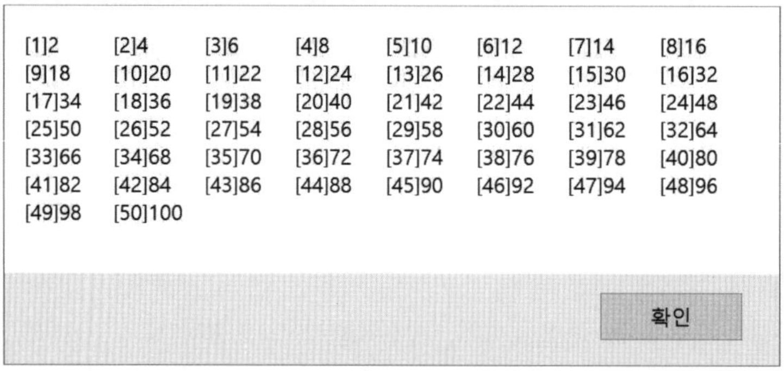

```
[1]2        [2]4        [3]6        [4]8        [5]10       [6]12       [7]14       [8]16
[9]18       [10]20      [11]22      [12]24      [13]26      [14]28      [15]30      [16]32
[17]34      [18]36      [19]38      [20]40      [21]42      [22]44      [23]46      [24]48
[25]50      [26]52      [27]54      [28]56      [29]58      [30]60      [31]62      [32]64
[33]66      [34]68      [35]70      [36]72      [37]74      [38]76      [39]78      [40]80
[41]82      [42]84      [43]86      [44]88      [45]90      [46]92      [47]94      [48]96
[49]98      [50]100

                                                                        확인
```

[그림 65-5] 출력 결과

배열의 원본 데이터를 삭제하지 않고 출력만 하기 위해 Pop( ) 메서드를 사용하지 않고 첨자 연산자로 직접 값을 읽었습니다. doubleNumbers[A_Index]가 바로 그 부분이죠. 그 앞에 쓰인 "[" A_Index "]"는 단순히 몇 번째 인덱스의 값인지 출력해주기 위해 적은 것입니다. 헷갈리면 안 됩니다.

그밖에, 반복 횟수로 Length 속성을 이용해준 것이 특기할만합니다. 이렇게 적으면 doubleNumbers 배열의 길이가 변경되어도, 코드는 수정해줄 필요가 없습니다. 제일 좋은 것은 이 예제 전체를 함수화하여, doubleNumbers 부분을 매개변수로 수정해주는 것이죠. 함수화시키면 배열이 바뀌어도 그 길이에 상관없이 모든 내용을 출력할 수 있습니다.

# 66 맵

배열의 짝꿍인 '맵'을 알아보겠습니다.

## 맵

배열은 순서를 기반으로 한 자료 구조였습니다. 각 요소는 그 순서, 즉 '인덱스'에 종속되어 있었습니다. 어떤 요소를 사용하려면 첨자 연산자를 통해 해당 인덱스의 요소에 접근해야 했죠. 다른 말로 하면, 배열에선 어떤 요소가 순서와는 관련 없을 때에도 해당 요소를 사용하려면 그 요소의 인덱스를 알아야 했습니다.

예를 들어서, 어떤 화상의 x 좌표와 y 좌표를 저장하는 용도의 pos 배열이 있다면, pos[1]과 pos[2]처럼 x, y 와 관련없는 1, 2라는 표지만으로 그들을 구분해야 했습니다. 앞선 객체에서의 예처럼 **pos.x, pos.y**와 같이 직관적인 이름을 사용할 수 없습니다. 이것이 가독성 측면에서의 배열의 단점입니다. 물론, 순번이나 개수를 표지로 삼을 때에는 배열이 적합하지만요.

맵은 값의 기준을 인덱스가 아닌 내가 만든 키(Key)로 삼는 자료구조입니다. 관련된 값을 묶어서 저장할 때, 단순한 숫자가 아니라 유의미한 단어와 함께 저장하는 것은 꽤 유용합니다. 아래 그림을 보세요!

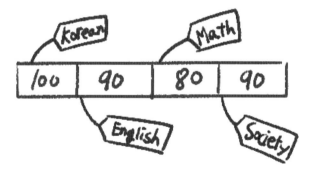

[그림 66-1] 각 과목에 대한 성적을 저장할 땐, 배열보단 맵이 적합합니다.

배열을 써서 위와 같은 성적을 관리한다면 각 과목이 몇번 인덱스에 저장되어 있는지 알아야합니다. 국어는 [1]로, 영어는 [2]로 … 그러나 맵을 사용하면 국어는 'Korean'으로, 영어는 'English'로 관리할 수 있습니다. 읽기 쉬운 코드가 좋은 코드입니다.

> **Tip 키와 값**
>
> 맵은 키와 값 쌍으로 자료를 관리하는 자료구조입니다. 살짝 나온 용어인데, 키와 값에 대해서 좀 더 자세하게 말해보겠습니다.
>
> • **키(Key):** 자료를 구별할 수 있는 이름입니다. 배열에서 인덱스와 같이, 다른 값끼리는 겹칠 수 없는 고유한 이름이어야 합니다. 그리고, 대소문자를 구분합니다.
> • **값(Value):** 키에 대응되어 담기는 내용이며, 배열로 치면 요소에 해당합니다. 이곳엔 수나 문자열은 물론 객체, 다른 배열이나 맵 또한 올 수 있습니다. 보통은 수나 문자열만 넣습니다.

## 맵의 생성과 할당, 사용

맵을 만들어보고, 맵 안에 값을 넣어 사용해보겠습니다.

### 1. 생성

맵의 생성은 배열의 경우와 비슷합니다.

```
1    report := Map()
```

▲ report 맵의 생성

배열과 마찬가지로, 초깃값을 넣어서 생성해줄 수도 있습니다. 이때에는 키와 값을 콤마로 구분하여 순서대로 넣어줍니다.

```
1    report := Map("Korean", 100, "English", 90, "Math", 80)
```

▲ 초깃값이 있는 report 맵의 생성

배열은 배열 리터럴 [ ] 안에 값을 나열에서 간단히 쓸 수 있었지만, 맵에는 '맵 리터럴'이란 것이 없습니다. 따라서, 새로운 맵 인스턴스를 만드는 Map() 구문을 사용해주어야만 합니다.

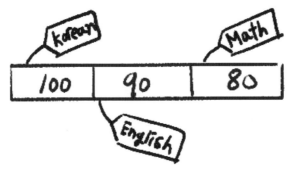

[그림 66-2] 생성된 맵의 모습

## 2. 할당

첨자 연산자 안에 키를 적어주어서 원하는 키의 값에 접근 가능합니다. 배열과 유사하죠? 다만, 키를 문자열로 적어주었기 때문에 따옴표 표시를 해주어야 한다는 점은 주의해야 합니다.

```
1    report["English"] := 95
```

▲ 맵에서 English 키의 값을 수정(재할당)

배열과 다르게, 없던 키에 할당해도 정상적으로 할당됩니다. 해당 키-값 쌍이 추가되는 것이죠.

```
1    report["History"] := 100
```

▲ 맵에 History 키로 100 값을 할당

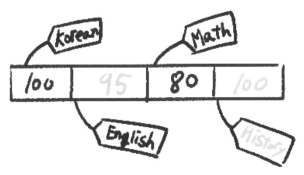

[그림 66-3] English 값이 수정되고 History 키-값 쌍이 추가된 맵의 모습

## 3. 사용

사용 또한 배열과 같습니다. 인덱스 대신 키가 들어간다는 점만 주의해주세요.

```
1    MsgBox(report["Korean"])
```

▲ 맵의 Korean 값을 출력

## 🔷 맵에서 사용할 수 있는 메서드와 속성

맵은 키와 값이 함께 저장되는 자료 구조이며, 배열과는 다른 여러 메서드를 지원합니다. 이곳에선 자주 사용되는 메서드만 적겠습니다.

| 메서드 | 매개변수 | 반환값 | 역할 |
|--------|----------|--------|------|
| Delete() | Key | 제거된 값 | 해당 키-값 쌍 제거 |
| Has() | Key | true 혹은 false | 해당 키의 존재 여부 반환 |

오토핫키에서 true는 1, false는 0과 완전히 동일하다는 점을 다시 한 번 알려드립니다. 맵에서 쓸 수 있는 속성도 있습니다. 이 역시 자주 사용되는 속성만 적어보겠습니다.

| 속성 | 의미 |
|------|------|
| Count | 맵에 있는 키-값 쌍의 수 |
| CaseSense | 맵의 키의 대소문자 구분 여부(기본값은 On이며, Off로 설정 시 구분 안 함) |

예를 들어서, `map.CaseSense := "Off"`처럼 작성하면 키의 대소문자 구분을 하지 않습니다. 이를 이용하여 별도로 설정하기 전까지 키는 대소문자를 구분합니다! 즉, CaseSense를 설정하지 않으면 대소문자가 다른 키는 서로 다른 값을 가집니다. 오토핫키에서 대소문자를 구분하는 몇 안 되는 경우 중 하나입니다.

## 🗄 for-loop

배열은 순차적으로 증가하는 인덱스가 있었기 때문에, Loop와 A_Index를 이용하여 내부의 값을 모두 탐색할 수 있었습니다. 그러나 맵은 인덱스 대신 키를 기준으로 값을 저장하기 때문에 각 요소를 순차탐색할 수 없습니다. 실제로 넣은 순서대로 값이 저장되지도 않고요.

대신, `for-loop`라는 또 다른 방식의 반복문으로 맵 내부의 키-값 쌍을 모두 탐색할 수 있습니다. 기본 문법은 아래와 같습니다.

```
1    for key, value in mapVar
2        MsgBox("키: " key " 값: " value)
```

`for` 뒤에 적는 두 개의 변수는 반복문 내에서 사용할 키와 값 변수입니다. 즉, 위 예시에선 반복문 내에서 키는 key, 값은 value라는 변수에 담깁니다. `in` 예약어 뒤에 적은 변수는 탐색할 객체의 이름입니다. 여기선 mapVar 맵을 탐색하겠네요.

맵 내부의 모든 키-값 쌍을 이를 통해 순회할 수 있습니다. 다음을 실습해보면서 감을 익혀보세요.

## 📖 실습

### 1. 맵 탐색하며 평균 구해보기

위에서 만들었던 report 맵의 평균을 구해보겠습니다. 값의 평균은 모든 값을 더한 후 개수로 나누면 됩니다.

```
1    sum := 0
2    report := Map("Korean", 100, "English", 95, "Math", 80, "History", 100 )
3    for subject, score in report
4        sum += score
5    avarage := sum / report.Count
6    MsgBox(avarage)
```

[예제 66-1] report 맵의 평균 (모든 값의 합 / 값의 개수)

평균을 구하는 방법만 안다면 어렵지 않게 이해할 수 있는 코드입니다. 참고로, 반복문 안에서 subject 변수는 사용되지 않았는데, **for-loop**에서 쓰는 key, value 변수 중 필요하지 않은 변수는 생략할 수 있습니다. 저는 혼동을 줄이기 위해 (성능 상 문제가 없는 경우) 생략하지 않는 편입니다. 만약 subject 변수를 생략하면 3번 줄은 아래와 같이 써질 것입니다.

```
3    for , score in report
```

### 2. 원하는 배열 구성해보기

프로그램을 작성할 땐 '원하는 동작을 어떻게 만들어나갈지 구상하고 실현하는 능력'이 제일 중요합니다. 이번엔 상황을 하나 가정해보고 그 상황에 맞는 맵을 작성해보겠습니다.

---

**만들고자 하는 프로그램**
- 개인용 학습 기록 프로그램
- 오늘 날짜, 내가 한 공부 주제, 시작 시간, 총 공부 시간을 기록하는 프로그램을 만든다.
- F1은 [공부 시작] 버튼으로 이용한다.
- F2는 [공부 끝] 버튼으로 이용한다. 공부가 끝남과 동시에 공부 기록을 보여준다.

---

앞의 프로그램을 만든다고 할 때, '오늘 날짜', '공부 주제', '시작 시간', '총 공부 시간'을 저장할 수 있는 맵을 만들면 좋겠네요. F1을 누를 때마다 맵에 새 날짜와 시간을 담아 저장해보겠습니다. 그리고 F2는 [공부 끝] 버튼으로 클릭하면 '총 공부 시간'을 기록하게 해봅시다. '총 공부 시간'은 (현재 시간 – 공부 시작 시간)으로 하면 적절하겠군요. '공부 주제'는 '행정법 총론'으로 고정하겠습니다.

```
1    studyLog := Map()
2
3    F1::
4    {
5        studyLog["Date"] := A_Year "-" A_Mon "-" A_MDay
6        studyLog["Subject"] := "행정법 총론"
7        studyLog["StartTime"] := A_Now
8    }
9
10   F2::
11   {
12       if (studyLog.Count = 0)
13       {
14           MsgBox("공부 시작 버튼을 먼저 눌러주세요.")
15           return
16       }
17       studyLog["TotalTime"] := A_Now - studyLog["StartTime"]
18       MsgBox(
19           "날짜: " studyLog["Date"]
20           "`n과목: " studyLog["Subject"]
21           "`n시작한 시간: " studyLog["StartTime"]
22           "`n공부한 시간: " studyLog["TotalTime"] "초"
23       )
24       ExitApp
25   }
```

[예제 66-2] 만들어진 맵의 모습

코드가 좀 길지만 천천히 읽어보세요. 우선 1번 줄에서 전역 변수인 studyLog 맵을 만듭니다. 그 뒤 F1을 누르면 Date, Subject, StartTime 키에 각각에 맞는 값을 넣습니다. 여기까진 이해가 되죠?

F2를 누르면, 우선 studyLog 맵이 비어있는지 확인합니다(12번 줄). 맵에 있는 키-값 쌍이 0개라는 말은 맵이 비어있다는 뜻인데, 이는 곧 F1을 누르지 않았다는 뜻입니다. 이런 경우 return을 통해 지역을 벗어납니다. 즉, 그 아래의 코드가 실행되지 않도록 해줍니다.

17번째 줄에서 총 공부 시간을 계산해줍니다. 단순히 A_Now에서 공부 시작 시간을 감해준 값입니다.

마지막으로 18번 줄부터 23번 줄까지는 **MsgBox**를 이용하여 값을 출력해주었습니다. 이 부분은 좀 눈여겨 볼 만합니다. 네 줄에 걸쳐서 **MsgBox**의 Text 인수를 적어주었는데요, 중간에 콤마를 찍지 않았기 때문에 저게 전부 하나의 인수입니다. 한마디로 저 18~23번 줄은 아래 구문과 같습니다.

```
18    MsgBox("날짜: " studyLog["Date"] "`n과목: " studyLog["Subject"] "`n시작한 시간: "
      studyLog["StartTime"] "`n공부한 시간: " studyLog["TotalTime"])
```

한 줄이 너무 길기 때문에 여러 줄에 나누어서 적어준 것이지요. 따라서, 아래와 같은 형식을 외워두면 긴 줄을 하나의 인수로 적을 때 유용합니다.

```
1    FunctionName(
2        "기이이이이"
3        "이이이이이"
4        "이이이이이"
5        "이이이이이"
6        "이이이이이"
7        "이이이이인 인수!"
8    )
```

▲ 긴 인수를 여러 줄로 분할

직접 프로그래밍을 해보면서 맵을 만들고 조작해보세요. 이해가 안 돼 복잡한 머릿속을 한결 환하게 밝혀줄 것입니다. 조금만 더 힘내보세요! 배열과 맵 파트만 끝나면 잠시 쉬었다가, 재미있는 GUI 프로그래밍 파트 진도를 나가면 됩니다. 기대되지 않나요?

# 67 배열과 맵, 객체 이모저모 SECTION

낯선 개념을 익혔으니 조금 쉬어가 보겠습니다. 이번 섹션의 내용을 반드시 익힐 필요는 없지만, 중요하지 않다고는 할 수 없습니다. 다만 프로그래밍 경험이 많지 않으면 이해하기 어려운 내용이 일부 섞여있습니다. 어디까지나 조금 깊은 내용을 다루는 만큼, 완벽히 이해할 필요가 없이 '일단은' 휙휙 읽어도 됩니다. 키보드에서도 잠시 손을 떼보자고요.

물론, 쉬운 부분은 키보드로 타이핑해보면서 읽어도 됩니다.

## 🔷 배열의 배열

오토핫키에선 배열 안의 요소로 배열을 넣을 수 있습니다. 그 뿐만 아니라 모든 객체를 넣을 수 있습니다. 맵도 넣을 수 있고, 어떤 인스턴스 또한 배열 안에 들어갈 수 있습니다. 비슷한 원리로, 맵 안에도 또다른 배열/맵/모든 객체가 들어갈 수 있습니다. 즉, 아래와 같이 outerArray 배열의 요소로 innerArray 배열을 할당할 수 있습니다.

```
...    outerArray[1] := innerArray
```

▲ outerArray의 첫 번째 요소로 innerArray를 통째로 할당해준 모습

이 경우 아래와 같이 첨자 연산자를 연달아 써서 innerArray의 요소에 접근할 수 있습니다.

```
...    MsgBox(outerArray[1][n])
```

▲ innerArray의 n번째 요소에 접근

outerArray의 1번 요소의 n번째 요소에 접근하기 위해 outerArray[1][n]이라고 적어주었습니다. outerArray의 1번 요소는 결국 innerArray이기 때문에, 이는 innerArray[n]에 접근한 것과 같습니다. 예시에서는 이미 존재하는 innerArray를 할당했지만, 실제로는 배열 리터럴 [element1, element2, ...]이나 배열 생성자 Array(element1, element2, ...)을 이용하여 새 배열을 할당할 수도 있습니다.

일반적인 언어에선 '다차원 배열'이라고 부르는 기능을 오토핫키에선 이러한 '배열의 배열'로 구현할 수 있습니다.

Tip    **다차원 배열? 배열의 배열?**

C, C++ 등의 언어로 코딩 경험이 있어서 기존 배열과의 괴리에서 오는 의문점을 해소하기 위해 쓴 글이니, 오토핫키로 프로그래밍을 접한 분들은 읽지 않고 넘어가도 좋습니다.

오토핫키의 배열은 객체의 확장이기 때문에, 사실 엄밀히 말하면 이 내용이 고전적 언어에서의 다차원 배열은 아닙니다. 배열은 원래 자료가 메모리에 선형적으로 저장됩니다. 그래서 고전적인 다차원 배열(특히 2차원의 경우)은 첫 번째 요소의 메모리 주소로 다음 행의 요소까지 접근할 수 있습니다. 그러나 오토핫키를 포함한 현대의 언어는 거의 그렇지 않습니다.

이러한 현대적인 방식을 굳이 고전적인 다차원 배열 구현과 구분해서 말하려면 '배열의 배열', 영어로는 Array of array, Nested array 등으로 말합니다.

C++는 고전적인 다차원 배열을 지원하며, Java는 오토핫키처럼 '배열의 배열' 방식의 다차원 배열을 지원합니다. 여러 언어의 다차원 배열 구현 방식을 비교하려면 위키백과의 Comparison of programming languages (array) 문서의 Array system cross-reference list 문단을 살펴보는 것도 좋습니다.

## 객체 리터럴

우리가 배열을 표현할 때 [element1, element2, ...]와 같이 각 요소를 대괄호 안에 적어준 것을 배열 리터럴이라고 했습니다. '리터럴'은 '있는 그대로'라는 뜻인데, 이는 배열 리터럴이 그 자체로 배열이라서 붙은 이름입니다. 즉, [element1, element2, ...] 그 자체로 완전한 배열입니다. 다만 변수에 담지 않았을 뿐이지요.

그에 비해 맵 리터럴은 없다고 했습니다. 맵을 '있는 그대로' 표현해주는 방법은 없습니다. 모든 맵은 변수에 담겨야만 표현이 가능합니다. 참고로, 배열 생성자와 맵 생성자(Array( ), Map( ))는 그 자체로 배열이나 맵이 아닙니다. 새 배열과 맵을 만들어주는 구문일 뿐입니다.

그런데, 객체 리터럴은 있습니다. 객체를 있는 그대로 표현하는 방법인데요, 이를 통해 복잡한 클래스를 만들지 않고도 간단한 객체를 즉석에서 쓸 수 있습니다. 객체 리터럴은 중괄호 {}를 이용합니다.

```
{Field1: Value1, Field2: Value2, ...}
```

▲ 두 개의 필드가 있는 새 객체 리터럴

위 예시의 객체 리터럴은 Field1, Field2 필드를 가지고 있는 객체를 의미합니다. 각 필드엔 Value1, Value2라는 값이 들어있습니다. **필드명은 그대로 적어주면 되지만, 만약 값이 문자열이면 값에는 따옴표 표시를 해주어야 합니다.**

어라, 이거 키-값 쌍 아닌가요?

네, 정확하게 보셨습니다. 필드명을 맵의 '키', 필드의 값을 맵의 '값'이라고 생각해보세요. obj 맵의 Field1 키는 곧 Value1일 것입니다. 실제로 객체 리터럴로 간단하게 키-값 쌍을 이용할 수 있습니다. 그래서 맵 리터럴은 필요 없습니다.

대신, 객체 리터럴을 통해 만든 키-값 쌍은 실제론 맵이 아니라 '필드'와 '필드의 값'으로 구성된 객체이므로, 멤버 접근 연산자 '.'을 이용해서 각 필드에 접근해야겠죠? 따라서 맵처럼 사용하지 말고 아래와 같이 사용하면 되겠습니다.

```
1    obj := {X: 120, Y: 300}
2    MsgBox(obj.X)
```

▲ 객체 리터럴을 통해 간단한 키-값 쌍 구현

## 🏛 필드와 속성의 차이

Section 61에서 '멤버 변수 = 필드 = 속성'이라고 설명했습니다. 그런데 왜 '필드'와 '속성'이라는 두 개의 용어가 사용될까요?

사실 그 둘은 다릅니다. 우선 필드는 객체가 가지고 있는 변수를 통칭하며, 멤버 변수의 의미와 가장 유사할 것입니다. 한편 객체 지향 프로그래밍의 가장 중요한 개념 중 하나는 정보 은닉입니다. 쉽게 말하자면 객체 내부가 어떻게 구현되어 있는지 감추라는 뜻입니다. 그런 면에서 필드에 직접 접근하여 값을 사용하는 것은 적절하지 않은 구현입니다.

그래서 똑똑하신 분들이 'Get'과 'Set'이라는 개념을 만드는데, 필드의 값을 가져오거나(Get) 새로 할당(Set)하기 위한 메서드를 만들어서 해당 메서드를 이용하기 시작합니다. 이 메서드를 각각 Getter와 Setter라고 합니다. Getter 메서드 안엔 '필드의 값을 가져오는' 구문을 자유롭게 짜넣을 수 있고, 값을 가져올 때 수행할 동작을 같이 작성해줄 수 있습니다. Setter 메서드 안엔 '필드에 값을 할당하는' 구문을 쓰죠. 역시, 값을 그냥 할당하지 않고 여러 동작을 수행하는 메서드로 만들 수 있습니다.

너무 어려우니까 됐고, 아무튼 가장 느슨한 정의로서 이러한 Getter와 Setter의 집합을 '속성'이라고 합니다. 즉, 원칙대로라면 '속성'은 외부에서 보이지만 '필드'는 보이지 않아야 합니다. **개발자는 속성을 통해 필드의 값을 가져오거나 수정합니다.** 필드에 직접 접근하지 않습니다. Java가 이 구현을 사용하는 대표적인 언어입니다.

C# 언어에서는 더욱 발전하여 단순한 Getter와 Setter 메서드를 만드는 방법이 아닌, 한 필드의 Getter와 Setter를 묶는 별도의 속성 기능이 있습니다. 그래서 Java 진영과 C# 진영이 생각하는 '속성'은 미묘하게 다를 수 있습니다.

아무튼 오토핫키도 필드와는 다른 별도의 '속성' 개념이 있습니다. 그러나 프로그래밍 입문자분들을 고려한 기초 강좌인 본서에서는 속성을 만들어보지 않을 것이며, 사실 구현도 다른 언어와 다르기 때문에 별도의 설명을 하지 않습니다. 되려 혼란만 가중시킬 수 있습니다. 직접 속성을 만드는 방법은 규모가 큰 프로그램을 작성할 때 다시 자세히 찾아보길 바랍니다.

여기에서는 지금까지 그래왔듯 객체 내 변수에 직접 접근하고, 그 변수를 필드라고 부르겠습니다. 그러나, 오토핫키에서 기본 제공하는 객체(Array, Map, 추후 배울 Gui 등)의 멤버 변수는 원칙대로 속성 형태를 사용하므로, 필드와는 구분하여 속성이라고 적겠습니다. 다만 헷갈린다면 지금까지와 같이 그냥 '멤버변수'나 '필드'와 같다고 여기셔도 현재 단계에서는 무방합니다.

---

> **요약**　**본문에서의 필드와 속성의 구분**
>
> 우리는 필드만 만들고 필드를 그대로 사용할 것이지만, 오토핫키에서 기본 제공하는 객체의 것은 속성이라고 적겠습니다. 헷갈린다면, 글에 적힌 '필드'와 '속성'을 유의어 내지 동의어로 생각해도 현재 단계에서는 무방합니다.
>
> 예를 들어서 오토핫키에서 제공하는 Array 객체의 Length는 '속성'이라고 적을 것이고, 우리가 직접 만든 다른 객체의 멤버 변수는 '필드'라고 적겠습니다.

## 68 프로그래밍 문제 (10)

---

문제 1    **다음과 같은 문자열이 각각의 요소로 담긴 배열을 만들어보세요.**

---

**문자열(총 5개)**

사과 | 바나나 | 수박 | 자두 | 딸기

**조건**

1. 코드 제한: 1줄
2. 배열의 이름은 fruit로 한다.
3. 각 요소의 순서를 바꾸지 않을 것.

---

문제 2    **다음과 같은 프로그램을 작성하세요.**

---

**동작**

1. [문제 1]에서 만든 fruit 배열의 요소를 하나씩 순차 출력한다.

**조건**

1. 코드 제한: 5줄
2. 출력 양식은 [index] element로 한다. ([예] [1] 사과)
3. 출력은 각 요소당 1회 씩, 총 5회 알림상자를 이용하여 출력한다.

---

문제 3    **다음과 같은 프로그램을 작성하세요.**

실력 향상을 원하는 분을 위한 추가 문제로, 풀지 못해도 추후 진행에 문제가 없습니다.

---

**동작**

1. F1을 누를 때마다 현재 시각(n)과 임의의 정수(m)를 저장하는 맵을 만든다.
2. 맵이 만들어질 때마다 각 맵을 한 배열의 요소로 넣는다.
3. 키보드의 1을 누르면 1번 요소의 n과 m을 출력한다.
4. 마찬가지로 키보드의 2, 3, 4, … 9로도 각 요소의 n과 m을 출력하게 한다.
5. Esc로 프로그램을 종료할 수 있게 한다.
6. 예를 들어서, n이 20230804013601이고 m이 2라면, 출력은 20230804013601과 2가 된다.
7. 배열의 요소가 9개인 상태에서 맵을 더 추가하려고 하면 '더는 추가할 수 없습니다!'를 출력한 후 아무것도 하지 않는다.
8. 없는 인덱스에 접근하려고 하면 아무것도 하지 않는다. (예를 들어서, 배열에 요소가 4개인데 5를 누르면 아무것도 하지 않는다. - 오류 메시지도 보이지 않게 하기!)

---

**조건**

1. 맵과 배열의 이름, 출력 양식은 자유롭게 한다.

2. 현재 시각(n)을 저장하는 키는 nowTime, 임의의 정수를 저장하는 키(m)는 leftTime으로 한다.

3. 임의의 정수(m)은 정수가 담기는 내장 변수 중 아무거나 넣어서 쓸 것.

4. 키보드에서 누른 키를 매개변수로 받아서 n과 m을 출력하는 함수 `printMap( )`을 구현해서 쓸 것.

**힌트**

1. 배열 안에 맵을 넣을 땐 배열의 '어떤 메서드'를 이용합니다.

2. 핫키 지역에서 누른 핫키는 A_ThisHotkey 변수에 담겨있습니다.

3. 문제가 어렵다면 며칠이고 붙잡아봅시다! 그 경험은 실력을 향상시키기 위한 밑거름이 됩니다.

---

**문제 4**   **다음과 같이 [문제 3]의 프로그램을 수정하세요.**

맵 대신에 객체 리터럴을 이용한 방식으로 수정해볼 것.

# GUI 프로그래밍

# 69 GUI의 의미

Part 03에 와서 재미 없는 부분만 공부하게 되어서 실망했을 수도 있겠습니다. 이번 파트부턴 우리가 실제 사용하는 프로그램의 모습을 구현해볼 것입니다. 엄청나게 재미있고, 성취감 또한 좋습니다. 유의미한 활동이라는 기분이 들기 때문에 저처럼 끈기가 약하신 분들도 재미있게 프로그래밍할 수 있습니다.

이번 섹션부터 GUI 프로그래밍을 배우겠습니다. GUI라는 말은 컴퓨터 쪽에서 쉽게 쓰이는 말이기 때문에, 아마 들어보신 분도 있을지 모릅니다. 이번 섹션에서는 GUI가 무엇인지 배우면서 향후 어떤 걸 배우길래 제가 '재미있다'고 단언했는지 알아보겠습니다.

## 🔷 불편한 프로그램

우리가 지금까지 만들었던 프로그램은 '핫키'를 이용한 동작을 했습니다. 사용자는 프로그램에 저장된 동작을 핫키를 누름으로써 실행시킵니다. 이 방식은 직관적이지 못합니다. 예를 들어서 처음 보는 사람에게 우리가 만든 프로그램을 공유한다고 합시다. 그러면 어떤 키를 누르면 어떤 동작이 수행되는지 일일이 알려주어야 합니다. 사용자는 각 키에 따른 동작을 외우거나, 찾아야합니다. 참 불편한 프로그램입니다.

여기 불편한 프로그램이 또 있습니다. 과거 소프트웨어가 발달하기 전, 인류는 이와 비슷하게 '글자를 이용해서' 프로그램을 동작시켰습니다. 원하는 동작을 수행하기 위해 문자를 입력하는 방식이었죠. 이를 CLI(Command Line Interface) 방식이라고 합니다.

PC 통신을 아는 분 있나요? 파란 화면에 흰색 글씨로 안내가 뜨면, 그 안내에 따라 글씨를 입력해서 원하는 작업을 했습니다. pg 3을 입력해서 3번 페이지로 이동하고, p를 입력해서 이전 화면으로 돌아가고… 이것이 CLI 방식입니다.

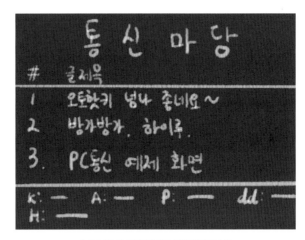

[그림 69-1] 대표적인 CLI 환경인 PC통신

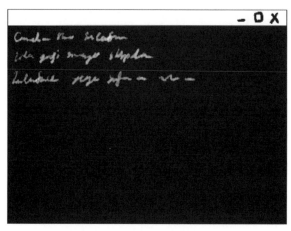

[그림 69-2] 대표적인 CLI 환경인 터미널

## ⛩ GUI의 등장

그런데 요즘 여러분이 일상적으로 쓰는 컴퓨터 프로그램은 어떤가요?

- 원하는 프로그램의 아이콘을 마우스로 더블클릭해서 실행합니다.
- 입력할 글이 있다면 키보드로 입력합니다.
- 마우스로 프로그램의 버튼을 누릅니다.

화상으로 보이는 요소를 이용해서 프로그램과 상호 작용합니다. 앞서 배웠듯이 '창'과 '컨트롤'을 이용한 프로그램이죠. 이를 GUI(Graphic User Interface)라고 합니다. CLI 방식보다 훨씬 편리하지 않나요?

여러분이 흔히 쓰는 인터넷 브라우저나 게임과 같은 프로그램이 모두 GUI 프로그램입니다. 아주 소수를 위해서 CLI 방식의 인터넷 브라우저나(당연히 이미지는 표현할 수 없습니다.) 게임이 존재하지만, 적어도 여러분이 의식적으로 사용하는 프로그램은 대부분 GUI 프로그램일 것입니다. 심지어, Windows나 MacOS와 같은 대부분의 가정용 '컴퓨터 운영체제'도 GUI 환경입니다. 프로그램을 실행할 때 마우스로 아이콘을 클릭하니까요.

## ⛩ 오토핫키로 만드는 GUI 프로그램

이제부터 여러분은 GUI 프로그램을 직접 만들어볼 것입니다. 네, 흔히 볼 수 있는 아주 일반적인 유용한 프로그램 말입니다.

사용자는 버튼을 클릭해서 동작을 수행합니다. 관련된 정보는 끊김 없이 화면에 보여줄 수 있습니다. 사용자로부터 문자열을 입력받아서 원하는 작업을 할 수 있습니다. 이 모든 것을 오토핫키로 구현해보겠습니다.

GUI 프로그래밍을 배우면 오토핫키로 만든 프로그램을 다른 사람에게 공유하기에 용이해집니다. 버튼 클릭 한 번으로 원하는 작업을 수행하는 프로그램을 만들어보세요! 본서의 첫 부분에서 언급했던 매상 정리 프로그램이나 POS 프로그램, 재고 관리 프로그램을 만들 수도 있고, 회원 관리 프로그램도 멋지게 만들 수 있습니다.

바로 다음 섹션부터! 본격적인 GUI 프로그래밍을 위한 여정을 떠나보겠습니다.

# 70 창 생성하기

먼저 화면에 눈에 보이는 '창'을 만들어보겠습니다.

## 🏠 Gui 객체 생성

오토핫키에서 배열과 맵이 객체이고 생성자(Array( ), Map( ))로 생성했던 것처럼, GUI 창을 만드는 것 역시 Gui 객체를 만들어서 변수에 담는 것부터 시작합니다. 우선 Gui 객체의 생성자인 Gui( )에 대해 배워보겠습니다.

```
Gui([Options, Title, EventObj])
```

▲ GUI 생성자의 원형

셋 모두 선택 매개변수이기 때문에 아래와 같이 전부 생략해도 정상 작동합니다.

```
1    MyGui := Gui()
```

▲ 인수를 모두 생략한 MyGui 인스턴스 생성

Options 매개변수를 통해 만들 창의 성질을 결정할 수 있습니다. 적용할 옵션은 **+옵션**과 같이, 제거할 옵션은 **-옵션** 같이 아래 표를 보고 문자열로 적어주면 됩니다.

| 성질 | 설명 |
|---|---|
| AlwaysOnTop | 창을 다른 창보다 항상 위에 있도록 함. |
| Caption (기본 적용됨) | 창의 테두리(닫기 버튼이 있는 영역)를 생성함. |
| Disabled | 창을 '사용 안 함' 상태로 만듦(= 모든 컨트롤의 상호작용을 막음). |
| MaximizeBox | 최대화 버튼을 추가함. |
| MinimizeBox (기본 적용됨) | 최소화 버튼을 추가함. |
| MinSize | 창의 최소 크기를 제한함. +MinSize너비×높이와 같이 사용. |
| MaxSize | 창의 최대 크기를 제한함. +MaxSize너비×높이와 같이 사용. |
| Resize | 창의 테두리를 잡고 드래그하여 크기 조절을 가능하게 함. |

▲ 자주 쓰이는 옵션만 적어두었습니다.

여러 옵션을 적용할 경우 각 옵션 사이를 띄어서 적어줍니다. 예를 들어서, 다른 창보다 항상 위에 있으며 크기 조절이 가능한 창은 아래와 같이 만들 수 있습니다.

```
1    MyGui := Gui("+AlwaysOnTop +Resize")
```

△ 두 옵션을 추가한 예시

기본 적용된 'MinimizeBox' 옵션만 제거된 창을 만들려면 아래와 같이 적겠죠.

```
1    MyGui := Gui("-MinimizeBox")
```

△ 하나의 옵션을 제거한 예시

이어서 Title 매개변수를 살펴보겠습니다. 이 매개변수는 창의 상단에 표시되는 제목을 결정합니다. Section 47에서 창의 구조에 대해 설명했죠? 이곳에 문자열로 적어준 인수에 따라 창의 제목이 달라집니다. 기본 값은 프로그램 파일의 이름과 같습니다.

```
1    MyGui := Gui(, "내 Gui 프로그램")
```

△ 제목을 설정한 예시

위와 같이 Title 매개변수에 전달해주는 인수로 문자열을 전송함으로써 창의 제목을 설정해줄 수 있습니다. 이 예시에선 첫 번째 매개변수(Options)에 아무 인수를 전달하지 않았으므로 생략하여 콤마(,)가 먼저 왔다는 것을 유의하세요. 첫 번째 인수는 비어있고, 두 번째 인수를 전달해준 것입니다!

EventObj 매개변수는 중요하지 않으므로 설명하지 않겠습니다.

## 🏛 Gui 객체를 화면에 표시하기

Gui 객체를 만든다고 해서 화면에 바로 창이 나타나는 것은 아닙니다. 객체는 멤버 변수와 멤버 함수, 즉 속성과 메서드를 가지고 있다고 했으므로, 우리가 생성한 Gui 객체 또한 이를 가지고 있습니다. 그중에는 "창을 화면에 표시하라"를 수행하는 Show( ) 메서드도 있습니다.

```
1    MyGui := Gui()
2    MyGui.Show()
```

△ MyGui 창을 화면에 표시

위 예시와 같이 Show( ) 메서드를 이용하여 생성한 창을 화면에 띄울 수 있습니다. 앞서 배운 내용을 응용하여 아래와 같이 적으면 제목이 '오토핫키 연습용'인 창이 생성되겠죠?

```
1    MyGui := Gui(, "오토핫키 연습용")
2    MyGui.Show()
```

▲ MyGui 창(제목: 오토핫키 연습용)을 화면에 표시

Gui.Show( )의 원형은 아래와 같습니다.

```
MyGui.Show([Options])
```

▲ Gui.Show() 함수의 원형

선택 매개변수 Options 딱 하나가 있죠? 이는 창을 표시하는 옵션에 관한 것으로, Gui 객체 생성자의 Options 매개변수와는 다릅니다. 창 자체의 성질이 아닌, 화면에 창을 어떻게 표시할지 정해주는 옵션을 아래 표를 보고 문자열로 적어주면 됩니다.

| 내장 변수 | 설명 |
|---|---|
| x | 창이 나타날 가로 위치(x 좌표)를 설정. x 좌표와 같이 사용. |
| y | 창이 나타날 세로 위치(y 좌표)를 설정. y 좌표와 같이 사용. |
| w | 창이 나타날 너비(Width)를 설정. w 너비와 같이 사용. |
| h | 창이 나타날 높이(Height)를 설정. h 높이와 같이 사용. |
| Maximize | 창을 최대화 상태로 표시 |
| Minimize | 창을 최소화 상태로 표시 |

▲ 자주 쓰이는 옵션만 적어두었습니다.

x, y 옵션을 생략하여 창이 화면 정중앙에 나타나도록 할 수 있습니다. 또한 w, h를 생략하면 창 내부의 컨트롤에 따라 자동으로 창의 크기를 계산하여 표시하게 됩니다. 각 옵션은 띄어서 적으며, 관례적으로 x, y, w, h 옵션은 소문자로 적습니다. Maximize와 Minimize는 상식적으로 동시에 적을 수 없다는 점도 알겠죠?

## 📖 실습

### 1. 원하는 창 만들기

제목이 '새 GUI 프로그램'이고 너비가 300px, 높이가 300px인 창을 만들어서 화면에 띄워보겠습니다.

```
1    NewGui := Gui(, "새 GUI 프로그램")
2    NewGui.Show("w300 h300")
```

[예제 70-1] 새 창 생성

설명이 어려워서 그렇지, 막상 실습을 해보면 쉽죠? 원하는 성질의 창을 자유자재로 띄울 수 있으면 그걸로 괜찮습니다. 추가적인 과제를 하나 해보겠습니다. 위의 프로그램과 같은 제목과 크기를 가지면서 다른 창에 가려지지 않도록 '항상 위' 옵션을 가진 창을 만들려면 어떻게 해야 할까요? 스스로 생각해보세요.

> **Tip** , **용어 표기**
>
> 원활한 이해를 위해 아래와 같이 통일된 규칙으로 적겠습니다.
>
> 1. 'GUI'는 컴퓨터 분야 자체의 의미로, 'Gui 객체'는 오토핫키에서 창을 구현할 때 쓰이는 객체를 나타내는 의미로 사용합니다. 오토핫키 공식 문서의 대소문자 규범을 존중하여 오토핫키에서 생성하는 객체를 지칭할 땐 첫 글자를 제외한 나머지 글자를 소문자로 적는 것입니다.
>
> 2. 멤버 함수를 단독으로 지칭할 땐 '객체명.함수명()'과 같이 적겠습니다. 객체명으론 인스턴스명이 아닌 해당 객체의 클래스명([예] Array, Gui 등)을 사용하여 표기합니다. 속성과 메서드를 명확히 구분하기 위해 메서드에는 함수를 나타내는 ()를 붙였습니다.

# 71 Gui 객체의 사용

지난 섹션에서 새 Gui 객체를 만들고, 이를 화면에 표시해보았습니다. Gui 객체 또한 속성과 메서드를 가지고 있다는 점도 배웠고, 그중 하나인 Show( ) 메서드의 사용법도 배웠었죠. 이번 섹션에선 Gui 객체가 가지고 있는 다른 속성과 메서드를 알아보며 Gui 객체의 기본적인 사용법을 알아볼 것입니다.

## 🛕 Gui 객체의 속성

Gui 객체는 아래와 같은 속성을 가지고 있습니다.

| 속성 | 설명 |
|------|------|
| BackColor | 창의 배경색 |
| Hwnd | 창의 핸들(고윳값) |
| Title | 창의 제목 |

더 있지만 일단 자주 쓰이는 속성 세 가지만 가져왔습니다. BackColor와 Title의 경우 원하는 속성을 재설정하거나 가져올 수 있고, Hwnd는 고윳값이기 때문에 값을 가져오기만 할 수 있습니다.

```
1   MyGui.BackColor := 0xFF0000 ;배경색을 빨간색(0xFF0000)으로 재설정
2   MyGui.Title := "새 타이틀" ;타이틀 변경
3   MsgBox(MyGui.Title) ;타이틀 출력
4   MsgBox(MyGui.Hwnd) ;핸들값 출력
```

## 🛕 Gui 객체의 메서드

이전에 썼던 Show( ) 메서드를 포함하여, Gui 객체는 많은 메서드를 가지고 있습니다. 이곳의 메서드를 이용하여 Gui 객체에 원하는 동작을 명령할 수 있습니다. 전부 설명하진 못하니 역시 꼭 알아야 하는 몇 가지만 적어보겠습니다.

| 메서드 | 매개변수 | 반환값 | 역할 |
|--------|----------|--------|------|
| Add() | ControlType [, Options, Text] | GuiControl 객체 | Gui 객체에 컨트롤을 추가합니다. |
| Destroy() | | | Gui 객체와 창을 소멸시킵니다. |
| Hide() | | | 창을 숨깁니다. |
| Show() | [Options] | | 창을 보입니다. |

| Maximize() | | | 창을 최대화합니다. |
|---|---|---|---|
| Minimize() | | | 창을 최소화합니다. |
| Move() | [X, Y, Width, Height] | | 창의 위치와 크기를 변화시킵니다. |
| OnEvent() | EventName, Callback [, AddRemove] | | 창 이벤트를 감지하도록 설정합니다. |
| Opt() | Options | | 창 옵션을 설정합니다. |

매개변수와 반환값이 없는 메서드는 어렵지 않죠? 그냥 **Gui.Hide( )**와 같이 인수를 전달해주지 않고 쓰면 지정된 동작을 하는 것이 전부이니 굳이 설명하지 않겠습니다. 그 외에 눈여겨 볼 메서드가 두 가지 있는데, 하나는 **Add( )** 메서드고 다른 하나는 **OnEvent( )** 메서드입니다. 그러나 둘 모두 지금 상세한 사용법을 배우진 않을 것입니다.

**Add( )** 메서드는 창에 컨트롤을 추가하는 데 쓰입니다. 그 과정과 상세한 방법은 다음 섹션에서 배우도록 하겠으니, 일단 'Add( ) 메서드로 컨트롤을 추가하는구나!'라고만 알면 됩니다.

**OnEvent( )** 메서드의 설명엔 '이벤트'라는 생소하지만 아주 중요한 단어가 들어가 있습니다. 이 '이벤트'에 대해선 창에 컨트롤을 추가해본 후에 더욱 쉽게 설명할 수 있겠군요. 이 역시 여기서 설명하지 않겠습니다. 바로 두 섹션 뒤에 쉽게 배울 기회가 있습니다.

그 외에 **Opt( )** 메서드는 지난 섹션에서 배웠던 Gui( ) 생성자의 Options 매개변수와 같은 역할을 한다는 점은 눈치챌 수 있을 것입니다. 당연히 같은 방식으로 사용합니다. 따라서, 이 메서드를 이용하면 처음 지정했던 Gui 옵션을 제거하거나, 추가하거나, 대치할 수 있을 것입니다.

## 📖 실습

### 1. 창을 보이거나 숨기기

간단하게 핫키를 누르면 창을 보이거나 숨기는 예시를 실습해보겠습니다.

```
1    NewGui := Gui(, "새 GUI 프로그램")
2    NewGui.Show("w300 h300")
3    return
4
5    F1::NewGui.Show()
6    F2::NewGui.Hide()
```

[예제 71-1] 핫키로 창을 보이게 하거나 숨기기

어렵지 않죠? F1을 누르면 NewGui의 **Show( )** 메서드가 실행되어 창이 나타나고, 다시 F2를 누르면 창이 숨겨집니다. 창을 숨긴다고 객체가 사라진 것이 아니기 때문에 다시 Show를 하면 원래 위치에 원래 설정을 가지고 그대로 나타난다는 점을 기억하세요.

굳이 하나 더 눈여겨 볼 점을 꼽자면, 어차피 F1 지역과 F2 지역은 '자동 실행 스레드'가 아니기 때문에 3번 줄의 **return**은 필요가 없습니다. 그러나 GUI를 만드는 1~2번 줄 밑으로 더이상 코드가 진행되지 않는다는 점을 명시하기 위해 적어준 것입니다. 그러니까 코드상 역할은 하지 않지만, 우리가 볼 때 더욱 원활히 기능을 파악하게 해준다는 '코드 밖의 기능'이 있는 것이죠.

또, 핫키가 있기 때문에 창을 닫아도 프로그램이 종료되지 않습니다. **ExitApp**을 사용하여 프로그램을 종료하여야 하는데, '창을 닫을 때 자동으로 **ExitApp**을 호출'하는 방법은 향후 '이벤트' 개념을 배우면 알게 될 것입니다.

다음 섹션에선 드디어 우리가 만든 창에 컨트롤을 추가해봅시다. 네, 드디어 우리 Gui 객체에 버튼을 추가할 수 있어요!

# 72 컨트롤 생성하기

드디어 우리가 만든 창에 컨트롤을 추가해봅시다. 이번 섹션의 내용을 통해 아래와 같은 GUI 창을 실제로 똑같이 모방해볼 수 있습니다.

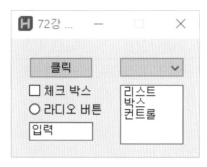

[그림 72-1] 여러 컨트롤이 배치된 창의 모습

## 🏠 Gui 객체의 Add( ) 메서드

지난 섹션에서 Gui 객체의 여러 속성과 메서드를 배웠습니다. 그중에서 **Add( )** 메서드가 있었는데, 자세히 살펴보진 않았습니다. **Add( )** 메서드는 창에 컨트롤을 추가하는 역할이기 때문에, 이번 섹션에서 자세히 살펴보기 위함입니다. 메서드의 원형은 아래와 같습니다.

```
Gui.Add(ControlType [, Options, Text])
```

△ Gui.Add() 메서드의 원형

ControlType에는 넣을 컨트롤의 종류를, Options에는 컨트롤의 옵션을, Text는 컨트롤에 적힐 글을 인수로 전달해주어야 합니다. 모두 문자열로 적어주면 됩니다.

### 1. ControlType

창에 넣을 컨트롤의 종류입니다. 컨트롤의 종류로는 아래 복록 중 하나를 선택하여 넣을 수 있습니다.

| 컨트롤명 | 설명 |
|---|---|
| Text | 단순한 글 |
| Edit | 입력 상자 |
| Button | 버튼 |
| Picture | 사진 |

| CheckBox | 체크박스 |
|----------|---------|
| Radio | 라디오 버튼 |
| DropDownList | 드롭다운 리스트(목록형 선택 상자) |
| ListBox | 리스트(목록형 상자) |
| Slider | 슬라이더 |

모든 컨트롤을 적은 것은 아닙니다. 사용할 수 있는 모든 컨트롤 종류는 공식 문서의 GUI Control Types 페이지를 참고하기 바랍니다. 창에 넣기 원하는 컨트롤을 문자열 형태로 적어주면 끝입니다. 추가로, Picture 컨트롤은 Pic, DropDownList 컨트롤은 DDL로 줄여쓸 수 있습니다.

## 2. Options

Options 매개변수는 컨트롤의 성질과 위치 등을 설정할 수 있게 합니다. 따라서 여러 컨트롤을 정확한 위치에 배치하기 위해서는 반드시 적어주어야 합니다. 옵션 종류가 많기 때문에, 크게 ① **위치와 크기에 관한 옵션**, ② **위치 및 크기와는 관련 없는 옵션**으로 나누어서 살펴보겠습니다.

지금까지 그래왔던 것처럼 문자열로 적어주고, 여러 옵션을 적용할 경우 각 옵션 사이를 띄워줍니다. "x100 y100 Disabled"와 같이 말이죠.

| 옵션 | 설명 |
|------|------|
| x | 컨트롤이 나타날 가로 위치(x 좌표)를 설정. x 좌표와 같이 사용. |
| y | 컨트롤이 나타날 세로 위치(y 좌표)를 설정. y 좌표와 같이 사용. |
| w | 컨트롤의 너비. w 너비와 같이 사용. |
| h | 컨트롤의 높이. h 높이와 같이 사용. |
| r | 컨트롤의 높이(항목의 개수를 기준으로). r 항목개수와 같이 사용. |

[표 72-1] 위치와 크기에 관한 옵션

창 안에서 컨트롤을 배치하는 것이기 때문에 당연히 클라이언트 좌표를 사용합니다. 보통은 Window Spy를 사용하지 않고, 감으로(?) 숫자를 넣어보며 적용하여 그 결과를 맞추는 식으로 개발하게 됩니다. 위치에 x100을 넣어보고, 좀 왼쪽인 것 같으면 x120으로 수정해보고⋯ 뭐 이런 식이죠. 기존 컨트롤의 위치를 바탕삼아 좌표를 계산하면 쉽습니다. 높이와 너비는 대부분의 컨트롤에서 자동으로 설정되니, 필요한 경우에만 설정해줄 수 있습니다.

그리고, 사실 위치를 잡을 때 x100 y100과 같은 식으로 적지 않고도 x+10 y+10이나 xP와 같이 좀 고급(?)으로 적어주는 방법이 있습니다. 이는 이전 컨트롤의 위치 관계를 따져서 상대적인 위치로 설정해주는 것인데, 기초 강좌인 여기서는 다루지 않겠습니다.

| 옵션 | 설명 |
|------|------|
| c | 일부 컨트롤의 텍스트 색상을 설정. c0xRRGGBB와 같이 사용. |
| Disabled | 컨트롤을 비활성화함(사용자가 상호작용하지 못하게 회색 처리함). |
| VScroll | 길이가 긴 컨트롤의 스크롤바 설정. −VScroll은 스크롤바를 없애고, +VScroll은 생기게 함. |

[표 72-2] 위치 및 크기와는 관련 없는 옵션

더 많은 옵션이 있지만 기초 강좌에서 다루기 어려운 내용이 포함되어 있고, 또 잘 사용되지 않는 옵션도 있어서 생략을 많이 했습니다. 그러나 프로그램 개발을 많이 해볼수록 필요로 하는 옵션이 늘어날 것입니다. 그땐 오토핫키 공식 문서를 참고해주세요.

> **Tip** · **Edit 컨트롤의 옵션**
>
> Edit 컨트롤은 추가로 쓸 수 있는 옵션이 더 있습니다.
>
> | 옵션 | 설명 |
> |------|------|
> | Limit | 글자 수 제한([예] Limit10). |
> | Lowercase | 소문자로만 입력되게 함. |
> | Uppercase | 대문자로만 입력되게 함. |
> | Number | 숫자만 입력되게 함(붙여넣기를 방지할 순 없음). |
> | Password | 입력값을 ●으로 가림(Password*와 같이 써서 가리는 문자를 설정할 수도 있음). |
> | ReadOnly | 읽기 전용 모드(수정은 불가능하나, 스크롤 및 복사는 가능). |
>
> 자주 쓰는 옵션만 적어두었습니다. 참고로, Edit 컨트롤에 여러 줄을 입력하게 하고 싶으면 h 값을 늘려서 높이를 충분하게 만드세요.

## 3. Text

Options 매개변수에 이어서 Text 매개변수입니다. 컨트롤에 적히는 내용을 설정해줄 수 있습니다. 창의 구성에서 배웠죠? 컨트롤에 있는 '내용(Text)'이 있습니다. ControlSetText로 직접 내용을 바꿔보기도 했고요.

Text 컨트롤의 글씨, Button 컨트롤의 버튼 속 글씨, CheckBox 옆 글씨… 이들이 모두 내용입니다. 한마디로 눈에 보이는 모든 글씨를 설정해줄 수 있습니다.

```
...    MyGui.Add("Text", "x100 y100", "Hello, world!")
```

▲ "Hello, world!"라고 적힌 Text 컨트롤을 생성하는 구문

참고로, 항목을 담는 컨트롤인 DropDownList와 ListBox는 이 매개변수를 이용하여 기본적으로 담겨있는 항목을 설정할 수 있습니다. 다만 문자열을 이용하지 않고 항목 문자열이 담긴 배열을 이용합니다(그래서 배열 부분을 GUI보다 먼저 진행했습니다!).

예를 들어서, 다음과 같이 작성하면 기본적으로 [사과][바나나][토마토]가 들어가 있는 상태로 DropDown List 컨트롤이 생성됩니다.

```
...    MyGui.Add("DropDownList", "x100 y100", ["사과", "바나나", "토마토"])
```

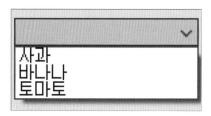

[그림 72-2] 생성된 DropDownList의 모습

너무 많은 정보가 한 번에 들어왔죠? 실제로 Gui 창에 컨트롤을 배치해보면서 연습해보겠습니다. 걱정하지 말고, 천천히 따라오면 됩니다. 딱 한 번만 해봐도 확실히 이해가 되거든요.

> **Tip**　**Add() 메서드의 반환값**
>
> 컨트롤을 Gui 객체에 추가하는 메서드인 **Add( )**는 반환값이 있는 함수입니다. **Add( )**는 GuiControl 객체를 만들어서 반환하는데, 즉 컨트롤 또한 객체입니다. 당연히 각 컨트롤에도 속성과 메서드가 있겠죠. 일단 **Add( )** 함수의 결과를 변수에 담으면, 해당 변수는 GuiControl 객체(= 컨트롤 객체)가 담긴 변수가 된다는 점만 이해하고 넘어가면 됩니다. 때가 되면 그 사용법을 알아보겠습니다.

## 📖 실습

### 1. 만들어진 창을 보고 컨트롤 분석해보기

일단 연습 삼아 제가 만든 GUI 창을 분석해보겠습니다.

[그림 72-3] 여러 컨트롤이 배치된 창의 모습

### 분석 1: Button 컨트롤

[클릭]이라고 적힌 버튼이 전체 GUI를 기준으로 왼쪽 편에 있습니다. x 좌표와 y 좌표는 그림만 봐서 모르겠지만, 왼쪽 위 모서리의 위치를 보아 x 좌표와 y 좌표의 값은 같아 보이네요. 대충 x30 y30과 같은 형태일 것입니다.

너비는 어느 정돈지 모르겠는데, 일단 x30 y30으로 위치를 가늠했으므로 너비가 30보단 커보입니다. 약 80 정도로 가정해보겠습니다. 높이는 기본 높이처럼 보이니 따로 적어주지 않겠습니다.

### 분석 2: Edit 컨트롤

[입력]이라고 적힌 입력 상자가 버튼의 아래에 있습니다. 당연히 y 좌표는 [버튼의 y 좌표] + [버튼의 높이] + [버튼과 입력 상자 사이의 여백]일 것입니다.

버튼의 높이는 대략 20 정도로 보이므로(버튼의 기본 높이가 그쯤됩니다.) y 좌표는 30 + 20 + 10(여백) 정도로 가늠할 수 있겠으나, 이런 식으로 수치를 미리 생각하는 것은 별 도움이 되지 않습니다. 일단 버튼의 위치와 크기를 정확히 잡은 이후, 그 버튼을 기준으로 이 입력 상자의 y 좌표를 계산해보는 것이 좋습니다. 그 외에 너비는 버튼과 같네요. 높이 또한 기본 높이 같습니다.

### 분석 3: DropDownList 컨트롤

[된장찌개, 김치찌개, 기타]라는 목록이 있는 DropDownList 컨트롤이 버튼과 입력 상자의 오른쪽에 있습니다. 당연히 x 좌표는 [버튼의 x 좌표] + [버튼의 너비] + [버튼과 리스트 사이의 여백]보다 큽니다. 버튼과 y 좌표가 같아 보입니다. 너비도 버튼과 비슷한 것 같고요.

## 2. 창 모방해서 만들어보기

이제 위에서 분석한 내용을 토대로 창을 만들어보겠습니다. 쉽게 보기 위해 앞의 그림을 다시 한 번 가져와 보겠습니다.

[그림 72-4] 우리가 최종적으로 만들 목표([그림 72-3]과 같음)

먼저 아무것도 없는 빈 GUI 창을 만들어야겠죠. [그림 72-4]를 보니 크기와 너비는 아직 모르니까 넉넉하게 400×300으로 작성해보겠습니다.

```
1    Main := Gui(, "72강 연습")
2    Main.Show("w400 h300")
```

▲ 제목을 가진 Gui 객체를 만든 후, 이를 400×300 크기로 표시함

Gui 객체의 변수명을 Main으로 설정했습니다. 변수명은 유의미하게 지어주는 것이 좋기 때문에, 만약 이 창이 프로그램의 메인 화면일 경우 Main은 적절한 이름입니다.

이제 버튼을 추가해보겠습니다. 보통은 왼쪽 위에 있는 컨트롤부터 배치해야 그 이후 컨트롤을 배치하기도 쉽고, 관리하기도 편합니다. 대충 [x30 y30]에 너비가 100 정도되는 버튼을 만들어보겠습니다.

```
1    Main := Gui(, "72강 연습")
2    Main.Add("Button", "x30 y30 w100", "클릭")
3    Main.Show("w400 h300")
```

▲ 버튼 추가(2번 줄)

위와 같이 컨트롤은 Gui.Show( )를 하기 전에 추가해주는 것이 좋은 습관이자 관례입니다. 이제 만들어진 창을 살펴볼까요?

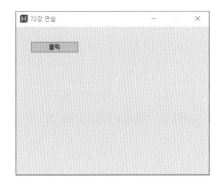

[그림 72-5] 버튼이 배치된 모습

[그림 72-6] 수정한 모습

[그림 72-5]를 보면 생각보다 버튼의 너비가 크고, 위치도 묘하게 붕 뜬 것 같습니다. 위치를 조금 더 구석으로 넣기 위해 x30 y30을 x20 y20으로 하고, 너비도 w70으로 수정해보니 [그림 72-6]과 같이 원하는 모양대로 수정되었습니다. 이런 식으로 GUI 창을 생성할 땐 여러 시도가 있어야 합니다.

```
1    Main := Gui(, "72강 연습")
2    Main.Add("Button", "x20 y20 w70", "클릭")
3    Main.Add("Edit", "x20 y50 w70", "입력")
4    Main.Show("w400 h300")
```

▲ 입력 상자 추가(3번 줄)

이제 위와 같이 적어주어 Edit 컨트롤을 추가해주었습니다. 버튼과 x 좌표 및 너비가 같으므로 x20 w70을 적용해주었고, y 좌표는 버튼의 y 좌표와 높이, 여백을 고려하여 y50을 적용했습니다. 위치가 이상하면 수정하면 되니까 대충 적어보자고요.

[그림 72-7] Edit 컨트롤이 추가된 창

적절한 위치와 크기인 것 같습니다. 버튼과 입력 상자 사이의 여백은 약 10px 정도가 되었네요. 느끼셨겠지만, 처음 버튼의 위치만 잘 정했다면 그다음 컨트롤은 이를 기준으로 쉽게 위치를 가늠할 수 있습니다.

마지막으로 DropDownList를 배치해보겠습니다. 아래 코드를 보기 전에, 스스로 한 번 배치해보세요.

```
1    Main := Gui(, "72강 연습")
2    Main.Add("Button", "x20 y20 w70", "클릭")
3    Main.Add("Edit", "x20 y100 w70", "입력")
4    Main.Add("DropDownList", "x100 y20 w70 h50", ["된장찌개", "김치찌개", "기타"])
5    Main.Show("w400 h300")
```

▲ 드롭다운 리스트 추가(4번 줄)

버튼과 y 좌표와 너비가 같으므로 y20 w70을 적용했고, x 좌표는 버튼의 너비와 여백을 고려하여 x100으로 설정했습니다. DDL의 경우 높이는 리스트 안의 내용에 맞게 자동 조정되므로, 따로 설정하지 않았습니다.

참고로 각 컨트롤마다 기본 높이가 묘하게 다릅니다. 정확히 찾아보진 않았고 개인적인 감상으로는 Edit는 Button보다 1px 정도 두꺼워 보입니다. Button의 기본 높이는 20px이고 Edit의 기본 높이는 19px로 가정하고 개발하곤 합니다. 본서에서는 이러한 점을 고려하지 않았으므로, 두 컨트롤 모두 기본 높이를 20px로 가정합니다.

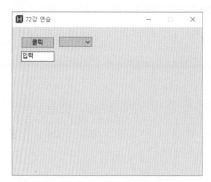

[그림 72-8] 최종적으로 생성된 화면

이제 창의 크기를 컨트롤에 맞게 줄이면 됩니다. 참고로 창의 너비와 높이를 설정하지 않아도 자동으로 설정되는 경우가 많지만, 원하는 크기와 높이가 나오지 않아서 수동으로 설정해주는 경우가 꽤 있습니다.

[그림 72-9] 창의 크기 설정

이제 원하는 GUI를 약간은 만들 수 있습니다!

# 73 이벤트와 콜백 함수

이제 우리가 만든 컨트롤에 생명을 불어넣어보겠습니다. 아무 역할도 하지 않고 껍데기만 있던 컨트롤에 제 기능을 부여해보겠습니다.

## 🎲 이벤트

컨트롤과의 상호작용으로 어떤 동작을 하게 하려면 우선 선행되는 조건이 있어야 합니다. 예를 들어서 "버튼을 클릭할 때 알림상자를 출력한다"라는 아주 간단한 GUI 프로그램을 만들기 위해서 아래와 같이 분석해볼 수 있을 것입니다.

> 조건: 버튼을 클릭할 때
> 동작: 알림상자를 출력

여기서 어떤 동작을 촉발시키기 위해 선행되어야 하는 조건을 이벤트(Event; 사건)라고 부릅니다. 따라서 위 예시는 "버튼 클릭 이벤트에 의해 알림상자를 출력하는 프로그램"이라고 말할 수 있습니다.

## 🎲 콜백

콜백(Callback)은 콜백 함수(Callback function)라고도 하는데, '다른 함수에 인수로 쓰여 촉발되는 함수'를 의미합니다.

```
1    B()
2    {
3        MsgBox("안녕 나는 콜백 함수야")
4    }
5
6    A(B)
```

⬦ A의 인수로 함수 B 그 자체가 전달된 모습을 보세요.

A의 구현은 중요하지 않습니다. 우리가 콜백 함수를 등록하기 위한 함수 A를 직접 구현하진 않을 것입니다. 눈여겨 볼 점은 함수의 인수로 함수가 들어갔다는 사실입니다. A의 구현에 따라, B가 호출될 수 있을 것입니다.

6번 줄에서 함수 A는 함수 B 그 자체를 인수로 하여 호출되었습니다. 이렇게 인수로 들어가서 수행되는 함수를 콜백이라고 부른다고만 알면 되겠습니다.

## ⛩️ GuiControl 객체

이전 섹션에서 **Gui.Add( )** 메서드를 배웠습니다. 그리고 간단히 언급만 했는데, 이 메서드의 반환값이 GuiControl 객체라고 했습니다.

```
...   MyButton := MainGui.Add("Button", "x20 y20 w70", "클릭")
```

▲ 버튼 객체를 MyButton 변수에 담는 모습

위와 같이 **Gui.Add( )** 메서드의 반환값을 변수에 담을 수 있습니다. 이제 저 변수엔 GuiControl 객체가 담겨있는 셈입니다(쉽게 이해하기 위해, 변수에 만들어진 컨트롤이 담겨있다고 보면 됩니다.).

## ⛩️ GuiControl.OnEvent( )

컨트롤에 이벤트가 발생할 때 호출할 함수를 등록하기 위해선 **GuiControl.OnEvent( )** 메서드를 이용합니다. 메서드의 원형을 보겠습니다.

```
GuiControl.OnEvent(EventName, Callback [, AddRemove])
```

## ⛩️ 매개변수

- **EventName**: 어떤 이벤트에 의해 함수를 실행시킬지 문자열로 지정해주는 옵션입니다.
- **Callback**: 위의 이벤트가 촉발됐을 때 어떤 함수를 실행시킬지 콜백 함수를 넣어줍니다.
- **AddRemove**: 중요하지 않고 초급 수준에서 설명하기 곤란하므로 설명을 생략합니다.

먼저 EventName 매개변수엔 아래와 이벤트 목록 중 하나를 문자열로 넣어줍니다.

| 이벤트 | 역할 |
|---|---|
| Change | 컨트롤의 값이 바뀌었을 때 |
| Click | 컨트롤을 클릭했을 때 |
| DoubleClick | 컨트롤을 더블클릭했을 때 |

더욱 많은 컨트롤 이벤트가 있지만 가장 많이 쓰이는 세 가지만 준비했습니다. Callback 매개변수로는 이벤트가 발생할 때 호출할 콜백 함수를 전달해줍니다. 즉 "버튼을 클릭했을 때 **MyFunc( )** 함수를 수행"과 같은 동작은 다음과 같이 적을 수 있습니다.

```
...    MyButton.OnEvent("Click", MyFunc)
```

## 🏛 콜백 함수 디자인

GuiControl.OnEvent( ) 함수로 이벤트에 콜백 함수를 등록해주면, 해당 이벤트가 유발됐을 때 콜백 함수를 수행한다고 했습니다. 콜백 함수의 본문은 자유롭게 짜면 되고, 매개변수는 정해져있습니다. 문제는 이 매개 변수가 이벤트에 따라 각각 다르게 정해져있다는 것입니다. 일단 위에서 설명한 세 개의 이벤트는 각각 동일 한 콜백 함수 양식을 갖고 있습니다.

| 이벤트 | 양식 | 역할 |
|---|---|---|
| Change | CallbackFunc(GuiCtrlObj, Info) | 내용이 변경되었을 때 |
| Click | CallbackFunc(GuiCtrlObj, Info) | 클릭되었을 때 |
| DoubleClick | CallbackFunc(GuiCtrlObj, Info) | 더블클릭되었을 때 |

매개변수의 이름은 자유이나, 각 매개변수에 무엇이 전달되는지 알아보기 쉽게 위와 같이 적는 것입니다. 꼭 매개변수의 이름이 GuiCtrlObj와 Info일 이유는 없습니다.

일단 모든 콜백 함수의 첫 매개변수 GuiCtrlObj엔 이벤트가 유발된 컨트롤 객체가 담깁니다. 버튼을 클릭해 서 Click 이벤트에 의해 콜백 함수가 호출되었다면 그 콜백 함수의 첫 번째 매개변수는 해당 버튼 객체가 담 겨있을 것입니다.

두 번째 매개변수 Info엔 이벤트 정보가 담기는데, 예를 들어서 Slider 컨트롤에 Change 이벤트를 등록했을 경우엔 해당 매개변수로 "슬라이더가 어느 방향으로 움직였는지"에 관한 정보가 전달됩니다. 다만 대부분의 상황에서 Info 매개변수로 들어오는 정보는 쓸모가 없습니다. Click이나 DoubleClick 이벤트의 경우도 마 찬가지로 별 의미는 없고, 일부 컨트롤에서만 이벤트 정보가 담깁니다.

그러나 반드시 정해진 개수대로의 매개변수를 가진 콜백 함수를 만들어야 합니다. 그것만 지켜주면 콜백 함 수 촉발시에 각 매개변수로 적당한 값이 들어갑니다. 그 값으로 첫 번째 매개변수에는 'GuiControl 객체', 두 번째 매개변수엔 '이벤트 정보'가 들어간다는 것이지요.

즉, 최종적으로 여러분이 구성해야 할 코드 조각은 아래와 같습니다.

```
~     창 및 컨트롤 생성 구문 생략
1     MyControl.OnEvent("Click", MyButton_OnClick) ;컨트롤 이벤트 등록
2     return
3
```

```
4    MyButton_OnClick(obj, info)
5    {
6        ... ;이벤트 발생 시 할 일
7    }
```

## 🏛 번외: 창 이벤트

GuiControl 객체가 아닌, Gui 객체에도 `OnEvent()` 메서드가 있습니다. 사실 Section 71의 표(291쪽)에 "창 이벤트를 감지하도록 설정합니다"라는 기능으로 짧게 적고 넘어간 부분인데, 이젠 사용할 수 있겠네요.

`Gui.OnEvent()`의 사용법은 `GuiControl.OnEvent()`의 사용법과 같습니다. 이벤트 목록(https://www.autohotkey.com/docs/v2/lib/GuiOnEvent.htm#Events)에서 창 이벤트 또한 확인할 수 있습니다. 제공한 문서에서 각 이벤트 이름을 클릭하면 콜백 함수의 양식 또한 알 수 있습니다. Close 이벤트의 콜백 함수 매개변수는 단 한 개라는 것을 알 수 있습니다. 본문에서 중요한 내용은 아니므로 문서로 대체하겠습니다.

가장 중요한 Close 이벤트의 용례 하나만 짧게 설명하겠습니다. '핫키가 있어서 자동으로 종료되지 않는 GUI 프로그램'의 경우, GUI의 창이 닫히면 Close 이벤트를 통해 `ExitApp` 함수를 호출하도록 하는 식으로 구현하는 경우가 많습니다. Section 71의 실습 예제가 이와 같은 경우입니다.

## 📖 실습

분량이 좀 많았네요 수고 많으셨습니다. 실습을 통해 오늘 배운 내용을 이용해보겠습니다.

### 1. 버튼을 클릭하면 알림상자 띄우기

```
1    Main := Gui(, "73강 연습")
2    PopButton := Main.Add("Button", "x30 y30 w200 h50", "클릭")
3    Main.Show("w260 h110")
4    PopButton.OnEvent("Click", PopButton_OnClick)
5    return
6
7    PopButton_OnClick(obj, info)
8    {
9        MsgBox("버튼이 클릭되었습니다.")
10   }
```

[예제 73-1] 클릭하면 알림상자가 나타나는 버튼이 있는 창 만들기

위 예제는 아래 이미지와 같은 창을 생성합니다.

[그림 73-1] 생성된 창의 모습

버튼을 클릭하면 PopButton_OnClick이라는 콜백 함수가 촉발되어 알림상자가 출력될 것입니다. 다시 한 번 말하지만 obj, info 매개변수는 단지 임의로 정해준 이름이며, 첫 번째 매개변수론 컨트롤 객체가, 두 번째 매개변수론 이벤트 정보가 전달되기에 이와 같은 이름을 사용한 것입니다. 위 예제처럼 이 매개변수를 사용하지 않더라도 콜백 함수는 정해진 매개변수 개수대로 작성해주어야 합니다.

더욱 복잡한 예제는 향후 진행될 내용과 경험을 통해 다뤄보도록 하고요, 일단 기본 개념만 알고 다음 섹션으로 넘어갑시다.

## 74　GuiControl 객체의 사용　　　　　　　　SECTION

지난 섹션에선 GuiControl 객체의 OnEvent( ) 메서드를 이용해서 이벤트에 콜백 함수를 등록하는 과정을
배웠습니다. 당연히 GuiControl.OnEvent( ) 말고도 컨트롤에 사용할 수 있는 메서드가 더 있고, 속성도 있습
니다. 이번 섹션에선 컨트롤 객체가 가지고 있는 속성과 메서드를 배워보겠습니다.

### 🏛 GuiControl 객체의 속성

먼저 GuiControl 객체의 속성부터 알아봅시다.

| 속성 | 설명 |
|---|---|
| ClassNN | 해당 컨트롤의 ClassNN |
| Enabled | 해당 컨트롤의 상호작용 상태(True 혹은 False 중 하나) |
| Text | 해당 컨트롤의 내용 |
| Value | 해당 컨트롤의 값 |

대표적으로 자주 쓰이는 속성 4가지만 가져왔습니다. ClassNN은 고윳값이므로 당연히 값을 재설정할 순 없
고, 현재 컨트롤에 할당된 ClassNN을 가져올 수만 있습니다. Text와 Value 속성의 역할이 헷갈릴 수 있는
데, 쉽게 말해서 컨트롤에 쓰인 글씨(Button의 글씨나 CheckBox 옆의 글씨)는 Text 속성의 역할이고, 글씨
가 아니라 다른 형태로 표현되는 것(Slider의 값, CheckBox의 상태)은 Value 속성을 사용하면 됩니다.

예를 들어서 Picture 컨트롤의 이미지를 바꾸고 싶다면, Picture 컨트롤은 글씨 그대로 표현되는 것이 아니
라 적어준 경로의 이미지를 표현하는 것이므로 Value 속성을 건드려야 할 것입니다. 또 CheckBox의 체크
여부 역시 글씨 그대로 0 혹은 1로 표현되지 않고 체크 표시(v)로 표현되므로 Value 속성을 이용합니다.

반면, 체크박스 옆에 설명문(Caption이라고 합니다.)을 바꾸고 싶다면 Value 속성이 아닌 Text 속성을 바꿔
야겠죠. 적어준 글씨 그대로 컨트롤에 나타나니까요.

> **Tip　Edit 컨트롤의 텍스트는 Value? Text?**
> 둘 모두 거의 동일한 값을 갖고 있지만, Edit.Text는 줄 끝 변환을 수행하지 않고 Edit.Value는 줄 끝 변환을 적절하게 수행합니다.
> 만약 캐리지 리턴(`r, \r)과 라인 피드(`n, \n)에 대해서 알지 못하거나 들어보지 않았다면 그냥 아무거나 쓰면 됩니다.

## 🏛 **GuiControl 객체의 메서드**

메서드 역시 쉽습니다. 역시 자주 쓰이는 몇 개만 알아보도록 합시다.

| 메서드 | 매개변수 | 역할 |
|---|---|---|
| Add() | Item | 컨트롤에 항목을 추가합니다. |
| Choose() | Value | 컨트롤의 특정 항목을 선택합니다. |
| Delete() | [Value] | 컨트롤의 특정 항목을 제거합니다. |
| OnEvent() | EventName, Callback [, AddRemove] | 이벤트에 따른 콜백 함수 등록 |
| Opt() | Options | 컨트롤의 옵션을 추가하거나 제거합니다. |

Add( ), Choose( ), Delete( )는 그 설명에서 볼 수 있듯 여러 항목을 가진 컨트롤(ListBox, DropDownList 등)에 사용합니다. 참고로 List 계열 컨트롤에 항목을 추가할 땐 항목이 담긴 배열을 지정해주어야 합니다. 즉, Add( )를 쓸 땐 [Item1]과 같이 적어주어야 합니다. 당연히 여러 값을 추가할 수 있게 하기 위해서인데, 예를 들어 [Item1, Item2, Item3]이라는 배열을 전달해주면 세 항목이 추가됩니다.

OnEvent( )는 저번 섹션에서 배웠고, Opt( )는 컨트롤을 처음 만들 때 설정해주었던 옵션과 동일합니다. MyControl.Opt("+Disabled -VScroll") 등과 같이 적어주면 되겠죠.

## 📖 실습

### 1. 슬라이더의 값 수치로 표현하기

[그림 74-1] 슬라이더 컨트롤을 움직이면 그에 따라 Edit의 숫자도 바뀝니다.

슬라이더를 움직이면 Edit에 슬라이더 수치를 표현하는 프로그램을 만들어봅시다.

```
1    Main := Gui(, "73강 연습")
2    SliderSender := Main.Add("Slider", "x20 y20 w200")
3    EditReceiver := Main.Add("Edit", "x20 y60 w200")
4    Main.Show("w240 h90")
5    SliderSender.OnEvent("Change", SliderSender_OnChange)
6    return
7
8    SliderSender_OnChange(obj, info)
9    {
10       EditReceiver.Text := obj.Value
11   }
```

[예제 74-1] 슬라이더의 수치 보이기

간단합니다. 저번 섹션에서 배운 Change 이벤트를 이용하여, SliderSender 객체의 값이 바뀔 때(즉, 슬라이더의 값이 변할 때) 콜백 함수를 실행합니다. 그리고 콜백 함수에선 SliderSender 값(Value)을 EditReceiver의 내용(Text)에 대입해주었죠. 여기서 EditReceiver는 함수 외부에 있는 전역 변수이지만, 객체의 경우엔 기본적으로 함수 밖의 객체여도 값을 수정하기 위해 global 키워드를 사용할 필요가 없습니다. 이에 관한 상세한 내용은 mutable과 immutable 개념을 알아야 하기 때문에 생략합니다만, "전역 객체는 global 키워드를 쓸 필요가 없다"라고만 알아두면 되겠습니다.

미션을 하나 주겠습니다. 위의 코드를 기반으로 'Edit의 수치를 조정하면 그 수치만큼 Slider가 움직이게' 하는 기능도 추가해보세요. 즉, Slider를 움직이면 Edit의 수치가 변하고, Edit의 수치를 바꾸면 Slider의 마우스 포인터 위치가 변해야 합니다.

# 75 프로그래밍 문제 (11) SECTION

---

문제 1 **다음과 같은 프로그램을 작성하세요.**

---

**목표**

로그인 폼 만들기

**동작**

1. 체크박스에 체크하거나 체크 해제하면, 그에 따라 암호 입력란의 글씨를 가리거나 보이게 한다.
2. 창의 모습과 동작 결과는 아래의 그림을 참고.

**참고 사항**

- Edit 컨트롤의 내용은 Password 옵션으로 가릴 수 있습니다.
- 지난 섹션에서 컨트롤에 옵션을 추가하는 메서드를 배웠습니다.

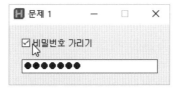

[그림 75-1] [비밀번호 가리기] 앞의 체크박스를 선택하면 Edit 컨트롤의 내용이 가려짐

---

문제 2 **다음과 같은 프로그램을 작성하세요.**

---

**목표**

버튼을 클릭하면 항목이 추가되는 프로그램

**동작**

1. 버튼을 클릭하면 입력 상자에 입력한 글이 리스트 박스에 추가되도록 한다.
2. 리스트 박스의 항목을 더블클릭하면 선택된 내용이 출력되도록 한다.
3. 창의 모습과 동작 결과는 다음의 [그림 75-2]를 참고.

**참고 사항**

- 지난 섹션에서 컨트롤에 항목을 추가하는 메서드를 배웠습니다.
- 더블클릭 이벤트와 콜백 함수를 이용하여 더블클릭 시 알림상자를 팝업시킬 수 있습니다.
- 리스트 박스에 선택된 항목의 내용은 이번 섹션에서 설명한 GuiControl의 '어떤 속성'이 갖고 있습니다.

구현 그림

[확인] 버튼을 클릭하면 Edit의 내용이 ListBox에 추가되며, ListBox의 항목을 더블클릭하면 내용이 출력됩니다.

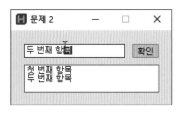

[그림 75-2] 출력 결과

---

문제 3 **다음과 같이 [문제 2]의 프로그램을 수정하세요.**

---

- 리스트 박스에 항목이 추가될 때, 입력 상자의 글이 지워지게 할 것.
- 버튼을 클릭했을 때, 입력 값이 숫자가 아니면 리스트 박스에 추가되지 않게 할 것.
- 버튼을 클릭했을 때, 입력 값이 del이면 리스트 박스의 모든 항목이 지워지게 할 것.

참고 사항

- 리스트 박스에 항목이 추가될 때, 입력 상자의 글이 지워지게 할 것.
- 버튼을 클릭했을 때, 입력 값이 숫자가 아니면 리스트 박스에 추가되지 않게 할 것.
- 버튼을 클릭했을 때, 입력 값이 del이면 리스트 박스의 모든 항목이 지워지게 할 것.

## 📖 실전 프로그램 만들기! 6

이번엔 GUI를 이용하여 간단한 런처 프로그램을 만들겠습니다. 컴퓨터에서 자주 쓰는 기능을 하나의 프로그램에서 바로 실행할 수 있다면 얼마나 좋을까요? 한번 아래와 같은 프로그램을 만들어봅시다.

[그림 실전6-1] 런처 프로그램 구현 모습

```
1    Main := Gui("+AlwaysOnTop", "내 런처")
2    WeatherButton := Main.Add("Button", "x10 y10 w70 h40", "지역 날씨")
3    FolderButton := Main.Add("Button", "x100 y10 w70 h40", "작업 폴더")
4    CalcButton := Main.Add("Button", "x190 y10 w70 h40", "계산기")
5    Main.Add("Text", "x10 y63 w40 h20", "1달러=")
6    ExchangeRate := Main.Add("Edit", "x50 y60 w35 h20", "1200")
7    Main.Add("Text", "x90 y63 w45 h20", "원일 때, ")
8    ExchangeValue := Main.Add("Edit", "x145 y60 w35 h20", "1")
9    ExchangeResult := Main.Add("Text", "x185 y63 w100 h20", "달러는 1200원")
10   SearchText := Main.Add("Edit", "x10 y100 w200 h20")
11   SearchButton := Main.Add("Button", "x220 y99 w40 h22", "검색")
12   Main.Show("w280 h150")
13
14   WeatherButton.OnEvent("Click", WeatherButton_OnClick)
15   FolderButton.OnEvent("Click", FolderButton_OnClick)
16   CalcButton.OnEvent("Click", CalcButton_OnClick)
17   ExchangeValue.OnEvent("Change", ExchangeValue_OnChange)
18   SearchButton.OnEvent("Click", SearchButton_OnClick)
19   return
20
21   WeatherButton_OnClick(obj, info)
22   {
23       run("https://weather.naver.com/today/09215109")
24   }
```

```
25
26    FolderButton_OnClick(obj, info)
27    {
28         run(A_Desktop "\내 폴더 이름")
29    }
30
31    CalcButton_OnClick(obj, info)
32    {
33         run("calc.exe")
34    }
35
36    ExchangeValue_OnChange(obj, info)
37    {
38         if (IsNumber(ExchangeValue.value))
39             ExchangeResult.value := "달러는 " ExchangeValue.value * ExchangeRate.value "원"
40    }
41
42    SearchButton_OnClick(obj, info)
43    {
44         run("https://search.naver.com/search.naver?where=nexearch&sm=top_
      hty&fbm=0&ie=utf8&query=" SearchText.text)
45    }
```

코드가 길어도 어려운 부분 없이 단순히 버튼과 Edit 컨트롤의 배치만 있을 뿐입니다. 그러니 지금까지 잘 따라오셨다면 문제 없이 따라할 수 있을 것입니다.

상단의 버튼 3개를 클릭하면 콜백 함수에 의해 각각 웹사이트, 폴더, 계산기를 실행합니다. 웹사이트 주소는 '네이버 날씨'에서 자신의 지역을 검색하면 이동되는 URL을 넣어줍니다. 예시는 https://weather.naver.com/today/09215109인데, 서울특별시 광진구 군자동의 URL입니다. 자신의 지역에 맞게 수정해보세요.

'작업 폴더' 버튼은 바탕화면에 있는 '내 폴더 이름' 폴더를 실행하게 됩니다. **자신의 작업 환경에 맞게 주 작업 폴더를 바로 열 수 있도록 폴더 경로를 수정해주세요.** '계산기' 버튼은 calc.exe를 실행하는데, 오토핫키는 자기 자신의 경로에 실행 파일이 없다면 C:\Windows\System32 폴더에 있는 앱 중에서 실행 가능한 앱을 찾습니다. C:\Windows\System32 폴더 안에 calc.exe는 윈도우 기본 계산기 프로그램의 실행 파일명이므로, 이와 같이 사용하여 계산기를 한번에 실행할 수 있습니다.

그 밑에 환율 계산 부분은 주어진 환율과 달러를 곱하여 '원'을 구하는 부분인데, 말 그대로 둘을 곱하면 쉽게 구할 수 있으므로 설명을 생략하도록 하겠습니다.

검색창 부분은 바로 네이버 검색을 해주는 부분인데요, 네이버에 어떤 검색어를 입력하면 https://search.naver.com/search.naver?where=nexearch&sm=top_hty&fbm=0&ie=utf8&query=검색어 형태로 URL이 이동되는 것을 볼 수 있습니다. 따라서 '검색어' 부분에 Edit 컨트롤의 text 값을 넣어주면, 바로 검색할 수 있는 근사한 검색창이 완성됩니다. 문자열과 변수 SearchText.text 변수를 이어준 부분(44번 줄)이 보이나요?

마지막으로 1번 줄을 보세요. AlwaysOnTop 옵션을 부여함으로써 창이 항상 위에 있도록 하였습니다. 어때요? 멋진 런처 프로그램이 만들어졌죠? 자신이 자주 사용하는 기능을 한 군데에 담아 손쉽게 클릭 한 번으로 실행할 수 있는 이런 프로그램을 만들어 볼 수 있었습니다.

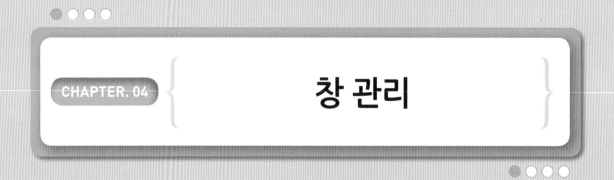

CHAPTER. 04

# 창 관리

## 76 창 활성화와 크기 조절                          SECTION

길고 어려웠던 GUI 프로그래밍 단원이 끝났습니다! 여러분은 어떠셨나요? 배운 내용을 이용하여 나만의 GUI 프로그램을 만들었으면 재미있었을 거라 생각합니다. 그래서 프로그래밍 문제도 도전정신(?)을 돋우는 내용으로 준비했고요.

저는 각종 사이트에 비밀번호를 자동으로 입력해주는 프로그램이 오토핫키로 처음 만든 GUI 프로그램이었습니다. GUI에 아이디와 비밀번호를 입력할 수 있는 입력 상자를 준비했고, 체크박스로 최대 세 가지 아이디/비밀번호를 바꿀 수 있었죠. 그 후 F1을 누르면 아이디와 비밀번호를 Send로 자동 입력해주어 로그인해주는 프로그램이었습니다.

그전까지는 비밀번호를 평문으로 소스 코드에 저장시키기도 했고, 또 대부분 사이트의 ID/PW가 통일되어있었고, 지금 생각해보면 얼마나 보안에 무지했는지 참 어이가 없습니다. 그럼에도 첫 프로그램인지라 저에겐 굉장히 의미 있었습니다. 그때의 기억이 즐거워서 지금까지 프로그래밍을 하고 있습니다.

각설하고, 이번 섹션부터 당분간 쉬운 내용입니다. 몇 개의 새로운 함수를 배우는 것으로 끝입니다. 먼저 컴퓨터 내에 있는 창을 다루는 방법을 배울 것입니다.

### 🏯 WinActivate

WinActivate는 특정한 창을 활성화시키는 함수입니다.

```
WinActivate([WinTitle, WinText, ExcludeTitle, ExcludeText])
```

△ WinActivate 함수의 원형

어디서 많이 본 매개변수죠? Control 계열 함수에서 많이 보았던 창을 특정짓는 매개변수입니다.

당연히 WinTitle에는 창의 제목, WinText에는 창의 내용, ExcludeTitle과 ExcludeText는 적어준 문자열을 제목/내용으로 포함하지 않는 창을 지정하는 역할입니다. 또 지금까지 써왔던 것처럼 WinTitle을 제외하면 거의 안씁니다. 보통은 창의 제목만으로 하나의 창을 특정짓기 용이하기도 하고, 식별자를 통해 프로세스명이나 ID, 핸들값으로 하나의 창만 특정지을 수 있기 때문입니다.

따라서 제목이 '제목 없음 - Windows 메모장'인 프로그램을 활성화하고 싶다면 다음과 같이 적어주면 되겠네요.

```
...    WinActivate("제목 없음 - Windows 메모장")
```

## 🗁 WinMove

WinMove는 특정 창의 위치를 옮기거나, 크기를 조절하는 함수입니다.

```
WinMove([X, Y, Width, Height, WinTitle, WinText, ExcludeTitle, ExcludeText])
```

▲ WinMove 함수의 원형

원형이 상당히 길지만 다시 보면 역시 전부 익숙한 매개변수입니다. WinTitle 이후의 매개변수는 **WinActivate**의 경우와 같이 대상 창을 특정 지어주는 역할을 하고, 대부분 WinTitle까지만 씁니다.

그리고 X, Y, Width, Height 매개변수는 이름에서 짐작할 수 있다시피 이 창을 이동할 위치와 크기를 설정해줄 수 있습니다. 우리 같이 여기까지 오토핫키를 공부해왔으니 영어를 잘 몰라도 X, Y는 가로와 세로 위치, Width와 Height는 너비와 높이를 말한다는 점은 알고 계실거라 믿습니다.

X, Y, Width, Height에서 현재 창에서 변경하고 싶지 않은 속성은 생략하면 됩니다. 예를 들어서 'Example'이라는 제목을 가진 창의 위치는 그대로 하되 크기만 200, 200으로 바꾸고 싶다면 아래와 같이 쓸 수 있습니다.

```
...    WinMove(,,200, 200, "Example")
```

콤마가 연속되어 보기 힘든가요? 아래와 같이 X, Y 부분이 생략되어 있는 것을 표시해보았습니다.

```
...    WinMove(X, Y, 200, 200, "Example")
```

## **77** 창 존재 및 활성 여부 확인

이번엔 특정 창이 존재하는지, 또 존재한다면 활성화 되어있는지 알아볼 수 있는 함수를 배워보겠습니다.

### 🕸 **WinExist**

WinExist는 창이 존재하는지 확인하고, 존재한다면 해당 창의 고유 ID(HWND)를 반환하며 그렇지 않다면 0을 반환합니다.

```
WinExist([WinTitle, WinText, ExcludeTitle, ExcludeText])
```

▲ WinExist 함수의 원형

인수는 지금까지 써주었던 것처럼 창을 특정하는 데 쓰이고, 역시 대부분의 경우 WinTitle만 써줍니다. 대신 WinTitle 앞에 **ahk_exe** 수식어를 붙여서 창의 제목 대신 프로세스명을 이용하여 창을 특정지을 수 있다고 했습니다.

한 가지 더 배워보겠습니다. WinTitle 앞에 **ahk_id** 수식어가 붙으면 창의 제목 대신 고유 ID인 'HWND'를 이용할 수 있습니다. 예를 들어서 **"ahk_id" myWindow**라는 값을 WinTitle 매개변수로 전달하면, myWindow 변수에 담긴 HWND 값을 이용해서 창을 지정할 수 있습니다. (문자열 ahk_id 뒤에 한 칸의 공백이 있다는 것에 유의하세요. 이렇게 해야만 myWindow 변수가 값(숫자)으로 치환됐을 때 "ahk_id 000000"와 같은 형태가 만들어집니다.)

다만 HWND를 가져오는 가장 일반적인 방법이 **WinExist**이기 때문에 **WinExist**의 WinTitle 매개변수엔 **ahk_id** 수식어를 쓸 일이 없겠네요.

---

> **Tip** **HWND?**
>
> HWND는 Handle to Window의 약자로, 그냥 '윈도우 핸들'이라고도 하고, 혼동될 일이 없으면 그냥 'id'라고도 합니다. 각 창을 구별하여 조작(Handling)하는 데 쓰이기 때문에 이런 이름이 붙었습니다.
>
> 향후 프로그래밍을 하거나 IT/SW 쪽에 관심이 있는 분들이라면 "핸들" 혹은 "핸들값"이라는 말을 많이 들을 텐데, 이는 그 값이 고유하거나 사실상 고유(99.9999…% 확률로 겹치지 않음)하여 여러 개체간에 구별이 되는 값이라고 생각하면 됩니다.
>
> 오토핫키 프로그래밍을 할 때에도, 각 창을 단순히 제목(Title)으로만 구별 짓지 말고 대상 창의 HWND를 WinExist()로 구하여 그 값을 코드에 이용하는 것이 바람직합니다. 프로그램 실행 중 제목이 같은 다른 창이 있어도 원래 목표했던 창을 정확히 지정할 수 있으니까요!

## ⬡ **WinActive**

WinActive는 창이 활성 상태인지 확인하고, 만약 그렇다면 HWND를 반환하며 그렇지 않다면 0을 반환합니다.

```
WinActive([WinTitle, WinText, ExcludeTitle, ExcludeText])
```

▲ WinActive 함수의 원형

지난 섹션에서 배웠던 WinActivate와 헷갈리지 마세요! WinActive는 창의 활성 상태 여부를 가져오는 함수, WinActivate는 창을 활성 상태로 만들어주는 함수입니다. 매개변수와 반환값은 WinExist와 같으니 설명하지 않겠습니다.

## ⬡ **WinTitle 인수로 A**

이제 중요하고 자주 쓰이는 테크닉을 하나 설명하겠습니다. 제가 지금까지 설명드린 모든 WinTitle 매개변수엔 문자열 A를 인수로 제공할 수 있습니다.

A는 '현재 활성 창'을 의미하는 특별한 인수입니다. 따라서, 아래 코드는 **현재 활성되어 있는 창의** HWND를 가져와 targetId 변수에 담습니다.

```
...    targetId := WinExist("A")
```

▲ WinExist를 이용하여 활성 창의 id 가져오기

# 78 기타 창 함수 SECTION

이번엔 설명하지 않은 '창 함수'를 알아보겠습니다. 종종 쓰이는 함수만 설명하고 모든 함수를 설명하진 못하므로, 창과 관련된 모든 오토핫키 내장 함수를 알아보려면 공식 문서의 Win Functions 페이지를 참고하세요.

## 🏛 창 함수

| 창 함수 | 설명 | 매개변수 |
|---|---|---|
| WinClose | 창을 닫음 | [WinTitle, WinText, SecondsToWait, ExcludeTitle, ExcludeText] |
| WinGetList | 창의 id를 배열로 반환 | [WinTitle, WinText, ExcludeTitle, ExcludeText] |
| WinGetPos | 창의 위치와 크기를 참조로 받음 | [&OutX, &OutY, &OutWidth, &OutHeight, WinTitle, WinText, ExcludeTitle, ExcludeText] |
| WinGetTitle | 창의 제목을 반환 | [WinTitle, WinText, ExcludeTitle, ExcludeText] |
| WinSetTitle | 창의 제목을 설정 | NewTitle, [WinTitle, WinText, ExcludeTitle, ExcludeText] |
| WinMaximize | 창 최대화 | [WinTitle, WinText, ExcludeTitle, ExcludeText] |
| WinMinimize | 창 최소화 | [WinTitle, WinText, ExcludeTitle, ExcludeText] |
| WinSetAlwaysOnTop | 창을 항상 위로 | [NewSetting, WinTitle, WinText, ExcludeTitle, ExcludeText] |
| WinSetTransparent | 창의 투명도 조절 | N, [WinTitle, WinText, ExcludeTitle, ExcludeText] |

창을 특정짓는 데 필요한 WinTitle, WinText, ExcludeTitle, ExcludeText를 제외한 다른 매개변수와, 몇 가지 알아두어야 하는 점을 강조합니다.

- **WinGetList**: 특정된 창이 여러 개면, 그 창들의 id 전부를 하나의 배열에 담아서 반환해줍니다.
- **WinGetPos**: MouseGetPos와 마찬가지로 창의 위치와 크기를 참조 형식(VarRef)으로 전달해준 변수에 담아줍니다.
- **WinSetTitle**: NewTitle 매개변수는 필수 매개변수로서, 창의 변경할 제목을 입력해줍니다.
- **WinSetAlwaysOnTop**: NewSetting 매개변수에 1을 적으면 "항상 위로 설정", 0을 적으면 "항상 위로 해제", -1을 적으면 현재 상태의 반대로 토글됩니다.
- **WinSetTransparent**: 필수 매개변수 N은 창의 투명도로서, 0부터 255까지의 값을 적을 수 있습니다 (255 = 완전 투명).

# 79 프로그래밍 문제 (12)

SECTION

문제 1  **다음과 같은 프로그램을 작성하세요.**

동작

1. F1을 누를 때마다 배열에 현재 활성화된 창의 HWND를 담는다.
2. F2를 누르면 배열에 저장된 HWND를 한 번에 출력하고 프로그램을 종료한다.

조건

1. 배열의 값을 출력할 땐 개행(`n)으로 각 값을 구분할 것.

문제 2  **다음과 같은 프로그램을 작성하세요.**

동작

1. A를 눌렀을 때 현재 활성화 되어있는 창이 '메모장' 프로그램이면 프로그램의 위치를 (0, 0)으로 옮기고 프로그램을 종료한다.

조건

1. 현재 활성화되어있는 창이 '메모장'이 아닐 땐 A의 입력을 막지 말 것.

문제 3  **다음과 같이 [문제 2]의 프로그램을 수정하세요.**

메모장이 활성화되어있지 않은 상태에서 A를 누른다면, 창을 활성 상태로 만든 후 (0, 0)으로 이동시킨다.

## ☆ FAQ. 자주 올라오는 질문과 답변 5

Q **스크립트 편집기를 두 개 띄워서 양쪽으로 창을 열고 싶은데 방법이 있나요?**

A 1. 상단 메뉴바에서 [옵션] → [유저 옵션 파일 열기(U)] → 유저 옵션 파일을 열기(유저 옵션 파일 방법은 Section 03에서 참고하세요.)

2. 아래 스크립트를 옵션 파일 맨 밑에 적어넣습니다.

```
command.name.17.*=Open in New
Windowcommand.mode.17.*=subsystem:2
command.shortcut.17.*=Ctrl+Shift+N
command.17.*="$(SciteDefaultHome)\SciTE.exe" -check.if.already.open=0 -save.session=0
"$(FilePath)"
```

3. 이제 Ctrl + Shift + N을 누르면 SciTE 창이 한 개 더 뜹니다. 이렇게 새 창을 띄운 후, 비교할 스크립트를 끌어다 놓아 열면 됩니다.

# 문자열 처리 기본편

# 80 문자열 찾기 InStr SECTION

이번 섹션부터 문자열 처리를 위한 여러 테크닉을 배워볼 것입니다. 여러분은 앞으로 어떤 긴 문자열이 있을 때, 이 안에서 또 다른 문자열을 찾거나, 자르거나, 대치하는 방법을 익힐 것입니다.

## Haystack과 Needle

배울 내용에 앞서, Haystack과 Needle이라는 두 가지 개념을 이해해보겠습니다.

- **Haystack**: 전체 문자열
- **Needle**: 전체 문자열에서 검색할 일부 문자열

Haystack은 작업하고자 하는 전체 문자열을 의미하고, Needle은 문자열 처리 작업을 하기 위해 검색할 문자열을 의미합니다. 따라서 Needle은 Haystack의 일부분입니다. 우리는 Haystack에서 Needle의 위치를 찾는 방법을 배울 것입니다. 즉, 전체 문자열 속에서 원하는 문자열의 위치를 찾아보겠습니다.

> **Tip** **Haystack과 Needle의 유래**
>
> 우리나라에 "서울에서 김서방 찾기"라는 속담이 있듯이, 외국에도 무언가 범위가 넓어 찾기 어려운 상황을 일컬을 때 "A needle in a haystack(건초더미에서 바늘 찾기)"이라고 말합니다. 즉, 전체 찾을 범위를 '건초더미(Haystack)', 찾을 대상을 '바늘(Needle)'로 취급하여 오토핫키 프로그래밍에서도 사용합니다.

## 문자열의 위치

문자열이 좌표도 아닌데 어떻게 위치를 표현할까요? 어렵지 않습니다. 오토핫키에서는 글자 하나의 위치가 1이라고 여기기 때문입니다. Apple에서 p의 위치는 2와 3이 되겠죠. e의 위치는? 5일 것입니다.

## InStr

InStr 함수는 전체 문자열(Haystack) 속에 특정 문자열(Needle)을 검색하여 그 위치를 반환해주는 함수입니다. 문자열을 찾지 못하면 0을 반환합니다.

```
InStr(Haystack, Needle [, CaseSense, StartingPos, Occurrence])
```

## 📦 매개변수

- **Haystack**: 전체 문자열
- **Needle**: 찾을 문자열
- **CaseSense**: 대소문자 구분 여부
- **StartingPos**: 검색 시작 위치
- **Occurrence**: 몇 번째 일치 항목의 위치를 가져올 것인지

## 📦 반환값

- **0**: 문자열을 찾지 못했을 경우
- **n(정수)**: 문자열을 찾은 위치

## 📦 Haystack/Needle

상술하였으므로 설명은 생략합니다.

## 📦 CaseSense

기본적으로 InStr을 포함한 거의 모든 오토핫키 함수는 문자열을 처리할 때 대소문자를 구분하지 않습니다. Course 문자열에선 OUR가 존재하는 것이죠. 그러나 이 매개변수에 1(true)을 전달해주면 대소문자를 별도로 취급하게 됩니다. Course에는 OUR가 포함되어 있지 않다고 여깁니다.

## 📦 StartingPos

Haystack에서 검색을 시작할 위치를 지정합니다. 예를 들어서 Set your course by the stars라는 문자열이 Haystack일 경우, StartingPos가 4라면 your course by the stars 안에서만 Needle을 검색합니다.

## 📦 Occurrence

찾은 위치가 여러 개일 경우, 몇 번째 문자열의 위치를 가져올지 정해줍니다. Apple에서 p를 Needle로 삼아서 InStr를 수행했을 때, 찾아진 위치는 2와 3일 것입니다. 기본적으로 이 함수는 첫 번째 p의 위치인 2를 반환하지만, Occurrence 매개변수에 2를 전달했을 경우 두 번째 p의 위치인 3을 반환할 것입니다. 이곳에 음수를 전달할 수도 있는데, '뒤에서 몇 번째 요소를 가져올지'를 정해줍니다. 예를 들어서 -3을 전달해주면 뒤에서 세 번째 요소의 위치를 반환하게 됩니다.

Tip  **문자열 위치에 음수 표시**

StartingPos와 같은 문자열의 위치를 적는 매개변수엔 음수가 들어갈 수 있는데, 이 경우 "뒤에서부터 n번째 위치"로 해석됩니다.

예를 들어서 StartingPos가 -5라면 오른쪽에서 다섯 번째 문자열부터 검색을 시작합니다. 단, Occurrence 매개변수가 지정되지 않으면 오른쪽에서 왼쪽으로 검색을 수행하게 되므로 검색 범위는 [오른쪽에서 다섯 번째 문자 ~ 가장 왼쪽 문자]가 됩니다.

## 📖 실습

### 1. 전체 문자열 중 010의 위치 가져오기

```
1    info := "홍길동: 돈까스와 제육볶음 010-XXXX-XXXX"
2    pos := InStr(info, "010")
3    MsgBox(pos)
```

[예제 80-1] 010의 위치 검색(결과: 16)

사실 CaseSense부터의 선택 매개변수는 잘 쓰지 않습니다. 가장 많이 쓰는 상황이 위와 같이 특정 문자열의 위치만 정확히 찾는 경우입니다.

어렵지 않죠? 참고로 Needle은 단일 문자가 아니라 위의 010과 같이 문자열일 수 있으며, 이 경우 일치하는 문자열의 첫 번째 위치가 반환됩니다. 따라서 결과는 16이 되겠네요.

### 2. 문자열이 포함되어 있는지 여부에 따라 조건 분기하기

```
1    context := "별을 보고 항로를 정해라. 지나가는 모든 배의 등불 말고."
2    if (InStr(context, "항해"))
3        MsgBox("[항해]가 포함되어 있습니다.")
4    else
5        MsgBox("[항해]가 포함되어 있지 않습니다.")
```

[예제 80-2] '항해'의 위치 검색(결과: [항해]가 포함되어 있지 않습니다.)

오토핫키에서 0과 공백이 아닌 모든 값은 '참' 취급이라고 설명했죠? 따라서 InStr의 결과가 1이든 20이든 상관없이 조건문 내에선 참일 것입니다. 반대로, Needle이 Haystack 안에 없을 때에만 거짓(0) 취급인 것이죠. 따라서 조건문 내에 비교문을 적어 if (InStr(context, "항해") > 0)이라고 쓰지 않고, 아예 빼서 InStr 구문만 적어주었습니다.

## 81 문자열 길이 구하기 StrLen SECTION

### StrLen

문자열의 길이를 구하고 싶을 땐 **StrLen** 함수를 이용합니다. 이 함수는 매개변수로 전달된 문자열의 전체 길이를 정수로 반환합니다.

StrLen(String)

⬧ StrLen 함수의 원형

### 매개변수

- string: 길이를 구할 문자열

### 반환값

- n(정수): 문자열의 길이

📖 **실습**

## 글자 수 세기

```
1    context := "별을 보고 항로를 정해라. 지나가는 모든 배의 등불 말고."
2    MsgBox("총 " StrLen(context) "자입니다.")
```

[예제 81-1] context 변수의 글자 수 출력

변수에 담긴 문자열의 총 글자 수(문자열 길이)를 세서 문장으로 만들어 출력하는 예제입니다. 여기서는 StrLen 함수의 반환값을 문자열과 붙이기 위해서 각 사이를 띄웠습니다. 지금이 Seciton 81인데, 이쯤되면 위와 같이 문자열과 수를 한 줄로 붙여 출력하는 방법은 익숙해졌으리라고 생각합니다.

# 82 문자열 쪼개기 StrSplit

이번 섹션에서는 전체 문자열을 쪼개서 배열로 만들어주는 StrSplit 함수를 배워보겠습니다.

## 🔷 StrSplit

StrSplit 함수는 전체 문자열을 하나의 단일 문자를 기준으로 분할하여, 각 분할된 부분을 요소로 하는 배열을 반환하는 역할을 합니다.

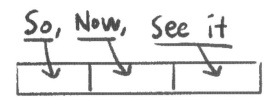

[그림 82-1] StrSplit 함수의 동작

```
StrSplit(String [, Delimiters, OmitChars, MaxParts])
```

▲ StrSplit 함수의 원형

## 🔷 매개변수

- **String**: 전체 문자열(가공할 문자열)입니다.
- **Delimiters**: 쪼갤 기준이 될 '구분자'입니다. 여러 문자를 지정 가능합니다.
- **OmitChars**: 배열 요소의 양 끝에서 제외할 문자입니다. 여러 문자를 지정 가능합니다.
- **MaxParts**: 최대로 분할할 개수입니다.

## 🔷 반환값

- 분할된 문자열이 각각의 요소로 담긴 배열

어렵지 않습니다. 기본적으로 String에 전달된 문자열을, Delimiters에 적은 문자를 기준으로 분할하여 반환한다고 생각하시면 됩니다. 단, Delimiters를 생략하면 한 글자씩 쪼개서 배열로 만들어줍니다. 그리고 단일 문자가 아닌 여러 문자열이 담긴 배열을 전달하여 각 문자열을 모두 구분자로 쓸 수 있습니다. 예를 들어서 [1, 2]를 Delimiters로 전달하면 1에서도, 2에서도 분할됩니다.

OmitChars는 배열 요소의 양 끝에서 제거할 문자며, 예를 들어서 분할된 문자열의 끝에서 개행을 제거하고 싶다면 `n을 적으면 됩니다. 참고로, Delimiters가 `n을 기준으로 분할할 땐 `r을 OmitChars에 적어주세요. 이유는 후술하겠지만 본문과 조금 동떨어진 내용이기 때문에 Tip으로 설명하겠습니다.

MaxParts는 분할된 요소의 개수 최대치를 정해줍니다. 즉 2를 적으면 반환 배열은 최대 두 개의 요소를 가지게 됩니다. 분할되지 않고 남은 문자열은 배열의 마지막 요소에 한번에 들어가게 됩니다.

> `Tip` **개행을 구분자로 쓸 때 `r 을 OmitChars로 전달해야 하는 이유?**
>
> 여러분이 쓰고 있는 Windows 운영체제는 줄바꿈을 `r`n으로 표현합니다. `r은 CR(Carriage Return), `n은 LF(Line Feed)라고 부릅니다. 두 문자를 써야 비로소 줄바꿈 하나를 표현할 수 있는 것입니다.
>
> 이는 자판의 원조인 '타자기'부터 내려오는 역사 때문인데, 그 시절엔 새 줄을 시작하려면 '입력 위치를 종이의 맨 처음으로 가져오는 동작'과 '입력 위치를 다음 줄로 내려주는 동작'을 했기 때문입니다. 횡으로 처음 위치로 옮기고, 종으로 다음 줄로 내리는 것이죠.
>
> 이것이 유산으로 남아 Windows에서는 CR+LF를 하나의 줄바꿈으로 이용하게 되어서, 각종 텍스트 파일을 CR+LF를 줄 끝으로 하여 저장하게 됩니다. 그러나 대부분의 상황에선 LF(`n)만 써도 정상적으로 보이기 때문에 **MsgBox** 등에 출력해줄 땐 `n만 넣어서 개행을 해준 것입니다.
>
> 문제는 **StrSplit** 및 관련 함수는 String 매개변수에 오는 문자열이 보통은 그때그때 다르다는 점입니다. 입력으로 주어진 문자열의 줄 끝이 `n일지, `r`n일지는 상황에 따라 다릅니다. 프로그래밍에서 문자열을 줄 단위로 다룰 때 `r을 고려하지 않으면 원하는 대로 동작하지 않을 수 있습니다. `r은 기본적으로 눈에 보이지 않는 문자이기 때문에 이것이 남아있을 경우 디버깅에 꽤 많은 수고를 들이게될 수도 있고요.
>
> 이것이 **StrSplit**의 OmitChars 매개변수로 `r을 전달해주는 이유입니다! 문자열을 `n으로 분할할 때 `r을 선제적으로 제거해주지 않으면, 남아있는 이 문자 때문에 향후 문자열 가공이 제대로 되지 않는 등의 문제가 생길 수 있습니다.

## 📖 실습

### 1. 어절 단위로 분할하여 출력하기

주어진 문자열을 어절 단위로 분할하여(= 공백을 기준으로 분할하여) 배열에 담은 후, 각각 **MsgBox**로 출력해봅시다.

```
1    context := "국가는 평생 교육을 진흥하여야 한다!"
2    splitedText := StrSplit(context, " ")
3    Loop splitedText.Length
4        MsgBox(splitedText[A_Index])
```

[예제 82-1] context 변수를 공백으로 쪼개서 각각 출력

하나씩 살펴보면 어렵지 않을 것입니다. 오늘 배운 부분은 2번 줄에 있는데요, 분리할 문자열은 context 변수로, 구분자는 띄어쓰기로 해주었네요. 그 밑은 그냥 배열을 순회하며 하나씩 출력하는 것뿐입니다.

### 2. 줄바꿈 단위로 분할하여 출력하기

```
1    context := "모든 국민은 평생에 걸쳐 학습하고`n능력과 적성에 따라 교육받을 권리를 가진다"
2    splitedText := StrSplit(context, "`n", "`r")
3    Loop splitedText.Length
4        MsgBox(splitedText[A_Index])
```

[예제 82-2] context 변수를 개행으로 쪼개서 각각 출력

예제 1과 거의 똑같은 구조입니다. 차이점이 있다면 개행을 구분자로 삼았다는 것과, 본문에서 강조했다시피 개행을 구분자로 삼았기 때문에 `r을 OmitChars로 전달해주었다는 것이죠.

이 예제의 context는 개행으로 `n만 사용했지만, 실제 상황에서는 `r`n으로 줄 구분이 되어있는 경우가 더 많습니다. 따라서 위와 같이 항상! Delimiters가 `n이면 OmitChars는 `r로 적어주는 습관을 들여야 합니다.

## 83 문자열 일부 가져오기 SubStr

위치를 지정하여 전체 문자열의 일부를 반환하는 SubStr 함수를 배워보겠습니다.

### ☐ SubStr

SubStr 함수는 원본 문자열을 주어진 위치부터 주어진 길이만큼 반환하는 함수입니다.

```
SubStr(String , StartingPos [, Length])
```

▲ SubStr 함수의 원형

### ☐ 매개변수

- **String**: 전체 문자열입니다.
- **StartingPos**: 가져올 문자열의 시작 위치입니다.
- **Length**: 가져올 문자열의 길이입니다.

### ☐ 반환값

- **String**: 문자열의 일부

지난 섹션의 StrSplit보다 훨씬 쉽습니다! 그냥 StartingPos부터 Length만큼의 문자열을 반환하는 함수일 뿐입니다. 좀 더 자세히 들어가겠습니다. **우선 Length 매개변수를 생략하면 StartingPos부터 문자열의 끝까지를 가져옵니다. 이건 쉽죠?**

또 StartingPos와 Length 매개변수는 음수가 올 수 있는데, 이 경우 문자열의 '뒤에서 n번째'를 의미합니다. 이 '뒤에서 n번째' 개념은 InStr에서도 설명한 바 있습니다. 예를 들어서 StartingPos에 -7이 전달되면 '뒤에서 7번째'를 시작 위치로 삼습니다. 또, Length에 -5가 전달되면 문자열의 '뒤에서 5개'의 문자를 제외하고 반환합니다.

쉽게 알아보죠. 아래와 같은 문자열이 있습니다.

국가는 평생 교육을 진흥하여야 한다.

1. StartingPos로 5를 전달하고, Length에 아무것도 적지 않으면 **평생 교육을 진흥하여야 한다.**를 반환합니다. 5번째 글자는 '평'이고, 상술했듯 Length를 생략하면 문자열의 끝까지 가져오기 때문입니다. '국가

는' 다음에 오는 띄어쓰기 역시 하나의 문자임을 유의하세요.

2. StartingPos로 -9를 전달하고, 역시 Length에 아무것도 적지 않으면 **진흥하여야　한다.**를 반환합니다. 뒤에서 9번째 문자부터 가져오기 때문입니다. 마침표(.)도 엄연한 하나의 문자임을 유의하세요.

3. StartingPos로 5를 전달하고, Length에 5를 전달하면 **평생　교육**을 반환합니다. 4번째 글자부터 5개의 문자를 가져오기 때문입니다. 역시 공백 또한 하나의 문자임을 유의하세요.

4. 마지막으로, StartingPos로 5를 전달하고, Length에 -3을 전달하면 **평생　교육을　진흥하여야**를 반환합니다. 4번째 글자부터 뒤에서 세 글자(한다.)를 제외하고 반환하기 때문입니다. 문제 없겠죠? 손가락으로 문자를 하나씩 짚어보며 파악해보세요.

## 📖 실습

### 1. 각 줄의 이름 앞에 호(號) 제거하기

[도산 안창호]와 같이 이름 앞에 붙는 일종의 별칭을 '호'라고 하죠? 이번 예제는 이 '호'가 모두 두 글자라고 가정하고, 인물 목록에서 '호'를 제거해보도록 하겠습니다.

```
1    context := "
2    (
3    도산 안창호
4    백범 김구
5    추사 김정희
6    율곡 이이
7    )"
8
9    splitedText := StrSplit(context, "`n", "`r")
10   Loop splitedText.Length
11       mergedText .= SubStr(splitedText[A_Index], 4) "`n"
12   MsgBox(mergedText)
```

[예제 83-1] 각 행의 첫 세 글자 제거

너무 복잡해보인다고 걱정하지 마세요! 한 줄씩 따라가보겠습니다.

우선 1번 줄부터 7번 줄까지는 알려주지 않은 테크닉이니 이 예제를 보고 배우면 됩니다. 대입 연산자 우측에 따옴표를 열고, 그 아랫줄에 괄호를 연 후에, 또 그 아랫줄에 개행을 포함한 문자열을 쭉 적은 후 마지막 줄에 괄호와 따옴표를 닫아줍니다. **이렇게 하면 개행이 있는 문자열을 대입할 수 있습니다!**

이전에 지나가듯 언급했던 '길이가 긴 문자열을 인수로 넣는 방법'과 유사한 것을 알 수 있습니다. 다만 형태가 좀 헷갈리므로 단단히 외우는 게 좋습니다.

본론으로 돌아와서, 9번 줄과 10번 줄은 이전 섹션의 예제와 동일합니다. 개행을 기준으로 문자열을 쪼개주었으므로 StrSplit의 OmitChars로 `r를 전달해준 모습도 볼 수 있습니다.

10번 줄에서 오늘 배운 SubStr를 이용하여 각 배열 요소의 네 번째 글자부터의 문자열을 가져옵니다. 즉, 해당 줄에서 쓰인 SubStr 구문에 의해 '도산 안창호'라는 전체 문자열에서 안'부터 끝까지('안창호')를 반환합니다. 이후 누적 대입 연산자 .=를 이용하여 다시 하나의 변수에 담아줍니다. 개행을 나타내는 `n과 함께요! 이를 각 줄마다 반복합니다.

따라서 최종 출력되는 문자열은 아래와 같습니다.

> **안창호**
> 김구
> **김정희**
> 이이

호가 꼭 두 글자라는 법도 없기 때문에 실제로 위와 같은 작업을 SubStr로 하기엔 무리가 따릅니다. 누군가의 호+이름이 '천방지축 김짱구'라면, 위의 코드론 '축 김짱구'라는 문자열이 구해집니다. 여러 변칙적인 상황을 모두 대응할 수 있는 문자열 가공 방법을 추후에 배울 테니 일단은 이렇게 만족하고 넘어갑시다.

## 84 문자열 대치 StrReplace                    SECTION

이번엔 Haystack에서 Needle을 찾아 다른 문자열로 대치시키는 StrReplace 함수를 배워보겠습니다.

### 🏠 StrReplace

StrReplace 함수는 주어진 문자열에서 정해준 문자열을 또다른 문자열로 대치시켜, 변환된 문자열을 반환하는 함수입니다.

```
StrReplace(Haystack, Needle [, ReplaceText, CaseSense, &OutputVarCount, Limit])
```

▲ StrReplace 함수의 원형

### 🏠 매개변수

- **Haystack**: 전체 문자열입니다.
- **Needle**: ReplaceText로 변환될 문자열입니다.
- **ReplaceText**: 바뀔 문자열입니다.
- **CaseSense**: 대소문자 구분 여부를 설정할 수 있습니다. (InStr과 같음)
- **&OutputVarCount**: 변환된 개수가 담길 참조 변수입니다.
- **Limit**: 최대 변환 개수를 정수로 설정할 수 있습니다.

### 🏠 반환값

- 대치된 전체 문자열

매개변수가 많지만, 지난 섹션까지의 문자열 처리를 해냈으면 문제없습니다! 결국 **StrReplace**의 역할은 아래와 같이 말할 수 있겠네요.

Haystack에서 Needle을 ReplaceText로 바꾼 문자열을 반환한다!

매개변수 중 특기할 부분에 대해서 몇가지 더 설명하겠습니다. ReplaceText를 생략하면 빈 문자열로 대치되어 결국 Needle을 제거하는 효과가 있고요, CaseSense는 **InStr**의 그것과 동일한 용법을 따르고, &OutputVarCount엔 참조형식(VarRef)을 적어주어 해당 변수에 '바뀐 횟수'가 담기게 합니다.

보통은 ReplaceText까지만 쓰거나, ReplaceText도 생략하여 문자열을 제거하는 데 쓰입니다.

## 📖 실습

### 1. 문자열 내의 모든 '파이썬'을 '오토핫키'로 바꾸기

```
1    context := "파이썬 진짜 편하네요!"
2    MsgBox(StrReplace(context, "파이썬", "오토핫키"))
```

[예제 84-1] 파이썬을 모두 오토핫키로 변환

어렵지 않죠? 이 예제에서는 변환된 문자열을 별도의 변수에 담지 않고, 바로 **MsgBox**로 출력했다는 점도 언급했습니다.

### 2. 문자열 내의 개행 모두 제거

```
1    context := "
2    (
3    태정태세문단세
4    예성연중인명선
5    광인효현숙경영
6    정순헌철고순
7    )"
8
9    MsgBox(StrReplace(context, "`n"))
```

[예제 84-2] 개행을 모두 제거

이 역시 어렵지 않은 예제입니다. ReplaceText 인수를 전달해주지 않아서 주어진 문자열의 개행(`n)을 모두 제거하는 동작이 되었습니다. 이렇게 **StrReplace**는 특정 문자열을 제거하는 데에도 쓰인다는 점을 기억해두세요.

## 85 | Loop Parse SECTION

뜬금없이 Loop를 다시 배우는가 싶겠지만, 이번엔 문자열 가공에 필요한 필수 테크닉 중 하나인 Loop Parse 구문을 배워보고자 합니다. 이번 섹션만 끝내면 '문자열 처리 기본편'의 개념은 모두 마친 것이니 조금만 더 힘내보자고요.

지금까지 아주 긴 문자열을 특정 구분자를 기준으로 작업하기 위해 StrSplit을 사용한 후 Loop를 이용하여 배열을 탐색하는 과정을 거쳤습니다. 그러나 이 방법은 배열 공간만큼의 메모리를 소모하며 문자열의 일부만 작업할 때에도 전체 문자열을 구분자로 쪼개는 작업이 선행되어야 하는, 약간 비효율적인 방법입니다.

이번에 배울 Loop Parse 구문을 이용하면 배열을 쓰지 않고도 전체 문자열을 구분자를 기준으로 작업할 수 있습니다. 예를 들어서 '-'를 구분자로 사용하여 Loop Parse를 사용하면 전체 문자열을 '-'을 기준으로 하나 씩 쪼개며 읽어올 수 있습니다. 오늘은 이토록 유용한 Loop Parse 구문을 배워보겠습니다.

### ✿ 파싱

앞으로 본문에서 '파싱(Parsing)'이라는 용어를 많이 사용할 것입니다. 영어를 어느정도 배운 분들은 눈치채 셨겠지만, 파싱(Parsing)은 그 동사 원형인 Parse에 '~하는 것'이라는 -ing가 연결된 형태의 단어입니다. 그렇 다면 Parse는 무엇일까요?

Parse는 그 자체로 '문장의 구문을 분석하다'라는 뜻을 갖고 있습니다. 따라서 Parsing은 '구문 분석'이라는 뜻이 됩니다. 컴퓨터 분야에서 '파싱'이라고 하면 '전체 문자열을 이용해서 요목조목 분해하거나 분석하는 것' 을 의미하고, 더 나아가 '전체 문자열을 가공하여 필요한 일부 문자열을 가져오는 행위'를 말하기도 합니다.

지금까지 배워온 문자열 처리 함수로 텍스트를 가공하는 모든 행동이 '파싱'인 것입니다.

### ✿ Loop Parse

Loop Parse는 전체 문자열을 특정 구분자로 나누어서, 한 번에 하나씩 부분 문자열을 가져오는 제어문입니다. 쉽게 말하면 전체 문자열을 구분자로 끊어서 읽어주는 역할을 합니다.

```
Loop Parse, String [, DelimiterChars, OmitChars]
```

▲ Loop Parse의 원형

반복문은 함수가 아니기 때문에 Loop와 Parse 사이에 괄호를 열지 않습니다. 기본 반복문을 배울 때 이미 언급한 내용이죠?

- **String**: 전체 문자열입니다.
- **DelimiterChars**: 구분자입니다.
- **OmitChars**: 양 끝에서 제외할 문자입니다. 여러 문자를 지정할 수 있습니다.

이 또한 반복문이기 때문에, 아래와 같이 블록을 열어주어야 합니다.

```
1    Loop Parse, String, DelimiterChars
2    {
3        ...//여기서 부분 문자열을 1회 반복마다 하나씩 가져온다.
4    }
```

반복문 내부에선 구분자에 의해 쪼개진 문자열을 반복 시마다 사용할 수 있습니다. 첫 번째 반복에선 첫 부분을, 두 번째 반복에선 두 번째 부분을 이용할 수 있습니다. 예를 들어서 아래와 같은 문자열이 있다고 해봅시다.

**낙엽은 가을 바람을 원망하지 않는다.**

이 문장에서 구분자를 공백(띄어쓰기)으로 하여 'Loop Parse'를 사용하면, 그 안에서 첫 번째 반복엔 '낙엽은', 두 번째 반복에선 '가을', 세 번째 반복에선 '바람을'을 이용할 수 있습니다. '원망하지', '않는다.'까지 총 5번 반복되겠네요.

## 🜋 A_LoopField

A_LoopField는 Loop Parse 블록 안에서 쓰이는, 현재 반복에서의 부분 문자열이 담긴 내장 변수입니다.

위의 예시를 다시 가져오면, 첫 번째 반복에선 A_LoopField의 값이 '낙엽은'일 것입니다. 두 번째 반복부터 다섯 번째 반복까지 이 변수의 값은 '가을', '바람을', '원망하지', 않는다.'로 변할 것입니다. 반복문만으로 문장 전체를 구분자를 기준으로 끊어서 읽을 수 있는 것이죠.

## 📖 실습

아마 여러분 중 대부분은 이해하지 못했을 수도 있겠습니다. 제가 설명을 잘 못하기도 했고요, 사실 쉽게 납득되는 개념도 아니고요. 그래서 아래 예제를 통해 실 사용례를 익혀보겠습니다.

### 1. 콤마를 기준으로 반복하며 모든 수 더하기

```
1    numbers := "100, 53, 80, 75, 90"
2    sum := 0
3    Loop Parse, numbers, ","
4    {
5        sum += A_LoopField
6    }
7    MsgBox(sum)
```

[예제 85-1] 콤마로 구분된 수의 합 구하기

전체 문자열을 콤마를 기준으로 반복하면 각 반복마다 수만 담길 것입니다. 여기선 각 반복마다 100, 53, 80, 75, 90이 A_LoopField 변수에 담깁니다. 오토핫키는 수가 필요한 부분에서는 문자열도 가능한 한 수로 변환하려고 하기 때문에, 각 수 앞에 한 칸씩 있는 공백은 신경 쓸 필요가 없습니다. 그 공백은 += 연산을 할 때 자동으로 제거됩니다.

Loop Parse도 반복문이기 때문에 그 블록 안의 내용이 한 줄일 땐 중괄호를 생략할 수 있습니다. 따라서 4번 줄과 6번 줄은 적지 않아도 무방합니다.

### 2. 개행을 기준으로 반복하며 모든 수 더하기

```
1    numbers := "100`n53`n80`n75`n90"
2    sum := 0
3    Loop Parse numbers, "`n", "`r"
4    {
5        sum += A_LoopField
6    }
7    MsgBox(sum)
```

[예제 85-2] 개행으로 구분된 수의 합 구하기

[예제 85-1]과 거의 동일합니다. 다만 앞선 섹션에서 언급하였듯, 개행을 기준으로 문자열을 쪼갤 땐 `r을 OmitChars에 지정해주어야 한다는 것을 꼭 유의해야 합니다. (3번 줄)

이 예제는 명백하게 `n로 개행된 문자열을 가지고 파싱하니 `r을 OmitChars에 적지 않아도 무방하지만, 실무에서는 텍스트 파일의 내용이 입력되는 경우가 많기 때문에 반드시! **개행을 기준으로 쪼갤 땐 OmitChars에 `r을 적는다!**는 사실을 기억해야 합니다.

> **Tip** ▶ **Loop Parse도 반복문입니다!**
>
> Loop Parse 구문도 반복문이기 때문에, 반복문 내에서 사용할 수 있는 **break**나 **continue**와 같은 지시문을 모두 쓸 수 있으며, A_Index 내장 변수 또한 쓸 수 있습니다.

## 86 프로그래밍 문제 (13) SECTION

---

**문제 1** **다음과 같은 프로그램을 작성하세요.**

---

**동작**

1. 변수에 담긴 문자열의 공백을 제외한 글자 수를 출력한 후 프로그램을 종료한다.

**예시**

문자열: 그대만큼 사랑스러운 사람을 본 일이 없다.
출력: 17

---

**문제 2** **다음과 같은 프로그램을 작성하세요.**

---

**동작**

1. [-]과 [:], 공백 [ ]을 구분자로 변수의 문자열을 분리하여 각 배열에 담아 출력한 후 프로그램을 종료한다.

**조건**

1. **StrSplit**은 한 번만 사용할 것.
2. 구분된 각 부분은 배열에 담겨있어야 한다.
3. 출력 양식은 자유롭게 한다. (분리된 것만 눈으로 보이면 된다.)

**예시**

문자열: 2024-01-01 12:20:30
출력: [1]2024 [2]01 [3]01 [4]12 [5]20 [6]30

## 📖 실전 프로그램 만들기! 7

이번엔 전체 문자열 중 필요한 부분만을 클립보드에 복사해주는 프로그램을 만들어봅시다. 여기선 예시로 [순번. 이름 이메일 고유번호] 형태의 텍스트에서 전체의 이름, 이메일, 고유번호만 각각 복사해주는 프로그램을 만들어 보겠습니다.

```
1    Main := Gui(, "데이터 추출")
2    personalInfo := Main.Add("Edit", "x10 y10 w320 h100")
3    name := Main.Add("Button", "x10 y120 w100 h30", "이름")
4    email := Main.Add("Button", "x120 y120 w100 h30", "이메일")
5    token := Main.Add("Button", "x230 y120 w100 h30", "고유 번호")
6    Main.Show("w340 h160")
7    name.OnEvent("Click", Name_OnClick)
8    email.OnEvent("Click", Email_OnClick)
9    token.OnEvent("Click", Token_OnClick)
10   return
11
12   Name_OnClick(obj, info)
13   {
14       A_Clipboard := GetPersonalInfo(2)
15   }
16
17   Email_OnClick(obj, info)
18   {
19       A_Clipboard := GetPersonalInfo(3)
20   }
21
22   Token_OnClick(obj, info)
23   {
24       A_Clipboard := GetPersonalInfo(4)
25   }
26
27   GetPersonalInfo(index)
28   {
29       Loop Parse personalInfo.text, "`n", "`r"
30       {
31           result .= StrSplit(A_LoopField, " ")[index] "`n"
32       }
```

```
33        return result
34    }
```

위와 같은 프로그램을 작성하고 실행시키면 아래와 같은 창이 나타납니다.

[그림 실전7-1] 데이터 추출 창 결과 화면

이 창 안에 위의 [그림 실전7-1]처럼 아래와 같은 텍스트를 입력해 넣어보겠습니다.

```
1. 홍길동 redgildong@example.org RXREDS1201
2. 성춘향 castlechun@example.org RXREDS1202
3. 이몽룡 twomryong@example.org RXREDS1203
4. 김철수 kimcharles@example.org RXREDS1204
5. 김영화 kimmovie@example.org RXREDS1205
6. 김선달 standingmoon@example.org RXREDS1206
```

그런 다음 [이름] 버튼을 클릭하면 모든 인물의 이름이 복사됩니다. 다른 곳에 Ctrl + V를 눌러 붙여넣습니다. [이메일] 버튼을 클릭하면 이메일이, [고유 번호]를 클릭하면 고유 번호가 복사됩니다.

코드는 간단합니다. 각 버튼을 클릭하면 Name_OnClick과 Email_OnClick, Token_OnClick 함수가 각각 실행되는데요, 이 함수는 A_Clipboard, 즉 클립보드에 GetPersonalInfo()의 반환값을 담아주는 역할을 합니다.

그럼 GetPersonalInfo 함수를 살펴봐야겠죠. 이 함수는 personalInfo.text, 즉 Edit 컨트롤의 text 필드를 가져와 개행을 기준으로 반복하게 됩니다. 각 줄을 StrSplit을 통해 공백으로 자른 후, index번째 요소를 가져와 result 변수에 "n"을 추가하여 누적 대입합니다.

핵심이 되는 부분이 바로 31번째 줄입니다. StrSplit(A_LoopField, " ")[index] 구문만 따로 떼서 해석해보겠습니다. A_LoopField는 첫 번째 반복에서 '1. 홍길동 redgildong@example.org RXREDS1201'이라는 내용이 들어가 있습니다. 여기서 공백을 기준으로 **StrSplit**을 수행하면 배열의 각 요소에 [1.][홍길동][redgildong@example.org][RXREDS1201]이 들어가게 됩니다. 즉, 두 번째 요소인 이름을 가져오려면 index 변수에 2, 이메일을 가져오려면 index 변수에 3, 고유 번호를 가져오려면 index 변수에 4를 전달해주면 되는 것이죠. 따라서 `GetPersonalInfo( )` 함수의 매개변수로 index 변수를 받아서, 원하는 값을 한 번에 받아올 수 있도록 하였습니다.

문자열 파싱은 현업에서도 많이 쓰이는 테크닉입니다. 여러분이 어떤 생 텍스트(Raw data)를 가지고 있을 때, 여기서 유의미한 정보만 뽑아내는 용도로 오토핫키를 사용하는 것은 아주 적합합니다. 따라서 이런 문자열 파싱을 계속 연습해보세요.

**CHAPTER. 06**

# 문자열 처리 심화편

# 87 정규표현식(정규식)

이번 섹션부터는 문자열 파싱 심화편입니다! 사실 파싱 작업은 여러 경험을 통해 체득하는 것이 효과 만점이기 때문에, 당장 이론이 이해되지 않더라도 필요한 프로그램을 제작하면서 자연스레 익히게 되는 경우가 많습니다. 그렇기 때문에 너무 스트레스받지 말고 천천히 배워봅시다.

## 딱 들어맞지 않는 문자열?

StrReplace를 통해 전체 문자열에서 123을 찾아 없애는 작업을 생각해봅시다. 간단하게 한 줄의 코드로 수행할 수 있다는 점은 이미 배워서 알고 있습니다.

```
...    replacedString := StrReplace("가나다123", "123")
```

▲ '가나다123'에서 '123'을 지우는 예시(파싱 결과는 '가나다')

그런데 아래와 같은 경우를 생각해봅시다.

**주어진 문자열이 무엇이든, 아무튼 세 자릿수를 제거하고 싶다!**

위 예시에서 입력 문자열이 '가나다123'이 아니라 '가나다라456'과 같이 그때그때 바뀐다고 가정하면 우리가 지금까지 배운 방식으로는 힘듭니다. 물론 **StrReplace**를 0부터 9까지 총 10개의 각 숫자에 대해 수행해주면 되긴 하지만… 코드가 너무 길어집니다.

우리는 1을 지워라, 123을 지워라…와 같이 정확한 명령으로 파싱 작업을 진행해왔습니다. 숫자를 지워라, 영문만 지워라…와 같이 추상적인 명령으로 파싱이 가능하면 참 좋을텐데 말이죠. 그런 '추상적인 명령'으로 파싱을 하기 위해 등장한게 **정규표현식**입니다.

## 정규표현식

정규표현식(Regular Expression)은 문자열에서 원하는 부분을 특정지어 표현할 수 있는 또다른 언어 체계입니다.

예를 들어서 연속된 숫자 세 개라는 뜻의 정규표현식을 이용하면, 오토핫키는 이를 알아듣고 해석하여 위의 예시와 같은 곤란한 상황을 타파할 수 있습니다. 오토핫키가 이해할 수 있는 문법에 맞춰서 Needle이 될 문자열을 특정지어주는 것이죠.

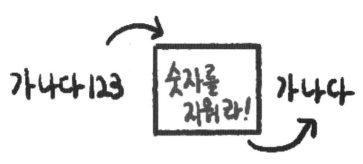

[그림 87-1] 정규표현식의 역할

> Tip 📝 **정규표현식을 나타내는 여러 대체어**
>
> 정규표현식을 줄여서 정규식이라고도 하며, 영문 Regular Expression을 줄여서 RegEx 혹은 RegExp라고도 합니다.

## 🔷 패턴

정규식을 이용할 때 '연속된 숫자 세 개'라는 한글 문장을 그대로 쓰는식으로 프로그래밍할 순 없겠죠. 컴퓨터가 알아들을 수 있도록 정형화된 문자 체계를 이용해야 하는데, 그것이 바로 패턴입니다.

패턴은 정규표현식을 나타낼 때 쓰기로 약속한 기호와 그 나열을 말합니다. 만약 아무 숫자를 나타내는 패턴이 ★라면, ★★★라는 패턴으로 연속된 숫자 세 개를 표현할 수 있습니다. 다만 별(★) 기호는 코딩할 때 쓰기 불편하므로 일반적으로 '패턴'으론 영문자와 자판에 있는 기호를 사용합니다.

따라서 패턴을 잘 익히면 기초적인 정규식을 사용하기 쉬워지고, 여러분의 파싱 실력도 한층 강력해질 것입니다.

> Tip 📝 **정규식과 패턴의 차이?**
>
> 정규식과 패턴의 관계는 '한국어'와 '한글'의 관계와 비슷합니다. 정규식은 일종의 문법적 개념이고, 일종의 새로운 언어라고 보시면 됩니다. 그 언어를 표현하는 데 쓰이는 문자가 패턴인 셈이죠.
>
> 따라서 패턴을 모르면 정규식을 쓸 수 없습니다. 다행히 몇 가지의 큰 갈래를 제외하곤 각 언어의 패턴이 거의 일치해서, 한 번 정규식을 배워두면 다른 언어에서 쓰기 쉽습니다.
>
> > 정규식은 전체 문자열 중 규칙에 맞게 원하는 문자열만 가져오게 도와주는 언어 체계이고, 이를 나타내는 게 패턴이다!

## 🎲 정규식의 두 가지 임무

정규식으로 할 수 있는 것은 크게 검색과 치환입니다. 검색은 전체 문자열 중 일치하는 패턴이 있다면 그 위치를 알려주는 것이고, 치환은 일치하는 패턴을 다른 문자열로 바꾸는 것입니다. InStr과 StrReplace의 역할과 같죠? 또, 검색과 치환을 이용하여 만들 수 있는 부가적인 기능으로 추출이 있습니다. 말 그대로 전체 텍스트 중 일부만 가져오는 것이죠.

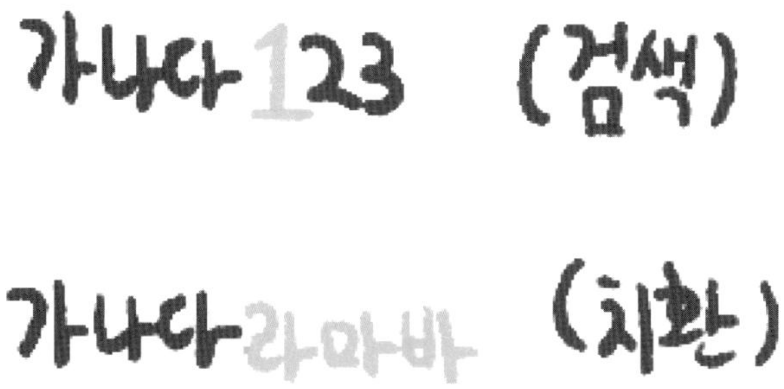

가나다123    (검색)

가나다라마바    (치환)

[그림 87-2] 검색과 치환 기능

이를 오토핫키로 구현하는 것은 나중으로 미루고, 일단 이번 섹션은 여기서 마치도록 하겠습니다.

## 88   패턴의 사용                                                          SECTION

앞서, 정규식에서 쓸 수 있는 문자 체계를 '패턴'이라고 했는데, 따라서 패턴을 잘 익히면 정규식을 어렵지 않게 사용할 수 있습니다. 이곳 기초 강좌에선 정규식을 완전히 익히진 못하겠지만, 자주 쓰이는 패턴 문자를 배우고 연습해보며 아주 기초적인 정규식을 사용해보도록 하겠습니다.

### 🏯 패턴이 일치한다?

모든 것에 앞서, 앞으로 '패턴이 일치한다', '일치하는 패턴', '매칭되었다'와 같은 표현을 쓸 것인데, 이는 **전체 문자열에서 패턴이 의미하는 문자열이 존재한다는 것**을 의미합니다.

예를 들어서, 아무 단일 숫자를 의미하는 패턴 ★이 있을 때, 이 패턴은 가나다123이라는 문자열엔 총 세 군데에서 매칭됩니다. '1'에서 한 번, '2'에서 한 번, '3'에서 한 번 말이죠. 그렇다면 ★★★라는 패턴은 총 몇 번, 어디서 매칭될까요? 바로 '123'에서 한 번 매칭됩니다. 이렇게 '패턴이 문자열과 일치하는 경우를 '매칭되었다'라고 표현합니다.

### 🏯 선행 문자

앞으로 몇 가지 패턴 문자를 배울 텐데, '선행 문자'라는 개념을 언급할 것입니다. '선행 문자'는 어떤 패턴 문자의 앞에 있는 단일 패턴 문자를 의미합니다. 예를 들어서, 아래와 같은 패턴이 있다고 가정합시다.

    .+가나\d*

'+'의 선행 문자는 무엇인가요? 네, '.'입니다. '**가**'의 선행 문자는요? '+'겠죠.

'*'의 선행 문자는 'd'라고 생각하기 쉽지만, 사실 '\d'입니다. 앞으로 배우겠지만 '\d' 자체가 하나의 패턴 문자이기 때문에, 둘은 떨어질 수 없습니다. 이러한 개념은 바로 뒤에서 배우게 됩니다.

### 🏯 패턴 문자

몇 가지 기초적인 패턴 문자를, 실제 문자열에서 어떻게 매칭되는지 예를 살펴보며 익혀보겠습니다.

### 1. 아무 문자

패턴 문자로 사용되지 않는 문자열은 '문자열 그대로'와 매칭됩니다. 따라서, **App** 패턴은 Apple 문자열의 앞부분을 매칭합니다.

Apple

▲ 아무 문자 패턴이 매칭되는 곳

## 2. .

.은 'Dot' 패턴이라고 읽으며, "아무 문자"를 의미합니다. Apple이라는 문자열에 .이라는 패턴은 각 글자마다 총 5군데에서 매칭됩니다.

A p p l e

▲ Dot 패턴이 매칭되는 곳

## 3. *

*는 'Star' 패턴 또는 'Asterisk' 패턴이라고 읽으며, "선행 문자의 0개 이상 반복"을 의미합니다. 예를 들어서, Apple이라는 문자열에서 p*라는 패턴은 pp와 매칭됩니다. 사실 Star 패턴은 선행 문자가 '0개 이상', 즉 0개 있는 경우도 매칭하기 때문에, p가 없는 문자와도 매칭됩니다. 따라서 Apple에선 A의 앞에서 빈 문자열에 한 번, pp에서 한 번, l의 앞에서 빈 문자열에 한 번, e의 앞에서 빈 문자열에 한 번… 총 네 군데에서 매칭됩니다.

A p p le

▲ p-Star 패턴이 매칭되는 곳

어렵죠? 실제로는 .* 형태의 Dot-Star 패턴을 주로 사용합니다. 이는 '아무 문자의 0개 이상 반복', 즉 정말로 '아무 문자 전부'를 의미합니다. 어느 문자열이든 .* 패턴에 의해 전체가 매칭되죠.

Apple

▲ Dot-Star 패턴이 매칭되는 곳

위와 같이 패턴 하나로 '전부'를 매칭시킬 수 있고, 다음과 같이 특정 글자 사이의 모든 문자를 매칭시킬 수도 있습니다.

**문자열**: 가나다라마바사아자
**패턴**: 나.*바

가**나다라마바**사아자

▲ Dot-Star 패턴이 매칭되는 곳

위의 경우엔 Dot-Star 패턴에 매칭되는 부분은 '다라마'이고, 전체 패턴에 매칭되는 부분은 '나다라마바'입니다. 그야, Dot-Star 패턴은 '아무 문자 전부'를 의미하고, '나'와 '바'를 포함하여 그 사이의 전부를 매칭하니까요.

## 4. +

+는 'Plus' 패턴이라고 읽고, '선행 문자의 1개 이상 반복'을 의미합니다. *와 유사하지만 선행 문자가 1개는 있어야 매칭된다는 점이 다릅니다.

Apple에서 p+ 패턴은 단 한 곳에서만 일치하게 되죠.

A**pp**le

▲ Plus 패턴이 매칭되는 곳

## 5. ?

? 패턴은 '물음표' 패턴 또는 'Question mark' 패턴이라고 읽으며, 선행 문자를 옵션화시켜주는 역할을 합니다. 이 말은, 선행 문자가 있든 없든 나머지 패턴만으로 매칭되도록 한다는 뜻입니다.

**문자열**: Colour and Color
**패턴**: Colou?r

선행 문자 u가 옵션화된 위와 같은 상황에선, 아래와 같이 두 군데에서 패턴 매칭이 이루어집니다.

**Colour** and **Color**

▲ 물음표 패턴이 매칭되는 곳

## 6. |

| 패턴은 'Bar' 패턴이라고 읽으며, Bar 선택지 중 하나만 일치하면 매칭되는 패턴입니다.

**문자열**: Python is easy. AHK is easy too.
**패턴**: Python¦AHK

위와 같은 경우엔 아래와 같이 'Python', 'AHK' 총 두 군데에서 매칭됩니다. 논리 연산자 중 '또는'을 의미하는 ¦¦와 유사한 쓰임새죠?

**Python** is easy. **AHK** is easy too.

Bar 패턴이 매칭되는 곳

## 7. (, )

(와 ) 같은 '괄호'로 '부패턴(Subpattern)'을 만들 수 있습니다. 부패턴은 향후 배울 RegExMatch라는 함수에 쓰이기도 하고, 또 단순히 '선행 문자'를 그룹화시켜주기도 합니다. 즉 (\d-)+라는 패턴은 +의 선행 문자가 -가 아니라 \d-가 되도록 해줍니다.

수학에서의 쓰임과 같이 패턴끼리 먼저 연산하는 부분을 지정해주기도 하는데, 예를 들어서 gr(e¦a)y 같이 Bar 패턴과 결합하는 경우를 상상해볼 수 있습니다. 이 경우 grey와 gray 모두에 매칭되겠죠.

## 8. [, ]

[와 ]를 만드는 대괄호쌍 안에 적은 문자는 '단일 문자들'을 의미합니다. 예를 들어서, [가나다]는 '가', '나', '다'. 총 세 개의 문자와 각각 매칭됩니다. "나다, 당장 다 나가!"라는 문장에서 [가나다] 패턴은 아래와 같이 '가', '나', '다' 각각에 매칭됩니다.

**나다**, 당장 **다** 나가!

대괄호 패턴이 매칭되는 곳

대괄호 안의 문자 사이에 -를 넣으면 '매칭할 문자 범위'를 지정할 수 있습니다. 예를 들어서, [A-Z]는 알파벳 A부터 Z까지를 매칭합니다. (물론, 대소문자를 구분하기 때문에 a부터 z는 매칭되지 않습니다.) 비슷하게 [0-9]나 [a-z]으로 쓸 수도 있고, 모두 합쳐서 [0-9A-Za-z]처럼 써서 모든 영문자와 숫자를 매칭시킬 수도 있습니다.

참고로, 이 '범위'는 유니코드 순서 기준으로 정해지기 때문에, '모든 완성된 한글' 범위를 매칭시키고 싶다면 [가-힣]을 사용하면 됩니다.

또한, 대괄호의 시작 부분에 ^ 기호를 넣어서 '해당하는 글자가 아닌' 문자와 매칭할 수 있습니다. 즉, 기존 대괄호 패턴의 정반대 역할을 합니다. 따라서 [^0-9]는 숫자를 제외한 모든 문자와 매칭됩니다.

## 9. \d, \w, \s

각각 '아무 숫자', '아무 글자', '아무 공백문자'를 의미합니다. 정확히는, \d는 [0-9] 패턴과 정확히 일치하고, \w는 [A-Za-z0-9_] 패턴과 일치하며, \s는 [`t`r`n ]과 일치합니다.

> **Tip 패턴 이스케이프**
>
> 위와 같은 문자를 '있는 그대로' 해석하려면 역시 이스케이프가 필요할 것입니다. 정규식의 이스케이프는 오토핫키의 `를 쓰지 않고, 역슬래시(\)를 사용합니다. 이스케이프가 필요한 문자는 \.*?+[{|()^$ 입니다.
>
> 따라서, Dot 패턴이 아닌 있는 그대로의 '마침표'를 패턴으로 쓰려면 \. 를 쓰면 되는 것이죠.

## 🏯 너무 어려워요!

모든 패턴을 지금 당장 외울 필요는 없습니다. 가장 많이 쓰이는 Dot-star 패턴만 익히고, 실제 프로그래밍시 그때그때 필요한 패턴을 찾아보는 것이 좋습니다. 애초에 이곳에 모든 패턴을 적은 것도 아닙니다. 모든 패턴을 자세히 알고 싶다면 오토핫키 공식 문서의 RegEx: Quick Reference 문서(https://www.autohotkey.com/docs/v2/misc/RegEx-QuickRef.htm)를 참고하세요.

그래도 조금이라도 패턴을 익히는 데 도움을 주고 싶어 아래와 같이 연습 문제를 조금 준비해보았습니다.

---

**점검 질문**

주어진 문장에 주어진 패턴이 어떻게 매칭되는지, 매칭되는 부분을 전부 찾아보세요.

예) 가나다123 (패턴: .*)

→ 가나다123

1. 010-0000-0000 (패턴: \d+)

　[답]

2. https://ahkv2.pnal.dev & http://ahkv2.pnal.dev (패턴: https?)

　[답]

3. 팀장님, 퇴근하겠습니다. (패턴: [^가-힣])

　[답]

4. 123-45-678-90-1-234 (패턴: \d\d\d)

　[답]

5. contact@example.org (패턴: @.*\.)

　[답]

## 89 RegExMatch

배운 패턴을 이용하여 오토핫키에서 정규식을 이용한 고급 파싱 작업을 수행할 수 있습니다.

이번 섹션에 들어가기에 앞서, 정규식의 두 가지 주요 기능은 "검색"과 "치환"이라는 점, 다시 한 번 짚고 가겠습니다.

### 🏛 RegExMatch

RegExMatch는 오토핫키에서 정규식을 이용한 검색을 하는 함수입니다. RegEx는 정규식(Regular Expression), Match는 매치되는 부분을 검색한다는 점을 의미합니다.

```
RegExMatch(Haystack, NeedleRegEx [, &OutputVar, StartingPos])
```

▲ RegExMatch 함수의 원형

### 🏛 매개변수

- **Haystack**: 전체 문자열입니다.
- **NeedleRegEx**: 검색할 정규식 패턴입니다.
- **&OutputVar**: 패턴의 부패턴과 일치하는 부분을 저장할 참조입니다.
- **StartingPos**: 검색을 시작할 위치입니다.

### 🏛 반환값

가장 첫 번째로 매칭된 위치를 정수로 반환합니다.

Haystack은 파싱할 전체 문자열을 넣으면 되니 생략하고, NeedleRegEx는 지난번 배운 패턴을 적어주면 됩니다. 패턴은 문자열이므로 당연히 "따옴표" 처리를 해주어야 합니다. 이제 Section 89까지 왔는데, 이 점은 당연히 아셨겠죠?

패턴의 부패턴과 일치되는 부분이 있다면 &OutputVar에 지정한 변수에 매칭된 부분이 객체 형태로 담깁니다. 패턴 내에 부패턴이 두 개 쓰였으면, OutputVar[1]과 OutputVar[2]로 각 일치하는 부분을 가져올 수 있으며, OutputVar.Count로 일치하는 부분의 개수, OutputVar.Len[1]로 해당 부패턴과 매칭된 부분의 길이, OutputVar.Pos[1]로 해당 부패턴의 일치된 위치를 가져올 수도 있습니다.

마지막으로 StartingPos는 지금까지 문자열 파싱 함수에서 써왔던 것처럼 검색 시작 위치를 의미하며, 음수 n을 넣으면 '끝에서 n번째'부터 탐색을 시작합니다.

## 📖 실습

정규식은 연습 또 연습! 경험만이 실력을 늘릴 수 있습니다.

### 1. 두 문자열 사이에 있는 임의의 문자열과 그 위치 가져오기

> "서울-00차-0000" 에서 '00차'와 그 위치를 가져오기.
> 단, '서울', '00차', '0000'은 상황에 따라 바뀔 수 있고, '-'만 변함이 없음.

위와 같은 상황에서 '00차' 부분의 문자열과 그 위치를 가져오려면, 정규식을 이용할 수 있습니다. 왜 SubStr을 사용하지 못하냐면 앞에 '서울'이 세 글자의 다른 지역으로 바뀔 수 있기 때문입니다(다만 StrSplit을 쓰면 되긴 합니다.).

```
1    haystack := "서울-00차-0000"
2    subPat := {}
3    stringPos := RegExMatch(haystack, "-(.*)-", &subPat)
4    MsgBox("위치: " subPat.Pos[1] "`n문자열: " subPat[1])
```

[예제 89-1] 두 문자열(-) 사이에 있는 임의의 문자열과 그 위치 가져오기

'서울', '00차', '0000' 부분이 임의의 문자열로 바뀐다고 하더라도, 두 하이픈(-) 기호 사이의 문자열과 위치를 가져올 것입니다.

위의 예제에서 패턴은 -(.*)-을 썼는데, 부패턴을 사용한 것이 특징입니다. RegExMatch의 &OutputVar 매개변수를 제대로 이용하려면 위와 같이 부패턴을 지정해준 후, outputVar[1]과 같이 '첫 번째 부패턴에 매칭되는 부분'을 명시하여 적어주어야 합니다. 따라서 부패턴을 Dot-star 패턴을 넣어 사용해주었습니다. 위의 패턴은 결국 두 - 사이에 있는 아무 문자 전부와 매칭되겠네요.

그 외에, 2번 줄에 빈 객체 리터럴로 subPat 변수를 만들어주었는데, 사실 빈 문자열(" ")이나 심지어 정수(0)로 변수를 만들어줘도 RegExMatch에 쓰이면서 자동으로 객체가 담기므로 별 상관은 없습니다. 다만 객체가 담길 변수이므로 빈 객체를 담아서 만들어주는 것이 자연스러우므로 위와 같이 해주었습니다.

기초 강좌이므로 이보다 더 심화적인 정규식을 다루진 않을 것입니다. 이 정도만 이해하면 실무에서 절반 정도의 케이스는 대응할 수 있으니, 일단은 이렇게 알아두고 다음 섹션으로 넘어갑시다.

## 90 RegExReplace SECTION

정규식을 통한 '검색'을 했던 RegExMatch에 이어서, 이번엔 '치환'을 맡는 RegExReplace를 배워보겠습니다.

### 🔷 RegExReplace

RegExReplace는 오토핫키에서 정규식을 이용한 치환을 하는 함수입니다. 예전에 배웠던 StrReplace와 동일한 기능을 하는데, 정확한 Needle이 아니라 정규식을 이용하여 일치하는 패턴 부분을 전부 바꿀 수 있다는 장점이 있습니다.

RegExReplace(Haystack, NeedleRegEx [, Replacement, &OutputVarCount, Limit, StartingPos])

RegExReplace 함수의 원형

### 🔷 매개변수

- **Haystack**: 전체 문자열입니다.
- **NeedleRegEx**: Replacement로 변환될 정규식 패턴입니다.
- **Replacement**: 바뀔 문자열입니다. 생략 시 매칭된 부분이 제거됩니다.
- **&OutputVarCount**: 몇 부분을 치환했는지 그 개수가 담길 변수의 참조입니다.
- **Limit**: 최대 몇 개 부분을 치환할지 그 제한 개수입니다.
- **StartingPos**: 치환을 시작할 위치입니다.

### 🔷 반환값

- 치환된 문자열

복잡해보이지만 어디서 많이 봤던 매개변수죠? Haystack에 넣은 문자열에서 NeedleRegEx를 찾아서 Replacement로 바꿔주는, StrReplace와 굉장히 유사합니다. 또 &OutputVarCount와 Limit도 StrReplace에 있던 매개변수니 따로 설명하지 않겠습니다. StartingPos 역시 RegExMatch에 있던 매개변수입니다.

Replacement엔 기존 문자열의 부분을 그대로 다시 넣을 수 있는(이를 이용하여 전체 일치한 패턴 중에서 일부만 치환할 수 있습니다.) '역참조' 기능이 있는데, 기초 강좌인 이곳에선 설명하지 않겠습니다. 필요 시 오토핫키 공식 문서의 RegExReplace 문서를 참고하세요.

📖 **실습**

다시 한번 설명하지만 정규식은 연습 또또 연습! 경험만이 실력을 늘릴 수 있습니다.

## 1. 숫자만 남기고 모든 글자 지우기

"서울-00차-0000" 에서 숫자만 남기고 나머지를 모두 지우기

```
1    haystack := "서울-00차-0000"
2    replacedString := RegExReplace(haystack, "[^0-9]")
3    MsgBox(replacedString)
```

[예제 90-1] 숫자를 제외한 모든 문자 지우기

[^0-9] 패턴 해석할 수 있나요? 0부터 9까지의 모든 글자(즉, 모든 숫자겠죠)의 반대 범위(^)를 말하는 패턴입니다. Replacement가 생략되었으므로 숫자를 제외한 모든 글자를 삭제하겠네요.

## 2. 이메일 주소에서 도메인 바꾸기

contact@xxxxxxx.xxxx을 contact@example.com으로 바꾸기
단, xxxxxxx.xxxx 부분은 어떤 문자든지 올 수 있다.

```
1    haystack := "contact@xxxxxxx.xxxx"
2    replacedString := RegExReplace(haystack, "@(.*)", "@example.org")
3    MsgBox(replacedString)
```

[예제 90-2] 도메인 주소 바꾸기

어렵지 않죠? @(.*) 패턴에 의해 @ 기호를 포함하여 그 뒤의 모든 글자가 매칭됩니다. 예제의 haystack에서는 @xxxxxxx.xxxx이 매칭되는데, 이를 @example.org로 바꿔줍니다. 쉽죠?

정규식은 너무 급하게 배울 필요가 없습니다. 지금 이해가 안 된다면 다음에 필요할 때 하나씩 익혀도 됩니다. 굳이 이 부분을 이해하고 넘어가지 않아도 좋으니, 조금만 더 힘내봅시다!

# 91 정규식 이모저모 SECTION

정규식을 배우느라 수고 많으셨습니다. 미처 이야기하지 못한, 정규식에 관한 여담 몇 가지를 언급하겠습니다. 아래와 같은 내용은 꼭 알지 않아도 좋으나, 언젠간 알아야 하는 내용이므로 정규식 사용이 조금 익숙해졌다면 다시 와서 보면 됩니다!

## ☝ 탐욕과 게으름

오토핫키 정규식은 탐욕스럽습니다! 무슨 뜻이냐면, `<em>AHK</em>`이라는 문자열에서 `<.*>` 패턴은 아래와 같이 두 부분으로 매칭된다고 생각할 수 있는데, 오토핫키 정규식에선 1번과 같이 더 많은 양을 한 번에 매칭합니다.

1. `<em>AHK</em>`
2. `<em>AHK</em>`

1번과 같이 가능한 한 많은 양을 한 번에 매칭하는 방법을 '탐욕적이다'라고 하며, 반대로 2번과 같이 최대한 적은 부분을 매칭하는 방법은 '게으르다'라고 합니다. 오토핫키 정규식은 탐욕적이기 때문에, 때론 원치 않는 부분까지 매칭될 수 있습니다.

이 경우 `<.*?>` 같이 탐욕적 패턴(.*)에 물음표 패턴 문자(?)를 붙여주면 '게으르게' 탐색할 수 있습니다.

> **Tip 수량자**
>
> *, +, ?와 같이 선행자의 수량을 정해주는 패턴 문자를 '수량자'라고 하는데, 기본적으로 이 수량자가 수량을 셀 때 탐욕적이기 때문에 이러한 성질이 나타나게 됩니다. 따라서 이들을 '탐욕적 수량자'라고 합니다. 반대말은 '게으른 수량자'겠죠.

## ☝ 옵션

Haystack이 여러 줄일 때, 아무리 탐욕적인 정규식이라도 딱 한 줄까지만 매칭됩니다. 그러나 모든 줄을 한 번에 매칭하고자 한다면 정규식에 옵션을 지정해주어야 하는데, 이렇게 정규식에 쓸 수 있는 옵션이 많습니다.

옵션은 **옵션)패턴**처럼 패턴 앞에 닫는 괄호())로 구분하여 적어주고, 정규식이 늘 그랬듯 Case-sensitive, 대소문자를 구분합니다. 옵션은 정말 많은데 쉬운 옵션 딱 세 개만 적도록 하겠습니다. 더욱 많은 패턴을 알고 싶다면 오토핫키 공식 문서의 RegEx: Quick Reference 문서를 참고하세요.

| 옵션 | 설명 |
|---|---|
| i | 대소문자 구분 해제 |
| m | 여러 줄 매칭 |
| U | 기본적으로 게으르게 탐색 |
| s | DOTALL. [.*] 패턴이 줄바꿈을 포함합니다. |

여러 옵션은 im)패턴처럼 이어서 쓰면 됩니다.

## 🏚 속도에 관해

일반적인 파싱 함수 한 번으로 끝낼 수 있는 작업은 그렇게 하는 것이 좋습니다. 정규식은 더욱 복잡한 작업을 수행하는 만큼 속도도 더 느립니다. 그것이 단발성, 혹은 적은 문자열에 수행하면 별 차이가 없지만, 반복적으로 파싱하거나 크기가 큰 문자열을 파싱할 경우 RegExReplace 대신 StrReplace를 쓰는 등의 노력이 필요합니다.

다만 읽기 쉬운 코드가 좋은 코드인 법, 몇 줄씩 늘어서 SubStr, InStr, StrSplit, StrReplace 등을 사용하는 것보단, 한 줄로 정규식을 써서 해결하는 것이 더 아름다울 때가 많습니다. 상황에 따라, 또 필요한 성능에 따라 코드 가독성과 적절히 저울질하여 적당한 방법을 선택하는 요령을 길러봅시다.

# 92 프로그래밍 문제 (14) SECTION

문제 1 **다음과 같은 프로그램을 작성하세요.**

동작

1. 정규식을 이용하여 아래 문자열에서 <table>과 </table> 사이의 문자를 가져와라.

문자열

<html><head><\head><body><table>Me!</table></body></html>

조건

<table>과 </table>을 포함하여 출력하여도 정답으로 인정한다.

문제 2 **다음과 같은 프로그램을 작성하세요.**

동작

1. 여러 줄 입력이 가능한 입력 상자(Edit 컨트롤) 하나와 버튼(Button 컨트롤) 하나가 있는 GUI 창을 만든다.
   ↳ Edit 컨트롤에 충분한 높이(h)를 지정하면 여러 줄 입력이 가능하도록 만들어진다.
2. 버튼을 클릭하면 전체 텍스트의 숫자를 모두 없애서 출력한다.

조건

1. 정규식을 이용하여 단 한 줄로 파싱 작업을 끝낼 것.

문제 3 **다음과 같은 프로그램을 작성하세요.**

동작

1. 여러 줄 입력이 가능한 입력 상자(Edit 컨트롤) 하나와 버튼(Button 컨트롤) 하나가 있는 GUI 창을 만든다.
   ↳ Edit 컨트롤에 충분한 높이(h)를 지정하면 여러 줄 입력이 가능하도록 만들어진다.
2. 버튼을 클릭하면 전체 텍스트의 숫자를 모두 없애서 출력한다.

조건

1. 정규식을 이용하여 단 한 줄로 파싱 작업을 끝낼 것.

## 📖 실전 프로그램 만들기! 8

이번엔 카카오톡에서 누가 채팅을 가장 많이 쳤는지 통계를 분석하는 간단한 프로그램을 만들어봅시다. 카카오톡 PC 버전의 채팅방에서 아래 [그림 실전8-1]과 같이 '대화 내보내기'를 하면 전체 대화 내용을 받아볼 수 있는데요, 해당 텍스트를 분석하여 각 인물별 채팅 횟수를 가져오는 예제입니다.

[그림 실전8-1] 대화 내보내기 경로

```
1     Main := Gui(, "카카오톡 채팅방 분석")
2     talkContents := Main.Add("Edit", "x10 y10 w290 h100")
3     Main.Add("Text", "x10 y120", "채팅 횟수")
4     chatCount := Main.Add("ListBox", "x10 y140 w290 h150")
5     Main.Show("w310 h300")
6     talkContents.OnEvent("Change", TalkContents_OnChange)
7     return
8
9     TalkContents_OnChange(obj, info)
10    {
11        contents := talkContents.text
12        contents := RegExReplace(contents, " \[.*?\](\[오전|\[오후) ")
13        chatPeople := Map()
14        chatStat := []
15        wordStat := []
16        Loop Parse, contents, "`n", "`r"
```

```
17            {
18                RegExMatch(A_LoopField, "\[(.*?)\] (\[오전\|\[오후)", &output)
19                if (!IsObject(output))
20                    continue
21                if (!chatPeople.Has(output[1]))
22                    chatPeople[output[1]] := 0
23                chatPeople[output[1]] += 1
24            }
25            for key, value in chatPeople
26                chatStat.Push(key ": " value "회")
27            chatCount.Delete()
28            chatCount.Add(chatStat)
29    }
```

위의 프로그램을 실행하면 아래와 같은 창이 나타나는데, 한번 전체 대화 내용을 앞서 설명한 방법대로 내보내기한 다음 붙여넣어보세요. 닉네임별 채팅 횟수가 표시될 것입니다.

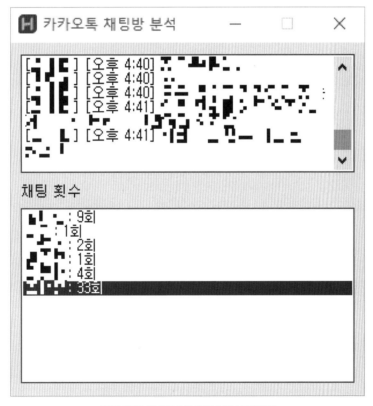

[그림 실전8-2] 카카오톡 채팅방 분석 구현 화면

코드는 간단한데, 11번 줄부터 28번 줄, 즉 TalkContents_OnChange( ) 함수 안쪽을 설명힐 필요가 있어 보입니다. 그 윗부분은 GUI를 생성하는 부분이니 별도로 설명할 필요는 없을 것 같군요.

우선 카카오톡 대화 내용의 한 줄은 [닉네임] [시간] 대화 내용으로 이루어져 있습니다. [닉네임]과 [시간] 사이 그리고 [시간]과 대화 내용 사이엔 무조건 한 칸의 공백이 있습니다. 따라서 \[.*?\] 패턴과 일치하는 부분을 지우면 [닉네임] 대화 내용만 남게 됩니다. 시간 부분은 우리가 하는 작업에 불필요하므로 제거해준 것입니다.

그 뒤 16번 줄부터 전체 대화 내용을 개행을 기준으로 반복하여줍니다. 즉 전체 대화 내용을 한 줄씩 반복하는데요, 그 한 줄은 앞서 가공한대로 [닉네임] 대화 내용입니다. 그 뒤 \[(.*?)\] 부분에서 (.*) 부패턴과 일치하는 부분을 output 변수에 담아옵니다. 이 부분은 대괄호에 싸인 닉네임 부분을 가져오는 역할입니다.

19번 줄에서, 만약 output 변수가 객체가 아니라면 부패턴이 발견되지 않은 줄이기 때문에 continue로 넘어가줍니다. IsObject( )를 사용해주었는데, 배우지 않은 함수나 그 역할은 '매개변수로 전달된 변수가 객체면 true, 객체가 아니면 false를 반환한다'로 요약할 수 있습니다. 그 앞에 논리 부정 연산자 (!)를 붙여주어 !IsObject(output) 구문은 'output이 객체라면 false, 아니면 true'를 반환하겠죠. 따라서 19~20번 줄은 'output 변수가 객체가 아니라면, 즉 RegExMatch의 결과 부패턴과 일치하는 부분이 없다면, 이번 반복을 건너뛰어라'가 됩니다.

그 아랫줄인 21번 줄부터는 output[1]엔 무조건 채팅을 친 사람의 닉네임이 들어가있게 됩니다. \[(.*?)\] 패턴으로 RegExMatch를 사용해주었으니까요. 이 닉네임을 Key로 해서, chatPeople맵에 해당 닉네임을 Key로 하는 값의 Value를 1 증가시켜줍니다. (23번 줄)

이때, 해당 Key에 Value가 없다면 += 1 연산을 수행해도 오류가 나기 때문에 Has( ) 메서드를 통해 만약 Key가 없을 때 Value를 0으로 생성해주는 구문을 추가해줍니다. (21, 22번 줄)

이제 chatPeople 맵의 내용을 요약해보면 Map("닉네임1': 33, "닉네임2': 12, "닉네임3': 20 … ) 형식일 것입니다. 이를 for-loop을 통하여 순회하며 ["닉네임1: 33회', '닉네임2: 12회", '닉네임3: 20회' …] 형태의 배열 chatStat을만들어줍니다. 이를 ListBox에 추가해주기만 하면 되죠(27번 줄의 Delete 구문은, 기존 ListBox의 모든 내용을 지우는 구문입니다.).

어렵지만 논리적으로 생각해보면 여러분도 만들 수 있습니다. 아직은 오토핫키를 접한 지 얼마 안 되어서(또, 프로그래밍 자체를 접한 지 얼마 안 된 분들이 다수일 것입니다.) 이렇게 문제를 해결해나가는 것이 말도 안 되는 일이라고 생각할 수 있습니다. 그러나 여러분이 필요한 프로그램을 만들기 위해 고민하는 경험이 쌓이다 보면 어느새 이런 프로그램을 뚝딱 만들어내는 실력이 될 것입니다.

# 🔯 AI 도구와 오토핫키 프로그래밍

최근 ChatGPT와 같은 LLM(Large Language Model, 거대언어모델) 서비스가 발달하면서 AI 기술을 오토핫키와 결합하려는 시도를 많이 보았습니다. 오토핫키는 AI가 충분히 학습하지 못한 분야 중 하나라고 생각하지만, 적절히 사용하면 프로그래밍에 큰 도움이 될 수 있습니다.

만약 여러분이 프로그래밍을 처음 배우는 사람이라면, AI 도구의 사용을 현재로선 추천하지는 않습니다. AI 도구가 완벽히 사람의 생각을 읽지 않는 이상 우리는 될 수 있는 한 명확히 요구사항을 전달해야 하기 때문입니다. 오토핫키를 어느 정도 알아야, 또 프로그램의 개발 과정을 어느 정도 경험해봐야 이 요구사항을 더욱 명확히 전달할 수 있습니다.

따라서, 이러한 AI 도구들은 오토핫키를 이용한 프로그램 개발에 큰 도움이 될 수 있지만, 그것들을 맹목적으로 의존하는 것은 바람직하지 않습니다. 오토핫키에 대한 기본적인 이해와 실제 프로그래밍 경험은 여전히 중요합니다. 이는 AI와 효과적으로 소통하고, 그 결과물을 비판적으로 평가할 수 있는 능력을 갖추는 데 필수적입니다.

그럼에도 불구하고 AI는 우리의 프로그래밍 능력을 보완하고 향상시키는 강력한 도구가 될 수 있습니다. 먼저 오토핫키의 기본을 익히고 직접 프로그램을 만들어보는 경험을 쌓은 후, 점진적으로 AI 도구를 활용하는 방식으로 접근하는 것이 좋습니다. 이러한 균형 잡힌 접근법을 통해 우리는 AI의 장점을 최대한 활용할 수 있습니다.

추가로, 제가 추천하는 LLM 모델은 GPT가 아닌 Claude입니다. Claude의 최신 모델은 오토핫키 프로그래밍을 정말 잘해줍니다. 가끔 엉뚱한 답변을 해줄 때도 있지만, 체감상 GPT보다 더욱 적절한 답변을 해줍니다. 저는 개발에 필요한 라이브러리를 만들 때 Claude의 도움을 많이 받았습니다. 여러분도 오토핫키 프로그래밍에 AI를 접목한다면 Claude를 한번 이용해보세요.

# 파일 탐색과 입출력

# 93    Loop Files                                            SECTION

등산을 할 때 어려운 봉우리를 넘으면 한결 괜찮은 기분을 느낄 수 있습니다. 그리고 그 봉우리가 이 산의 마지막 봉우리였다면 그 기분은 이루 말할 수 없겠지요.

지난 정규식을 끝으로 더 이상 본서에서 어려운 부분은 없습니다. 이제 좀 느긋하게, 파일과 관련된 함수 몇 가지만 배우면 Section 98을 끝으로 Part 03이 마무리되게 됩니다.

## 🏛 Loop Files

Loop Parse 기억나나요? 전체 문자열을 구분자를 기준으로 쪼개 순차적으로 반복해주는 제어문이었죠. 오늘 배울 Loop Files도 마찬가지입니다. 문자열을 반복해주는 것이 아닌, 원하는 경로의 파일 목록을 순차 반복해줍니다.

```
Loop Files, FilePattern [, Mode]
```

▲ Loop Files의 원형

- **FilePattern**: 목록을 가져올 파일 패턴입니다.
- **Mode**: 함수의 모드(옵션)입니다.

'파일 패턴'은 특정 파일(여러개일 수 있음)을 나타내는 문자열입니다. 일반적으로 '경로/파일명.확장자'로 표기하여 단일 파일을 나타낼 수 있으며, '아무래도 좋은' 부분은 * 기호로 대체하여 여러 파일을 대상으로 설정할 수도 있습니다. 예를 들어서 Files/Texts/*.txt는 현재 폴더 기준 Files > Texts 폴더에 있는 모든 txt 파일과 매칭되는 파일 패턴이며, Files/*.*는 Files 폴더 안의 모든 파일(모든 파일명 + 모든 파일 확장자 = 모든 파일)과 매칭됩니다.

'모드'는 기초 강좌인 이곳에서는 문자열 D로 적는 '디렉토리' 모드만 설명합니다. 문자열 D를 이곳에 적으면 가져올 목록에 파일뿐만 아니라 폴더까지 가져오게 됩니다.

## 🏛 Loop Files 안에서 쓸 수 있는 내장 변수

Loop Parse 안에서 A_LoopField를 썼듯이, Loop Files에서도 읽어온 파일 목록이 담긴 내장 변수가 있습니다.

| 내장 변수 | 설명 |
|---|---|
| A_LoopFileName | 파일의 이름 |
| A_LoopFileExt | 파일의 확장자 |
| A_LoopFilePath | 파일의 경로(짧은 버전) |
| A_LoopFileFullPath | 파일의 경로(긴 버전) |
| A_LoopFileTimeModified | 파일의 수정 시간 |
| A_LoopFileSize | 파일의 크기(바이트) |
| A_LoopFileSizeKB | 파일의 수정 시간(킬로바이트) |
| A_LoopFileSizeMB | 파일의 수정 시간(메가바이트) |

모든 내장 변수를 다루진 않았고, 보통은 이름이나 경로 정도만 쓰입니다. 이들은 각 반복마다 각각의 파일과 관련된 정보가 순차적으로 담깁니다. 첫 번째 반복에선 A_LoopFileName에 첫 번째 파일의 이름이, 두 번째엔 두 번째 파일의 이름이… 이런식으로 말이죠.

📖 **실습**

## 1. 바탕화면의 모든 파일 이름 순차적으로 가져오기

```
1    Loop Files, A_Desktop "\*.*"
2    {
3        MsgBox(A_LoopFileName)
4    }
```

[예제 93-1] 바탕화면의 모든 파일 이름 순차적으로 가져오기

A_Desktop은 바탕화면의 경로가 담긴 내장변수입니다. 예전에 배웠는데, 기억나나요? 바탕화면의 모든 파일들의 이름을 순차적으로 출력하는 예제입니다.

## 2. Texts 폴더의 모든 .txt 파일의 이름 가져오기

```
1    Loop Files, "Texts\*.txt"
2    {
3        MsgBox(A_LoopFileName)
4    }
```

[예제 93-2] 텍스트 파일 이름 순차적으로 가져오기

오토핫키에서 파일 경로는 상대 경로가 기준입니다. 현재 스크립트가 실행된 경로를 기준으로 탐색한다는 것인데요, 따라서 위 예제와 같이 Texts라고 적으면 현재 오토핫키 스크립트의 실행 경로의 [Texts] 폴더를 의미하고, *.txt를 통하여 .txt 확장자를 가진 파일만 대상으로 반복하게 하였습니다.

# 94 파일이 존재하는지 확인하고 읽기 SECTION

이제 오토핫키에서 파일과 관련된 함수를 쭉 배울 것입니다. 어렵지 않아요!

## 🏛 FileExist

창이 존재하는지 확인하는 `WinExist` 함수와 마찬가지로, 파일이 존재하는지 확인하는 함수는 `FileExist`
입니다.

```
FileExist(FilePattern)
```

▲ FileExist 함수의 원형

FilePattern 매개변수는 지난 섹션에서 배웠던 대로, 찾고자 하는 파일의 경로를 그대로 입력해주면 됩니다.
현재 경로에 A.txt가 있는지 확인하려면 A.txt 그대로 적으면 되고, C 드라이브 최상단에 MyPhoto.png가
있는지 확인하려면 C:\MyPhoto.png를 입력하면 되죠.

이 함수는 파일이 존재하면 그 파일의 속성을 반환합니다. 파일의 속성 개념은 이곳에서 언급한 적 없으니, 일
단 '무언가' 반환한다고 알고있으면 됩니다.

오토핫키에선 0과 빈 값이 아니면 모두 참(true, 1)이기 때문에, 이를 조건문에 활용할 수 있겠군요!

## 🏛 FileRead

FileRead 함수를 이용하여 텍스트 파일의 내용을 읽을 수 있습니다.

```
FileRead(FilePattern [, Options])
```

▲ FileRead 함수의 원형

FilePattern 매개변수는 역시 읽어올 텍스트 파일의 경로이고, Options에 대해서는 후술하겠습니다.

> Tip **파일 내용을 읽을 땐 파일의 존재 여부를 확인해야 합니다!**
>
> 없는 파일을 읽으려고 **FileRead**를 사용하면 오류가 발생하겠죠? 따라서, **FileRead**는 **FileExist**를 사용한 뒤 '만약 파일이
> 존재한다면'이라는 조건문 안에 감싸는 형태로 사용하는 것이 바람직합니다. 이어지는 실습의 예제를 참고해주세요.

## 📖 실습

### 1. 바탕화면의 1.txt 읽기

```
1    if (FileExist(A_Desktop "\1.txt"))
2    {
3        MsgBox(FileRead(A_Desktop "\1.txt"))
4    }
```

[예제 94-1] 바탕화면의 1.txt 읽기

바탕화면의 1.txt를 읽어서 출력하는 코드입니다. 앞의 Tip에서 이야기했듯, **FileExist**를 이용하여 파일이 존재하는지 확인 후, 존재한다면 파일을 읽음으로써 오류를 방지한 것을 볼 수 있습니다.

어렵지 않죠? 파일 패턴에 관한 이해만 있다면 문제없을 것입니다.

# 95 파일 만들고 지우기 SECTION

이번 섹션에서는 텍스트 파일을 만들고, 지워보겠습니다. 파일 경로에 관한 이해만 있다면 쉽게 할 수 있습니다.

## 🗊 FileAppend

FileAppend 함수는 현재 존재하는 텍스트 파일의 뒤에 텍스트를 추가해주는 함수입니다. 만약 텍스트 파일이 존재하지 않는다면 새 파일을 만들어 텍스트를 추가해줍니다.

```
FileAppend(Text [, FileName, Options])
```

▲ FileAppend 함수의 원형

## 🗊 매개변수

- **Text**: 추가할 텍스트입니다.
- **FileName**: 대상 파일 이름입니다.
- **Options**: FileAppend 옵션(본서에선 Encoding에 대해서만 설명함)입니다.

Text를 FileName 텍스트 파일에 추가해주는 용도이며, 파일이 없으면 만들어서 추가합니다. 만약 Text가 길다면? Section 66에서 설명한 긴 인수를 전달해주는 방법을 이용하면 됩니다.

> **Tip**. **FileAppend와 FileRead의 Encoding 옵션**
>
> 컴퓨터에서 텍스트 파일을 해석하는 방식이 여러 가지가 있는데, 각 방식을 인코딩이라고 합니다. 파일이 저장된 인코딩과 다른 방식으로 해석하도록 명령하게 되면 글씨가 외계어처럼 깨져 보이게 됩니다.
>
> Options 매개변수에 인코딩 옵션을 전달해주어 옳은 인코딩으로 해석하도록 명령할 수 있습니다. 한글이 깨진다면 아래 두 인코딩 중 하나를 선택하여 Options 매개변수로 전달해보세요. 기초 내용만 담긴 본서에서는 각 인코딩에 대한 설명은 하지 않겠습니다.
>
> • UTF-8 • UTF-8-RAW

## 🗊 FileDelete

FileDelete는 지정된 파일을 지울 수 있는 함수입니다.

```
FileDelete(FilePattern)
```

▲ FileDelete 함수의 원형

FilePattern 매개변수는 역시 읽어올 텍스트 파일의 경로입니다. 지정된 경로의 파일을 삭제합니다.

# 📖 실습

## 1. 바탕화면에 test.txt 만들기 & 텍스트 추가하기

```
1    FileAppend("국가는 평생교육을 진흥하여야 한다.`n", "test.txt")
```

[예제 95-1] 바탕화면의 1.txt 읽기

현재 스크립트와 같은 경로에 test.txt가 없다면 새 파일을 만들어서 위와 같은 문구를 추가할 것입니다.

이제 다시 한번 저 스크립트를 실행해보세요. 아래와 같이 한 줄이 더 추가되었을 것입니다.

국가는 평생교육을 진흥하여야 한다.
국가는 평생교육을 진흥하여야 한다.

FileDelete에 대한 예제는 생략하도록 하겠습니다.

## 96 기타 파일 함수 SECTION

텍스트 파일을 만들거나, 지우는 작업만 할 수 있는 것은 아닙니다. 파일을 복사하거나, 바로가기를 만들거나, 이동시키는 것도 가능합니다.

다만 별도로 설명하기에는 분량만 많고 별로 꼼꼼히 다룰 내용은 아니라서, 아래와 같이 종종 쓰이는 딱세 가지 함수만 표로 매개변수와 그 역할 정도만 정리해서 보여드립니다.

### ⬡ 파일 함수

| 파일 함수 | 설명 | 매개변수 |
|---|---|---|
| FileCopy | 파일을 복사함 | SourcePattern, DestPattern [, Overwrite] |
| FileCreateShortcut | 파일의 바로가기를 만듦 | Target, LinkFile [, WorkingDir, Args, Description, IconFile, ShortcutKey, IconNumber, RunState] |
| FileEncoding | 파일 관련 함수의 작업 시 인코딩 설정 | Encoding |

**FileCopy** 함수의 SourcePattern과 DestPattern은 각각 복사할 파일과, 복사될 위치(파일 이름 포함)을 적어주면 됩니다. Overwrite는 0(기본값)은 목적지에 이름이 같은 파일이 있을 경우 복사하지 않고, 1을 넣으면 덮어씁니다.

**FileCreateShortcut**은 lnk 파일(바로가기 파일)을 만드는 함수로서, Target의 바로가기를 LinkFile 위치에 지정한 이름으로 생성합니다. LinkFile은 바로가기가 생성될 위치 '+ \바로가기명.lnk'로 만들어줍니다. 이후 매개변수는 설명하지 않겠습니다.

**FileEncoding**은 **FileRead**나 **FileAppend** 작업 시 인코딩을 설정합니다. 한국에서는 (그리고 전 세계 추세상) 문자열 UTF-8 또는 UTF-8-RAW를 입력하면 됩니다. 생략해도 문제 없는 경우 쓰지 않아도 좋습니다.

이외에도 많은 파일 함수가 있으나, 본서에선 생략하겠습니다.

# 97 프로그래밍 문제 (15) SECTION

문제 1  **다음과 같은 프로그램을 작성하세요.**

동작

1. F1을 누르면 '1번 눌렀습니다.'라는 내용을 가진 텍스트 파일을 바탕화면에 생성한다.
2. F1을 또 누르면 '2번 눌렀습니다.' 또 누르면 '3번 눌렀습니다.' … 처럼, 누를 때마다 새 줄에 내용을 추가한다.
3. F2를 누르면 텍스트 파일을 삭제하고, 프로그램을 종료한다.

조건

1. 텍스트 파일의 이름은 'log.txt'로 한다.

문제 2  **다음과 같이 문제 1의 프로그램을 수정하세요.**

수정 사항

1. F1을 누를 때마다 '새 줄을 추가'하는 것이 아니라, 무조건 한 줄만 적혀있도록 한다.
2. 예를 들어서, F1을 세 번 누르고 텍스트 파일을 열어보면 '3번 눌렀습니다.'가 적혀있어야 한다.

문제 3  **다음과 같은 프로그램을 작성하세요.**

동작

1. 바탕화면의 파일 중 모든 텍스트 파일에 대해 순차적으로 그 내용을 불러와 **MsgBox**로 출력한다.

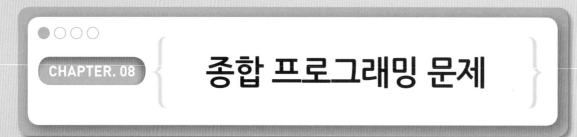

CHAPTER. 08

# 종합 프로그래밍 문제

## 98  종합 프로그래밍 문제 for Part 03                    SECTION

지금까지 배운 내용들을 모두 사용해야 하는 프로그래밍 문제를 준비했습니다. 정답은 제공하지 않습니다. 본서의 내용을 모두 익히면 풀 수 있는 문제이기 때문이고, 지금까지와는 다르게 해결책이 주어지지 않은 상태에서 문제를 잘 풀 수 있는지 점검하기 위해서입니다.

해결책이 잘 떠오르지 않는다면 몇날며칠이고 고민해보는 것도 좋은 경험입니다.

**문제 1**    **다음과 같은 프로그램을 작성하세요.**

---

식당 POS 프로그램 만들기

**동작**

1. 아래 예시 그림과 같은 GUI 창을 만든다.
2. 버튼을 한 번 클릭하면, 우측 Edit에 적힌 금액을 적당한 자료구조에 추가한다.
3. 버튼을 클릭할 때마다 위의 '가격 추가' 기능은 작동해야 한다.
4. 버튼을 더블클릭하면 자료구조에 있는 현재 가격을 보여준 후 초기화한다.
5. 우측 DDL에 메뉴를 선택하면, 적절한 가격이 Edit에 자동 입력되게 한다.
6. 프로그램을 닫을 때 현재까지의 모든 거래 내역을 invoice.txt에 저장시키고 종료한다(창에 Close 이벤트를 적용하면 된다.).

---

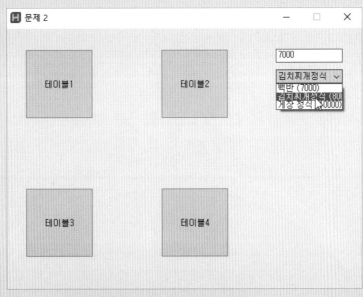

[그림 98-1] 각 버튼은 식당에서의 각 식탁(테이블)을 의미합니다.

문제 2 | **다음과 같은 프로그램을 작성하세요.**

웹 스크래핑 프로그램

동작

1. 아래 라이브러리를 포함시킨 후 **GetSource()**를 호출한다

2. 변수에 그 반환값을 담는다. 이것은 https://ahkv2.pnal.dev/playground의 소스 코드이다.

3. 이를 이용하여, 해당 페이지의 하단 '연습용 표' 우측에 있는 각 '매출'을 파싱하여 배열에 각각 넣어라.

조건

1. 하단 제공된 라이브러리를 이용할 것

2. 표 안의 텍스트(지점 번호, 매출액 등)는 파싱에 이용할 수 없다.

사용할 라이브러리: HTTPRequest.ahk (예제 파일과 함께 제공됨)

# PART

# 04

# 웹 자동화의
# 세계로!

Part 04에선 웹 사이트의 내용을 가져오거나, 제어할 수 있는 '웹 자동화 기술'을 배웁니다.

많은 시스템이 웹 기반으로 동작하기 때문에, 이곳에서 배우는 내용이 여러분의 업무를 자동화할 수 있는 핵심적인 기술이 될 것입니다. 저와 함께 웹 자동화를 배우기 위한 준비가 되셨나요?

# CHAPTER. 01 { 웹 자동화 프로그래밍 }

# 99 웹 자동화

Part 02에서 자동화 프로그래밍을 배웠던 기억이 남아있나요? 키보드와 마우스를 조작하고, 화상을 찾고, 프로그램에 신호를 보내고… 이런 작업으로 여러 프로그램을 자동화할 수 있었습니다.

그런데 웹브라우저는 그 특유의 구현 방식 때문에 웹페이지 내부의 요소를 선택할 수 없습니다. 한번 Window spy를 열고, 아무 웹사이트나 열어서 그 내부의 요소를 탐색해보세요. 웹페이지의 모든 요소가 동일한 ClassNN을 가지고 있거나, 아무 ClassNN을 가지고 있지 않을 것입니다. 이래선 자동화를 하기 곤란할 것입니다.

좌표가 지정되어있으면 문제없겠지만, 웹페이지는 창이 열리는 크기나 시간에 따라 요소의 레이아웃이 다른 경우가 많습니다. 따라서 우리는 이번 섹션에서 배울 '웹 자동화'를 익혀야 합니다. 말 그대로 웹페이지를 자동화하는 것이지요.

웹 자동화로 할 수 있는 일은 크게 두 가지입니다.

1. 웹페이지의 전체 내용을 가져와서, Part 03에서 배운 파싱(문자열 가공)을 통해 원하는 정보만 가져온다.
2. 웹페이지의 특정 양식에 글을 입력하고 클릭하는 등, 웹페이지 동작을 자동화한다.

Part 04에선 둘 모두를 간단하게 배워볼 것입니다. 이를 통해 웹 기반 시스템으로 보는 업무가 훨씬 수월해지길 기대합니다.

## 🏛 프로그래밍 윤리

'Part 02. 자동화 프로그래밍'의 서두에서 언급한 '프로그래밍 윤리'를 다시 한 번 언급해야 할 때가 왔습니다.

여러분이 인터넷에서 보는 수많은 사이트는 공짜로 운영되고 있는 것이 아닙니다. 각각의 서버가 있고, 그 서버와 통신을 함으로써 우리가 언제 어디서든 해당 페이지의 콘텐츠를 볼 수 있는 것이지요. 즉, 페이지에 방문하면 우리 컴퓨터는 서버에 요청을 보냅니다. '콘텐츠를 보내줘!'와 같이 말이죠.

문제는 이것이 일상적인 수준이면 괜찮지만, 프로그램을 통해 자동화하는 순간 '무한히' 혹은 '아주 빠르게' 서버에게 페이지를 요청할 수 있습니다. 서버도 하나의 컴퓨터이므로, 그렇게 하면 심한 부하가 걸립니다. 결국 그 서버의 웹페이지는 운영이 어려워집니다. 업무 방해의 소지가 있다는 것이지요. 또 그 정도가 컴퓨터 시스템에 장해가 이루어질 수 있을 정도라면 정보통신망법에도 위배될 것입니다.

저작권에 대한 이해도 필요합니다. 모든 저작물은 함부로 크롤링해서 재배포하거나 허용되는 목적(공정 이용 등) 외로 사용하면 안됩니다. 가져온 저작물을 어떻게 사용하냐에 따라, 또 어떤 저작물을 가져왔는지에 따라 저작권 침해로 이어지거나 그렇지 않을 수 있으므로 꼼꼼히 따져봐야합니다.

이외에 데이터베이스권을 침해하는 행위인지나 부정경쟁행위인지를 따져봐야합니다. 다른 사이트가 고유 생산한 콘텐츠로 나만의 사업을 벌이는 경우엔 이에 해당할 수 있습니다.

마지막으로, 자동화된 프로그램을 통해 웹 환경을 오염시키면 안됩니다. 이곳 저곳에 홍보성 글을 올리는 등의 행위는 굳이 웹 자동화 기술을 쓰지 않고 우리 손으로도 할 수 있지만, 해서는 안되는 행동입니다. 이를 웹 자동화 기술을 통해 빠른 속도로 반복한다면 우리 웹은 빠르게 병들 것입니다. 법적 문제의 소지도 있을테고요.

따라서, 우리는 아래와 같은 서약서에 동의를 하고 다음으로 넘어가 공부해보도록 합시다.

> 1. 나는 허용되지 않은 사이트에선 웹 자동화 기술을 사용하지 않을 것이다.
> 2. 나는 획득한 웹 콘텐츠를 공정하지 않게 사용하지 않을 것이다.
> 3. 나는 웹 자동화 프로그램을 실제 손으로 작동하는 속도로만 동작하도록 제작할 것이다.
> 4. 나는 웹 자동화 프로그램을 제작할 때, 모든 법적/도덕적 판단을 거친 후 제작할 것이다.
> 5. 나는 우리 사회를 병들게 하는 모든 종류의 프로그램을 제작하지 않을 것이다.

## 🏛 웹 크롤링 윤리

인터넷 사이트의 내용을 프로그램으로 가져오는 행위를 '웹 스크래핑' 혹은 '웹 크롤링'이라고 합니다. 엄밀히 말하자면 두 용어 사이의 차이가 있지만, 오늘날엔 거의 구분 없이 쓰이므로 본서에서는 둘 모두를 혼용하겠습니다.

우리는 사이트가 허용한 범위 내에서, 서버에 부하가 없도록, 크롤링한 데이터를 공정하게 사용한다는 전제하에 크롤링을 해야 합니다. 그렇다면, '사이트가 허용한 범위'는 어디부터 어디까지일까요?

### 1. 이용약관

우선, 크롤링하고자 하는 사이트의 이용 약관을 살펴볼 수 있습니다. 봇(Bot)의 접근에 관한 제한이나, 자동화 프로그램을 통한 접근 제한에 관한 내용이 있을 수 있습니다. 이용 약관에 크롤링 금지가 명시되어 있다면 크롤링을 수행하면 안될 것입니다.

### 2. robots.txt 정책

그다음은 크롤링하고자 하는 사이트의 'robots.txt 정책'을 살펴볼 수 있을 것입니다. robots.txt 정책은 자동화 봇이 해당 사이트를 크롤링하는 규칙을 적어둔 정책입니다. 이 정책에 대해선 뒤에서 설명하겠습니다.

### 3. 보안조치

마지막으로, 사이트에 크롤링을 막는 어떠한 보안 조치가 걸려있을 경우, 이를 우회하거나 무력화하면 안 됩니다. 이는 해당 사이트가 크롤링을 금지하고 있다는 의사 표시이기 때문입니다. 이러한 사항들을 모두 확인한 후 사이트의 의사에 반하지 않는 경우에만 크롤링을 수행해야 합니다.

## 🏛 robots.txt 정책

robots.txt는 웹사이트가 크롤링 봇의 동작을 규정하는 정책 문서입니다. 이 파일은 사이트 최상단에 위치해 있기 때문에, 도메인 주소에 등장하는 .com이나 .kr 등 뒤에 /robots.txt를 붙여서 확인할 수 있습니다.

예를 들어서, '네이버'의 주소는 www.naver.com이고, robots.txt 문서는 www.naver.com/robots.txt에 존재합니다. 한번 웹 브라우저를 열고 확인해보세요. 확인하는 시기에 따라 조금씩 다르겠지만, 2025년 2월 현재에는 아래와 같은 정책을 가지고 있습니다.

```
User-agent: *
Disallow: /
Allow : /$
Allow : /.well-known/privacy-sandbox-attestations.json
```

User-agent는 크롤링 봇의 종류를 말합니다. Google-bot이나 Bingbot등이 적혀있거나, 위와 같이 *를 적어 '모든 봇'을 지정할 수 있습니다. Disallow는 크롤링을 허용하지 않는 하위 주소를, Allow는 크롤링을 허용하는 하위 주소를 말합니다. Allow가 적혀있지 않고 Disallow만 있는 경우가 있는데, 그런 경우 Disallow된 주소가 아닌 다른 주소는 기본적으로 크롤링이 허용됩니다.

네이버는 모든 하위 주소를 Disallow하고 있지만, 메인 페이지만 크롤링을 Allow하고 있네요. $는 '주소 끝'을 나타내므로, /$는 '하위에 어떤 주소도 없는, 최상위 페이지'만을 일컫습니다. 따라서 www.naver.com으로 시작하는 주소는 현재 시점으로 메인 페이지를 제외한 어떤 주소도 크롤링하면 안 됩니다(또, /.well-known/privacy-sandbox-attestations.json 주소도 허용되어있긴 한데, 이는 크롤링할 일이 없는 부가적인 파일이므로 넘어갑시다.).

그렇다면, 만약 아래와 같은 정책이 있는 사이트는 어떨까요?

```
User-agent: *
Disallow: /privacy
Disallow: /ethics
```

/privacy와 /ethics 페이지는 크롤링을 하지 말아야겠네요. 이제 robots.txt를 통해 사이트의 거부 의사를 확인할 수 있게 되었습니다. 다시 한 번 강조하지만, 사이트의 의사에 반하는 크롤링은 절대 하면 안 됩니다!

## 100 HTML SECTION

우리가 보는 사이트는 HTML이라는 언어로 나타낼 수 있습니다. HTML은 Hyper Text Markup Language의 약자로, 웹페이지의 내용을 구조적으로 표현하기 위해 고안된 언어입니다. 웹페이지는 HTML 이라는 형태로 구조화되어있는 것이죠.

한번 인터넷에 아무 주소나 열고, 우클릭한 다음 컨텍스트 메뉴에서 [페이지 소스 보기] 또는 [소스 보기]를 클릭해보세요. 대부분 환경에서 단축키는 Ctrl + U입니다. 아래와 같은 복잡한 코드가 보이는데, 이 코드가 바로 HTML 코드입니다.

```
 1  <!DOCTYPE html>
 2  <html lang="ko">
 3    <head>
 4
 5    <title>프날 오토핫키 v2 : 오토핫키, 시작은 프날 강좌와 함께!</title>
 6
 7    <meta charset="utf-8">
 8    <meta name="viewport" content="width=device-width, initial-scale=1.0">
 9    <meta name="author" content="프날">
10    <meta name="keywords" content="오토핫키 v2, 오토핫키, AutoHotkey, 오토핫키 강좌">
11
12    <meta name="description" content="세상에서 가장 쉬운 오토핫키 입문! 프날 오토핫키 강좌 v2 공식 사이트입니다.">
13
14    <meta name="og:site_name" content="프날 오토핫키 v2">
15
16    <meta name="og:title" content="프날 오토핫키 v2">
17
18
19    <meta name="og:description" content="세상에서 가장 쉬운 오토핫키 입문! 프날 오토핫키 강좌 v2 공식 사이트입니다.">
20
21
22    <meta name="og:type" content="website">
23
24    <meta name="og:url" content="https://ahkv2.pnal.dev/">
25    <meta name="og:locale" content="ko_KR">
26    <link rel="preload" href="/static/font/SpoqaHanSansNeo-Regular.woff2" as="font" type="font/woff2" crossorigin="anonymous">
27    <link rel="preload" href="/static/font/SpoqaHanSansNeo-Bold.woff2" as="font" type="font/woff2" crossorigin="anonymous">
28    <link rel="stylesheet" href="/static/css/layout.css">
29    <link rel="stylesheet" href="/static/css/style.css">
30    <link rel="stylesheet" href="/static/css/menubar.css">
31    <link rel="stylesheet" href="/static/css/codeset.css">
32    <link rel="stylesheet" href="/static/css/comment-style.css">
33    <link rel="icon" href="/static/favicon.ico">
```

[그림 100-1] HTML 소스 코드

HTML을 이해하는 것이 웹 자동화의 첫걸음입니다. 다음 섹션부터 HTML을 통한 웹사이트 구조를 간단히 설명할 것입니다. 다행히 우리는 웹 퍼블리셔가 아니기 때문에, 아주 간단히만 설명하도록 하겠습니다.

# 101 태그와 Class, ID

## 태그

HTML은 '태그'로 이루어져 있습니다. 아래 간단한 HTML의 예시를 볼까요?

```
<html>
    <head>
        <title>Test Title</title>
    </head>
    <body>
        <p>본문</p>
    </body>
</html>
```

태그란 <와 > 안에 '태그명'을 적어서 표현할 수 있습니다. 위와 같은 HTML 코드에서 <html>, <head>, <title>과 같은 부분은 '여는 태그', </title>, </head>, </html>과 같은 부분은 '닫는 태그'라고 합니다. 닫는 태그에만 /가 붙은 형태입니다.

그렇다면 위의 경우에서 본문을 감싸고 있는 태그는 무엇일까요? p 태그겠죠. p 태그를 감싸고 있는 상위 태그는 body 태그이고, body 태그를 감싸는 태그는 html 태그입니다. 이런 식으로 HTML은 태그가 태그를 감싸는 형태로 이루어져 있습니다.

## 클래스

각각의 태그 안에 아래와 같이 클래스를 지정해줄 수 있습니다.

```
<div class="sample">Test Div</div>
```

위의 경우엔 div 태그에 sample이라는 클래스가 설정된 형태입니다. 웹 개발자는 위와 같이 클래스를 지정하여 해당 클래스를 가진 모든 태그에 일정한 스타일을 지정할 수 있습니다. 심미적인 요소를 더하기 위하여 사용한다는 것이지요. 아무튼, 태그 안에 클래스가 지정되어 있는 경우가 있습니다. 클래스는 여러 태그가 중복으로 가질 수 있습니다.

## ☒ ID

```
<p id="s1">본문 텍스트</p>
```

반면, 앞에서 설명한 것과 같이 태그에 id가 설정된 경우도 있습니다. 위의 경우엔 p 태그에 s1이라는 id가 설정되어 있습니다. 각 태그를 구분하기 위한 용도인데, 역시 id를 기준으로 웹페이지에 스타일을 더할 수 있습니다. 우리는 "태그에 id가 있는 경우도 있다"라고만 알고 있으면 좋습니다. id는 원칙상 한 페이지에 하나만 있어야 합니다.

# 102 개발자 도구와 XPath SECTION

웹 자동화를 위한 필수품! 개발자 도구를 사용해보겠습니다.

## 🏛 개발자 도구

브라우저에서 아무 사이트나 들어간 다음, F12를 클릭하면 아래와 같은 복잡한 창이 하나 뜹니다. 이 창은 브라우저에 따라 아래에 뜰 수도, 오른쪽에 뜰 수도 있는데, 아래에 뜨는 경우 더보기 메뉴 버튼(⋯ 또는 ⋮)을 클릭해 오른쪽에 고정해주는 편이 보기 좋습니다. 만약 개발자 도구가 영어로 뜨는 경우 [Switch devtools to Korean]을 클릭해 한글로 바꿉니다.

[그림 102-1] 오른쪽에 뜬 개발자 도구의 모습

이 창을 '개발자 도구'라고 부르는데, 개발자를 위한 브라우저 도구가 한군데 모여있는 창입니다. 일단 웹페이지의 소스 코드, 즉 HTML이 보이네요.

화면의 요소에 대한 HTML 코드를 찾아보겠습니다. 개발자 도구 상단에 🔍 또는 🔲를 클릭하거나, 개발자 도구를 연 상태에서 Ctrl + Shift + C를 누르면 다음과 같이 마우스로 가리키는 요소에 네모난 박스가 생깁니다.

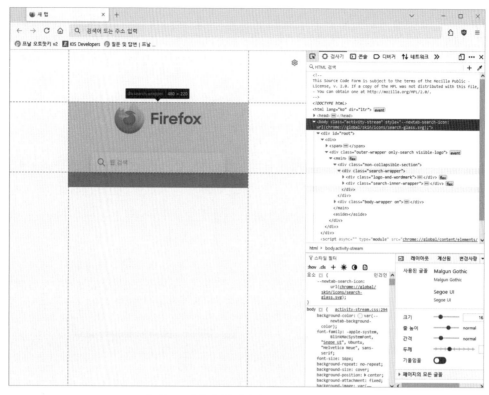

[그림 102-2] 화면 가운데에 네모난 박스가 쳐진 모습

이 상태에서 요소를 클릭하면, 오른쪽 개발자 도구에서 아래 [그림 102-3]과 같이 해당 요소를 나타내는
HTML 코드가 선택됩니다.

[그림 102-3] 개발자 도구에 선택된 요소

즉, [그림 102-2]에서 선택한 요소의 HTML 코드는 [그림 102-3]에 선택된 코드입니다. 개발자 도구를 이용하여, 화면상의 요소가 가지는 HTML 태그를 찾아보았습니다. 반드시 필요한 스킬이니 꼭 알아두세요.

## 🗄 XPath

XPath는 태그로 감싸진 문서 형식(XML 형식이라고 합니다.)에서 정확한 하나의 태그를 고를 수 있는 경로 표시 방식을 말합니다. XPath를 이용하면 복잡한 HTML 코드 상의 한 지점을 단 한 줄의 경로로 말할 수 있습니다.

개발자 도구를 이용하여, XPath를 알고 싶은 태그를 우클릭한 다음 컨텍스트 메뉴에서 [복사] → [XPath]를 클릭해 XPath 값을 복사할 수 있습니다(크롬 브라우저에서는 컨텍스트 메뉴에서 [복사] → [전체 XPath 복사]).

[그림 102-4] XPath 복사 과정

앞서 배운 화면상의 요소의 HTML 코드를 찾는 방법과 종합하면, 원하는 모든 요소의 XPath를 가져올 수 있겠네요.

# HTTP 요청

# 103 HTTP 요청

웹페이지가 우리 화면에 뜨기까지의 과정을 아주 간략히 알아보겠습니다.

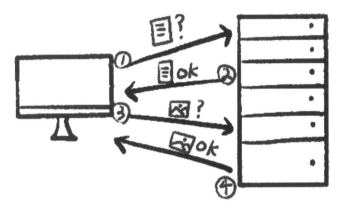

[그림 103-1] 각종 자료를 서버에 요청

우리 컴퓨터(유식하게 '클라이언트'라고 하겠습니다.)가 특정 URL 주소의 HTML 코드를 달라고 서버에 요청을 하면, 서버는 이에 따른 응답을 합니다. 모든 것이 올바르게 동작한다면 200 OK라는 응답 코드와 함께 요청한 페이지의 HTML 코드를 제공합니다. 클라이언트에 있는 웹브라우저는 이를 받아 '렌더링'합니다. 코드를 우리가 보는 페이지로 예쁘게 만들어서 보여준다는 뜻입니다.

해당 페이지에 있는 다른 자원도 마찬가지입니다. 그 페이지에 이미지가 3개가 있다면, 렌더링에 필요한 경우 클라이언트는 서버에게 '이 이미지를 줘!'라고 세 번 요청하고, 서버는 이미지를 보냅니다. 만약 자원이 올바르지 않다면 404 Not Found라는 코드와 함께 '이미지가 없는데요?'라는 응답을 보냅니다. 이런 일련의 과정을 HTTP 통신이라고 합니다.

요청과 응답. 그것이 HTTP 통신의 핵심입니다. 우리가 보는 웹페이지는 무수히 많은 요청과 응답으로 만들어낸 결과입니다. 우리가 코드를 요청하면 서버는 코드를 보내고, 이미지를 요청하면 서버는 이미지를 보냅니다. 이해됐나요?

우리는 오토핫키로 이 HTTP 통신을 해보며 서버에 웹페이지를 '요청'해볼 것이고, HTML 코드가 담긴 '응답'을 받아 텍스트로 출력해볼 것입니다. 더 쉽게 풀어보면 '특정 사이트의 HTML 코드를 받아올 것'입니다.

웹 자동화의 기본은 웹에 있는 특정 요소의 값을 가져오는 것부터 출발합니다. 앞으로의 과정은 다음과 같습니다.

1. 웹페이지 전체 HTML 코드를 HTTP 요청을 통해 가져옵니다.
2. 전체 HTML 코드를 Part 03에서 배운 "문자열 파싱" 기술을 통해 가공합니다.

이를 통해 웹페이지 내 특정 부분의 문자열을 가져올 수 있습니다!

## 🔷 GET과 POST

HTTP 요청 종류는 몇 가지가 있는데, 그중 대표적인 게 GET 방식과 POST 방식입니다. GET 방식은 서버로부터 자원을 받는 요청에 쓰이고, POST 방식은 서버에게 값을 보낼 때 사용합니다. 그렇다고 오해하지 마세요. POST 방식도 서버로부터 요청의 결과(즉, '응답')를 받습니다.

POST를 통해 서버에 값을 보내는 경우가 무엇이 있을까요? 대표적으로 '로그인'이 있겠네요. ID와 비밀번호를 서버로 보내서, 서버가 ID/비밀번호의 일치 여부를 확인합니다. 또 '글쓰기' 기능도 마찬가지입니다. 글을 쓰고 [발행] 버튼을 클릭하면 서버로 POST 방식으로 요청을 보내 글을 등록할 수 있습니다.

## 🔷 Header와 Body

또, HTTP 통신으로 서버에 요청을 보낼 땐 요청의 Header와 Body가 존재합니다. Header에는 요청에 대한 설명이 들어갑니다. Body에는 요청의 본문이 들어갑니다. 평범한 GET 방식의 경우 요청할 URL만 필요하므로 Body가 필요하지 않습니다. 그러나 POST 방식의 경우, 서버에 전송할 값이 곧 요청의 본문(Body)이 됩니다.

예를 들어서, GET 방식으로 https://ahkv2.pnal.dev/book를 대상으로 요청합니다. 그러면 서버는 https://ahkv2.pnal.dev/book의 페이지 소스를 응답합니다. GET은 요청의 Body가 필요 없으므로 비워서 요청해야 합니다. 단지 서버로부터 받고 싶은 자원의 주소만 필요할 뿐입니다.

POST 방식으로 https://ahkv2.pnal.dev/playground/login을 대상으로 ID와 비밀번호를 Body에 담아 전송합니다. 그러면 서버는 로그인 작업을 마친 후 로그인 완료 페이지를 응답할 것입니다. 자세한 과정은 추후에 배울 것입니다.

# 104 | WinHTTP - GET

WinHTTP는 마이크로소프트에서 제공하는 HTTP 통신 라이브러리입니다. 이를 이용하여 서버에 요청을 보낼 수 있고, 서버로부터 응답을 받을 수 있습니다. 네! 우리가 원하는 페이지의 HTML 코드를 받을 수 있다는 것이죠.

이제 웹페이지의 소스 코드를 받아오기 위해, 한번 GET 요청을 서버로 보내 페이지의 HTML을 응답으로 받아와 보겠습니다. WinHTTP를 통한 HTTP 요청은 아래와 같은 순서로 이루어질 예정입니다.

---

1. WinHTTP 인스턴스 생성
2. 대상 및 방식(GET/POST) 설정
3. 요청
4. 응답 출력

---

순서대로 해보겠습니다.

## 🏛 WinHTTP

### 1. WinHTTP 인스턴스 생성

COM은 마이크로소프트에서 만든 하나의 컴포넌트 규격입니다. 대충 말하자면 여러분에 컴퓨터에 미리 준비되어 있는 라이브러리라고 보면 되는데요, 객체처럼 사용하면 되는데, 아래와 같이 별도의 `ComObject()` 함수로 새 인스턴스를 만들어서 사용합니다.

```
1    session := ComObject("WinHTTP.WinHTTPRequest.5.1")
```

이렇게 하면 session 인스턴스에 WinHTTP COM 객체가 담깁니다. 인스턴스명은 자유롭게 해주세요. 본서에선 'session'이라는 변수명을 사용하겠습니다.

### 2. 대상 및 통신 방식 설정

아래와 같이 WinHTTP 객체의 `Open()` 메서드를 통해 요청을 보낼 대상과 통신 방식을 설정할 수 있습니다.

```
1    session := ComObject("WinHTTP.WinHTTPRequest.5.1")
2    session.Open("GET", "https://ahkv2.pnal.dev/playground")
```

Open( ) 메서드는 첫 매개변수로 통신 방식을, 두 번째 매개변수로 대상의 주소를 받습니다. 앞의 코드의 경우 GET 방식으로 https://ahkv2.pnal.dev/playground로 통신을 시도합니다.

## 3. 요청

이제 서버로 요청을 하기만 하면 됩니다. 요청은 Send( ) 메서드로 할 수 있습니다.

```
1    session := ComObject("WinHTTP.WinHTTPRequest.5.1")
2    session.Open("GET", "https://ahkv2.pnal.dev/playground")
3    session.Send()
```

Send( ) 메서드의 매개변수는 요청의 본문, 즉 Body입니다. 그러나 앞서 언급했든 GET 방식은 Body를 전송할 필요가 없으므로 비워주었습니다.

## 4. 응답 출력

응답의 본문은 ResponseText 속성에 담깁니다. 따라서 아래와 같이 코드를 작성하면, 응답을 출력해볼 수 있겠네요.

```
1    session := ComObject("WinHTTP.WinHTTPRequest.5.1")
2    session.Open("GET", "https://ahkv2.pnal.dev/playground")
3    session.Send()
4    MsgBox(session.ResponseText)
```

한번 실행해보세요. 아마 긴 HTML 텍스트가 출력될 것입니다. 축하합니다! 여러분은 원하는 웹페이지 주소의 HTML 코드를 가져오는 방법을 배웠습니다. 어렵지 않죠?

이제 전체 웹사이트 소스 코드 중, 원하는 부분만 문자열 파싱을 통해 가져오면 되겠네요. Part 03에서 많이 해본 일입니다.

# 105 WinHTTP - POST

이번엔 POST 방식으로 HTTP 통신을 해보겠습니다.

## ☺ POST 방식이 필요한 이유

예를 들어서, 로그인이 필요한 사이트의 '내 정보' 혹은 '마이페이지'의 소스 코드를 가져오고 싶다고 하겠습니다. 로그인 없이 HTTP 통신을 보내면 접근 권한이 없다는 응답이 돌아올 것입니다. 로그인이 되지 않았기 때문이죠.

이럴 땐 POST 방식으로 로그인을 먼저 한 다음에, 로그인을 해야만 볼 수 있는 곳의 소스 코드를 GET으로 가져오면 됩니다. 시험 삼아서 아래와 같은 실습을 해봅시다.

## ☺ WinHTTP

우선 일러두자면, https://ahkv2.pnal.dev/playground/login 사이트에 ID는 'user', 비밀번호는 '1234'로 로그인을 하면 https://ahkv2.pnal.dev/playground/mypage에 접근할 수 있습니다. 로그인을 하지 않고 https://ahkv2.pnal.dev/playground/mypage에 바로 접근하면 제대로 된 페이지가 뜨지 않습니다. 한번 웹브라우저를 열고 직접 수행해보세요.

GET 방식과 코드는 유사합니다.

```
1    session := ComObject("WinHTTP.WinHTTPRequest.5.1")
2    session.Open("POST", "https://ahkv2.pnal.dev/playground/login")
3    session.Send(요청의 본문)
```

2번 줄의 GET을 POST로 수정해주었습니다. 또, 3번 줄에서 볼 수 있듯 요청의 본문이 들어갔네요. 요청의 본문은 무엇을 전달해야 할까요?

### 1. 개발자 도구로 실제 전송되는 값 살펴보기

이를 알기 위해선 실제 로그인을 할 때 어떤 값이 전달되는지 알아야 합니다. 우선 로그인 페이지(https://ahkv2.pnal.dev/playground/login)를 연 후, 개발자 도구를 엽니다. 그리고 개발자 도구 상단 탭에서 [네트워크]를 선택합니다.

[그림 105-1] [네트워크] 탭

만약 [네트워크] 탭이 보이지 않으면 [>>] 버튼으로 선택할 수 있습니다. 아래와 같은 화면이 나타나야 합니다.

[그림 105-2] 로그인 페이지를 열고, 개발자 모드의 '네트워크' 창을 연 모습

이 상태에서 로그인을 수행해볼까요? ID에 'user'를 적고, 비밀번호로 '1234'를 입력한 후 [로그인] 버튼을 클릭하면 아래와 같이 서버에 보낸 요청이 뜹니다.

| 이름 | 상태 | 유형 | 시작점 | 크기 | 시간 |
|------|------|------|--------|------|------|
| login | 200 | docu... | 기타 | 341 B | 13밀... |

[그림 105-3] 요청 결과

login 요청을 눌러볼까요. 아래와 같은 화면이 팝업됩니다.

| ✕ 헤더 페이로드 미리보기 응답 >> |
|---|
| ▼ 일반 |
| 요청 URL: https://ahkv2.pnal.dev/ playground/login |
| 요청 메서드: POST |
| 상태 코드: ● 200 OK |
| 원격 주소: 211.47.75.53:443 |
| 리퍼러 정책: strict-origin-when-cross -origin |
| ▼ 응답 헤더 |

[그림 105-4] 요청 자세히 보기

'헤더'는 우리가 [로그인] 버튼을 클릭할 때 서버로 전송된 요청 헤더를 의미하고(요청 메서드가 POST인 것을 확인해보세요!), 요청의 본문은 상단 탭의 [페이로드] 탭으로 이동하면 보입니다. 파이어폭스의 경우엔 [요청] 이라고 뜹니다. [페이로드] 혹은 [요청] 탭에 들어가보겠습니다.

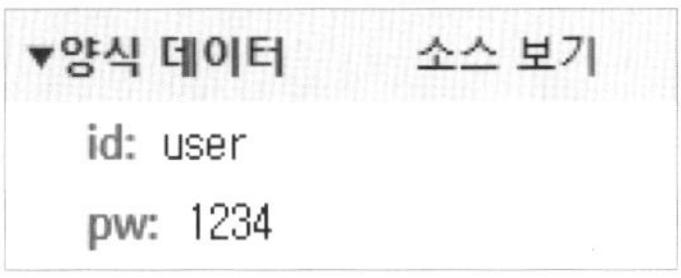

> ▼양식 데이터        소스 보기
>   id: user
>   pw: 1234

[그림 105-5] [페이로드] 탭의 내용

[페이로드] 탭에 들어가니 위의 [그림 105-5]와 같이 양식 데이터로 id와 입력한 비밀번호가 나타납니다. 크롬의 [소스 보기] 버튼을 클릭하거나 파이어폭스의 경우 [원시] 버튼을 클릭하면 아래와 같이 데이터가 나타납니다.

```
id=user&pw=1234
```

이것이 우리가 POST 요청을 보낼 때 전송한 본문(Body)입니다.

다시 소스 코드로 돌아와볼까요. 아래와 같은 소스 코드까지 코딩이 되셨나요?

```
1    session := ComObject("WinHTTP.WinHTTPRequest.5.1")
2    session.Open("POST", "https://ahkv2.pnal.dev/playground/login")
3    session.Send(요청의 본문)
```

3번 줄의 '요청의 본문'이 우리가 개발자 도구로 알아낸, 실제 요청시에 전달되는 본문입니다. 아래와 같이 코드를 수정해주면 되겠죠.

```
1    session := ComObject("WinHTTP.WinHTTPRequest.5.1")
2    session.Open("POST", "https://ahkv2.pnal.dev/playground/login")
3    session.Send("id=user&pw=1234")
```

로그인이 되었으니, 마이페이지의 내용을 가져올 수 있겠네요! GET 방식으로 이어서 마이페이지의 HTML을 요청하여 응답을 출력해보면 끝입니다.

```
1   session := ComObject("WinHTTP.WinHTTPRequest.5.1")
2   session.Open("POST", "https://ahkv2.pnal.dev/playground/login")
3   session.Send("id=user&pw=1234")
4   session.Open("GET", "https://ahkv2.pnal.dev/playground/mypage")
5   session.Send()
6   MsgBox(session.ResponseText)
```

어라? 실행해보면 알겠지만, 로그인이 정상적으로 이루어지지 않아 권한이 없다는 메시지가 보이는 것을 알
수 있습니다. 그 이유는 Header에 있는데, 우리가 POST로 값을 보낼 땐 어떤 값을 어떤 환경에서 보내는지
요청에 대한 설명을 더해 보내야 합니다. 이 '요청에 대한 설명'이 곧 Header입니다. Header에 이 요청에 대
해 구구절절 적어서 Body와 같이 보내줘야 올바른 전송이 이루어집니다.

## 2. 헤더 설정

요청의 Header를 설정하기 위해선 **SetRequestHeader( )** 메서드를 이용합니다. 첫 번째 매개변수론 설정할
헤더의 종류를, 두 번째 매개변수론 헤더의 값을 설정합니다.

실제 헤더를 살펴보기 위해 이와 마찬가지로 개발자 도구를 열어 로그인을 수행한 후, [네트워크] 탭의 요청을
살펴보면 아래 [그림 105-6]처럼 '요청 헤더'가 보입니다.

[그림 105-6] 요청 헤더

오른쪽에 Accept, Accept-Encoding, Content-Type 등이 헤더의 종류이고, 그 오른쪽에 있는 난해한 문자열이 헤더의 값입니다. 이를보고 **SetRequestHeader** 메서드를 통해 아래와 같이 설정할 수 있습니다. 설정해주는 위치는 'Open( )' 후 그리고 'Send( )' 전입니다. 예시에선 Content-Type 헤더만 설정해보겠습니다.

```
1    session := ComObject("WinHTTP.WinHTTPRequest.5.1")
2    session.Open("POST", "https://ahkv2.pnal.dev/playground/login")
3    session.SetRequestHeader("Content-Type", "application/x-www-form-urlencoded")
4    session.Send("id=user&pw=1234")
5    session.Open("GET", "https://ahkv2.pnal.dev/playground/mypage")
6    session.Send()
7    MsgBox(session.ResponseText)
```

3번 줄을 보세요. 서버에 요청(Send) 하기 전에 헤더를 설정해준 모습을 볼 수 있습니다. Content-Type 헤더의 내용은 [그림 105-5]에서 볼 수 있는 내용입니다. 요청마다 설정해주어야 하는 헤더가 다르고, 일부 경우엔 모든 헤더가 정상적으로 설정되어있어야 올바른 응답을 반환하기도 합니다. ahkv2.pnal.dev/playground/login 사이트는 로그인 시 Content-Type 헤더만 설정해주면 정상 로그인이 됩니다. 이제 실행해볼까요? 아래와 같이 마이페이지의 내용이 출력되면 성공입니다.

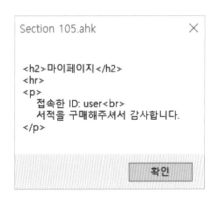

[그림 105-7] 출력 결과

이렇게 서버로 GET과 POST 방식으로 HTTP 요청을 보내는 방법을 배워보았습니다.

## 106   API                                                              SECTION

고급 프로그래밍을 할 땐 API라는 단어를 많이 볼 수 있습니다. API는 서버와 클라이언트가 통신을 통해 원하는 정보를 서버에서부터 가져오거나, 서버로 보낼 수 있는 메커니즘을 의미합니다.

따라서 지금까지 배운 WinHTTP를 이용하면 오토핫키에서 API를 통해 서버와 통신할 수 있습니다. 방법은 어렵지 않습니다. 각 API를 제공하는 공식 문서가 있을 텐데요, 해당 문서엔 GET으로 통신해야 하는지 POST로 통신해야 하는지, 또 어디로 어떤 값을 보내고 어떤 헤더를 설정해야 하는지 등이 상세히 적혀있습니다. 이를 보고 원하는 기능을 구현하면 됩니다.

예를 들어서 어떤 온라인 번역 회사가 번역 API를 제공한다면, 우리는 번역할 값을 API를 통해 해당 서버로 전송할 수 있고, 서버에서 번역을 거친 후 번역된 값이 돌아올 것입니다. 우리가 번역 기능을 구현하지 않아도 해당 서버에서 번역을 처리함으로써, 간단히 번역 기능을 내 프로그램에 넣을 수 있죠. (API 없이 번역 기능은 어떻게 구현해야 하는지 감도 오지 않죠!)

본서에선 실제 API를 이용하는 방법을 설명하지는 않을 것입니다. 각 API마다 사용법이 판이하기 때문입니다. 그러나 WinHTTP를 이용하여 API를 사용할 수 있다는 점을 알아두면, 추후 각 API별 문서를 보고 '아 ~ WinHTTP로 POST를 쓰면 되구나', '문서에서 이 값을 Header로 요구하는구나', '이 값을 보내면 저 값이 응답으로 돌아오는구나!'와 같이 깨달음을 얻을 수 있을 것입니다.

가장 간단한 것은 일명 '세계 시간 API'인데요, 구글에 World Time API를 검색하면 세계 시간을 가져올 수 있는 API를 제공하는 많은 사이트가 나옵니다. 이 사이트 중 하나를 이용하여 '로스앤젤레스'의 시간을 가져오는 프로그램을 만들어보세요. worldtimeapi.org를 기준으로, 아래와 같은 주소를 GET으로 요청하면 응답 값 중 로스앤젤레스의 현재 시간이 포함되어 있습니다.

```
https://worldtimeapi.org/api/timezone/America/Los_Angeles
```

# 107 프로그래밍 문제 (16)

SECTION

문제 1 **다음과 같은 프로그램을 작성하세요.**

> 동작
>
> 1. WinHTTP를 이용한다.
> 2. https://ahkv2.pnal.dev/playground/login 페이지에서 아이디 user, 비밀번호 1234로 로그인한다.
> 3. https://ahkv2.pnal.dev/playground/mypage 페이지의 웹 소스 코드를 가져온다.
> 4. 전체 소스 코드 중 '접속한 ID: ' 옆의 문자열을 출력한다.

## 📖 실전 프로그램 만들기! 9

이번엔 yes24 온라인 서점 사이트의 도서 검색 결과에서, 도서의 이미지만 순서대로 PC로 내려받는 프로그램을 만들어보겠습니다. 코드를 따라하기 전에 웹 크롤링을 하기 전 검토해야하는 사항들이 있었죠?

먼저, yes24 홈페이지의 robots.txt 파일을 살펴봅니다. https://www.yes24.com/robots.txt로 접속하여 크롤링 봇의 규칙을 살펴보면, 모든 크롤링 봇에 대해 비허용(Disallow)하는 디렉토리가 있습니다. /Member/ 나 /Partner/ 등이네요. 그러나 우리가 크롤링하고자 하는 검색 결과 창인 www.yes24.com/Product/ Search는 비허용 되어있지 않습니다. Allow: / 규칙에 의해 크롤링이 허용되고 있음을 알 수 있습니다.

또한, 아무 책이나 검색하여 해당 책 이미지의 주소를 살펴보니(우클릭 → 컨텍스트 메뉴에서 [새탭에서 이이미지 열기] 선택) 이미지를 저장하는 서버의 주소는 'https://image.yes24.com/goods/(도서 상품번호)/XL' 혹은 'https://image.yes24.com/goods/(도서 상품번호)/L'인 것을 알 수 있습니다. 마지막 XL과 L은 이미지의 해상도를 결정하는 매개변수고요. 각설하고, URL 주소가 'image.yes24.com/'으로 시작하기 때문에 'image.yes24.com/robots.txt'의 robots.txt 규칙도 봐주어야 합니다. 규칙을 확인해보면 아래와 같습니다.

```
User-agent: Googlebot
Disallow: /*.pdf$
Crawl-delay: 3
```

즉, 구글 봇에 대해서만 규칙이 적용되어있고 다른 크롤링 봇에 대한 규칙은 없습니다. 그러나 구글 봇에 대해 Crawl-delay, 즉 크롤링 주기가 3초 이상으로 설정되어 있으므로, 서버측에선 3초보다 빠른 주기로 이미지 주소를 크롤링하는 것을 원치 않는다는 점을 알 수 있습니다. 이를 존중하여 이미지를 크롤링할 땐 3초 이상의 지연 시간을 주어야겠죠.

마지막으로 약관을 살펴봅니다. 홈페이지 이용약관에 크롤링 관련 규제는 보이지 않습니다. 그러므로 우리는 ('학습용'과 같이 공정한 이용의 경우에) 서버에 무리를 주지 않는 선에서 yes24를 크롤링할 수 있겠군요! 검토가 끝났다면 코드를 타이핑하여 이미지를 스크래핑해봅시다.

```
1    session := ComObject("WinHTTP.WinHTTPRequest.5.1")
2    session.Open("GET", "https://www.yes24.com/Product/Search?domain=ALL&query=디지털북스")
3    session.Send()
4    originalText := session.ResponseText
5    RegExMatch(originalText, "ms)<section id=`"goodsListWrap`"(.*?)</section>", &cutText)
6    A_Clipboard := originalText := cutText[1]
```

```
7
8      bookList := []
9      Loop
10     {
11         pos := RegExMatch(originalText, "class=`"lazy`" data-original=`"(.*?)`"", &subPat)
12         if (!pos)
13             break
14         bookList.Push(subPat[1])
15         originalText := SubStr(originalText, pos + 1)
16     }
17
18     Loop bookList.Length
19     {
20         Download(StrReplace(bookList[A_Index], "/L", "/XL"), "TestFolder\" A_Index ".jpeg")
21         Sleep(3000)
22     }
```

WinHTTP를 이용하여, https://www.yes24.com/Product/Search?domain=ALL&query=디지털북스 주소를 열어줍니다. 이 주소는 yes24 검색창에 '디지털북스'를 검색한 주소입니다. (일일이 타이핑하지 말고 yes24에서 '디지털북스'를 검색 후 주소를 복사/붙여넣기하세요!)

그리고 받아온 HTML 소스 코드를 <section id="goodsListWrap">과 </section> 사이의 모든 내용만 남기고 없애줍니다. 5번 줄에서 RegExMatch를 사용한 것 보이죠? m 옵션은 multiline, s 옵션은 DOTALL 옵션입니다. .* 패턴이 줄바꿈(`n, `r)을 포함하도록 탐색하려면 s 옵션이 꼭 필요합니다. 5번 줄에 의해 **cutText[1]** 요소엔 (.*?) 부패턴과 일치하는 부분이 담깁니다. **이 부분이 도서 목록 부분입니다.** 검색창, 광고창, 사이드바, 카테고리 등 파싱에 불필요한 부분을 제거해준 것이죠.

그 뒤에 9번 줄부터 bookList 배열에 이미지 주소를 담을 것입니다. 검색 결과 페이지에서 마우스 우클릭 > 페이지 소스 보기를 이용하여 이미지의 주소를 찾으면 HTML 소스 코드가 아래와 같음을 알 수 있습니다.

```
<img class="lazy" data-original="https://image.yes24.com/goods/(도서 번호)/L" src="https://image.
yes24.com/momo/Noimg_L.jpg" border="0" alt="(도서 이미지 설명)">
```

따라서 'class="lazy" data-original="부터 "'까지를 크롤링하면 이미지의 주소인 'https://image.yes24.com/goods/(도서 상품번호)/L'을 가져올 수 있음을 알 수 있죠.

이 주소를 배열 bookList에 담은 후(14번 줄), 매칭된 위치에 1을 더한 부분부터 원본 소스 코드를 잘라 재가

공해줍니다(15번 줄). 이렇게 하면 다음 반복 땐 지금 매칭된 부분은 매칭이 되지 않습니다.

테크닉을 자세히 설명하면 아래와 같습니다.

1. 11번 줄의 **RegExMatch**의 수행 결과, originalText엔 class="lazy" data-original="부터 "까지 매칭되는 부분의 글자 위치가 pos에 담깁니다. 예를 들어 40010 번째 글자에서 매칭되기 시작했다면, pos엔 40010 이 담기는 것입니다.

2. 15번 줄의 **SubStr**을 이용하여 원본 소스 코드를 pos+1부터 끝까지 잘라 재대입해줍니다. pos+1에 의해, 40011 번째 글자부터 담기는 것입니다.

3. 40011번째 글자부터는 class="lazy" …에서 c가 빠진 lass="lazy"… 일 것입니다. 원본 문자열이 이와 같이 변경된 것인데요, 즉, 다음 반복에선 지금 매칭된 class="lazy" … 패턴이 매칭되지 않습니다! c가 빠졌기 때문입니다.

다시 본론으로 돌아와서, 18번 줄부터는 이미지를 다운로드해주는 구문입니다. **Download( )** 함수를 배우지 않았지만 쉽게 설명하면 온라인에 있는 파일을 로컬 PC로 다운로드해주는 함수이며, 매개변수는 아래와 같습니다.

```
Download(URL, Filename)
```

즉 URL을 Filename으로 저장하는 함수죠. URL 매개변수로 bookList 배열의 A_Index번째 요소에 있는 문자열 L을 XL로 바꾼 주소가 전달되었습니다. 앞서 말했듯 yes24의 이미지 주소는 끝부분이 /L인 주소와 /XL인 주소가 있었고, /XL이 더 고해상도이기에 이를 다운로드하기 위함입니다. 우리가 파싱을 통해 가져온 주소는 끝이 /L이므로, 이를 /XL로 바꾸는 것이지요. 이를 TestFolder\ 경로에 [A_index].jpeg로 저장하면 됩니다.

마지막으로, 제일 중요한 크롤링 규칙에 따른 지연 시간(3초)을 설정해주면(21번 줄) 서버에서 허용하는 수준의 크롤링을 완성할 수 있습니다.

크롤링은 웹페이지 구조가 바뀌면 소스 코드를 수정해야 할 수 있습니다. 지금 이 예제 또한 시간이 지나 yes24측 홈페이지 구조가 변경되면 소용이 없어집니다. 그러나 크롤링을 해서 문자열 파싱을 하여 원하는 문자열만 얻어내고, 그 데이터를 활용하는 일련의 과정을 눈으로 보면서 웹 크롤링 과정을 이해할 수 있습니다. 이해가 되었나요?

MEMO

# CHAPTER. 03

# Selenium

# 108 Selenium 준비하기 SECTION

웹 콘텐츠에 있는 버튼을 클릭하거나, 양식을 채워 넣는 작업을 하려면 어떻게 해야 할까요? 일반적으로 버튼을 클릭하면 HTTP POST 통신이 일어나거나([예] 글등록 버튼), 페이지가 이동([예] 다음 페이지 버튼)되므로 WinHTTP를 이용하는 것으로 충분합니다. 그런데 실제 우리가 웹을 탐색하듯이 자동화를 하면 한결 편하겠죠. 눈에 보이기도 하고요.

즉, WinHTTP처럼 통신을 직접 이용하는 것이 아니라, 우리가 **ControlSend**와 **ControlClick**을 응용 프로그램에 사용해줄 때처럼 웹페이지상에서 마우스와 키보드 작업을 자동화하자는 것이죠.

이 작업은 Selenium이라는 라이브러리로 할 수 있는데, 본서에서는 간단한 방법만 설명하도록 하겠습니다.

## 🔾 Selenium을 통한 웹 자동화

### 1. Selenium Basic 설치하기

우선 Selenium Basic이라는, Selenium을 COM 객체로 사용할 수 있도록 도와주는 컴포넌트를 설치합니다. 'https://github.com/florentbr/SeleniumBasic/releases'에서 설치할 수 있습니다. Assets의 exe를 눌러 다운로드한 후, 설치하면 됩니다.

[그림 108-1] exe 다운로드

단, 설치할 때 반드시 '관리자 권한으로 실행'하여 설치해주어야 합니다. exe 파일을 우클릭한 후 나타나는 컨텍스트 메뉴에서 [관리자 권한으로 실행]을 선택합니다.

[그림 108-2] 관리자 권한으로 실행

설치가 정상적으로 되면 C:\Program Files\SeleniumBasic 폴더에 Selenium 관련 파일들이 생성됩니다. 확인해보세요. 그렇지 않다면 '관리자 권한으로 실행'히여 설치하지 않은 것입니다.

## 2. Chrome Driver 설치

이제 Selenium을 통해 Chrome을 제어하기 위해 크롬 드라이버(Chrome Driver)를 다운로드하겠습니다. Selenium은 여러 브라우저를 지원하지만, 대표적으로 가장 많은 사용률을 가진 크롬을 예시로 들겠습니다.

크롬 드라이버는 여러분이 사용하고 있는 크롬과 같은 버전이어야 합니다. 우선, 크롬에서 주소창에 chrome://version을 입력하여 버전을 확인합니다.

[그림 108-3] 크롬 버전 확인

저는 126 버전이네요. https://ahkv2.pnal.dev/downloads에 들어가서 자신의 버전에 맞는 크롬 드라이버를 다운로드합니다. 보통은 Win64 버전입니다.

| 버전 | 다운로드 |
|---|---|
| 129 | Win32 Win64 |
| 128 | Win32 Win64 |
| 127 | Win32 Win64 |
| 126 | Win32 Win64 |
| 125 | Win32 Win64 |
| 124 | Win32 Win64 |
| 123 | Win32 Win64 |
| 122 | Win32 Win64 |
| 121 | Win32 Win64 |
| 120 | Win32 Win64 |
| 119 | Win32 Win64 |
| 118 | Win32 Win64 |
| 117 | Win32 Win64 |
| 116 | Win32 Win64 |
| 115 | Win32 Win64 |

[그림 108-4] 크롬 드라이버 다운로드

만약 자신이 사용하고 있는 크롬과 맞는 버전의 크롬 드라이버가 목록에 없다면, 크롬을 최신 버전으로 업데이트하면 됩니다. 해당 페이지는 항상 최신의 크롬 드라이버가 업로드 되어있습니다. 인터넷에 '크롬드라이버 다운로드'를 검색하면 여러 방법이 나와있으니 참고해도 좋습니다.

chromedriver.exe
LICENSE.chromedriver

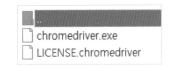

[그림 108-5] 크롬 드라이버 다운로드 파일의 모습

크롬 드라이버를 다운로드하면 [그림 108-5]와 같이 두 개의 파일이 들어있는데, chromedriver.exe가 크롬 드라이버 파일입니다.

### 3. Chrome Driver 이동

이제 다운로드한 chromedriver.exe를 Selenium Basic 설치 경로에 붙여넣어주어야 합니다. C:\Program Files\SeleniumBasic 폴더에 들어가보면 chromedriver.exe가 존재하는데, 이를 새로 다운로드한 chromedriver.exe로 교체해줍니다. 단순히 새 chromedriver.exe를 해당 폴더에 드래그앤드롭하면 됩니다.

정상적으로 다 되었다면 해당 폴더 내의 chromedriver.exe를 열었을 때 아래와 같은 메시지가 나와야 합니다.

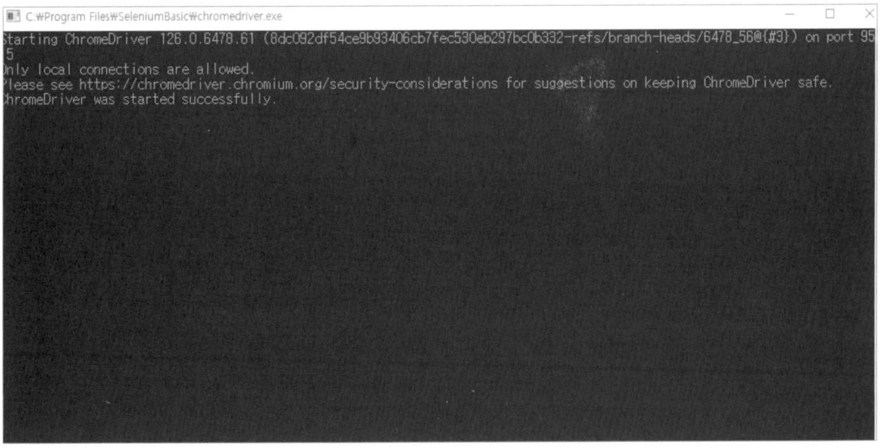

C:₩Program Files₩SeleniumBasic₩chromedriver.exe
tarting ChromeDriver 126.0.6478.61 (8dc092df54ce9b93406cb7fec530eb297bc0b332-refs/branch-heads/6478_56@{#3}) on port 95
5
nly local connections are allowed.
lease see https://chromedriver.chromium.org/security-considerations for suggestions on keeping ChromeDriver safe.
hromeDriver was started successfully.

[그림 108-6] 올바른 실행 화면

```
Starting ChromeDriver (본인의 크롬 버전) ~
(중략)
ChromeDriver was started successfully
```

본인의 크롬 버전과 크롬 드라이버 버전이 일치하는지 확인한 후, 창을 닫고 나오면 Selenium을 사용할 준비는 끝났습니다!

# 109 Selenium으로 웹 자동화 해보기 SECTION

이제 Selenium을 통해 크롬을 자동화해보겠습니다. 정확히는 크롬 창에 뜬 요소를 클릭하거나, 키보드 입력을 전송해보겠습니다. 자세한 이론을 배우기 위해 일단 Selenium으로 자동화를 구현하는 과정을 하나하나 따라해보겠습니다.

## 🔷 웹 자동화

### 1. 크롬 드라이버로 원하는 사이트 열기

우선, HTTP 요청과 마찬가지로 ComObject로 객체를 하나 만들어줍니다. 객체의 이름은 자유롭게 하면 되지만, 여기선 'driver'를 사용하겠습니다.

```
1    driver := ComObject("Selenium.ChromeDriver")
```

그 후, 아래와 같이 이어서 get() 메서드를 사용하여 원하는 사이트를 열어줍시다.

```
2    driver.Get("https://ahkv2.pnal.dev/playground/login")
```

쉽죠? 프로그램이 자동으로 종료되는 것을 방지하기 위해 ExitApp 핫키를 하나 배치해서, 총 코드는 아래와 같이 됩니다.

```
1    driver := ComObject("Selenium.ChromeDriver")
2    driver.Get("https://ahkv2.pnal.dev/playground/login")
3
4    ESC::ExitApp
```

실행해보세요. 새 크롬 창이 열린 후 설정한 주소로 이동하는 것을 볼 수 있습니다.

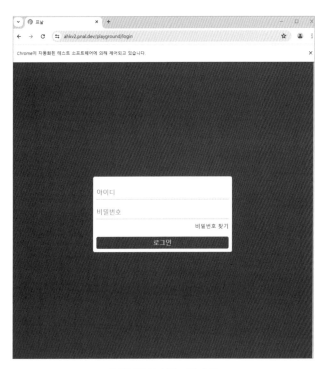

[그림 109-1] 열린 크롬 새 창

상단에 'Chrome이 자동화된 테스트 소프트웨어에 의해 제어되고 있습니다'라는 문구와 함께, 새 크롬 창이 떠서 원하는 페이지로 이동한 모습입니다. 이 페이지는 완전히 우리 제어하에 있기 때문에, 소스 코드를 가져오거나 마우스 클릭을 하거나, 키보드 입력을 재현할 수 있습니다.

## 2. 원하는 요소 찾기

Section 102에서 배운 개발자 도구를 이용하여 원하는 요소의 소스 코드를 가져올 수 있었습니다. 이를 이용하여 Selenium에서 요소를 지정하는 동작을 구현할 수 있는데, 예를 들어 'A 요소를 클릭해라!' 혹은 "A 요소에 '안녕하세요'를 전송해라!"와 같은 동작입니다. 요소를 명확히 지정해주어야 하죠.

한번 해보겠습니다. 개발자 도구를 사용해서 https://ahkv2.pnal.dev/playground/login의 ID 입력 부분을 선택해보겠습니다. Section 102에서 배운대로 '아이디' 요소를 선택해보면 아래와 같은 코드가 찍히지 않나요?

```
▼<form action method="POST">
    ▼<div class="input-box">
···        <input id="username" type="text" name="id" placeholder="아이
           디"> == $0
           <label for="username">아이디</label>
       </div>
```

[그림 109-2] id 입력 창의 소스 코드

input 태그에 id, type, name, placeholder 속성이 있네요. 앞서 배웠듯 태그엔 id가 있을 수 있습니다. 배운 대로입니다.

이 요소를 Selenium에서 가져와보겠습니다. Selenium에선 요소를 FindElementBy~ 메서드로 선택할 수 있는데, ID를 이용하여 요소를 선택할 경우 FindElementById, XPath를 이용하여 요소를 선택할 경우엔 FindElementByXPath를 이용합니다.

예를 들어 위 로그인 양식은 username이라는 ID를 가지고 있으므로([그림 107-2]의 id="username"을 보세요!) 이를 이용해서 FindElementById를 사용해보면 아래와 같습니다.

```
...    driver.FindElementById("username")
```

만약 FindElementByXPath를 이용하면 아래와 같습니다. XPath는 Section 102를 참고해서 구할 수 있습니다.

```
...    driver.FindElementByXPath("/html/body/main/div/form/div[1]/input")
```

이렇게 요소를 선택할 수 있습니다. **이 방법은 다음 섹션에서 자세히 설명하겠습니다.** 우선 Selenium의 놀라움을 직접 경험해보자고요.

## 3. 요소에 키보드 입력하기

크롬 드라이버 객체나 선택한 요소에 있는 SendKeys( ) 메서드를 이용하여 키 입력을 구현할 수 있습니다. 크롬 드라이버 객체(지금까지의 예제에서는 'driver 변수'에 SendKeys( )를 사용하면 창 자체에 키 입력을 하며, 선택한 요소에 SendKeys( )를 사용하면 그 요소에 키 입력을 합니다.

해보겠습니다. 아래와 같은 코드를 입력해볼까요?

```
1    driver := ComObject("Selenium.ChromeDriver")
2    driver.Get("https://ahkv2.pnal.dev/playground/login")
3    driver.FindElementById("username").SendKeys("user")
4
5    ESC::ExitApp
```

3번 줄의 SendKeys 구문이 보이나요? driver.FindElementById( )를 통해 ID 입력 상자를 선택해준 후, 해당 요소의 SendKeys 메서드를 통해 user라는 문자열을 입력해주었습니다. 이렇게 문자열을 직접 입력해주어 원하는 문자열을 키보드로 입력할 수 있습니다.

[그림 109-3] user라고 입력된 ID 입력 상자

'비밀번호' 상자로 이동하기 위해선 요소를 새로 선택해도 되지만, 창에 [tab]을 입력하여 이동하는 것이 좋아보이네요. 아래와 같이 크롬 드라이버 객체 자체에 SendKeys를 이용하여 [tab]을 전송해볼 수 있습니다.

```
1    driver := ComObject("Selenium.ChromeDriver")
2    driver.Get("https://ahkv2.pnal.dev/playground/login")
3    driver.FindElementById("username").SendKeys("user")
4    driver.SendKeys(driver.Keys.Tab)
5    driver.SendKeys("1234")
6
7    ESC::ExitApp
```

driver.Keys 필드 안에는 각종 키 목록이 있습니다. 그중 driver.Keys.Tab은 [tab]을 의미합니다. 당연히 [Enter↵]는 driver.Keys.Enter를 사용해주면 되겠죠. 다시 한 번 언급하자면, driver는 크롬 드라이버 객체 변수이므로 변수명이 바뀌면 같이 바뀌어야합니다. 자신이 session이라는 변수명을 사용했다면 session.Keys.Enter를 사용할 수 있는 것이죠.

그리고 화면 자체에(즉, driver.SendKeys( )를 이용하여) '1234'라는 문자열 키 입력을 전송해주어서 비밀번호까지 입력되게 해보았습니다.

[그림 109-4] 비밀번호까지 입력된 창

## 4. 요소를 클릭하기

요소 클릭은 Click( ) 메서드로 할 수 있습니다. 간단합니다. 요소를 선택한 뒤, 그 요소에 Click( ) 메서드를 적용해보세요.

아래와 같이 작성하면 [로그인] 버튼을 클릭할 수 있겠습니다.

```
1    driver := ComObject("Selenium.ChromeDriver")
2    driver.Get("https://ahkv2.pnal.dev/playground/login")
3    driver.FindElementById("username").SendKeys("user")
4    driver.SendKeys(driver.Keys.Tab)
5    driver.SendKeys("1234")
6    driver.FindElementByXPath("/html/body/main/div/form/input").Click()
7
8    ESC::ExitApp
```

소스 코드를 보면 알 수 있겠지만 로그인 버튼은 ID도 Class도 없습니다. 그러므로 XPath를 이용하여 요소를 선택해주었습니다. 그 뒤 요소에 Click( ) 메서드를 적어주었습니다. 실행해보면, 자동으로 [로그인] 버튼이 클릭되어서 로그인이 정상적으로 이루어지는 것을 볼 수 있습니다.

[그림 109-5] 로그인 완료된 화면

## 110 요소를 특정하기

앞서 FindElementByID를 통해 로그인 폼의 아이디 입력 상자를 특정해주었습니다. 이와 같이 Selenium은 요소를 특정짓는 방법이 중요한데, 그 방법을 정리해보겠습니다.

### 📦 요소 특정짓기

요소는 ID, Class, XPath로 특정 지을 수 있습니다. 그 외에도 Tag나 Name 등을 이용할수도 있는데, 본서에선 생략하겠습니다.

### 1. ID로 특정짓기

요소는 아래와 같이 ID를 가지고 있을 수 있습니다.

```
<div id="my-div">...</div>
```

ID는 고유한 값입니다. 원칙상 같은 페이지 안에 겹치는 ID는 없습니다. 따라서 ID만으로 정확히 하나의 요소를 선택할 수 있습니다. 그 요소가 ID를 가지고 있다면요! ID를 이용하여 요소를 선택하는 메서드는 FindElementById( )입니다. 즉 아래와 같이 요소를 선택하여 element 변수에 담을 수 있습니다.

```
1    driver := ComObject("Selenium.ChromeDriver")
2    driver.Get("웹페이지의 URL")
3    element := driver.FindElementById("my-div")
4    element.Click()
```

선택된 요소는 객체의 형태로 element 변수에 담기기 때문에, element.Click( )과 같이 요소를 클릭하는 등의 동작을 할 수 있습니다. 이전 섹션에선(그리고 앞으로의 내용에서도) 요소를 변수에 담지 않고 바로 SendKeys( ) 또는 Click( ) 메서드를 이용해주었습니다.

### 2. Class로 특정짓기

요소는 아래와 같이 Class를 갖고 있을 수도 있습니다.

```
<p class="my-class">...</p>
```

Class는 한 페이지 내에 겹치는 값이 있을 수 있습니다. 운좋게 한 페이지에 이름이 같은 Class가 없을 수도 있지만, 보통은 겹치는 경우가 많습니다. 일단은 FindElementByClass( ) 메서드를 아용하여 해당 클래스를 가진 가장 첫 번째 요소를 가져올 수 있습니다.

```
1    driver := ComObject("Selenium.ChromeDriver")
2    driver.Get("웹페이지의 URL")
3    element := driver.FindElementByClass("my-class")
```

문제는 해당 클래스를 가진 요소가 한 페이지 내에 여러개 존재할 수 있다는 점입니다. 이런 경우엔 해당하는 클래스를 가진 요소를 **모두 가져와서** 배열로 만들어줄 수 있는 메서드를 이용하는데, 바로 FindElementsByClass( )입니다.

FindElementsByClass( )는 복수형 'Elements'가 사용되었습니다. 따라서 여러 개의 요소를 모두 가져와 배열로 만들어줍니다. 배열의 각 요소엔 같은 Class를 가진 웹 요소가 들어가 있습니다. 예를 들어서, my-class라는 Class를 가진 요소가 10개일 때, 아래와 같이 사용하면 8번째 요소를 정확히 클릭할 수 있습니다.

```
1    driver := ComObject("Selenium.ChromeDriver")
2    driver.Get("웹페이지의 URL")
3    elements := driver.FindElementsByClass("my-class")
4    elements[8].Click()
```

3번 줄의 FindElementsByClass가 배열을 반환하므로, 배열을 변수에 담아서 사용해주었습니다. 만약 변수를 사용하고 싶지 않다면 아래와 같이 3~4번 줄을 줄여서 한 줄로 작성해줄 수도 있습니다.

```
1    driver := ComObject("Selenium.ChromeDriver")
2    driver.Get("웹페이지의 URL")
3    driver.FindElementsByClass("my-class")[8].Click()
```

## 3. XPath로 특정짓기

XPath는 HTML과 같이 태그로 구성된 문서 양식에서 정확히 하나의 요소를 선택할 수 있는 방법입니다. 따라서 같은 XPath를 가진 요소는 없기 때문에, 복수형 FindElementsByXPath를 쓰지 않고 FindElementByXPath를 사용하여 단일 요소를 선택할 수 있습니다.

```
1    driver := ComObject("Selenium.ChromeDriver")
2    driver.Get("웹페이지의 URL")
3    driver.FindElementByXPath("/html/body/main/div").Click()
```

이제 ID, Class, XPath를 이용하여 한 요소를 정확히 선택할 수 있습니다. 해당 요소는 객체이기 때문에 메서드와 필드가 존재하고, 대표적으로 SendKeys( ) 메서드와 Click( ) 메서드로 키 입력을 보내거나 요소를 클릭하는 등의 동작을 할 수 있습니다. 이미 이전 섹션에서 해보았죠?

# 111 페이지 소스 코드 가져오기

## 전체 페이지 소스 코드 가져오기

웹 드라이버의 PageSource( ) 메서드를 사용하면 현재 페이지의 소스 코드를 가져올 수 있습니다. 아래와 같이 말이죠.

```
1    driver := ComObject("Selenium.ChromeDriver")
2    driver.Get("https://ahkv2.pnal.dev/playground/login")
3    driver.FindElementById("username").SendKeys("user")
4    driver.SendKeys(driver.Keys.Tab)
5    driver.SendKeys("1234")
6    driver.FindElementByXPath("/html/body/main/div/form/input").Click()
7    MsgBox(driver.PageSource())
8
9    ESC::ExitApp
```

[그림 111-1] 페이지 소스 코드

위 예제의 7번 줄을 보세요. MsgBox로 driver.PageSource( )를 출력해주었습니다. 로그인 완료 페이지의 HTML 코드가 잘 출력되나요?

## 특정 요소의 내부 텍스트 및 HTML 가져오기

각 요소는 Attribute( ) 메서드를 이용하여 그 요소의 속성에 접근할 수 있는데, 여기서 '속성'은 오토핫키 Selenium에서 제공하는 속성이 아닌 웹 속성을 의미합니다. 이 웹 속성 중 대표적인게 innerHTML과 innerText입니다. 이 두 속성을 이용하면 복잡한 파싱 작업 없이도 특정 요소 내부의 HTML 소스 및 텍스트를 가져올 수 있습니다. 예를 들어서, 다음과 같은 예제를 만들어볼 수 있습니다.

```
1    driver := ComObject("Selenium.ChromeDriver")
2    driver.Get("https://ahkv2.pnal.dev/playground/login")
3    driver.FindElementById("username").SendKeys("user")
4    driver.SendKeys(driver.Keys.Tab)
5    driver.SendKeys("1234")
6    driver.FindElementByXPath("/html/body/main/div/form/input").Click()
7    MsgBox(driver.FindElementByXPath("/html/body").Attribute("innerHTML"))
8    MsgBox(driver.FindElementByXPath("/html/body").Attribute("innerText"))
```

7번 줄과 8번 줄을 살펴보세요. **요소.Attribute( )** 메서드로 innerHTML과 innerText 웹 속성에 접근했습니다. 요소는 XPath로 body 태그를 선택했는데, 한 번 실행시켜보세요. innerHTML은 body 태그가 가진 하위의 HTML 코드를, innerText는 body 태그가 가진 텍스트를 모두 반환합니다.

한 번 XPath를 수정해서 a 태그로 둘러싸인 '마이페이지' 글씨를 가져와볼까요?

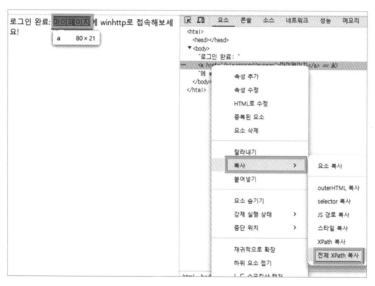

[그림 111-2] XPath 복사 과정

지금까지 해왔던대로, 로그인 완료 페이지에서 개발자 도구를 열고 ⌘ 또는 ⌘를 클릭하거나 Ctrl + Shift + C를 눌러서 '마이페이지' 글씨 위를 선택합니다. 그 뒤 선택된 요소를 [복사] → [전체 XPath 복사]를 선택해 XPath를 복사해봅시다. Chrome 환경에선 아래처럼 복사될 것입니다.

```
/html/body/a
```

a 태그의 텍스트, 즉 '마이페이지'라는 글씨를 가져오기 위해 Attribute 메서드의 innerText를 사용하면 아래와 같습니다.

```
1    driver := ComObject("Selenium.ChromeDriver")
2    driver.Get("https://ahkv2.pnal.dev/playground/login")
3    driver.FindElementById("username").SendKeys("user")
4    driver.SendKeys(driver.Keys.Tab)
5    driver.SendKeys("1234")
6    driver.FindElementByXPath("/html/body/main/div/form/input").Click()
7    MsgBox(driver.FindElementByXPath("/html/body/a").Attribute("innerText"))
```

'마이페이지'라는 문자열이 출력될 것입니다. a 태그의 innerText가 '마이페이지'이기 때문입니다(한편, a태그가 감싸고 있는 텍스트는 html로도 평문 '마이페이지'이기 때문에 innerHTML도 마찬가지로 '마이페이지'가 출력됩니다.).

## 🏛 특정 요소의 외부 텍스트 및 HTML 가져오기

외부 텍스트 및 HTML을 가져오는 방법도 간단합니다. 여기서 '외부'란 요소 자신을 포함한 html 및 텍스트를 의미합니다. innerText 및 innerHTML 웹 속성 대신 outerText, outerHTML라고 작성해주면 됩니다. 아래와 같은 소스 코드 하나로 innerText와 outerText의 차이에 대한 설명을 갈음합니다.

```
1     driver := ComObject("Selenium.ChromeDriver")
2     driver.Get("https://ahkv2.pnal.dev/playground/login")
3     driver.FindElementById("username").SendKeys("user")
4     driver.SendKeys(driver.Keys.Tab)
5     driver.SendKeys("1234")
6     driver.FindElementByXPath("/html/body/main/div/form/input").Click()
7     MsgBox(driver.FindElementByXPath("/html/body/a").Attribute("innerHTML"))
8     MsgBox(driver.FindElementByXPath("/html/body/a").Attribute("outerHTML"))
9
10    ESC::ExitApp
```

## 112 브라우저 창 없이 Selenium 작업하기 SECTION

Selenium을 사용하면 실제 웹 자동화가 구동되는 화면이 보입니다. 이는 HTTP 통신을 이용한 방식에 비하면 큰 단점입니다. 직관적이긴 하지만, 컴퓨터에 창 하나가 더 있다는 점만으로 다른 작업을 하며 자동화를 동작시키기엔 많이 거슬리게 됩니다. 이를 해결하기 위해 어떻게 하면 될까요?

바로 크롬이 아닌 다른 브라우저를 이용하면 됩니다. 놀랍게도 웹브라우저는 우리가 아는 그래픽 위주의 브라우저만 있는 것이 아닙니다. 터미널 창에 텍스트만 표현하는 브라우저도 있고, 심지어 아무 창도 뜨지 않는 브라우저도 있습니다. 네, 이 '아무 창도 뜨지 않는 브라우저'를 이용하면 눈에 보이지 않는 Selenium 자동화를 구현할 수 있죠. 이 브라우저의 존재 목적도 같습니다. 웹 자동화를 위한 브라우저입니다.

이렇게 '아무 창도 뜨지 않는 브라우저'를 '헤드리스 브라우저(Headless Browser)'라고 부르겠습니다. PhantomJS는 대표적인 헤드리스 브라우저입니다. 그리고 Selenium Basic을 설치할 때, 그 설치 폴더 내에 같이 설치됩니다. 크롬처럼 별도의 드라이버를 설치할 필요도 없습니다. 한마디로 PhantomJS과 Selenium을 이용하면, Selenium 작업을 눈에 보이지 않게 할 수 있습니다. 따라해보겠습니다.

## ⬡ PhantomJS로 자동화하기

### 1. 기존 방식으로 자동화 구현하기

먼저 기존 방식으로 웹 자동화 코드를 작성합니다. 본서에서는 크롬과 크롬 드라이버를 이용하여 Selenium을 이용하였습니다. 이 방법으로 코드를 작성해볼까요?

```
1    driver := ComObject("Selenium.ChromeDriver")
2    driver.Get("https://ahkv2.pnal.dev/playground")
3    MsgBox(driver.FindElementByXPath("/html/body/main/article/div/div[2]/table").
     Attribute("innerText"))
```

코드는 간단합니다. https://ahkv2.pnal.dev/playground 페이지에서, /html/body/main/article/div/div[2]/table을 XPath로 하는 요소의 innerText를 가져와 알림상자로 출력합니다. 여기까진 문제없죠? 한번 실행시켜보세요. 해당 페이지의 표 안에 있는 내용이 출력됩니다.

[그림 112-1] 표 안의 내용이 출력됩니다.

## 2. PhantomJS 웹 드라이버로 수정하기

이렇게만 해도 훌륭한 자동화인데, 크롬 창 없이 수행되면 얼마나 더 좋을까요?

ComObject를 생성할 때 ChromeDriver 대신 PhantomJSDriver를 사용하면 됩니다.

```
1    driver := ComObject("Selenium.PhantomJSDriver")
2    driver.Get("https://ahkv2.pnal.dev/playground")
3    MsgBox(driver.FindElementByXPath("/html/body/main/article/div/div[2]/table").
     Attribute("innerText"))
```

1번 줄의 Selenium.PhantomJSDriver 구문을 확인해보세요. 이제 코드를 실행시키고 자동화가 수행되는 약
간의 시간을 기다리면, 놀랍게도 크롬을 이용했을 때와 같은 내용이 출력됩니다. 다른 브라우저를 이용하는
아주 간단한 방법으로 눈에 보이지 않는 자동화를 구현했습니다.

# 113 Selenium 이모저모

Selnium에 대한 이모저모를 준비해보았습니다.

## 🗗 Firefox에 관해서

Selenium은 파이어폭스를 지원하지만, Selenium을 오토핫키에서 쓸 수 있게 도와주는 Selenium Basic 에선 최신 버전의 파이어폭스를 지원하지 않습니다. 따라서 오토핫키에선 현재 파이어폭스 브라우저를 사용한 웹 자동화는 어렵습니다. 다만, 타 언어로 응용하고자 하면 Selenium Basic을 사용하지 않고 순수 Selenium을 사용할 텐데, 그 경우 파이어폭스 자동화는 크롬 드라이버 대신 GekcoDriver를 사용하면 됩니다.

## 🗗 당연한 Selenium의 성질에 관해서

Selenium은 태생이 웹 테스트 도구입니다. 웹페이지를 테스트하기 위한 여러 작업을 자동화하기 위해 탄생했습니다. 따라서, 눈에 보이지 않는 요소는 상호작용할 수 없습니다. 실제 우리가 웹서핑하듯 '눈에 보이는' 요소만을 클릭하고 키 입력을 전송해야 합니다.

만약 페이지 저 밑에 요소가 있다면 어떻게 해야할까요? Sendkeys를 이용하여 [Page Down]이나 [End]를 이용하여 스크롤 하면 됩니다. 만약 페이지가 로딩된 후 일정 시간 있다가 팝업되는 창을 클릭하려면요? 내장 함수 Sleep을 이용하여 수 초 후에 동작하도록 지연 시간을 제공하면 됩니다.

이렇듯 Selenium을 통한 웹 자동화는 WinHTTP를 통한 웹 자동화보단 '직관적'이지만 동시에 까다롭습니다. 가능한 경우엔 WinHTTP를 사용하고, WinHTTP로 곤란한 경우에만 Selenium을 사용합시다.

## 🗗 ID? Class? XPath?

웹 드라이버의 FindElement~ 구문으로 요소의 ID, Class, XPath를 이용하여 한 요소를 특정지을 수 있었습니다. 어떤 방식을 사용하는 것이 좋을까요?

먼저 FindElementById를 이용하여 한 요소를 특정지으세요. 만약 ID가 없다면 FindElementsByClass를 이용하여 한 Class를 가진 여러 요소를 가져온 뒤, 배열 문법을 이용하여 정확한 요소를 특정 지으세요.

최후의 방법으로 사용하는 것이 XPath입니다. XPath는 웹사이트가 일부 수정되면 그 값이 바뀌기 쉽습니다. 따라서 프로그래밍하는 그 당시엔 잘 되는 코드라도, 나중에 작동되지 않을 수 있습니다. 본서에선 XPath를 주로 사용하였지만, 여러분은 가능하면 ID, Class를 이용하여 요소를 찾기 바랍니다.

## 🏛 기타 Selenium 메서드

Selenium 드라이버와 요소에서 사용할 수 있는 메서드는 많습니다. Selenium 설치 경로(기본: C:\ Program Files\SeleniumBasic)에 있는 도움말 파일인 Selenium.chm을 참고하면 모든 메서드를 볼 수 있는데, 유용한 메서드만 몇 가지 정리하겠습니다.

| 인스턴스.메서드(매개변수) | 설명 |
|---|---|
| driver.SwitchToAlert() | 자바스크립트 알림창을 제어할 수 있게 합니다. 알림창 요소 (alert)를 반환합니다. |
| alert.Accept | 알림창의 [확인] 버튼을 클릭합니다. |
| alert.Dismiss | 알림창을 무시합니다. |
| driver.SwitchToNextWindow() | 다음 탭을 제어할 수 있게 합니다. |
| driver.SwitchToPreviousWindow() | 이전 탭을 제어할 수 있게 합니다. |
| driver.SwitchToFrame(프레임 요소) | 프레임 요소를 제어할 수 있게 합니다. |
| driver.SwitchToDefaultContent() | 프레임 요소를 벗어납니다. |
| driver.GoBack() | 뒤로 가기 |
| driver.GoForward() | 앞으로 가기 |
| driver.Refresh() | 새로고침 |
| driver.ExecuteScript(스크립트) | 스크립트 실행 |
| driver.ClickDouble() | 더블클릭 |
| element.ClickDouble() | 요소를 더블클릭 |
| driver.Wait(밀리초) | 밀리초만큼 시간 지연 |
| driver.Quit() | Selenium 웹드라이버 종료 및 정리 |

사실 각각의 메서드는 나름의 매개변수를 가지고 있고, 반환값을 가지고 있습니다. 그러나 꼭 필요한 매개변수나 반환값이 아니라면 모두 생략했습니다. 필요시 위에서 언급한 Selenium.chm 파일을 참고하기 바랍니다.

# 114 프로그래밍 문제 (17)

**문제 1** **다음과 같은 프로그램을 작성하세요.**

> **동작**
>
> 1. Selenium을 이용한다.
> 2. https://ahkv2.pnal.dev/playground/login 페이지에서 아이디 user, 비밀번호 1234로 로그인한다.
> 3. https://ahkv2.pnal.dev/playground/mypage 페이지의 웹 소스 코드를 가져온다. (로그인 완료 페이지의 '마이페이지' 링크를 클릭하거나, 크롬 드라이버의 **Get()** 메서드를 이용하여 마이페이지로 이동할 수 있다.)
> 4. 전체 소스 코드 중 '접속한 ID: ' 옆의 문자열을 출력한다.

**문제 2** **다음과 같은 프로그램을 작성하세요.**

> **동작**
>
> 1. Selenium을 이용한다.
> 2. https://ahkv2.pnal.dev/playground 페이지에서 댓글을 작성한다. 정상적으로 작성되면 아래와 같이 작성된 댓글이 최하단에 표시된다. (작성된 댓글은 자신에게만 적용되기 때문에, 새로고침하면 사라진다. 안심하고 연습하도록 하자.)

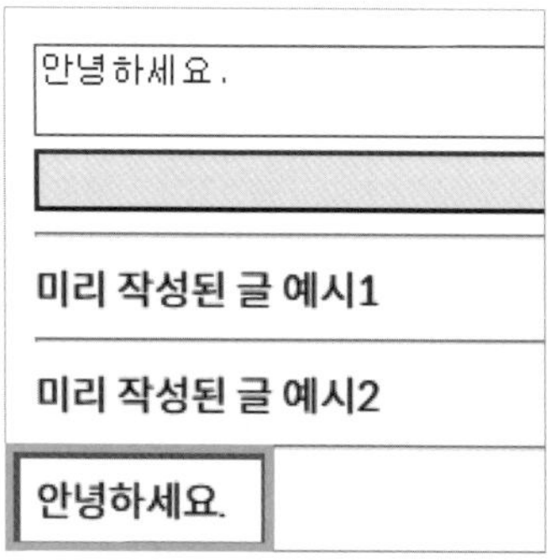

[그림 114-1] 작성된 댓글

## 📖 실전 프로그램 만들기! 10

이번엔 Selenium을 이용하여, 사이트의 문의 글에 특정 키워드가 기준 이상으로 많이 나올 경우, 회사에서 지정한 답변을 자동으로 등록하는 매크로를 만들어보겠습니다. https://ahkv2.pnal.dev/playground/qna 사이트에는 매분 자동으로 문의 글이 작성됩니다. 이 문의 글에 "자료"라는 키워드가 3회 이상 등장하면, 자동으로 "자료는 게시판에서 다운로드 받을 수 있습니다"라는 안내 문구를 답변하도록 작성해보겠습니다.

### 테스트용 문의 페이지

본 테스트용 문의 페이지는 매 분마다 새 글이 올라오며, 매 10분마다 초기화됩니다.

| # | 작성자 | 제목 | 답변 |
|---|------|-----|-----|
| 7 | 질문자 | 강의 자료 질문입니다. | 미답변 |
| 6 | 질문자 | 강의 자료 질문입니다. | 미답변 |
| 5 | 질문자 | 강의 자료 질문입니다. | 미답변 |
| 4 | 질문자 | 강의 자료 질문입니다. | 미답변 |
| 3 | 질문자 | 강의 자료 질문입니다. | 미답변 |
| 2 | 질문자 | 강의 자료 질문입니다. | 미답변 |
| 1 | 질문자 | 강의 자료 질문입니다. | 미답변 |

[그림 실전10-1] 테스트용 문의 페이지 구성

문의 페이지는 아래와 같이 구성되어있고, 각 문의 글 제목을 클릭하면 아래와 같은 문의 글 페이지로 이동합니다.

### 강의 자료 질문입니다.

강의 자료 질문입니다. 강의 자료가 있나요? 자료를 부탁드립니다.

답변을 입력해주세요.  등록

이제 코드를 작성해보겠습니다.

```
1    driver := ComObject("Selenium.ChromeDriver")
2    driver.Get("https://ahkv2.pnal.dev/playground/login")
3    driver.FindElementById("username").SendKeys("user")
4    driver.SendKeys(driver.Keys.Tab)
```

```
5      driver.SendKeys("1234")
6      driver.FindElementByXPath("/html/body/main/div/form/input").Click()
7
8      Loop
9      {
10          driver.Get("https://ahkv2.pnal.dev/playground/qna")
11          rows := driver.FindElementsByTag("tr")
12          Loop rows.Count
13          {
14              row := rows[A_Index]
15              innerText := row.Attribute("innerText")
16              if (InStr(innerText, "미답변"))
17              {
18                row.FindElementByTag("a").Click()
19                qnaText := driver.FindElementById("content").Attribute("innerText")
20                StrReplace(qnaText, "자료",,, &OutputVarCount)
21                if (OutputVarCount >= 3)
22                {
23                      driver.FindElementByClass("comment-text").SendKeys("자료는 https://ahkv2.
        pnal.dev/downloads에서 다운로드하실 수 있습니다 ^^")
24                      driver.FindElementByClass("comment-submit").Click()
25                }
26                break
27              }
28              Sleep(1000)
29          }
30          Sleep(10000)
31      }
32
33      ESC::ExitApp
```

코드가 길지만 하나씩 살펴보자고요. 우선 1번부터 6번 줄까지는 사이트에 로그인하는 과정입니다. 지난 내용에서 해보았죠? https://ahkv2.pnal.dev/playground/login 주소에 아이디 user, 비밀번호 1234로 로그인하면 로그인된다고 하였습니다. 이를 통해 문의 글에 답변을 달 수 있는 권한을 얻을 수 있습니다.

이어서 8번 줄부터 문의글을 모니터링하기 시작합니다. 10번 줄의 **driver.Get( )** 메서드를 통해 문의 게시판으로 이동해줍니다. 그리고 tr 태그로 감싸진 모든 요소를 가져옵니다. 각 문의 글은 tr 태그로 감싸져있기 때문에, 이렇게 하면 모든 문의 글 목록을 순차적으로 가져올 수 있습니다.

12번 줄의 반복문은 가져온 모든 문의 글을 하나씩 반복하며 검사하는 구문입니다. rows[A_index], 즉 하나의 문의 게시글 부분을 row 변수에 담고, 그 게시글의 innerText를 가져와(15번 줄) "미답변" 문구가 있는지 확인해줍니다. 이렇게 하면 모든 문의 게시글을 순차적으로 반복하며 답변이 달리지 않았는지 확인할 수 있습니다.

만약 답변이 달리지 않았다면(16번 줄), 해당 줄의 a 태그를 찾아 클릭해줍니다(18번 줄). 그러면 답변을 달 수 있는 해당 문의 글 페이지로 이동됩니다. 이제 '자료'키워드가 세 번 이상 등장했는지 확인한 후, 만약 그렇다면 답변을 달기만 하면 되는 것이죠.

20번 줄의 StrReplace를 이용하여 '자료' 키워드가 몇 번 등장했는지 알아내었습니다. StrReplace의 &OutputVar 매개변수는 문자열이 바뀐 횟수가 담긴다는 점을 지나가듯이 언급했는데요. 이를 이용하여, 전체 문자열(qnaText)에서 "자료" 키워드를 제거하면서 몇 번 바뀌었는지 담기게 하였습니다. 그 결과가 3 이상일 경우 조건에 만족하여 22번 줄로 진행되게 됩니다.

23번 줄과 24번 줄에서 텍스트를 입력하고 [등록] 버튼을 클릭하게 됩니다. 이 과정을 매 10초마다 반복하는 것이죠.

어렵지만 하나씩 이해해보세요. 직접 눈으로 동작을 보면 금방 이해될 것입니다. 이 프로그램을 Chrome Driver가 아닌 PhantomJSDriver로 실행시키면 눈에 보이지 않게 동작시킬 수 있겠죠? 업무상 자동으로 답변을 등록하는 매크로를 단 33줄의 코드로 만들 수 있답니다.

PART

05

# 정답 및 해설

정답 스크립트는 프날의 오토핫키 홈페이지(https://ahkv2.pnal.dev/downloads)에서 다운로드할 수 있습니다.

○ ● ● ●

PART. 01

# 정답 및 해설

## 10   p.53   SECTION

문제 1   정답 스크립트

```
MsgBox("별을 보고 항로를 정하라`n지나가는 모든 배들의 등불 말고")
```

문제 2   정답 스크립트

```
MsgBox("작업에 실패했습니다.`n다시 시도하시겠습니까?",,"R/C")
```

문제 3   정답 스크립트

```
MsgBox("작업에 실패했습니다.`n다시 시도하시겠습니까?",,"Icon! R/C")
```

## 16   p.72   SECTION

문제 1

**[정답]** ㄴ, ㄷ

ㄴ. .= 연산자는 값을 뒤에 이어서 대입하므로 330이 된다. 따라서 틀린 문항이다.

ㄷ. 1이 3보다 크다는 것은 거짓된 식이므로 0의 값을 가진다. 따라서 틀린 문항이다.

문제 2

**[정답]** ㄴ

ㄱ, ㄷ. 현재 a 변수의 값에 1을 더한다.

ㄴ. 현재 a 변수의 뒤에 1을 이어 붙인다.

문제 3

**[정답]** 8989.ahk

5번 줄에서, 기존에 var 변수가 가진 값인 89 뒤에, var 변수의 값과 .ahk라는 문자열 값을 이어붙인다.

따라서 89, 89, .ahk가 연결되어 8989.ahk가 출력된다.

## 17    p.73    SECTION

문제 1    종합 프로그래밍 문제는 정답 및 해설이 제공되지 않습니다.

## PART. 02    정답 및 해설

## 23    p.91    SECTION

문제 1    정답 스크립트

```
F1::
{
    Run("https://ahkv2.pnal.dev")
    ExitApp
}
```

문제 2    정답 스크립트

```
*F1::
{
    Sleep(3000)
    Run("https://ahkv2.pnal.dev")
    MsgBox("Complete!")
    ExitApp
}
```

# 33 p.134

문제 1

**[정답]** ㄱ, ㄹ

ㄱ. 함수가 아니라 제어문이다. 그렇기에 반복 횟수를 지정해줄 때 괄호 처리를 해주지 않았다.

ㄹ. Loop는 조건과는 관련 없다.

문제 2

**[정답]** ㄴ, ㄹ

ㄴ. 0과 빈 값을 제외한 모든 값은 '참' 취급이며, 음수도 마찬가지이다.

ㄹ. else는 한 번만 쓸 수 있다. else if는 여러번 쓸 수 있다.

문제 3   정답 스크립트

```
F1::
{
    dan := A_Sec // 10 + 1 ;현재 초의 10의 자리 + 1을 단으로 한다.
    Loop 9
        result .= dan " x " A_Index " = " dan * A_Index "`n" ;2 x 4 = 8`n 형식으로, .= 연산자를
사용하여 문자열을 이어붙임
    MsgBox("현재 초: " A_Sec "`n`n" result)
}


F2::
{
    ExitApp
}
```

문제 4   정답 스크립트

```
if (MsgBox("7단?",,"YN") = "YES")
    dan := 7
else if (MsgBox("8단?",,"YN") = "YES")
    dan := 8
```

```
else if (MsgBox("9단?",,"YN") = "YES")
    dan := 9
else
    ExitApp

Loop 9
    result .= dan " x " A_Index " = " dan * A_Index "`n"
MsgBox(result)
```

<br>

## 39    p.159    SECTION

**문제 1**

**[정답]** ㄴ, ㄹ

ㄴ. y 좌표는 아래쪽으로 갈수록 증가한다.

ㄹ. 기본적으로 클라이언트 좌표를 이용하기 때문에, CoordMode로 사용할 좌표 유형을 지정해준다.

**문제 2**

**[정답]** ㄷ

ㄷ. MouseClick 함수에 x, y 매개변수가 있어, 자동으로 커서 위치를 이동시켜준 후 클릭해준다.

**문제 3**    정답 스크립트

```
CoordMode("Mouse", "Screen")
posX := 0
posY := 0

F1::
{
    global posX
    global posY
    MouseGetPos(&posX, &posY)
    MsgBox("저장된 좌표: (" posX ", " posY ")")
```

```
}

F2::
{
    global posX += 100
    global posY += 100
    MouseMove(posX, posY)
}

F3::
{
    MouseClick("L", posX, posY)
    Send(A_ThisHotkey)
}

ESC::
{
    ExitApp
}
```

## 44 p.180                                                    SECTION

문제1 정답 스크립트

```
Run("https://ahkv2.pnal.dev")
CoordMode("Pixel", "Screen")
Loop
{
    if (ImageSearch(&vx, &vy, 0, 0, A_ScreenWidth, A_ScreenHeight, "Image\refresh.png"))
        break
}
MsgBox("웹사이트가 열렸습니다.")
```

문제 2   정답 스크립트

```
;colorList 전역 변수에 좌표와 색상을 저장하겠습니다.
colorList := ""

CoordMode("Pixel", "Screen")
CoordMode("Mouse", "Screen")

F1::
{
    global colorList
    MouseGetPos(&vx, &vy)
    colorList .= "(" vx ", " vy ") " PixelGetColor(vx, vy) "`n"
}

F2::
{
    MsgBox(colorList)
    ExitApp
}
```

문제 3   정답 스크립트

```
CoordMode("Pixel", "Screen")
prevColor := PixelGetColor(A_ScreenWidth // 2, A_ScreenHeight // 2)
Loop
{
    nowColor := PixelGetColor(A_ScreenWidth // 2, A_ScreenHeight // 2)
    if (prevColor != nowColor)
        break
    Sleep(500)
}
MsgBox("화면이 변화했습니다.")
```

## 51 p.210

**문제 1** 정답 스크립트

```
bottles := 5
Loop 5
{
    ControlSend(bottles "병의 맥주가 벽장에 있네, " bottles "병의 맥주라네`n", "Edit1", "ahk_exe
notepad.exe")
    bottles--
    if (bottles > 0)
        ControlSend("하나를 내려서 차례로 돌렸네, " bottles "병의 맥주가 벽장에 있네`n`n",
"Edit1", "ahk_exe notepad.exe")
}
ControlSend("하나를 내려서 차례로 돌렸네, 더이상 벽장에 맥주가 없네`n`n", "Edit1", "ahk_exe
notepad.exe")
ControlSend("더 이상 벽장에 맥주가 없네, 맥주는 더 이상 없다네`n가게로 가서 더 사왔네, 99병의 맥
주가 벽장에 있네", "Edit1", "ahk_exe notepad.exe")

/* else를 쓰든, continue를 쓰든,기타 여러 방법을 쓰든 보기와 동일한 결과를 보이면 정답입니다.
 * (단, 조건에 쓰인 대로 코드 제한은 15줄 이하, ControlSend를 사용해야함)
 * 최신 버전의 Windows 11에서 새로 바뀐 메모장이면 ClassNN을 Edit1 대신 RichEditD2DPT1을 사용해
야 함
 */
```

**문제 2** 정답 스크립트

```
bottles := 5
Loop 5
{
    allText .= bottles "병의 맥주가 벽장에 있네, " bottles "병의 맥주라네`n"
    bottles--
    if (bottles > 0)
        allText .= "하나를 내려서 차례로 돌렸네, " bottles "병의 맥주가 벽장에 있네`n`n"
}
allText .= "하나를 내려서 차례로 돌렸네, 더이상 벽장에 맥주가 없네`n`n"
allText .= "더 이상 벽장에 맥주가 없네, 맥주는 더 이상 없다네`n가게로 가서 더 사왔네, 99병의 맥주
가 벽장에 있네"
```

```
ControlSetText(allText, "Edit1", "ahk_exe notepad.exe")
;최신 버전의 Windows 11에서 새로 바뀐 메모장이면 ClassNN을 Edit1 대신 RichEditD2DPT1을 사용해
야 함
```

문제 3

**[정답]** [문제 2]의 프로그램이 더 좋다. ControlSend를 사용하면 마치 Send를 이용했을 때처럼 글자가 입력되는 시간이 있기 때문에 안정적인 전송이 보장되지 않지만, ControlSetText는 그렇지 않기 때문이다.

# 56 p.234 SECTION

문제 1

**[정답]** ㄷ

함수는 하나의 반환값만 가질 수 있다.

문제 2

**[정답]** ㄴ

출력이든 대입이든, 참조된 변수에 접근하려면 역참조가 필요하다.

문제 3  정답 스크립트

```
1::
2::
3::
4::
5::
6::
7::
8::
9::
{
    MsgBox(GetGugu(A_ThisHotkey))
}

ESC::ExitApp
```

```
GetGugu(dan)
{
    Loop 9
        result .= dan " x " A_Index " = " dan * A_Index "`n"
    return result
}
```

문제 4   정답 스크립트

```
a := 10
b := 20
Swap(&a, &b)
MsgBox("a의 값: " a ", b의 값: " b)

Swap(&a, &b)
{
    temp := a
    a := b
    b := temp
}
```

## 59   p.241                                                    SECTION

종합 프로그래밍 문제는 정답 및 해설이 제공되지 않습니다.

PART. 03   { 정답 및 해설 }

# 63　p.257

문제 1

**[정답]** ㄴ, ㄷ

ㄴ. 객체는 인스턴스가 아닐 수도 있지만, 인스턴스는 객체이다.

ㄷ. 클래스는 객체의 설계도이며, 그 자체로 객체는 아니다.

문제 2　정답 스크립트

```
/* 테스트 스크립트
math := MyMath()
MsgBox(math.Exponent(2, 3))
MsgBox(math.Exponent10(2, 4))
MsgBox(math.GetArea(2))
*/

class MyMath
{
    PI := 3.14

    Exponent(n, m)
    {
        result := n
        Loop m-1
            result *= n
        return result
    }

    Exponent10(n, m)
    {
        return this.Exponent(n, m) / 10
    }

    GetArea(n)
    {
        return n * n * this.PI
    }
}
```

문제3 정답 스크립트

```
#include EveryHangul.ahk

hangul := EveryHangul()

F1::
{
    Send("^{a}")
    Sleep(100)
    Send("^{c}")
    Sleep(100)
    MsgBox(hangul.GetFirstConsonant(A_Clipboard))
}

F2::ExitApp
```

## 68 p.280 SECTION

문제1 정답 스크립트

```
fruit := ["사과", "바나나", "수박", "자두", "딸기"]
```

또는

```
fruit := Array("사과", "바나나", "수박", "자두", "딸기")
```

문제2 정답 스크립트

```
fruit := ["사과", "바나나", "수박", "자두", "딸기"]

Loop fruit.Length
    MsgBox("[" A_Index "] " fruit[A_Index])
```

문제 3 　정답 스크립트

```
arr := []

F1::
{
    if (arr.Length = 9)
    {
        MsgBox("더는 추가할 수 없습니다!")
        return
    }
     arr.Push(Map("nowTime", A_Now, "leftTime", A_TickCount)) ;저는 m으로 A_TickCount를 선택했지
만, 아무거나 쓰셔도 됩니다.
}

1::printMap(A_ThisHotkey)
2::printMap(A_ThisHotkey)
3::printMap(A_ThisHotkey)
4::printMap(A_ThisHotkey)
5::printMap(A_ThisHotkey)
6::printMap(A_ThisHotkey)
7::printMap(A_ThisHotkey)
8::printMap(A_ThisHotkey)
9::printMap(A_ThisHotkey)
ESC::ExitApp

printMap(pressedKey)
{
    if (arr.Length < pressedKey)
        return
     MsgBox(pressedKey "번 요소의 n과 m`n`nn: " arr[pressedKey]["nowTime"] "`nm: "
arr[pressedKey]["leftTime"])
}

/*
1~9 핫키는 아래와 같이 써서 간략화할 수 있음.

1::
2::
3::
4::
5::
6::
```

```
7::
8::
9::
{
    printMap(A_ThisHotkey)
}
*/
```

문제 4  정답 스크립트

```
arr := []

F1::
{
    if (arr.Length = 9)
    {
        MsgBox("더는 추가할 수 없습니다!")
        return
    }
     arr.Push({nowTime: A_Now, leftTime: A_TickCount}) ;저는 m으로 A_TickCount를 선택 아무거나
쓰셔도 됩니다.
}

1::printMap(A_ThisHotkey)
2::printMap(A_ThisHotkey)
3::printMap(A_ThisHotkey)
4::printMap(A_ThisHotkey)
5::printMap(A_ThisHotkey)
6::printMap(A_ThisHotkey)
7::printMap(A_ThisHotkey)
8::printMap(A_ThisHotkey)
9::printMap(A_ThisHotkey)
ESC::ExitApp

printMap(pressedKey)
{
    if (arr.Length < pressedKey)
        return
    MsgBox(pressedKey "번 요소의 n과 m`n`nn: " arr[pressedKey].nowTime "`nm: " arr[pressedKey].
leftTime)
```

```
}

/*
1~9 핫키는 아래와 같이 써서 간략화 할 수 있음.

1::
2::
3::
4::
5::
6::
7::
8::
9::
{
    printMap(A_ThisHotkey)
}
*/
```

---

# 75    p.309

문제 1    정답 스크립트

```
Main := Gui(, "문제 1")
HidePassword := Main.Add("CheckBox", "x20 y20", "비밀번호 가리기")
EditReceiver := Main.Add("Edit", "x20 y50 w200")
Main.Show("w240 h90")
HidePassword.OnEvent("Click", HidePassword_OnClick)
return

HidePassword_OnClick(obj, info)
{
    if (obj.Value = 1)
        EditReceiver.Opt("+Password")
    else
        EditReceiver.Opt("-Password")
}
```

문제 2    정답 스크립트

```
Main := Gui(, "문제 2")
SenderEdit := Main.Add("Edit", "x20 y20 w150")
SendButton := Main.Add("Button", "x180 y19 w40 h22", "확인")
ItemList := Main.Add("ListBox", "x20 y50 w200")
Main.Show("w240 h110")
SendButton.OnEvent("Click", SendButton_OnClick)
ItemList.OnEvent("DoubleClick", ItemList_OnDoubleClick)
return

SendButton_OnClick(obj, info)
{
    ItemList.Add([SenderEdit.Text])
}

ItemList_OnDoubleClick(obj, info)
{
    MsgBox(ItemList.Text)
}
```

문제 3    정답 스크립트

```
Main := Gui(, "문제 2")
SenderEdit := Main.Add("Edit", "x20 y20 w150")
SendButton := Main.Add("Button", "x180 y19 w40 h22", "확인")
ItemList := Main.Add("ListBox", "x20 y50 w200")
Main.Show("w240 h110")
SendButton.OnEvent("Click", SendButton_OnClick)
ItemList.OnEvent("DoubleClick", ItemList_OnDoubleClick)
return

SendButton_OnClick(obj, info)
{
    if (SenderEdit.Text = "del")
        ItemList.Delete()
    if (!IsNumber(SenderEdit.Text))
        return
    ItemList.Add([SenderEdit.Text])
    SenderEdit.Text := ""
```

```
}

ItemList_OnDoubleClick(obj, info)
{
    MsgBox(ItemList.Text)
}
```

## 79　p.320　SECTION

문제 1　정답 스크립트

```
hwndList := []

F1::
{
    hwndList.Push(WinExist("A"))
}

F2::
{
    result := ""
    Loop hwndList.Length
        result .= hwndList[A_Index] "`n"
    MsgBox(result)
    ExitApp
}
```

문제 2　정답 스크립트

```
$A::
{
    if (!WinActive("ahk_exe notepad.exe"))
    {
        Send("{a}")
        return
    }
```

```
        WinMove(0, 0, , , "A")
        ExitApp
    }
```

문제 3 　정답 스크립트

```
$A::
{
    if (!WinActive("ahk_exe notepad.exe"))
        WinActivate("ahk_exe notepad.exe")
    WinMove(0, 0, , , "A")
    ExitApp
}
```

## 86　p.342

SECTION

문제 1 　정답 스크립트

```
context := "그대만큼 사랑스러운 사람을 본 일이 없다"
MsgBox(StrLen(StrReplace(context, " ")))
```

문제 2 　정답 스크립트

```
context := "2024-01-01 12:20:30"
splitedText := StrSplit(context, ["-", ":", " "])
Loop splitedText.Length
    result .= "[" A_Index "]" splitedText[A_Index] " "
MsgBox(result)
```

# 92   p.361

문제 1   정답 스크립트

```
html := "<html><head><\head><body><table>Me!</table></body></html>"
subPat := {}
RegExMatch(html, "<table>(.*)</table>", &subPat)
MsgBox(subPat[1])

;RegExReplace를 사용시, 아래와 같은 패턴을 사용할 수도 있다.
MsgBox(RegExReplace(html, "(.*)<table>¦</table>(.*)"))
```

문제 2   정답 스크립트

```
email1 := "contact@pnal.dev"
email2 := "contact@pnal.d" ;유효하지 않음 - 조건 3에 의해, 마침표 뒤에는 두 글자 이상 있어야 함

matchedPos := RegExMatch(email1, "\w+@\w+\.\w\w+")

if (matchedPos)
     MsgBox("OK")
else
     MsgBox("No")

/*
정규식 패턴 체크포인트

1. @ 기호 앞에 \w+ 처럼 + 패턴이 있어야 '1개 이상'을 충족함. * 기호는 오답 (0개 이상을 의미)
2. 마침표 앞엔 \ 기호가 있어서 \. 여야지 이스케이프가 됨. 그렇지 않으면 Dot 패턴이므로 오답.
3. 마침표 뒤엔 두 개 이상의 문자가 있어야 하므로, \w\w+ 여야함. 만약 \w+라면 1개 이상의 문자이
   므로 오답.
4. \w대신 [0-9A-Za-z]는 정답 인정이나, 이왕이면 단순한 패턴이 좋습니다.
*/
```

[문제 3] 정답 스크립트

```
Main := Gui(, "문제 3")
SenderEdit := Main.Add("Edit", "x20 y20 w150 h200")
SendButton := Main.Add("Button", "x180 y19 w40 h22", "확인")
Main.Show("w240 h240")
SendButton.OnEvent("Click", SendButton_OnClick)
return

SendButton_OnClick(obj, info)
{
    MsgBox(RegExReplace(SenderEdit.Text, "[0-9]"))
}
```

# 97 p.375 SECTION

[문제 1] 정답 스크립트

```
F1::
{
    static count := 0
    count++
    FileAppend(count "번 눌렀습니다.`n", A_Desktop "\log.txt")
}

F2::
{
    FileDelete(A_Desktop "\log.txt")
    ExitApp
}
```

[문제 2] 정답 스크립트

```
F1::
{
    static count := 0
    count++
    if (FileExist(A_Desktop "\log.txt"))
```

```
        FileDelete(A_Desktop "\log.txt")
    FileAppend(count "번 눌렀습니다.`n", A_Desktop "\log.txt")
}

F2::
{
    FileDelete(A_Desktop "\log.txt")
    ExitApp
}
```

문제 3   정답 스크립트

```
Loop Files, A_Desktop "\*.txt"
{
    MsgBox(FileRead(A_LoopFilePath))
}
```

## 98   p.376                                                    SECTION

종합 프로그래밍 문제는 정답 및 해설이 제공되지 않습니다.

## PART. 04   정답 및 해설

## 107   p.401                                                   SECTION

문제 1   정답 스크립트

```
session := ComObject("WinHTTP.WinHTTPRequest.5.1")
session.Open("POST", "https://ahkv2.pnal.dev/playground/login")
session.SetRequestHeader("Content-Type", "application/x-www-form-urlencoded")
```

```
session.Send("id=user&pw=1234")
session.Open("GET", "https://ahkv2.pnal.dev/playground/mypage")
session.Send()
RegExMatch(session.ResponseText, "접속한 ID: (.*)<br>", &output)
idText := output[1]
MsgBox(idText)
```

## 114 p.426

**문제1** 정답 스크립트

```
driver := ComObject("Selenium.ChromeDriver")
driver.Get("https://ahkv2.pnal.dev/playground/login")
driver.FindElementById("username").SendKeys("user")
driver.SendKeys(driver.Keys.Tab)
driver.SendKeys("1234")
driver.FindElementByXPath("/html/body/main/div/form/input").Click()
driver.Get("https://ahkv2.pnal.dev/playground/mypage")
originalText := driver.PageSource()
RegExMatch(originalText, "접속한 ID: (.*?)<br>", &output)
MsgBox(output[1])
```

**문제2** 정답 스크립트

```
driver := ComObject("Selenium.ChromeDriver")
driver.Get("https://ahkv2.pnal.dev/playground")
driver.SendKeys(driver.Keys.End)
driver.FindElementByXPath("/html/body/main/article/div/textarea").SendKeys("안녕하세요.")
driver.FindElementByXPath("/html/body/main/article/div/button").Click()
Sleep(5000) ;5초 후 자동으로 프로그램이 종료됩니다.
ExitApp
```

## 마치는 글

안녕하세요. 수고하셨습니다.

오토핫키가 v2는 기존 버전에 비해 모호했던 많은 점이 수정되었고 더욱 명확해졌습니다. 그 결과 많은 부분이 기존과 호환되지 않기에 원고를 새로 써야만 했습니다. 여전히 많은 분이 기존 구버전 오토핫키를 사용하고 계시지만, Python 3가 Python 2를 완전히 대체한 것처럼, 언젠간 오토핫키 v2가 v1.1을 완전히 대체하리라고 믿고 있습니다.

쉽지만 체계적인 문법을 갖춘 고생산성의 언어이기 때문에, 향후 몇 년 후엔 오토핫키가 '대세'가 될 것이라고 생각합니다. 업무에 오토핫키를 이용하는 사람과, 그렇지 않은 사람 사이엔 큰 효율의 격차가 있기 때문이죠. 어쩌면 단순한 제 바람 내지 공상에 불과한 생각이 긴 책을 마치는 원동력이 되었습니다.

여러분의 업무는 자동화하셨나요? 프로그래밍을 처음 배운 사람이라면 머릿속에 떠오르는 아름다운 방식으로 자동화하진 못했을 가능성이 크지만, 그럭저럭 굴러가는 자동화 프로그램은 만들 수 있을 것입니다. 이는 책이 아닌 경험으로 극복해야 하는 단계입니다. 따라서 많은 분야를 자동화해보고, 효율을 높여보고, 더욱더 많은 프로그램을 만들어보세요.

자! 이제 여러분이 스스로 해 나가야 합니다. 어떤 프로그램을 만들고 싶은가요? 최종적으로 내 업무의 '스트레스'가 되는 부분을 모두 자동화할 수 있을까요? 많은 노력이 필요하겠지만, 이 책은 어디까지나 여러분의 '첫걸음'입니다. 두 번째 걸음은 인터넷 검색이나 질문을 통해 내딛을 수 있습니다. 그 이후의 걸음은 스스로의 시행착오로 내딛을 수 있습니다. 이것이 반복되면 만들고 싶은 프로그램을 언젠가 제작할 수 있게 될 것입니다.

이곳까지 책을 모두 보신, 새로운 배움을 해내신 여러분! 앞으로도 멋진 여러분의 배움을 응원합니다.

향후 프로그래밍이 능숙해지면 문득 떠오르는 그런 책이 되었길 바랍니다.

MEMO

매크로부터 업무자동화, 웹자동화,
나만의 프로그램까지

# 처음이라도 괜찮아,
## 오토핫키 프로그래밍

**1판 1쇄 인쇄** 2025년 2월 20일
**1판 1쇄 발행** 2025년 2월 25일

—

지 은 이  정규승(프날)
발 행 인  이미옥
발 행 처  디지털북스
정　　가  32,000원
등 록 일  1999년 9월 3일
등록번호  220-90-18139
주　　소  (04997) 서울 광진구 능동로 281-1 5층 (군자동 1-4, 고려빌딩)
전화번호  (02)447-3157~8
팩스번호  (02)447-3159

—

ISBN 978-89-6088-476-2 (93000)
D-25-03